日本结盟战略与实践研究

段廷志　著

军事科学出版社

图书在版编目（CIP）数据

日本结盟战略与实践研究 / 段廷志著. —北京：军事科学出版社，2013.6
ISBN 978-7-80237-613-7

Ⅰ.①日… Ⅱ.①段… Ⅲ.①对外政策—研究—日本—现代
Ⅳ.①D831.30

中国版本图书馆 CIP 数据核字（2013）第 113965 号

书　　名：日本结盟战略与实践研究

作　　者：段廷志
责任编辑：朱奎玉
封面设计：倪春昊
出版发行：军事科学出版社（北京市海淀区青龙桥　100091）

标准书号：ISBN 978-7-80237-613-7
经 销 者：全国新华书店
印 刷 者：北京鑫海达印刷厂
开　　本：700 毫米×1000 毫米　1/16
印　　张：18.75
字　　数：311 千字
版　　次：2013 年 6 月北京第 1 版
印　　次：2013 年 10 月第 1 次印刷
印　　数：1—2000 册
定　　价：45.00 元

销售热线：（010）62882626　66768547（兼传）
网　　址：http://www.jskxcbs.com
电子邮箱：jskxcbs@163.com

自序

21 世纪的今天，中国的快速发展和国力强大正为世界所瞩目，但面临的国际战略形势愈发复杂严峻，南海问题、东海问题、朝鲜半岛问题交替升温，安全挑战此起彼伏、险象环生。这些问题和挑战的背后，无不折射出日美同盟的存在和影响。日本作为日美同盟之一方，当前及今后相当一个时期都会是对我国周边安全最富有挑战性的国家之一。重视、研究日本的结盟战略与实践，对于我国在新世纪新阶段正确预见和应对挑战，推进中日、中美关系良性发展，有效维护我国国家主权、安全与发展利益，具有极为重要的现实意义。

该书在吸收国内外相关领域研究成果的基础上，首次完整勾画出 20 世纪以来日本结盟战略的历史演变脉络，对影响日本对外结盟行为的诸要素进行较为全面系统的分析。作者指出：日本是近代以来世界上对外结盟历史最长的国家之一，先后经历了日英同盟、日德意三国同盟、日美同盟，拥有同盟的时间自 1902 年至今已有 87 年。三次结盟期间，日本结盟战略的目标确定、手段运用、谋略筹划既各有特点，又蕴含着某些共同的规律性。日本不同时期的结盟战略转换暗含因果联系，具有追求同盟持久性的战略倾向，结盟战略演进以大国志向为原动力，战略谋划极具现实主义和功利主义。

在回顾归纳日本结盟战略演变历史的基础上，该书还分章节对影响日本结盟战略的各主要因素分领域专门研究，提出了一系列颇为深刻的见解。比如，通过归纳分析日本国家大战略与结盟战略的历史互动，提出国力有限性与“国家大战略”扩张性之间的矛盾是日本寻找盟友的结构性因素，“国家大战略”体系结构决定日本结盟战略的性质和地位，“国家大战略”内在平衡影响日本结盟战略的效用和存续；通过分析归纳日本结盟与外交、军事战略的互动历史，认为 20 世纪以来同盟关系下日本外交与军事自主性的强弱变化经过了一个历史回旋，目前正处于增强期，日本军事战略与结盟战略扩张性的同步增强具有某种历史回归性，值得高度关注。通过分析归纳国内政治经济生态与日本结盟战略的互动历史，日本结盟战略演变与决策集团的人脉流变有密切互动关系，具有很强的历史传承性；结盟决策的突然性总体上呈减弱趋势，公开性总体上呈增强趋势；结盟决策机制从人治平衡走向制度平衡，其结盟战略调整总体上趋于稳健。

该书还综合分析了文化及意识形态因素日本对结盟战略的影响，认为耻感文化心理使日本结盟战略具有脱道义性，跌宕于“自卑”与“傲慢”之间的两极文化心态深刻影响着日本对待盟友的态度，集团主义及“等级”意识使日本为缓解“孤独”恐惧本能地倾向结盟，并对同盟的不平等性具有较强的心理忍耐力。“谈和政治”使日本结盟既具稳定性，又会因强势政治家的出现而跃变；“服从文化”使日本民众容易盲从统治者的结盟决策，即使反对也是“始抗终顺”；意识形态会影响到日本围绕结盟决策问题的形势和国家利益判断，并常被用作密切同盟关系，区分盟友与对手的标签和增强国内认同对外结盟战略的工具。

在对日本结盟战略进行历史和现实分析的基础上，本书指出：进入21世纪以来，日本对美结盟战略的调整不仅着眼于现实环境和利益，还存在借鉴近代以来对外结盟经验教训的成分，存在长期护持同盟的趋势。当前及今后一个时期，日本对美结盟战略的存在和强化总体上不利于中国外交与安全战略目标的实现，增大了中国面临的战略压力和安全风险。中国应对日本结盟战略的根本之道是加快综合国力协调发展，在有针对性加强战略预防措施的同时，着眼于长远，积极塑造不利于日美同盟存续和发挥影响的战略环境。

日本对外结盟史前后历时80余年，跨越多个国际时代，所处内外环境几经沧桑，个中蕴含的规律如群山下的矿脉，虽显头露尾却难以尽知。该书既不乏真知灼见，也有需要深化和商榷之处。例如，有关中国对日本结盟战略历史演变的影响、日本官僚机构对日本结盟战略的筹划和制定的影响，都是点到即止，未能系统分析。另外，日美军事合作对中国安全具有很强的现实影响，本书限于篇幅，也未能展开论述。尽管如此，本书作为著者长达16年对日研究心血的结晶，对于学界同仁从事相关研究仍具有较高的参考和借鉴价值，寄望其出版能收到抛砖引玉之功。

作　者

二〇一三年六月于南京半山园

まえがき

本書では、20 世紀以来の日本における同盟戦略の歴史的経緯と現状および発展の勢いを試み検討した。全文は「歴史的な脈絡」と「影響要因分析」と「成り行きの見通しと対策提言」の骨組みから成り立っている。

日本は世界で同盟歴史が最も長い国家の一つである。20 世紀以来、相前後して日英同盟、日独伊三国同盟、日米同盟を経験した。三つの同盟は戦略目標や戦略手段や策略などがそれぞれ違う。でも、その中にはまたいくつかの共通の法則性があるようである。異なる時期の同盟戦略には因果関係の存在を強く示唆する証拠が数多く確認されている。日本の同盟戦略の発展は大国地位の追求を原動力にして、持久的な同盟を偏愛し、現実主義と功利主義の色彩が強い。

日本の同盟戦略は国家の大戦略や外交戦略や軍事戦略の影響と制限を受けている。国力の有限性と大戦略の拡張性との矛盾は日本の同盟偏愛の構造的要因。日本の外交戦略と同盟戦略とは互いにたよりあい制約しあっている。20 世紀以来、同盟関係の処理において日本の外交戦略は穏健さと保守性が全体的に高くなってきた。日本の軍事戦略は同盟戦略を手段にして、同盟戦略の運用方向を決定しているが、同時に同盟戦略に制限されているので、自主性を求める課題に直面。近代とくらべてみると、当面日本の軍事戦略と同盟戦略の拡張性が同時に大きくなり、ある程度歴史再現の傾向がある。

国際戦略環境や同盟関連国家の対日政策などは日本の同盟戦略に大きな影響力をもっている。地政学の観点からすれば、日本の同盟偏愛の原因は二つある。その一、ロシア、中国、米国という大国に囲まれ、海洋勢力と大陸勢力が争われ合う地政的空間の中で、日本は局外に立つのが難ししい。その二、海洋勢力と大陸勢力の対立に直面して日本はいつも力強い者を選び、勝者と仲間になる。世界システム論からすれば、日本の国際地位が似て非なるものです。戦前では、日本は国際政治システムにおいて中心国であったが、世界経済システムの中で準周辺国の特徴を持っていた。戦後以来、日本は世界経済システムにおいて中心国であるが、国際政治システムの中で準周辺国の特徴を持っている。日本にとって、この苦しい立場から脱出するためには、同盟が必要になる。しかし、日本の同盟者を選ぶ視野が国際システムの根本的な矛盾に制約されている。国際権力構造からみれば、国際権力構造の変動は国際同盟運動の「満潮？干潮」を誘発し、日本同盟戦略の転換のリズムパターンがそれと基本的に一致。日本と同盟国との関係からみれば、同盟国の対日戦略と日本の国策との符合程度は日本同盟戦略の方向性を決定している。同盟者国力の増減と日本の同盟に対する態度の変化の間に対応関係が成ると思われる。20世紀以来、米国の対日戦略は日本の同盟戦略に極めて深刻な影響を与えた。それだからこそ、米国からの制限を弱めることは日本の同盟戦略の目標の一つになった。

政治制度と政治体制と政局は同盟戦略の意思決定グループの構成を左右している。日本の同盟戦略の変遷は企画グループの人脈変化に密接な関係ある。20世紀以来、日本は企画グループの構造の平衡性が高くなってきて、同盟戦略の調整は全体的に穏健になってきた。経済要素は日本の同盟戦略の制定と実施の中で特殊な地位を持っている。同盟国との経済依存度は日本の同盟戦略の寿命と密接し、発展モードも経済的満足度も日本の同盟戦略の穏健性と関連している。

民族文化心理や社会思潮や国民情緒などが決して日本の同盟戦略を左右する主要な要素ではない。それなのに、日本人の同盟づくりに熱中すること、不平等同盟関係に我慢強いこと、国民が政府の同盟政策に素直に従うこと。これらの現象は民族心理と文化や社会思潮や国民情緒などの要素をふまえて合理的に説明できる。日本の社会思潮と国民情緒の歴史変化が日本の同盟戦略転換のリズムといつもぴったりすること首を傾げたくなることである。

冷戦終結後、日本の対米同盟戦略の調整は現実的な環境と利益にだけ着眼するのではなく、近代以来の同盟を結んだ経験と教訓を学びとったのだ。以上の要素を総合的に分析してみると、近い将来、日本の同盟戦略はいままで設定された軌道を離れないだろう。しかし、日本が外交や軍事などの分野で対米自主を求める意思が強くなるだろう。長い目で見れば、日本の同盟戦略の効用が次第に低くなっていくが、日英同盟解体の教訓と日米対抗の可能性をかんがみるに、日本は先に同盟解散という提言を出すはずがないだろう。日米同盟の強化は、現在及び将来においてわが国にとってとても不利だ。日本の同盟戦略に対処する抜本的な方策は、わが国の総合国力のバランスのとれた発展を推しすすめ、戦略的防衛措置を強化しながら、アジア太平洋地域の未来に着眼して日米の同盟存在に不利な戦略的な環境づくりをしようと努力すべきだ。

Abstract

This monograph takes the evolutionary history and its current situations of Japanese strategy of foreign alliances since the 20th century as its subject. It consists of three parts as a brief survey of historical evolution, an analysis of relevant factors, and an outlook on trends and suggestions concerning China's policy.

Japan is one of the countries which have the longest history of foreign alliances in the modern world. Since the beginning of the 20th century, the Anglo-Japanese Alliance, the triple alliance between Germany, Japan and Italy and the Japan-U. S. alliance have appeared successively. The object, the use of means, and the maneuver and statecraft in each strategy of alliance mentioned above have their own features but with some common ground. The replacement of one strategy of alliance by another implies the relationship between causes and effects, and Japan was tending to pursue a strong ally. The dynamics of evolution of its alliance strategy is great power-oriented, and its statecraft is greatly realistic and utilitarian.

Japanese strategy of foreign alliances has been affected and restricted by its grand/national strategy, foreign strategy and military strategy. The conflict between the limit of its national power and the expansion of its grand/national strategy is a structural factor in making Japan's ally-seeking strategy. Japan's foreign strategy and alliance strategy are dependent on each other and mutually conditioned, each using the other for its own ends. The stability and conservativeness in treating alliance relationship by foreign strategy have been enhanced overall. Japanese military strategy takes its alliance strategy as a tool and decides the way the alliance strategy is used. But, at meantime, Japanese military strategy is restricted by its alliance strategy and faces the issue of struggling for strategic independence. That the expansion of Japan's military strategy and that of alliance strategy are synchronously enhanced is to some extent historically regressive toward modern times.

International strategic environment and some great powers' strategy toward Japan have significant influence on Japan's choice in foreign alliance. Geopolitically, the reason for Japan to have a preference for alliance seeking is that Japan is an insular power, where great powers have struggled for supremacy, and it is hard for Japan to stay aloof from it; faced with the confrontation between land power and sea power, Japan has tended to make friends with those powers far away from Japan and attacked those powers close at hand and aligned with some sea power. From the perspective of the international system, Japan is located in an area between "essential powers" or "semi-peripheral powers" geographically and only by aligning with a great power can Japan free itself from this kind of embarrassment. Which great power would Japan select to ally? The fundamental conflict line has restricted Japan's vision on this issue. From the perspective of international strategic power structure, the evolution of international power structure has brought the "upsurge and fall" of international alignment movement, and almost kept the same pace with the change of Japan's alliance strategy. The change in strength of Japan's allies has tended to correspond with the change of positivity of Japan's alliance strategy. Since the 20th century, the United States of America has had most profound influence on Japan's alliance strategy and put the strongest restriction on Japan, and one major attitude from Japan's side is to weaken this restriction.

Political institutions and situations have had influenced on the structure in which decision-makers for alliance strategy formed and how the decision has been made. The evolution of alliance strategy has been closely related with the change of the decision-making group. Generally speaking, since the 20th century, with the change of this structure, the unexpectedness of Japan's strategy-making has been on the decrease, while the openness of that has been on the rise. The decision-making mechanism has evolved from the type of leader-controlling to that of institutional management. Overall the adjustment of Japan's alliance strategy has tended to be stable. Economical factor has had a special role in making and execution of Japan's alliance strategy. The economical dependence which Japan has on allies has been related to the life of its alliance strategy, and the mode of Japanese national development has been related to stability in its alliance strategy.

Cultural factor and national sentiments are not the major factors, but Japan's energetic preference for alignment, the stronger endurance on unequal alliance and national obedience to decision-making on alliance by the Japanese government may be well explained from the perspective of Japan's national cultural psychology and political cultural features. The synchronism between the historical change of Japanese social thoughts and national sentiments and the change of Japan's alliance strategy affords something for thought.

After the end of the cold war, the adjustment of Japan's strategy of alliance with the United States not only has taken into consideration on actual environment and interests, but also has used the experience and lessons learned from allying with those great powers since modern times for reference. After the comprehensive analysis of kinds of subjective and objective factors which affected Japan's alliance strategy, it can be thought that Japan's strategy is not to run out of the fundamental course set forth by George H. W. Bush's Administration in future. However, under the Japan-U. S. alliance, Japan is to pursue its diplomatic and military dependence constantly. In the long run, it can be seen that the effects and position of Japan's alliance strategy is to be lowered, however, based on the historical lessons learned from the dismantlement of the Anglo-Japanese Alliance strategy and out of the fear of the future conflict between Japan and the United States, the side who is to offer to dismantle the alliance is not Japan. Both today and in future, that Japan's strategy of alliance with the United States exists and is to be strengthened is not beneficial to the realization of China's foreign and security strategic objects and is increasing the strategic pressure and security risks on China. The fundamental approach to meeting Japan's alliance strategy is to speed up the harmonious development of Chinese national comprehensive power, reinforce some relevant strategic measures, and at the meantime, shape positively the strategic environment that is harmful to existence and influence exertion of the Japan-U. S. alliance.

目　录

第一章　导　论

第一节　研究目标和研究价值

日本是我国一衣带水的邻国，也是近代以来我周边地区最强大的国家之一；20世纪初以来，其先后三次对外缔结军事同盟都对我国外部环境和国家利益产生了重大影响。在近现代，中国曾深受日英同盟、德意日三国同盟之迫害；在当前，日美同盟的强化又对我国的国家统一、主权安全构成了重大挑战，是制约我国安全环境进一步改善的主要因素之一，也是干扰我弘扬“和谐世界”理念、开展周边外交的重大消极因素之一。要有效化解这些因素，就必须探索日本结盟战略演变的历史规律，准确把握日本对美结盟战略的现实特点和发展趋势，制定出有针对性的、有效的外交安全战略和对日政策。这是本文的现实意义所在，也是本文所追求的根本目标。

本文的理论意义主要包括两个方面：①对20世纪初以来日本的结盟战略史纵横结合，进行了整体分析。虽然断代研究为史学所常见，但真实的历史总是连续的、因果相连的。当代日本尽管看起来国情似乎与近代截然不同，“战后”一词也成了当代日本研究的常用语，但战前日本与战后日本骨子里隐含着很强的继承性。这种继承性包括日本政治经济社会的微观组织方式、战略文化思维逻辑、地缘政治禀赋以及扩张式的发展模式等。这种历史的继承与转换很像蝉的幼虫和成虫之间的联系——钻在地下黑暗处的幼虫同羽化升空的成虫看起来判若两虫，但其基因未变，且同样以吸取树的汁液为生。因此，如果不充分考虑上述继承性的存在，完整把握日本近代以来结盟战略的“生命周期”，就难以准确理解、深刻揭示当今日本结盟战略演变的历史逻辑，也就不大容易判断其未来的结盟战略走向。所以，本文把日本近代以来结盟问题作为一个整体进行研究就存在较大的理论价值。②对影响日本对外结盟行为的诸要素进行了较为全面系统的分析。目前，我国有关日本对外结盟问题的研究，多从常见的国际联盟理论出发，主要关注政治安全因素与日本对外结盟关系的相互影响，而对于经济因素、历史文化因素、社会心理因素的重视明显不够，更缺乏把上述诸多因素综合起来、实施系统分析的学术成果。实际情况则是，日本结盟战略并非一般的联盟理论所能涵盖的，而受诸多特殊因素的作用——其20世纪70年代以来经济国力排在世界第二，地缘环境世界独有，历史文化是世界文明色谱中的异色，国内政治运作方式也被东西方视为“异质”。这些特殊性使日本的对外结盟行为显得与众不同——日本是世界上向盟友提供军事基地最多的大国，是世界上唯一公开把盟友关系作为外交基轴的大国，也是世界上内政受盟友影响最深的大国。在上述情况下，我们要准确把握当今日本的结盟战略，就必须把普遍规律和特殊性结合起来，进行全面系统的比较分析和综合判断。这也是本文的另一学术价值所在。

第二节　国内外研究现状

关于日本对外结盟问题的研究，成果以日本最为丰厚，其次是中国和美国，欧洲国家比较少见。

一、国内研究现状

在我国，与日本对外结盟问题直接相关的研究成果大多产生于最近10年，主要表现为学术论文，且研究日美同盟的论文占大多数，关于日英同盟和三国同盟的学术论文约占1/4。[①] 其中与本论文研究相关的代表性成果及观点如下。

（一）关于对日本结盟问题的整体研究

当前，国内对日本结盟战略或政策做整体性研究的专著尚未发现，公开发表的论文仅有数篇。其中，吉林大学东北亚研究院张玉国研究员，曾发表论文《同盟困境与美日同盟——日本的同盟政策分析》。[②] 该论文依据现实主义理论，以分析日本与盟友之间的政策互动为核心，探讨了结盟

① 根据本人搜集检索，目前国内公开发表的、专门研究日本对外结盟问题或较多涉及该问题的学术论文约300多篇。

② 参见张玉国：《同盟困境与美日同盟——日本的同盟政策分析》，载《日本学论坛》2004年第1期。

双方围绕着利益、权力、相互地位等问题，在政策选择行为上的合作与冲突，并对同盟框架内，日本不同结盟政策的相关性进行了部分梳理。该院张景全讲师撰写的论文则援用有关国际体系理论，通过探讨国际体系运动对日本选择结盟政策的影响，认为日本在国际体系中的位置对该国的结盟外交具有重大影响。日本从未停止对国际体系中心位置的追求，这种追求与国际体系“中心国家”的东亚均势战略相互动，也对日本长期结盟外交的实践起到了塑造作用。① 他的另一篇论文《20世纪日本对外结盟初探》则从历史角度对日本的结盟行为进行了归纳式探讨。② 另外，也有个别学者进行了英日同盟与日美同盟的历史比较研究。③ 上述研究成果开启了对日本结盟战略及政策进行宏观历史研究的学术思路，但存在理论工具不足、篇幅有限、论证不细致等缺陷。

（二）关于对日本近现代结盟问题的研究

多年来，国内学术刊物陆续发表了一些关于日英同盟、三国同盟的学术论文。其中，比较代表性的成果有《试析日英同盟成立的历史背景》④、《远东危机与“光辉孤立”的困境（1900~1901）》⑤、《英日同盟的建立与英国传统的外交政策》⑥、《论第二次英日同盟》⑦、《三国同盟条约缔结后德日对苏政略之分歧》⑧、《德意日同盟条约对世界战略格局的影响》⑨等。这些论文或探究上述同盟成立的历史原因，或梳理同盟当事国的相互政策变化脉络，或分析其对当时国际关系特别是中国的影响等。但上述研究成果所揭示的新史料不多，研究方式限于考据和历史归纳，内容多以英国或德国为探讨重点。

---

① 参见张景全：《国际体系与日本对外结盟》，载《日本学刊》2005年第3期。

② 参见张景全：《20世纪日本对外结盟初探》，载《世界经济与政治》2004年第12期。

③ 参见胡伟、倪海宁：《日英同盟与“再定义”后的日美同盟比较》，载《日本学刊》2005年第6期。

④ 参见叶艳华：《试析日英同盟成立的历史背景》，载《东北亚论坛》2005年第2期。

⑤ 参见邵永灵、王琛：《远东危机与“光辉孤立”的困境（1900~1901）》，载《史学月刊》1999年第5期。

⑥ 参见王艳芬、汪诗明：《英日同盟的建立与英国传统的外交政策》，载《学海》2001年第5期。

⑦ 参见张凝、顾彩亚：《论第二次英日同盟》，载《铁道师院学报》1996年第6期。

⑧ 参见罗志刚：《三国同盟条约缔结后德日对苏政略之分歧》，载《史学月刊》1995年第4期。

⑨ 参见崔洪利：《德意日同盟条约对世界战略格局的影响》，载《渤海大学学报（哲学社会科学版）》2005年第6期。

在学术专著方面，我国学者张广民2006年出版了《与强者为伍——日本结盟外交比较研究》[①]。该专著在系统梳理日本近现代结盟历史的基础上，分析了国际体系、国内政治与日本结盟决策的关系；论述了第一次英日同盟缔结后的日俄关系、三国同盟缔结后的日美关系，以及日英同盟、三国同盟与中国的关系。但该著作没有论及日英同盟成立后的演变状况，也没有把二战结束以来日本的对美结盟战略纳入研究视野。

（三）关于日本当代结盟问题的研究

由于现实需要，我国研究日本结盟问题的论文成果主要集中在日美同盟问题上，比较严肃的学术性文章计有200多篇，研究涉及的领域也比较宽，但研究的历史时段大部集中于冷战后，研究焦点聚在日美安保关系的调整上。

关于日美同盟的发展历史。目前国内专门从事此类研究的论文成果较少。比较有代表性的有《太平洋战争五十年后的日美同盟》[②]、《战后日美军事同盟的历史考察》[③]、《战后日美安全同盟的确立》[④]、《战后日本安全战略的演变轨迹》[⑤]、《从日美安全保障体制看日美关系的演变》[⑥]、《论二十世纪九十年代的美日同盟》[⑦]。其中《战后日美军事同盟的历史考察》重点从日本角度，对日美安保关系的建立和历史发展做了比较全面的回顾和总结。

关于冷战后日美同盟关系调整的战略动因。此类研究论文成果较多，以《对日美同盟“再定义”的再认识》[⑧]、《日美强化同盟体制的战略图谋》[⑨]、《英美特殊关系和日美联盟关系的理论分析与比较研究》[⑩]、《试论

① 参见李广民：《与强者为伍——日本结盟外交比较研究》，人民出版社2006年版。

② 参见丁诗传、陈卫：《太平洋战争五十年后的日美同盟》，载《国际战略研究》1992年第2期。

③ 参见谢朝晖：《战后日美军事同盟的历史考察》，载《军事历史研究》2001年第3期。

④ 参见沈美华：《战后日美安全同盟的确立》，载《历史教学》2001年第5期。

⑤ 参见金熙德：《战后日本安全战略的演变轨迹》，载《日本研究》1998年第3期。

⑥ 参见刘爱华：《从日美安全保障体制看日美关系的演变》，载《内蒙古师大学报（哲学社会科学版）》1998年第1期。

⑦ 参见任晓、刘星汉：《论二十世纪九十年代的美日同盟》，载《美国研究》2000年第4期。

⑧ 参见王公龙：《对日美同盟“再定义”的再认识》，载《日本学刊》2002年第5期。

⑨ 参见赵阶琦：《日美强化同盟体制的战略图谋》，载《和平与发展》2006年第1期。

⑩ 参见朱听昌、晋军：《英美特殊关系和日美联盟关系的理论分析与比较研究》，载《国际论坛》2003年第5期。

国际政治中同盟的持久性——以冷战后美日同盟为例》[①] 最具代表性。上述论文或从现实主义、新自由主义和建构主义视角出发，对冷战后日美同盟的调整，进行了比较系统的动因分析；或从同盟理论的一般规律出发，对美日“2+2会议”达成最终协议可能导致的日美同盟体制变化及战略影响做出了前瞻性判断。上述成果在理论工具的运用上具有创新性，对冷战后日本结盟战略变化动因的解读较具逻辑深度，观点很有启发性。

关于日本的外交安全战略与日美安保的关系。比较有代表性的论文成果有《新世纪的日美同盟与日本防卫政策调整》[②]、《日本的“自主防卫”与日美同盟发展趋势》[③]、《日美同盟与日本的军事大国化倾向》[④]、《强化日美同盟：日本面向21世纪的战略起跳板?》[⑤] 等。这些论文基本循现实主义思路，阐述了冷战后日本外交安全战略调整与日美安保的关系。另外，关于美国战略调整与日美安保关系的研究成果也较多。但成果中重复观点不少。

关于日本联盟政策调整与地区安全的关系。此类研究的论文成果近年有增多趋势。较具代表性的有《论日美同盟关系的“全球化”趋势》[⑥]、《美日同盟与地区安全》[⑦]、《日本的东亚共同体设想评析》[⑧] 等。基本观点是美日同盟是亚太地区安全事务中的一项重要因素，是美国在该地区保持军事存在的基本条件；美日加强同盟关系，特别是修改后美日安保条约可能对地区安全带来消极的影响；中国应予以关注，并寻求建立合理、稳定的地区安全架构等。另外，截至目前，从经济角度解读日本对外结盟问题的成果不多，相关论文仅有数篇，如《美日经贸关系与美日联盟》[⑨]、

① 参见陈晓晨：《试论国际政治中同盟的持久性——以冷战后美日同盟为例》中国国际关系研究网 http://www.sinoir.com/review/ShowArticle.asp? ArticleID=1360。

② 参见孙君健：《新世纪的日美同盟与日本防卫政策调整》，载《河南大学学报（社会科学版）》2005年第1期。

③ 参见郭丽立：《日本的“自主防卫”与日美同盟发展趋势》，载《国际问题研究》2005年第2期。

④ 参见徐万胜：《日美同盟与日本的军事大国化倾向》，载《当代亚太》2004年第4期。

⑤ 参见杨伯江：《强化日美同盟：日本面向21世纪的战略起跳板?》，载《现代国际关系》1999年6期。

⑥ 参见孙文清：《论日美同盟关系的“全球化”趋势》，载《和平与发展》2004第4期。

⑦ 参见倪峰：《美日同盟与地区安全》，载《太平洋学报》1999年第2期。

⑧ 参见孙承：《日本的东亚共同体设想评析》，载《国际问题研究》2002年第5期。

⑨ 参见王帆：《美日经贸关系与美日联盟》，载《国际关系学院学报》2001年第2期。

《论战后美日安全同盟对两国贸易的作用》① 等。

目前，国内公开出版的有关日美同盟的专著较少，迄今仍没有发现专门系统论述战后日本对美结盟战略及政策的著作。不过，2008 年中国政法大学副教授刘艳撰写的《冷战后的日美同盟解读——兼论对中日关系的影响》，对冷战后日美同盟调整的内容、动因和影响做了比较系统、细致、深入的分析。② 另外，目前国内出版的一些著作中也有部分论及日本对外结盟问题的。这些著作多为以日本史、日本国家战略、日本对外战略、日本防卫战略为研究对象的综合性专著，只是把日本对外结盟问题作为其中的一个问题或方面进行阐述或论述。由于受研究主题的限制，论述的篇幅有限，以陈述事实为主，以论述分析为辅，系统性和全面性不足。

二、日本相关研究现状

日本关于本国对外结盟问题的研究可分为三类，即论文、专著或研究报告。以现状研究居多，史学研究较少。总的印象是，真正客观严肃的成果只占少部分，不少成果的主观性太强，有明显的政治炒作痕迹。从研究领域看，其主要特征是对日美同盟的研究多，对英日同盟、三国同盟的研究少；对政治安全问题的研究多，对相关经济社会文化的研究少；对盟友美国安全政策的研究多，对与日美同盟相关的亚洲问题研究少。从研究内容看，对某一阶段同盟关系的细节阐述比较详尽，对结盟政策某个问题的微观研究比较细致，但具全局性、大历史观的成果极少，迄今尚未发现把日本整个 20 世纪对外结盟史作为研究对象者。从研究的理论工具和价值观倾向来看，运用现实主义、新现实主义、政治经济学方法者居多，对社会历史文化因素的关注很少；价值观取向上存在美国中心主义、日本中心主义、肯定侵略史观等倾向，尤其是对有关近代历史、亚洲国家的认识分析则充满偏见。

（一）论文成果

根据检索，自 20 世纪 50 年代以来，日本国内公开刊物发表的、直接以对外结盟问题为研究对象的学术论文有 1500 多篇。

---

① 参见李晓涛：《论战后美日安全同盟对两国贸易的作用》，武汉大学 2005 年版。

② 参见刘艳：《冷战后的日美同盟解读——兼论其对中日关系的影响》，中国政法大学出版社 2008 年版。

1. 对英日同盟的研究

此类论文共有100多篇，研究涉及日英同盟建立和瓦解动因的考察、日英同盟与近代日本国内政治的关系、日英同盟与日本的大陆政策等领域。基本特征是史学研究比较细致，对现实的战略性研究则相对粗糙，具有明显的主观功利性。其中，前陆上自卫队少将黑野耐从军事战略角度分析了英日同盟与日本国防政策的相互影响。① 原防卫大学教授三木秀雄论述了日英同盟期间日本结盟战略与外交、军事的关系。② 新潟大学学者村岛滋论述了第三次日英同盟的性质和影响。③ 知名学者、三井物产战略研究所所长寺岛实郎总结了日英同盟成立的国内外背景要素。④ 历史学家黑羽茂、外交学专家大畑笃四郎对日英同盟的解体过程及原因进行了描述和分析。⑤ 杏林大学客座教授田久保忠卫则分析了日英同盟解体后日本外交的孤立化。⑥ 另外，近年来，岡崎久彦、中西輝政、平间洋一等右翼学者也纷纷撰文强调英日同盟解体的"历史教训"⑦。

2. 对三国同盟的研究

此类论文共大约有100篇，研究重点集中在探讨日本缔结三国同盟的决策人脉、走向三国同盟的决策过程上。也有极少数论文谈及三国同盟缔结后对日本军事、外交、经济的影响。前自民党总裁绪方竹虎发表的《三国同盟中的米内光政》，曾论及米内光政在三国同盟决策中的政治态度变化。⑧ 东京大学历史学教授池田清对日本海军上层在三国同盟决策中

---

① ［日］黑野耐：《第二次日英同盟と国防方針》，载《防衛研究所紀要》2003年3月第5卷第3号。

② ［日］三木秀雄：《同盟外交と同盟戦略——日英同盟における政戦両略の一致》，载《新防衛論集》1983年3月第10卷第4号。

③ ［日］村島滋：《第三次日英同盟の性格と意義》，载《国際政治》1972年4月号。

④ ［日］寺島実郎：《1900年への旅 1900年ロンドン（その6）いま、再考する日英同盟》，载《フォ-サイト》1998年7月第9卷第7号。

⑤ ［日］黑羽茂《第一次世界大戦とヨーロッパ外交の動向——とくに日英同盟拡充可否問題をめぐって》，载《軍事史学》1968年8月；大畑篤四郎：《ワシントン会議日本政府訓令についての考察——日英同盟》，载《早稲田法学》1963年2月号。

⑥ ［日］田久保忠衛：《米外交の中の日本（32）日英同盟廃棄で孤立化に加速——日本政府に欠けた危機感》，载《自由》2002年2月第44卷第2号。

⑦ ［日］岡崎久彦：《幣原喜重郎とその時代-4-日英同盟の時代》，载《Voice》1998年10月号；中西輝政：《同盟の衰微するとき》，载《中央公論》1987年9月号；平间洋一：《日英同盟崩壊の痛い教訓》，载《This is 読売》第67号。

⑧ ［日］緒方竹虎：《米内光政——三国同盟をめぐつて》，《文芸春秋》1949年8月号。

的立场纷争进行了分析。[①] 历史学家三宅正树有数篇论文对日本走向三国同盟的内政外交历程进行了系列探索。[②] 另外，日本近代史专家义井博的论文《1940年希特勒的政略决定过程和日本领导人缔结三国同盟的战略判断》，分析了日本在结盟决策上同德国的互动[③]；他的另一篇论文《三国同盟缔结和日本海军的政策转换》论述了结盟对日本军事战略的影响。[④] 东京大学教授工藤章的论文《三国同盟和人造石油：日德经济技术合作》论述了三国同盟期间日本与德国的经济关系。[⑤] 另外，学者春木猛、森茂树对三国同盟缔结前后的日本外交也有所分析。[⑥]

3. 对日美同盟的研究

由于政治外交的现实需要，在对外结盟问题上，日本学者长期把研究焦点聚集在日美同盟问题上，研究成果非常多，已公开发表的论文有1300多篇。

关于日美防卫合作及日本防卫政策。此为日本学者研究的重点，相关论文将近700篇，论述涉及到与同盟调整相关的防卫战略及政策问题、日美防卫合作问题、驻日美军基地问题、与同盟调整相关的自卫队建设及装备发展问题等。但研究方法比较单一，多立足于现实主义。比较有代表性的论文有琉球大学教授我部政明的《日美同盟的原型——探索责任分担》[⑦]、野村综合研究所主任研究員森本敏的《日本与世界安全·国际社

---

① [日] 池田清:《三国同盟と海軍左派トリオ——米内光政·山本五十六·井上成美》，载《歴史と旅》1999年9月号。

② [日] 三宅正樹:《日独伊三国同盟への道（2）——松岡洋右の人と思想》，载《社会思想研究》1966年12月号。

③ [日] 義井博:《1940年のヒトラ-の政戦略決定過程と日独伊三国同盟を締結した日本の指導者の判断のあやまり》，载《政治経済史学》1985年12月号。

④ [日] 義井博:《日独伊三国同盟の締結と日本海軍の政策転換の問題》，载《名古屋市立大学教養部紀要 人文社会研究》1973年3月号。

⑤ [日] 工藤章:《三国同盟と人造石油：日独経済·技術協力をめぐって》，载《社會經濟史學》1989年12月号。

⑥ [日] 春木猛:《三国同盟の評価——三国条約締結後における日本の対米，対独外交関係を中心として》，载《青山法学論集》1964年3月第5卷；森茂樹:《松岡外交における対米および対英策——日独伊三国同盟締結前後の構想と展開》，载《日本史研究》1997年9月号。

⑦ [日] 我部政明:《日米同盟の原型——役割分担の模索》，载《国際政治》2004年3月号。

会的反恐战争与美国》[①]、自卫队原参谋长联席会议议长佐久间一的《日本和世界安全·日美同盟关系深化和安全保障体制确立》[②]、日防卫大学教授岩田修一郎的《美国军事战略与日美安保体制》[③]、前防卫厅新统合幕僚会议议长石川亨的《基于海军的日美同盟和多边主义》[④]、大阪大学教授坂元一哉的《守卫关岛的日美同盟——日美要扩大防卫合作》[⑤] 等。另外，也有一些和平主义学者发表批判性论文，但数量较少。如山根隆志的《从美军重组凸显日美同盟的异常和从属性》[⑥]、浅井基文的《日美安保体制鉴证和未来》[⑦] 等。

关于日美同盟与地区安全的研究。代表性论文有防卫大学教授神谷万丈《面向亚太多重安全结构——多国协调体制的局限和日美安保的功能》[⑧]、外务省日美安保条约科科长岛田顺二的《进一步强化日美安保体制——2+2文件的意义》[⑨]、京都大学教授中西辉政的《强化日美安保遏制中国的时候到来了》[⑩]、明治大学教授伊藤刚的《日美中关系中的“台湾问题”》[⑪] 等。日国内类似论文较多，且政治功利性很强，论据采集存在明显缺漏，鲜有客观严谨者。

关于对美结盟与日本外交关系的研究。代表性论文有东京大学教授猪

---

① ［日］森本敏：《日本と世界の安全保障 国際社会の対テロ戦争と日米同盟》，载《世界週報》2006年第11号。

② ［日］佐久間一：《日本と世界の安全保障 日米同盟関係深化と安全保障体制確立》，载《世界週報》2006年1月31日。

③ ［日］岩田修一郎：《米国の軍事戦略と日米安保体制》，载《国際政治》1997年5月号。

④ ［日］石川亨：《海軍における日米同盟とマルチラテラリズム》，载《波涛》2002年7月号。

⑤ ［日］坂元一哉：《グアムを守る日米同盟——日米安保協力を拡大せよ——米軍再編は〈安保改定の挫折〉を回復するチャンスだ》，载《Voice》2006年4月。

⑥ ［日］山根隆志：《米軍再編にみる日米同盟の突出した異常性と従属性》，载《前衛》2006年4月。

⑦ ［日］浅井基文：《日米安保体制の検証と今後》，载《マスコミ市民》2001年9月。

⑧ ［日］神谷万丈：《アジア太平洋における重層的安全保障構造に向かって——多国間協調体制の限界と日米安保体制の役割》，载《国際政治》1997年5月号。

⑨ ［日］島田順二：《日米安保体制のさらなる強化に向けて——《2+2》共同文書の意義》，载《外交フォーラム》2006年3月号。

⑩ ［日］中西輝政：《米軍改編は日本のチャンス——日米安保の強化を図り中国を封じ込めるときが来た》，载《Voice》2004年12月。

⑪ ［日］伊藤剛：《日米中関係における《台湾問題》》，载《国際政治》1998年总第118号。

口孝的《日本的选择：冷战终结后的日美安保》[①]、东京大学教授五十岚武士的《日美关系——日美安保体制存在的必要条件》[②]、北冈伸一的《以日美安保为基轴的“联合国重视”》[③]、著名政治学学者藤井严喜的《美国的世界战略与日美安保》[④] 等。此类论文争鸣色彩较浓，但视野局限于日美之间，亚洲认识明显不足。

关于对美结盟与日本国内政治的研究。代表性论文有一桥大学教授渡边治的《日本现代帝国主义和日美安保》[⑤]、东京大学教授金子胜的《“日美安保条约”体制的改变和国家改造》[⑥]、著名政治学学者太田周二郎的《日美安保条约和地方自治的可能性——从冲绳的基本问题入手》[⑦]等。上述论文着重分析了日美安保体制与战后日本政治的互动关系，值得借鉴之处颇多。

关于对美结盟与日本经济社会文化的研究。这类成果相对较少，且集中在经济领域。代表性论文东北大学名誉教授大内秀明的《战争与和平的经济学：宪法·日美安保》[⑧]、防卫厅长官额贺福志郎的《日美安保体制保障能源安全》[⑨]、大阪经济法大学亚太研究中心所长武者小路公秀的《经济全球化与日美安保》[⑩]、早稻田大学客座教授高野孟的《北约和日美

---

① ［日］猪口孝：《日本の選択 冷戦終焉後の日米安保》，载《エコノミスト》1997年1月27日。

② ［日］五十嵐武士：《日米関係——日米安保体制存立の不可欠な条件》，载《潮》2004年12月。

③ ［日］北岡伸一：《日米安保を基軸にした〈国連重視〉へ》，载《中央公論》2003年5月号。

④ ［日］藤井厳喜：《アメリカ帝国の世界戦略と日米安保条約》，载《月刊日本》2000年4月。

⑤ ［日］渡辺治：《日本の現代帝国主義化と日米安保》，载《日本の科学者》1997年8月号。

⑥ ［日］金子勝：《日米安保条約体制の改変と国家改造》，载《日本の科学者》2003年8月号。

⑦ ［日］太田周二郎：《日米安保条約と地方自治の可能性——沖縄の基地問題を手がかりにして》，载《下関市立大学論集》1998年1月。

⑧ ［日］大内秀明：《戦争と平和の経済学（下）憲法·日米安保 共存の歴史を乗りこえて》，载《ひろばユニオン》2004年8月。

⑨ ［日］額賀福志郎：《日米安保体制がエネルギーの安全保障》，载《エネルギーフォーラム》2000年9月。

⑩ ［日］武者小路公秀：《経済のグローバル化と日米安保》，载《社会民主》1999年9月。

安保的"域外化"——不断加深的美国"文化"混乱》[①]、明治大学教授伊藤刚的《日美中三角——安全与人权》[②] 等。上述论文从不同侧面论述了经济、文化中的一些要素对日美安保关系的影响，但基本以动向分析为主，存在深度不够的一面。

（二）专著等大型研究成果

截至目前，日本国内有关对外结盟问题的专门著作约400部。其中，多半是学术价值不高的大众读物，当然也有不少学者推出了专业性学术专著。下面分类作简要介绍。

从全球及地区战略角度论述对外结盟的有：木畑洋一的《日德意三国同盟与第二次世界大战》[③]、田久保忠卫的《战略构图——摇摆于美苏之间的日本》[④]、船桥洋一的《同盟比较研究——冷战后秩序的追求》[⑤]、寺岛实郎的《拿着地球仪思考的美国——21世纪日美关系构想》[⑥]、五百旗头真的《秩序变革期日本的选择——推荐"美·欧·日"系统》[⑦]、鸭武彦的《亚洲秩序：脱冷战的影响》[⑧]、神谷不二的《冲绳归还后的日美关系：70年代的亚洲和日本的作用》[⑨]、伊藤之雄的《20世纪日美关系和东南亚》[⑩]。

从安全角度论述对外结盟的有：寺岛实郎的《既是希望又是威胁的美国——如何与这个国家相处》[⑪]、中西宽的《战后日本安全和美国》[⑫]、

① ［日］高野孟：《NATOと日米安保の"域外化"——深まる米国の"文化的"混乱》，载《法律文化》1999年6月第11卷第1号。

② ［日］伊藤剛：《日米中トライアングル－安全保障と人権》，载《レヴァイアサン》1997年第21号。

③ ［日］木畑洋一：《日独伊三国同盟と第二次大戦》，岩波書店1988年版。

④ ［日］田久保忠衛：《戦略の構図——米ソに揺さぶられる日本》，高木書房1979年版。

⑤ ［日］船橋洋一：《同盟の比較研究——冷戦後秩序を求めて》，日本評論社2001年版。

⑥ ［日］寺島実郎：《地球儀を手に考えるアメリカ——21世紀・日米関係への構想》，東洋経済新報社1991年版。

⑦ ［日］五百旗頭真：《秩序変革期の日本の選択——《米・欧・日》三極システムのすすめ》，PHP研究所1991年版。

⑧ ［日］鴨武彦：《アジアの国際秩序 脱冷戦の影響》，日本評論社1994年版。

⑨ ［日］神谷不二、ジェラルド・カーティス：《沖縄以後の日米関係 七〇年代のアジアと日本の役割》，サイマル出版会1970年版。

⑩ ［日］伊藤之雄：《二〇世紀日米関係と東アジア》，風媒社2002年版。

⑪ ［日］寺島実郎：《脅威のアメリカ 希望のアメリカ——この国とどう向きあうか》，岩波書店2003年版。

⑫ ［日］中西寛：《戦後日本の安全保障とアメリカ》，風媒社2002年版。

白石隆的《帝国的局限——美国·东亚·日本》[①] 等。

从日本外交角度论述对外结盟的有：平间洋一的《日英同盟》[②]、藤井信行的《日英同盟条约谈判与英国外交政策》[③]、大桥忠一的《被欺骗的历史——松冈和三国同盟内幕》[④]、义井博的《日德意三国同盟和日美关系》[⑤]、船桥洋一的《同盟漂流》[⑥]、坂元一哉的《日美同盟纽带——安保条约和相互摸索》[⑦]、冈崎久彦的《对谈·美国与日本》[⑧]、入江昭的《日美关系50年——变化的美国·不变的美国》[⑨]、神谷不二的《日美协调与对立的结构》[⑩]、北冈伸一的《日本的自立——对美协调与亚洲外交》[⑪] 等。

从经济角度论及对外结盟的有：永井阳之助的《日美经济关系的政治结构》[⑫]、小野直树的《战后日美关系的国际政治经济分析》[⑬]、船桥洋一的《日美经济摩擦的幕后》[⑭]、武者小路公秀的《东亚共生之路》[⑮]、关宽治和西口清胜合著的《亚洲太平洋时代和日本——全球化和区域化的政治经济学》[⑯] 等。

从社会及文化角度论及日本对外结盟的有：田久保忠卫的《新日美同盟——亲美民族主义战略》[⑰]、五百旗头真的《从舆论调查看日美

---

① ［日］白石隆：《帝国とその限界——アメリカ·東アジア·日本》，NTT 出版 2004 年版。

② ［日］平間洋一：《日英同盟》，PHP 研究所 2000 年版。

③ ［日］藤井信行：《〈日英同盟〉協約交渉とイギリス外交政策》，春風社 2006 年版。

④ ［日］大橋忠一：《欺かれた歴史—松岡と三国同盟の裏面》，ゆまに書房 2002 年版。

⑤ ［日］義井博：《日独伊三国同盟と日米関係〔増補版〕》，南窓社 1977 年版。

⑥ ［日］船橋洋一：《同盟漂流》，岩波書店 1997 年版。

⑦ ［日］坂元一哉：《日米同盟の絆——安保条約と相互性の模索》，有斐閣 2000 年版。

⑧ ［日］岡崎久彦：《対論·日本とアメリカ》，広済堂出版 2002 年版。

⑨ ［日］入江昭：《日米関係 50 年——変わるアメリカ·変わらぬアメリカ》，岩波書店 1991 年版。

⑩ ［日］神谷不二：《日本とアメリカ協調と対立の構造》，日本経済新聞社 1973 年版。

⑪ ［日］北岡伸一：《日本の自立——対米協調とアジア外交》，中央公論新社 2004 年版。

⑫ ［日］永井陽之助：《日米経済関係の政治的構造》，日本国際問題研究所 1972 年版。

⑬ ［日］小野直樹：《戦後日米関係の国際政治経済分析》，慶応義塾大学出版会 2002 年版。

⑭ ［日］船橋洋一：《日米経済摩擦——その舞台裏》，岩波書店 1987 年版。

⑮ ［日］武者小路公秀：《東アジア共生への道》，大阪経済法科大学出版部 1997 年版。

⑯ ［日］関寛治、西口清勝：《アジア太平洋新時代と日本——地球化と地域化の政治経済学》，法律文化社 1992 年版。

⑰ ［日］田久保忠衛：《新しい日米同盟——親米ナショナリズムへの戦略》，PHP 研究所 2001 年版。

关系》①、浜口惠俊的《日本文化是异质吗》②、猪口孝的《美国总统的正义》③ 等。但目前尚未发现系统论述日本社会文化与对外结盟关系的研究成果。

三、其他西方国家相关研究成果

在其他西方国家，欧洲研究日本对外结盟问题者甚少，澳大利亚近年来关注该问题的学者和相关成果有所增加。2008 年，澳大利亚学者加文·麦考马克的专著《附庸国：美国怀抱中的日本》详细谈到了冷战后日美同盟强化在日本政治、社会、经济领域产生的影响，结论是日本必须进行全面的制度改革，改变现有日美安全和防卫关系，放弃发展核武器的念头。

在美国，专门研究日本对外结盟问题的学术成果相对较多，但学术观点大多分散于联盟理论研究和地区战略研究成果之中。1995 年，面对冷战后日美同盟关系的“漂流”状况，美国国内开始关注美日同盟问题，相关研究有所增加，并出现了学术争论。1995 年，美国日本政策研究所所长 Chalmers Johnson 发表论文《五角大楼僵化的战略》，主张从日本撤出美军地面部队，修改或和平地摒弃美日安全条约，让一种正常的力量平衡机制在西太平洋发挥作用。④ 对此，时任助理国防部长的约瑟夫·奈（Joseph S. Nye）专门发表过论文，强调美日同盟的重要性，要求扩大日本的责任，加强美国对东亚的领导。⑤ 1996 年，美国前驻华大使迈克尔·H. 阿马科斯特撰写的《朋友还是对手》，分析了日本政治社会经济发生的变化以及日美同盟关系面临的课题。⑥ 上述三人的研究成果在美国学术界、政界颇具代表性。1999 年 1 月，约瑟夫·奈又在日本《读卖》月刊，以《竞争、牵制、平衡的力学——日美中不等边三角关系》为题，从多边关系角度对日美关系进行论述。

---

① ［日］五百旗頭真：《世論調査にみる日米関係—読売・ギャラップ共同調査 22 年》，読売新聞社 2000 年版。

② ［日］浜口惠俊：《日本文化は異質か》，日本放送出版協会 1996 年版。

③ ［日］猪口孝：《アメリカ大統領の正義》，NTT 出版 2000 年版。

④ Chalmers Johnson & E. B. Keehn, “The Pentagons Ossified Strategy,” Foreign Affairs, July/August 1995.

⑤ Joseph S. Nye, The Case for Deep Engagement, Foreign Affairs, July/August 1995。

⑥ 参见［美］迈克尔·H. 阿马科斯特：《朋友还是对手——前美驻日大使说日本》，于铁军、孙博红译，新华出版社 1998 年版。

1998年以来，美国研究对日结盟问题的权威学者 Michael J. Green 先后出版《武装日本：国防生产、联盟政治与战后国防自主》[①]、《美日联盟：过去、现在与未来》[②]、《日本勉强的现实主义：不确定权力时代的外交政策挑战》[③] 三本著作。这三本著作一定程度上改变了美国对日联盟问题研究的分散和片面，比较系统深入地分析了冷战后日本的内政外交变化和美日同盟所面临国际环境的变化，并提出了对策。乔治·华盛顿大学国际学院的日裔教授 Mike Mochizuki 的《走向真正的联盟：改造美日安全关系结构》也在日本国内引起很大反响。[④] 另外，Joshua P. Rowan 的《美日安全联盟、东盟和中国南海争端》[⑤]，主要论述美日联盟对美国控制南中国海的战略作用，也部分地谈到同盟本身的状况；兹比格纽·布热津斯基的《大棋局——美国的首要地位及其地缘战略》[⑥]、兰德公司的研究报告《美国与亚洲———美国新的战略与军事态势》[⑦]、美国前国务卿克里斯托夫的回忆录《美国新外交：经济防务民主》[⑧] 也有相当篇幅对美日同盟关系有所论述。

美国对日美同盟的上述研究对日本学术界的观点具有较大的参考甚至导向作用。但其中美国中心主义、实用主义色彩明显，尤其是对亚洲形势以及中国因素的判断不乏误解。

---

① Michael J. Green, Arming Japan: Defense Production, Alliance Politics, and the Postwar Search for Autonomy, Columbia University Press, 1998.

② Michael J. Green, U. S. - Japan Alliance: Past, Present, and Future, New York: Council on Foreign Relations Press, 1999.（中译本名称：《美日联盟：过去、现在与将来》，新华出版社，2000年版。）

③ Michael J. Green, Japan's Reluctant Realism: Foreign Policy Challenges in an Era of Uncertain Power, Palgrave Macmillan Press, 2003.

④ Mike Mochizuki, Toward A True Alliance: Restructuring U. S. - Japan Security Relations, Washington D. C. , Brookings Institution Press, 1997.

⑤ Joshua P. Rowan, The U. S. - Japan Security Alliance, ASEAN, and the South China Sea Dispute," Asian Survey, Vol. XLV, No. 3, May/June 2005.

⑥ 参见［美］兹比格纽·布热津斯基：《大棋局——美国的首要地位及其地缘战略》，中国国际问题研究所译，上海人民出版社1998年版。

⑦ 参见［美］兰德公司：《美国与亚洲———美国新的战略与军事态势》，中译本，军事科学院外军研究部译，军事科学出版社2001年内部版。

⑧ 参见［美］沃伦·克里斯托夫：《美国新外交：经济防务民主》，中译本，苏广辉等译，新华出版社1999年版。

第三节　研究方法与研究框架

本文研究以历史唯物主义和唯物辩证法为基本理论依据，综合运用国际关系学、军事学、战略学、社会学、民族心理学、民族文化学等相关理论工具，并借鉴西方及日本有关国际政治特别是同盟方面的理论研究成果。

由于“结盟战略”并非一个新概念，其内涵与外延为学术界所熟知，故本文未在正文部分就“日本结盟战略”这一概念专门展开论述，仅依据我国战略学界对战略的一般认识以及界定各类战略的一般方法，在此做如下表述：日本结盟战略是指，日本为实现特定的对外军事、政治以及经济扩张目标，围绕对外结盟所做的一系列战略判断和战略指导，它包括判断国际国内形势，决定是否结盟以及选择盟友，确定同盟的共同对手，构建、选择和运用合适的力量手段以维护和调整同盟关系等。

全文在结构上共六章分三部分。第一部分（第一章）意在勾画出日本结盟战略的历史全貌，完整描述日本结盟战略的历史脉络，准确掌握日本历史上三次对外结盟的史实，探索揭示三次结盟之间的内在联系。该部分研究主要为全文提供必要的铺垫，保持研究的整体性。第二部分由第二、三、四、五章构成，分别论述结盟战略演变、决策、实施与日本国家战略、国际环境、国内政治经济环境、民族文化及社会思潮等要素之间的历史与现实互动关系。该部分是本文的重点，意义在于多角度解剖日本结盟战略产生、存在、演变的机理，深化对日本结盟战略存在的系统认识。第三部分（第六章）为日本结盟战略的发展趋势、影响及对策思考。主要对此前影响日本结盟战略存在的诸要素进行综合分析，判断日本对美结盟战略的演变趋势，分析其对我国外交安全的影响并提出若干对策建议。该部分为全文的落脚点和归宿。上述三部分从整体到细节、从外观到结构、从历史与现实到未来展望，史学研究与现状研究紧密结合，形成比较完整的研究体系。

本文着重阐述的、对日本结盟战略及日美同盟关系研究较具理论价值的内容和创新性见解主要有以下方面：

关于日本结盟战略的历史演变。本文首次完整勾画出20世纪初以来日本结盟战略的历史脉络。并分别对不同历史时期日本的结盟战略及政策进行初步总结，得出基本认识，进而着眼整个结盟战略演变历史进行特点归纳，认为日本结盟战略嬗变暗含因果联系，具有追求同盟持久性的倾向，其发展以大国志向为原动力，转换极具现实主义和功利主义。相对于全文而言，该部分学术上具有一定完整性和独立性，便于为第二部分展开论述提供史实依据和坐标导向。

关于国家大战略与日本结盟战略的关系。通过归纳分析日本国家大战略与结盟战略的历史互动，提出国力有限性与国家大战略扩张性之间的矛盾是日本寻找盟友的结构性因素，国家大战略体系结构决定日本结盟战略的性质和地位，国家大战略内在平衡影响日本结盟战略的效用和存续。

关于外交战略与日本结盟战略的关系。通过分析归纳日本结盟与外交的互动历史认为，20 世纪初以来同盟关系下日本外交自主性的强弱变化经过了一个历史回旋，目前正处于增强期；结盟战略在日本外交战略中的地位随着同盟关系的延续大体呈相对下降趋势，目前已进入下降期；20 世纪初以来，日本在处理同盟关系方面积累了丰富的经验教训并引以为鉴，外交战略对待同盟关系的稳健性和保守性总体上在增强。

关于军事战略与日本结盟战略的关系。本文认为，20 世纪初以来结盟战略对日本军事战略自主性的追求总体上呈现出“较强—强—弱—趋强”的历史变化，目前日本结盟战略对军事战略自主性的追求，正处于历史上升期。当前日本军事战略与结盟战略的同步强化具有某种历史回归性，值得高度关注。从近代到现在，日本结盟战略对同盟军事合作方式的追求从“外在配合型”走向“结构配合型”，这种变化与二战以来国际联盟军事合作的发展潮流相一致，目前日本追求军事战略自主性的重点是追求战略决策自主，不会从根本上改变对美军事合作的“结构配合型”模式。

关于外部环境与日本结盟战略的关系。本文认为从地缘战略角度看，日本作为位于东亚大陆外边缘地带的岛国，居大国争锋之地，难以置身事外，偏好远交近攻；面对陆海权对立，多与海上强国为伍；同时，当今日本由于地缘观念滞后，结盟战略并未能有效适应国际地缘战略环境的新变化。从国际体系及国际战略格局角度看，国际体系的无政府状态和位居“核心”与“半边缘”之间的尴尬地位，是促使日本寻求结盟的重要因素；国际体系中的基本矛盾客观上制约着日本选择盟友的视野；国际格局演变曾带来国际结盟运动的“潮涨潮落”，与日本结盟战略的转换节奏存在一致性；格局转换期间大国结盟走向集团对抗产生的“面敌效应”，曾经对日本保持和强化与盟友的合作产生过促进作用；冷战后日本在多极化与单极化反复较量的背景下强化日美同盟，则是“搭便车”、担心重蹈霸权挑战国失败的覆辙、应对其他战略力量竞争等多种动机综合作用的结果。从英、德、美对日关系角度看，其对日政策与日本国策的契合程度决定着日本结盟战略的走向，盟友国力的消长与日本结盟战略的积极程度变化存在对应关系。

关于国内政治经济生态与日本结盟战略。本文认为日本的政治制度、政治体制和政局影响着其结盟战略决策成员构成和决策方式；日本结盟战略演变与决策集团的人脉流变有密切互动关系，表现出很强的历史传承性；决策集团权力结构变化对结盟战略产生和调整有重大影响，其结盟决策的突然性总体上呈减弱趋势，公开性总体上呈增强趋势；结盟决策机制从人治平衡走向制度平衡，其结盟战略调整总体上趋于稳健。经济因素在日本结盟战略的制定和实施中享有特殊地位，虽常作为“后台”因素，但也曾在很长一个时期直接发挥影响，其地位和作用不可忽视；日本对盟国的经济依赖度与其结盟战略的寿命存在一定关联，国家发展模式和发展心态的变化与结盟战略的稳健性存在一定关联；近代日本经济扩张方向与结盟战略目标取向之间具有较高的一致性，当代日本经济扩张的多向性与日本结盟战略之间的矛盾在逐渐凸显。

关于文化与日本对外结盟战略。本文认为，就日本而言，文化因素虽不能直接、明确作用于其结盟战略，但却深刻影响着日本人观察国际环境、酝酿结盟的思维方式，影响着日本人对待盟友的态度和行为。从民族文化心理看，耻感文化心理使日本结盟战略具有脱道义性，跌宕于“自卑”与“傲慢”之间的两极文化心态深刻影响着日本对待盟友的态度，集团主义及“等级”意识使日本为缓解“孤独”恐惧本能地倾向结盟，并对同盟的不平等性具有较强的心理耐受力。从政治文化看，“谈和政治”使日本结盟既具稳定性，又会因强势政治家的出现而跃变；“场”文化容易使日本统治阶层在结盟决策讨论中“一边倒”，决策常令外界感到突然；“服从文化”容易使日本民众盲从统治者的结盟决策，即使反对也是“始抗终顺”；意识形态会促使日本决策者在围绕结盟问题判断形势和认知国家利益时产生特定的偏好和倾向性，并常被用做密切同盟关系、区分盟友与对手的标签以及增强国内认同结盟战略的工具。

关于社会思潮和国民情绪与日本对外结盟战略。本文指出，在近现代，当统治者一种倾向性结盟意见占据主导地位后，即操控社会舆论，形成情绪性的举国一致；而国民情绪一旦被调动，出现一边倒支持结盟的局面，又会对统治阶层中的反对者产生抑制作用。第一次世界大战后，日本国民情绪从“亲英美”滑向“反英美”、“亲德意”，为近卫文麿上台并最终走向三国同盟提供了有利的社会背景。在冷战时期，日本国内和平主义与保守主义两大社会思潮此消彼长的态势、“一亿总中流”导致的国民情绪保守化，总体上既有利于日本政府护持同盟，又制约着保守势力通过扩军，减少对美安全依赖，实现“自主防卫”。冷战后，日本社会思潮的“总保守化”和民族保守主义的上升为日美同盟强化提供了非常有利的社会氛围，但又面临“反美保守主义”的冲击和挑战。

关于未来日本结盟战略的走向。本文在综合分析影响日本结盟战略的诸因素及其对结盟战略的影响方式和影响力之后，得出的基本判断是：在近中期，日本结盟战略很可能继续沿着小布什时期日美设定的基本轨道前进，但对本国战略自由度的追求、对防卫自主的追求会明显增强，传统的对美“基地合作”模式可能会逐渐淡化；从长期看，日本结盟战略的收益会逐渐降低，日美同盟在日本总体外交中的地位也会呈下降趋势，但美国仍将是日本最重要的盟友。

关于日本结盟战略实践对我国的影响及相关对策。本文认为，日本结盟战略实践对我国外交和我国安全的影响十分重大，且总体上是消极的，并存在恶质化倾向。从外交角度看，日本对美结盟战略实践不利于中国推行“和谐外交”，不利于中美关系的稳定，不利于我国“以邻为伴，与邻为善”周边外交的发展。从安全角度看，日本对美结盟战略实践破坏我国海洋方向的区域环境稳定，加深了我战略安全态势的被动性，增强了日本挑起对华战略性对抗的现实性，增加了我实现两岸和平统一的难度，并使我国维护领土完整及海洋权益斗争更加艰难。作为应对之策，我应从维护地区稳定和国家战略利益出发，充分认清日本维持和强化对美同盟的本质目的；确保综合国力快速稳步协调增长，增强影响日本结盟战略的力量基础；立足大局与长远，积极塑造不利于日本结盟战略存续的国际环境；正面引导对日对美关系并行发展，多方牵制日本对华运用日美同盟。

第二章　日本结盟战略的历史演变

20世纪初以来，日本先后对外缔结了日英同盟、三国同盟、日美同盟。每次结盟战略所服务的国策目标、选择的结盟对象、同盟合作的策略手段及运用都各有特色，在日本近代以来历史上的地位和作用也各有千秋，对其国运起伏影响至深。截止2013年，三次对外结盟存续时间长达87年，占据了20世纪初以来日本历史的3/4，在世界结盟史上可谓罕见。虽然跨越几个时代，但前后仍存在很强的历史连续性，折射出日本独特的结盟战略逻辑。

第一节　近现代日本结盟战略

近代日本结盟战略思维在幕府末年就已萌发。甲午战争前，出于权力政治的本能，日本对外结盟之议从民间逐渐扩大到决策层。甲午战争之后，面对“三国干涉还辽”的打击，对外结盟问题提上政治议事日程，日本统治者经过激烈争论，确立了对英结盟战略。该战略中间经过两次调整，一直延续到华盛顿会议召开，并随着日英同盟的解体而终结。此后，失去盟友的日本在对外扩张道路上狼奔豕突，逐渐陷入国际孤立，遂再次寻找盟友，制定并实施三国同盟战略，走上了谋求武力瓜分世界之路。近现代日本的结盟战略虽然几经曲折，但始终围绕一个战略轴心——大陆政策。

一、日本近代结盟战略溯源

在16世纪以前，日本作为一个孤悬海上、与亚洲大陆隔水相望的岛国，外交视野极为有限，国际交往对象主要限于中国、朝鲜、琉球等近邻国家。公元7世纪，日本为称霸朝鲜半岛，曾一度同该地区的百济国结盟，与唐帝国支持的新罗国对峙，但遭到挫败。这一短暂的结盟史并未留下可供后世日本人借鉴的思想遗产。虽然自16世纪起，日本与葡萄牙、西班牙、荷兰、英国等欧洲国家开始发生一些通商关系，但随着德川幕府于17世纪30年代颁布“锁国令”，除与中国、朝鲜、荷兰维持有限往来之外，基本上断绝了和世界其他地区的联系。在长达200余年的“锁国”时期，日本幕府统治者长期囿于以“朝贡”为特征的封建外交思想，视日本为中心，贬外国为“夷狄”，拒绝与之交往。[①] 因此，在19世纪之前，日本对外结盟实践及相关历史经验极少，对后世的影响并不显著。

进入19世纪后，欧美列强处于资本主义大发展时期，掀起了东亚殖民活动的高潮，侵略触角相继伸向日本。[②] 此后，法、美等国船只不时入侵日本。面对列强侵犯的危机，日本朝野开始摆脱“锁国令”的束缚，兴起了筹划御侮自保的思想，并有人提出了对外结盟“攘夷”的观点。1825年，日本水户藩彰考馆总裁会泽正志斋编著《新论》一书，提出“日清提携论”，认为当时世界形势如同中国的春秋战国时期，“神州（指日本）在满清东，犹燕之蔽于齐、赵”；在同欧美诸国对抗中，“与神州相为唇齿者清也”[③]。但是，“日清提携论”是以日本“对中国的高度评价为前提的”[④]。此后，随着中国在鸦片战争中的惨败，日本国内“开国论”逐渐取代“攘夷论”，“日清提携论”遂化为泡影。吉田松阴提出的以侵略中国等亚洲邻国为核心内容的“得失补偿论”占据了主流地位，并成为日本的结盟战略思维的出发点。

1853年6月，美国东印度舰队在海军准将培理（M. Fillmore）的率领下突然出现在日本江户，以武力迫使日本开国，史称“黑船事件”。翌年，培理舰队再度“造访”日本，迫使德川幕府签署了不平等的《神奈川条约》。此后，英、俄、荷等国也援美国先例，相继迫使日本签订了类似条约——日本被迫放弃持续200多年的“锁国”政策，实施“开国”。“开国”政策使日本战略视野骤然开阔，出于扩张和自卫的本能需要，开始探索与列强结盟的问题。1857年，与吉田松阴齐名的日本幕末改革家桥本左内提出了“日俄同盟论”。他指出：“当今世界大势是各国通过结

① ［日］池井優：《日本外交史概説》，第32页，慶應通信1992年版。

② 1806年，英国军舰费顿（Phaeton）号挂着荷兰国旗闯入长崎，将骗到船上去的荷兰商馆人员作为人质，长崎奉行松平康英因对事件负有责任而自杀。该事件可谓欧美开始威胁日本安全的标志性事件。参见［日］升味准之辅：《日本政治史》第一册，董果梁译，第38页，商务印书馆1997年版。

③ 潘俊峰：《日本军事思想研究》，第152页，军事科学出版社1992年版。

④ ［日］池井優：《日本外交史概説》，第62页，慶應通信1992年版。

盟实现五洲一统，而盟主非英即俄。日本为避免陷入孤立，应在两国中寻一盟国"[①]；"从两国的气质特点看，英国剽悍贪婪而俄国正直诚恳，（将来）世界之瞩望会集于俄国"，所以日本"应和俄国结盟分割中国"；而且从地理上看"俄国与日本毗邻，可谓唇齿相依"，与这样的国家结盟和英国一战，"纵然失败也不至于亡国"，故日俄结盟抑制英国"善莫大焉"[②]。桥本左内"日俄同盟论"虽然不乏臆断成分，但基本抓住了当时远东国际关系中英、俄争霸这一主要矛盾，符合日本对外扩张的需要，因此产生了比较大的影响。被称为"明治三杰"之一的木户孝允曾称赞桥本之论为"日本建国的唯一良策"[③]。尽管后来日本明治政府真正走上结盟之路时，似乎与"日俄同盟论"背道而驰，选择的是联英抗俄，但该论毕竟打开了近代日本统治者运用与强国结盟实施对外扩张的战略思路，故可谓近代日本结盟战略思维的源头。

明治维新之后，日本打着"富国强兵"、"开国进取"的旗帜，真正走上了以中国为主要侵略对象的对外扩张道路。然而，当时的日本国小人寡，资本主义发展刚刚起步，实力尚弱，而中国地阔人众，国力虽不及列强但仍在日本之上。清政府虽对列强屈辱忍让，却不愿轻易答应"东瀛小邦"的侵略要求。因此，当明治新政府在建立之初企图效仿列强索取在华特权时，理所当然遭到了清政府的拒绝，不得不在平等基础上缔结了《日清修好条规》。而且，当时列强在中国已基本形成各自的势力范围，日本尚无与列强"争食"的能力和资格，要侵略中国必须得到列强的帮助和认可。更何况，日本明治维新后国内政局不稳、近代化不断遭遇挫折，财政根本难以支撑庞大的扩军计划，也需要从列强得到支持。

在上述背景下，19 世纪 80 年代，日本决策层就提出了对外结盟问题。[④] 1885 年，面对财源严重不足、军备扩充难以快速达到预定目标的情况，日本外相井上馨曾提出"利用日本的地理价值，通过提供少数军力，与英国或沙俄结盟的构想"，日本陆军内部也开始酝酿与列强结盟之道。1888 年 1 月，山县有朋在其"意见书"中指出："最近，英、俄都有寻求与日本结盟的趋势"，日本虽当不了盟主，但可以加入某国倡导的同盟；

---

① ［日］福留民夫：《明治・大正・昭和の教訓と新世紀日本の進路》，载《经营论集》2002 年 9 月第 12 卷第 1 号。

② ［日］林房雄：《大東亞戰爭肯定論》，第 29 页，番町書房昭和 27 年版。

③ 戴季陶：《日本论》，第 58 页，海南出版社 1994 年版。

④ ［日］黑野耐：《大日本帝国の生存战略》，第 27～35 页，講談社 2004 年版。

不过，无论是与英国还是与俄国结盟，日本都必须发展陆海军备，“才能作为盟友得到战胜利益”。另外，日本决策层外围也有不少主张对外结盟者。如日本陆军中将三浦梧楼在其所著《兵备论》中声称：“欧美在对邻邦（指中、朝等国）实施野心时，日本应与他们竞争，并与利害一致的国家联合，为此日本应能够提供一个师团的兵力……”另一位陆军中将谷干城表示，“日本应成为盟主，执东亚牛耳，为此要有军舰20艘、陆军精兵10万，使日本在英、俄相争时，与沙俄联手即可制英，与英联手即可挫俄”。然而，一直到甲午战争爆发，日本决策层并未把对外结盟问题摆上议事日程。从外部环境看，当时列强围绕中国、朝鲜等远东问题的矛盾尤其是英俄矛盾尚未激化到分庭抗礼的地步，未向日本提出明确、坚定的结盟要求。[①] 从国内看，日本此时对自身军事实力尚信心不足，面对个别强国权宜性的结盟邀请，反而倒比较谨慎，担心过早陷入与中国的对抗。[②]

二、19世纪末至20世纪初日本的对英结盟战略

（一）为遂行战争而缔结同盟

1895年4月17日，中国与日本签署《马关条约》。根据该条约，朝鲜与中国的传统联系被完全割断，在“独立自主”的名义下沦为日本的殖民地；日本除获得巨额赔偿和在华贸易特权之外，还要割取中国辽东半岛、台湾和澎湖列岛等。条约签署当日，由于担心日本割取辽东半岛威胁其在华殖民利益，沙俄政府向德、法两国建议联合对日干涉。4月23日，俄、德、法三国驻日公使共同向日本发出了措辞强硬的外交照会，声称日本割取辽东将“危及中国首都，且朝鲜国之独立也将因此变得有名无实”，“这将长期妨碍远东之持久和平”。德国公使还威胁“必要时将使此

① 在甲午战争之前，“英国官方舆论对中国、日本和俄国卷入朝鲜事务采取了一种比较超然的观点……在卷进去的三个强国中，唯一可能引起英国忧虑的是俄国，但是由于东北亚不能认为是和英国有直接利害关系的地区，因此对俄国人的活动多半未加过问”。见［英］杨国伦：《英国对华政策（1895~1902）》，刘存宽等译，第13页，中国社会科学出版社1991年版。

② 如在中法战争前夕，出于对中国军事力量的过高估计，法国外相曾向日本驻法公使蜂须贺茂韶提出日法联合对付中国，但日本外相井上馨认为与法国结盟，可能使中国把矛头首先对准日本，而当时日本尚未完成与中国交战的军备扩充计划。后来，当法国发现中国军事力量是“纸老虎”后，对日结盟之请也就不了了之。参见［日］黑野耐：《大日本帝国の生存战略》，第29~30页，講談社2004年版。

抗议成为有效"[1]。三国海军也同时出现在日本海面，大有顷刻兵戎相见之势。此时，日本"陆军已倾其全部精锐从事外征"，"舰队已出征数百里之外，沿海守备几乎空虚"[2]。面对俄、法、德三国的强大压力，日本施展外交手腕，拉拢英、美、意三国实施反干涉未果，只好接受"劝告"。"三国干涉还辽"是刺激日本对英结盟战略产生的催化剂，使其意识到"在列强利害关系错综复杂的东亚，日本无法独立将战场的胜利转化为战后的政策成果"[3]。在这场干涉中，一方面，日本朝野上下卧薪尝胆、对俄复仇情绪迅速发酵；另一方面，日本看到英国虽未出手相助，但表现出对日同情之意，国内亲英情绪因此高涨。"三国干涉还辽"极大促进了日英关系的深化，使"日英同盟论"在日本国内有关结盟对象选择的争论中逐渐占据优势。

早在"三国干涉还辽"期间，日本外相陆奥宗光就提议，以"由于英国和日本有共通利害关系，所以日本希望英国协助"为理由，向英国政府提议建立日英联盟。[4] 后来，此议虽遭首相伊藤博文否决，但日外务省并未罢手，驻英公使加藤高明继续围绕结盟问题与英方私下沟通。[5]"庚子事变"后，沙俄殖民势力向中国东北和朝鲜半岛方向进逼，日俄矛盾进一步激化，日本寻求对英结盟的现实必要性越发凸显。1901 年 3 月 18 日，德国驻英公使艾卡尔德斯坦向英国外相和日本驻英公使林董提出缔结德英日三国同盟以维持远东势力平衡，正式拉开了日英结盟谈判序幕（后来德国淡出）。日英谈判期间，日本决策层分别以伊藤博文和桂太郎为代表的，是日俄协商还是对英结盟的争论趋于激烈，但后者逐渐占据上风。1901 年 12 月 7 日，日本政界元老会议通过了外相小村寿太郎提出的"关于日英同盟的意见书"，12 月 9 日得到天皇裁可。1902 年 1 月 30 日，日本与英国签署《日英同盟条约》，即日生效。《日英同盟条约》的核心内容主要包括三个方面：①当日、英在中国和朝鲜拥有的特殊权益受到第三国侵犯时，两国采取必要措施。②当日、英两国中的一国与第三国交战

---

① 王绳祖：《国际关系史》第三卷，第 223 页，世界知识出版社 1995 年版。

② ［日］中塚明：《还历史的本来面目——日清战争是怎样发生的》，于时化译，第 196 页，天津古籍出版社 2004 年版。

③ ［日］黑野耐：《大日本帝国の生存战略》，第 62 页，講談社 2004 年版。

④ ［日］信夫清三郎：《日本外交史》上，天津社会科学院日本问题研究所译，第 287 页，商务印书馆 1980 年版。

⑤ ［日］黑羽茂：《世界史上より见たる日露戰爭》，第 60～61 页，致文堂昭和 35 年版。

时，另一国要严守中立。③当日、英两国中的一国与第三国交战时，如另有国家参战，同盟国应联合作战。

在第一次《日英同盟条约》期间，日本对英结盟战略具有如下特点：

首先，战略目的紧紧围绕战争需要。日本决策层确定对英结盟的目的极为明确：一为打赢日俄战争，二为维护战争胜利成果。作为该战略的核心决策人物之一，外相小村寿太郎就把日英同盟视为发动对俄战争的先决条件，指出："与俄国的友好合作、远东的持久和平非与之一战而不能得"；但日弱俄强且沙俄有欧洲盟国，日本只有与英结盟才能弥补国力不足，防止其他列强卷入，避免三国干涉局面重演。[①] 后来的事实也证明，对英结盟战略消除了日本的后顾之忧，使其能全力准备对俄战争，而且在战争中得到了英国外交、财政乃至军事上的配合和支持——"日本在事关国家兴废的战争中，最大限度地利用了这个同盟"[②]。

其次，该战略对扩张目标力求远近兼顾。日俄协商和日英同盟之争所围绕的"最主要政策目标是解决韩国问题"[③]。如果仅就维护日本在朝鲜半岛殖民利益而言，日俄协商逻辑上不无合理性；但如果从长远看，与俄罗斯在朝鲜问题上达成妥协，则不利于日本大陆政策的进一步展开。正如桂太郎所分析的："此时结好俄国只是一时之功，而尚全部屈从于俄国的要求（指让出满洲）"，根本不符合日本的大陆政策。[④] 在他看来，对英结盟的好处不仅着眼于夺取对俄的现实优势，还考虑到英国"对中国没有新的领土意图"，不会对日本的大陆扩张构成直接挑战，而且在日英结盟状态下，"日本在中国福建、浙江的势力扩张不会困难"[⑤]。

再次，该战略颇具谋略性、欺诈性。日本"大陆政策"自产生之日起就是以侵吞中、朝领土为最终目的，其制定者山县有朋提出的所谓"利益线"指的就是中国和朝鲜[⑥]。而在日英结盟谈判中，当英国"对日本在朝鲜野心的潜在性质表示不安"时，为消除潜在盟友对卷入战争的

① ［日］远山茂树：《日本近现代史》第1卷，邹有恒译，第162页，商务印书馆1983年版。

② ［日］伊藤正德：《国防史》，第212页，东洋经济新报社昭和41年版。

③ ［日］信夫清三郎：《日本外交史》上，天津社会科学院日本问题研究所译，第324页，商务印书馆1980年版。

④ ［日］外務省：《小村外交史》，第256页，原書房1966年版。

⑤ ［日］黒野耐《大日本帝国の生存战略》，第78页，講談社2004年版。

⑥ 参见王颜昱：《日本军事战略研究》，第24页，军事科学出版社1992年版。

担心，日本刻意表现在“满洲”问题上并不好战。驻英公使林董声称，“任何协定的目标都要保持门户开放政策和中国的领土完整”，“日本的想法是，它能把在满洲给予俄国的利益向其他列强开放”①。在朝鲜问题上，当英国在谈判中建议盟约草案绪言添加两国“对防止朝鲜被任何列强兼并尤为关注”一语时，“日本将这狡猾地改为‘任何其他列强’”从而为日后吞并朝鲜留下余地。② 在日俄战争前夕，为争取盟友英国的支持，外相小村寿太郎还声称“日本的行动没有任何利己之嫌”，如果取得胜利，则成果将为“和满洲有商业关系的列强平均享受”③。所有这些谋略的运用，不仅使日本如愿以偿达到了结盟目标，而且为打赢日俄战争后进一步扩展大陆政策创造了有利的外部条件。

第四，该战略具有试探性。英日同盟是日本近代第一次对外结盟，事关日本国运。当时，列强在远东的矛盾关系错综复杂、变幻多端。因此，日本的战略决策非常谨慎，谈判中瞻前顾后，主动提出同盟以 5 年为期，可以延期，以便于日后视情调整。

（二）为扩张霸业而强化同盟

1905 年日俄战争胜利后，结盟战略的首次成功体验使日本决策层对于维持日英同盟形成空前一致。第一次《日英同盟条约》曾规定了 5 年的有效期，但在 1905 年 4 月 8 日，日俄战争尚未结束时，日本内阁会议就决定就延长和修订日英同盟条约开始与英国谈判。1905 年 8 月 12 日两国正式签订了第二次《日英同盟条约》。该条约共有 8 条，主要内容包括：①确定同盟的目的在于保护日英两国在东亚的“领土权”和特殊权益，并将共同保护范围从中、朝扩大到印度，确立了当两国上述权益受到威胁时共同应对的原则。②规定日英之一方遭到第三方一国或数国进攻时，两国共同作战。③英国承认日本对韩国的优先权以及对其采取“指导、监理和保护”措施的权利。④当日英两国之任何一方与第三方处于战争状态时，两国军事当局得随时就提供援助的条件以及援助方法举行协

① ［英］杨国伦：《英国对华政策（1895－1902）》，刘存宽等译，第 319、320、325 页，中国社会科学出版社 1991 年版。

② ［英］杨国伦：《英国对华政策（1895－1902）》，刘存宽等译，第 319、328 页，中国社会科学出版社 1991 年版。

③ ［日］远山茂树：《日本近现代史》第 1 卷，邹有恒译，第 184 页，商务印书馆 1983 年版。

商。⑤条约有效期由先前的5年延长到10年。①

第二次《日英同盟条约》的签订标志着日本对英结盟战略进入了强化和扩大阶段。该阶段日本的结盟战略表现出一系列新的特征：

首先，结盟战略重心从协助打赢战争调整为维护和扩大侵略成果。虽然日英修订盟约时，日俄尚未签署和约，但日本考虑日英同盟的着眼点已转移至战后。1905年5月24日，日本内阁会议认为："虽然日俄战争打破了沙俄远东经营的根基，但只要沙俄不放弃原来的战略，就必然试图恢复远东殖民经营"；"如果与英国签订攻守同盟的话，日本只要适度扩张军备就能抑制俄国的复仇"；而且可防止战后随着日本国力增强和进一步扩张，列强疑惧增大而陷入国际孤立。② 当然，除上述主要目的外，日本还存在通过强化日英同盟争取对俄媾和谈判优势以及战后经济恢复需要英国支持等考虑。

其次，对英结盟的战略定位从"防守同盟"转化为"攻守同盟"。在1905年4月8日，日本内阁会议在决定延长日英同盟时，确定的根本方针是维持同盟现状，即坚持"防守同盟的性质"，"同盟的使用范围仍限于中韩两国"③。但由于驻英公使林董的坚持，日本最终决定接受英国的建议，走上了强化、扩大日英同盟的道路。④ 其主要调整包括：把第一次同盟条约中的"当日英两国之一方与第三方交战时，另一方要保持中立"，修改为"当日英两国之一方与第三方交战时，两国共同作战"；同盟的适用范围从中、韩两国扩大到远东及印度地区——日本军事扩张政策运用的法律门槛明显降低，地理空间大大扩展。

再次，对英结盟战略演变为支撑日本对外扩张的国际支柱。1901年日本政府签署第一次《日英同盟条约》时，"鉴于英国已度过全盛时期，

---

① ［日］黑野耐：《第二次日英同盟と国防方針》，载《防衛研究所紀要》2003年第5卷第3号。

② ［日］角田顺：《満洲问题と国防方针》，第512页，原書房昭和42年版。

③ ［日］角田顺：《満洲问题と国防方针》，第508页，原書房昭和42年版。

④ 驻英公使林董在得知内阁作出维持日英同盟现状的决议后，力主强化和扩大同盟，并提出如下理由：日本目前正处于结束战争、媾和谈判之机，（为保持谈判地位）必须得到几乎所有列强（主要包括英、美、法、意）的支持，而密切与英国的同盟关系有利于得到这种支持；强化日英同盟可以打破目前俄、德煽动黄祸论，在欧洲纠集反日同盟的阴谋；强化日英同盟，可增进日本人和盎格鲁撒克逊人（英美人）之间的理解和同情，消除英国殖民地或美国排斥日本劳工的口实等。参见［日］外務省：《日本外交文書》，第14页，第38卷第1冊。

渐呈衰势”，只为同盟设置了5年期限。[①] 但是，通过日俄一战，日本决策层切身感到了英国的经济军事实力和外交影响力之强大及其对日本扩张的重大意义，故决定将同盟条约有效期延伸至10年。第二次《日英同盟条约》有效期的延长，表明日本意图长期利用该同盟，使之成为“对（中国）大陆积极推行帝国主义侵略政策的牢固基础”[②]。在第二次日英同盟期间，随着日英共同假想敌的虚化和日本军事力量的强大，日本转而注重开发同盟支撑日本扩大对外侵略的政治外交价值——“日英同盟对日本的军事魅力在不断减弱”；但鉴于英国仍是世界头号大国，同盟对日本的“外交魅力依然很大”，是当时日本外交的基轴；其“存在价值尤其是外交价值，如同第二次大战后的日美安保”[③]。

第四，对英结盟战略与国家战略及国际环境的矛盾性逐渐显现。这种矛盾性突出表现在两个方面：一是日本结盟战略的假想敌认知与英国严重错位。第一次英日同盟期间，日本与英国明确视沙俄为共同威胁。在第二次日英结盟期间，日本1907年4月颁布的《帝国国防方针》分别以俄国为第一假想敌，美国为第二假想敌。但此时，英国转而以德国为主要假想敌而致力于改善日俄关系，并把美国视为战略盟友，确立了“英美绝对不战”的原则。[④] 二是日本总体扩张战略利益诉求与对英结盟目标存在冲突。前述《帝国国防方针》明确提出既要“北进”“谋求在满洲及韩国的利权”，又要“南进”，“向南太平洋扩张”；但“南进”势必与英国在远东太平洋的殖民利益发生冲突，动摇日英同盟的利益基础。[⑤] 简而言之，日本军事扩张战略的自私和贪婪已开始蚕食日英同盟赖以存在的共同利益基础。

（三）为扩大侵华而维持同盟

日俄战争后，日美两国在远东的殖民利益矛盾上升，美国开始把日本视为其在该地区的主要对手，对日英同盟如鲠在喉。1910年8月，美国

---

① ［日］外務省：《小村外交史》，281页，原書房1966年版。

② ［日］信夫清三郎：《日露戰爭史の研究》，第372页，河出書房新社昭和47年版。

③ ［日］黑川雄三：《近代日本の軍事战略概史》，第59页，芙蓉書房2003年版。

④ ［日］角田順：《满洲問題と国防方針》，第609页，原書房昭和42年版。

⑤ 明治39年，时任日本参谋本部作战科参谋的田中义一（后担任日本总理大臣）曾向参谋总长儿誉源太郎提交意见书指出，将来日本的扩张方向以面向中国最为有利，南方是英国的利权之地，“南进”势必招致与英国对抗，“（日本）如果没有与英国对抗的决心”，“南进”战略就不成立。见［日］黑川雄三：《近代日本の军事战略概史》，第65、69、72、73、79页，芙蓉書房2003年版。

总统塔夫脱向英国提出缔结《英美综合仲裁条约》。[①] 1910年9月26日，英国外相格雷向日本驻英大使加藤高明表示，现行英日同盟条约与拟议中的《英美综合仲裁条约》抵触，提出要么再次修改盟约、要么请日本加入英美仲裁条约。针对英国的提议，日本内阁会议于1911年4月5日作出决议，认为"日英同盟毋庸置疑乃帝国外交精髓，此前对维护远东和平、维护我国利权帮助甚多，坚信今后会继续为达致上述目的作出很大贡献，应继续坚持该同盟"。同时，该内阁会议还就日本修改日英同梦条约的立场做了如下规定：①新同盟仍以10年为期。②同缔约国之一方签订有仲裁条约的国家，排除在日英同盟条约的适用范围之外。③删除现行条约中有关韩国、日俄战争的规定。④要求英国承认日本在国境附近持有的特殊利益。[②] 1911年7月13日，日本驻英大使加藤高明与英国外务大臣格雷签订了第三次《日英同盟条约》并即日生效。该条约的核心内容及有效期与第二次《日英同盟条约》基本相同，但在第四条增加了如下规定："当缔约国之一方与第三国缔结综合仲裁条约后，在该仲裁条约有效期间，该缔约国不承担盟约所规定的与该第三国交战之义务。"[③]

第三次《日英同盟条约》签订后，日本进入了第三次日英同盟时期，此后一直到华盛顿会议召开方告终结。其间，日本结盟战略呈现出如下特点：

首先，结盟战略开始直指中国。在前两次英日同盟时期，日本结盟战略的直接针对目标是可能与日本争夺远东殖民利益的其他列强。而第三次《日英同盟条约》缔结后，日英同盟已不能对日本的主要战略对手美国发挥作用，沙俄因日俄"协商"关系密切不再构成现实威胁，其他欧洲列强忙于应对日益紧张的欧洲局势无暇东顾。因此，此时日本结盟战略的主要目的是运用同盟向中国施压，达到吞并"满洲"乃至控制整个中国之目的——日本第三次对英结盟战略的"精髓"在于同盟"为对清、对满

---

① 美国提出的有关仲裁条约的核心内容是，当美英两国在攸关名誉和重大利益的问题上发生争执时，首先通过仲裁解决，在做出裁决前应避免战争。参见［日］黑野耐：《大日本帝国の生存战略》，第240～241页，講談社2004年版。

② ［日］角田順：《満洲问题と国防方針》，第622～623页，原書房昭和42年版。另外，由于此时日本已经通过《日韩合并条约》吞并了韩国，该内阁会议所称的"边境附近"，实际上指的是中国东北地区南部，也就是所谓"南满地区"。

③ ［日］角田順：《満洲問題と国防方針》，第620、621页，原書房昭和42年版。

政策所必需”[①]。在第三次《日英同盟条约》生效3个月后，日本内阁会议即通过《对清决策》，决定利用中国辛亥革命后的乱局扩大侵略，逐步增加在“满洲”的利权，“借以达到满洲问题之根本解决”；“特别致力于在中国内地扶植势力，并设法使他国承认我国在该地区之优势地位”[②]。在第一次世界大战爆发后，日本利用日英同盟关系，借对德宣战之名侵占中国山东，向中国提出臭名昭著的“二十一条”，并强要英国协助日本迫使中国接受。[③] 可以说，在扩大侵华方面，日本最大限度地榨取了英日同盟的“剩余价值”。

其次，结盟战略逐渐陷入全面危机。第一次世界大战爆发后，日本对英结盟战略与大陆政策的矛盾更加突出，日英同盟末期征兆日益明显。战争中，日本忙于扩大对华侵略，在对英合作方面敷衍塞责甚至趁火打劫。日本学者平间洋一指出，当时“日本政治家虽然口头上说日英同盟是日本外交的基石，但实际上日本的行动受两个原则支配：一是追求最大的经济利益，二是考虑到战后国际关系，为避免引起德国的反日情绪，控制对协约国的援助”[④]。事实上，日本政界还存在第三个“原则”。这就是利用这场战争，实现1907年《帝国国防方针》确定的“北进”和“南进”目标，竭力扩大对中国的殖民侵略和控制。在整个战争期间，日本“只派了象征性的兵力去参加地中海反潜行动，此外只是为一部分英帝国军队护航通过印度洋而已”[⑤]。而此时的英国，虽碍于英日同盟关系纵容日本扩大对华侵略，为虎作伥胁迫中国接受“二十一条”，但骨子里对日本威

① 在第三次《日英同盟条约》谈判决策中扮演核心角色的外相小村寿太郎，事后解释政府对日英同盟的立场时表示：“未来10年是远东发生重大变化的历史时期，如果不谨慎观察、应对，（日本）对中国的政策可能遇到重大难题”；中国可能陷入混乱并招致国际干涉，“日中政治和通商关系极为重要，事关日本生死，英国对华利害关系也同样重要，因此日英两国应围绕中国问题加强合作。”［日］角田順：《滿洲问题と国防方针》，第622~624页，原書房昭和42年版。

② ［日］信夫清三郎：《日本外交史》上，天津社会科学院日本问题研究所译，第365、366页，商务印书馆1980年版。

③ 由于在对德作战中急需日本的支持，当日本提出对华“二十一条”后，英国政府在日本撤回“第五条”要求之后，多次“劝说”北洋政府接受“二十一条”，甚至训令英驻华公使“使用更强硬的语气”。见［日］平间洋一：《日英同盟——同盟の选择と国家の盛衰》，第114页，PHP研究所2000年版。

④ ［日］平間洋一：《日英同盟——同盟の选择と国家の盛衰》，第130~131页，PHP研究所2000年版。

⑤ ［爱尔兰］乔恩·哈利特：《日本资本主义政治史》，吴忆萱等译，第161页，商务印书馆1980年版。

胁、侵吞其在华利益的野心和行为也非常不满。事实上，“二十一条”直接违反了历次《日英同盟条约》中有关“保全中国领土完整”和“工商业机会均等”之规定。该规定虽被日本视若无物，但对英国而言却具有现实意义——它是英国维护其在华既得权益的政治前提。因此，当英国外相格雷针对“二十一条”中的“第五条”警告日本“不要做过头”时，日英同盟的政治基础已被日本的大陆政策蚕食殆尽，同盟之友谊已被日本透支了。①

再次，结盟战略从“精髓”变为“鸡肋”。在签订第三次《日英同盟条约》之初，日本尚对英国在远东尤其是在中国的影响力抱有信心，视日英同盟为外交“精髓”。但在第一次世界大战爆发后，英国暴露出前所未有的窘相，不得不哀求地区外国家美、日的援助。在日本对付其主要战略竞争对手美国方面，英国既不能也不愿意发挥作用。此时，在日本决策者眼里，日英同盟对其扩张战略的支撑功能逐渐丧失，并开始另辟蹊径，利用日、俄在侵华问题上的一致性大力发展日俄关系。经三次“协商”之后，日俄于1916年形成针对美国的日俄同盟，“悄悄取代英日同盟成为日本外交的中轴”②。至此，英日同盟已变成了“食之无味，弃之可惜”的“鸡肋”。

（四）对英结盟战略的终结

1921年11月12日，华盛顿会议召开。此前，日本政府也意识到日英同盟到了存废关头，又舍不得扔掉这根“鸡肋”了。这主要是因为，第三次《日英同盟条约》虽然为把美国置于日英共同作战的对象之外而增加了“第四条”，但随后英美签署的《综合仲裁条约》却遭美国参议院否决未能生效。这意味着就法理而言，日本一旦与美国交战，仍存在得到英国支援或同情的可能性。因此，尽管国内质疑日英同盟价值者越来越多，但日本当政者仍认为，“调整与美国之间的矛盾，在解决军备竞赛问题的同时，抓住日英同盟不放，有益于保持日本在远东太平洋地区的有利战略形势”③。为此，日本政府多次向英国表达继续维持同盟之意。但是，1921年英帝国首脑会议却发表声明，表示希望日美英三国达成更广泛的

---

① ［日］重光葵《昭和の動乱（上）》，第26页，中央公論社昭和34年版。

② “日俄同盟”是否“存在”的问题，日本国内存在争论，而且三次日俄协商的成果不久就因俄国国内革命化为乌有，所以本文没有专门对其进行探讨。

③ 王绳祖：《国际关系史》第四卷，第106页，世界知识出版社1995年版。

协定，以取代英日同盟。[1]

在上述情况下，日本政府退而求其次，在给华盛顿会议本国全权代表的训令中做如下指示：①关于“日英美三国协商案”，要根据会议形势相机推动。②当有国家（暗指美国）提议要特别考虑同盟当事国（暗指日、英）的军备时，日本要与英国协商共同应对；必要时可以同意日英同盟关系不以任何军备限制协定参加国为对象。③在考虑日英同盟存废时，可以变更（同盟）条约内容以继续维持同盟，但英国如提出以“协定”、“协商”取代日英同盟，也可同意；如其他国家一致主张废弃英日同盟，可宣布日英同盟协定中有碍军备限制协定的条款对各国不适用。[2] 上述训令反映出日本政府在维持日英同盟方面既有所希望又缺乏自信。但实际上，“在开会前，就拆散英日同盟问题，英美间已取得谅解”[3]。结果，当美国对英国假意提出的扩大英日同盟为三国同盟的提案表示异议，提出邀请法国参加，扩大为四国条约时，英国顺势表示支持，日本也只能违心地表示同意。

1921 年 12 月 13 日，美英法日四国代表在华盛顿签署了《关于太平洋岛屿属地和领地的条约》（又称《四国条约》），并规定该条约生效后，英日 1911 年的同盟条约应予终止。[4]《四国条约》在内容和性质上与军事同盟条约有重大不同。从适用范围看，它把中国大陆排除在外；从内容看，它只是缔约国之间有关利益的妥协，缺乏特定的针对国家和共同作战规定。而且，为了使《四国条约》不被解释为同盟条约，美国在 1923 年 8 月 17 日交存批准书时又特意附加保留意见称，“美国了解在缔约前声明中和本条约条款中，不存在关于军队、同盟或参加任何防御的承担”[5]。因此，对日本来说，《四国条约》签署不是以新的同盟代替“日英同盟”，而是失去了同盟，是日本 20 年对英结盟战略的终结。

---

① ［日］黑野耐《大日本帝国の生存战略》，第 192 页，講談社 2004 年版。

② ［日］大畑篤四郎：《ワシントン会議日本政府訓令についての考察——日英同盟》，载《早稻田法学》1963 年第 1 号。

③ 王绳祖：《国际关系史》第四卷，第 109 页，世界知识出版社 1995 年版。

④ 《四国条约》规定，四国相互尊重彼此在太平洋区域内岛屿属地和领地的权利，如果相互间发生涉及上述权利的争端，应举行缔约国会议以便考虑解决；如果上述权利受到任何国家威胁时，缔约各国应全面进行协商，以“联合地或单独地采取最有效的措施”。参见熊光楷：《中国军事百科全书·国际军事约章分册》，第 100 ~ 101 页，军事科学出版社 1992 年版。

⑤ 《四国条约》于 1923 年 8 月 17 日生效，日英第三次同盟条约正式失效。参见世界知识出版社：《国际条约集（1917 – 1923）》，第 737 页，世界知识出版社 1961 年版。

三、20 世纪 30、40 年代日本的三国同盟战略

华盛顿会议后日本进入了无同盟时代。此间，随着扩张战略向陆、海两个方向的展开，日本与美、英、苏等国矛盾加剧，一步步陷入了国际孤立。在挑起全面侵华战争后，面对中国的全民族抗战，日本的国力逐渐露出破绽。为摆脱国际孤立，尽快实现侵吞中国、称霸亚洲的战略目标，日本不得不再度企求外力，走上了与德、意法西斯军事结盟的道路。

（一）国际孤立与寻求结盟

1927 年 6 月 27 日 ~7 月 7 日，日本田中义一内阁召开“东方会议”，通过《对华政策纲领》，彻底抛弃了华盛顿会议后以经济侵略为主的对华扩张政策，明确提出了把“满蒙”直接从中国肢解出去的目标。1931 年 9 月 18 日，日本发动“九一八事变”，直接侵占中国东北全境。1932 年 3 月 1 日，日本策划成立了伪满洲国。此后，欧美国家及苏联虽出于各自利益，对日本的侵略行为采取了不干预政策，但均拒绝政治承认其侵略后果。10 月 2 日，国际联盟发表“李顿调查团”报告书，确认日本违反了《九国公约》和《国际联盟盟约》，拒绝承认伪满洲国的合法性。1933 年 3 月 27 日，日本悍然宣布退出国际联盟，此后又单方面废弃《华盛顿海军条约》和《伦敦海军条约》，走上了自我孤立的道路。

突破华盛顿体系、扩大侵华造成的国际困境与日本国内政局产生了恶性互动，日本军部乘势崛起，控制了国防与外交大权，并提出了寻找新盟友的战略构想。1936 年 7 月 13 日，广田内阁制定《帝国外交方针》，提出要打破“外交孤立”，称“近期苏联在强化国防和国际地位，在远东部署强大军备并与列强一起在外交上孤立日本，对帝国国防构成直接威胁，是我东亚政策的重大障碍”；要“在国防上和防赤化政策上以与我方保持协调有利的”德国相提携。[①] 根据该方针，日本于 1936 年 11 月 25 日与德国签署了《日德反共产国际协定》。该协定表面上是要在防范共产国际破坏活动方面实施合作，但其秘密附件却以苏联为共同针对目标，约定一旦德日两国与苏联进入战争状态时，另一方不得采取对苏联有利的行动，

① ［日］外务省：《帝国外交方針》，アジア历史資料センター、http://www. jacar. go. jp（此件为日本外务省史料馆所藏电子影印件）。

非经双方同意不得与苏联缔结政治性条约。[①] 因此，《日德反共产国际协定》实际具有一定同盟条约的性质。1937 年 11 月 6 日，意大利加入《日德反共产国际协定》，从而扩大为《日德意反共产国际协定》。

《日德反共产国际协定》的签署是日本结束日英同盟 15 年后结盟战略的再次试练。新结盟战略所服务的仍然是日本的大陆政策，企图打着反共旗号摆脱国际孤立，联手德国牵制苏联的远东政策及其对中国抗日的支援；深层战略意图则是针对英、美、法等西方大国，企图颠覆他们主导的凡尔赛——华盛顿体系。事实上，在前述《帝国外交方针》出台后不到一个月，日本"五相会议"就确立了以扩大侵华战争、向"南方海洋"扩张为主要内容的"基本国策"，规定要"消除北方苏联的威胁，同时防范英、美"[②]。1937 年 7 月，日本挑起"七七事变"，发动全面侵华战争，日益威胁英美在华既得权益。1938 年 7 月 1 日，日本内阁召开"五相会议"，正式确定"扩充德日反共产国际协定之精神，使之向反苏军事同盟发展"的基本方针。[③] 尽管日本打着反共旗号，意识形态上同样反共的英美等国却不买账。美国国务卿科德尔·赫尔（Cordell Hull）一针见血地指出："这个协定表面上是防备共产主义，实际上是强盗国家准备实施对外武装侵略的准备手段。"[④] 日本决策层原来"指望靠对德合作来摆脱退出国联以来的国际孤立，但是加入法西斯阵营反而使这种孤立更加深化了"[⑤]。1939 年 8 月 23 日，德国突然与苏联签署了《苏德互不侵犯条约》，这种背弃《日德意反共产国际协定》的行为使日本决策层一时间手足无措，平沼内阁以"欧洲形势复杂离奇无法应对"为由总辞职。日本法西斯的结盟战略遭到重大打击，被迫暂时中止。

（二）为瓜分世界的三国同盟战略

1939 年 9 月 1 日，第二次世界大战全面爆发。1940 年夏，纳粹德国以闪电战横扫大半个欧洲，法国败降、英国岌岌可危。德国的暂时得势使日本国内一度因《苏德互不侵犯条约》签署而陷入低潮的亲轴心势力骤

---

① 世界知识出版社：《国际条约集（1934－1944）》，第 111 页，世界知识出版社 1961 年版。

② 吴廷璆：《日本史》，第 699 页，南开大学出版社 1994 年版。

③ ［日］田村幸策：《太平洋战争外交史》，第 194～195 页，鹿岛研究所出版会昭和 41 年版。

④ ［日］田村幸策：《太平洋战争外交史》，第 142 页，鹿岛研究所出版会昭和 41 年版。

⑤ ［日］池井優：《日本外交史概說》，第 181 页，慶應通信 1992 年版。

然壮大。1940年7月28日，日本大本营政府联席会议通过了《适应世界形势演变的时局处理纲要》，扩张重点由"北进"调整为"南进"，确立了加速联合德意、中立苏联，武力对抗英美的新战略方针。[①] 9月4日日本四相会议通过《关于加强日德意轴心的相关文件》，正式确定了对德意结盟的战略。其主要内容包括：①明确结盟主要目的在于谋求德意支持日本建立"大东亚新秩序"，解决"支那事变（指全面侵华战争）"；当日本对英乃至对美行使武力时，能得到德意支援。②日德意三国"对苏采取共同立场"，"维持对苏和平"；"当日德意之一方出现与苏联陷入战争状态的危险时，共同协商采取措施"；"当日德意三方之一方与美国进入战争状态时，其他缔约方应采取一切方法给予援助"。③日方可以给予德意的支援包括：为德意在东亚及"南洋"地区获取所需物资提供便利和优惠，配合德意在东亚对英军实施牵制行动。④日本与德意相互进行经济合作，互相对各自"生存圈"内的物资贸易享有优先权，善意对待对方在本国"生存圈"内的经济活动，日方希望得到"德意的机械和技术支援"[②]。

1940年9月27日，日、德、意三国在柏林签订了三国同盟条约，并立即生效。1941年11月15日，日本大本营—政府联席会议确定的《促进对美、英、荷、蒋的战争内部方案》确定了依托三国同盟，先使英国屈服，进而逼美国求和的方针。按照此方针，日本于同年12月11日与德意签订《日德意联合行动协定》，相约在三国获得胜利前，不与美英等国单独媾和[③]；翌年1月18日，日本军部又与德、意军方签订了《日、德、意军事协定》，制定了全球共同作战方案，划分了作战地区，制定了相互配合的"作战行动大纲"，明确了"军事协助要点"[④]。

---

① 王绳祖：《国际关系史》第六卷，第40页，世界知识出版社1995年版。

② ［日］外務省：《日独伊樞軸強化ニ關スル件》，アジア历史資料センター、http://www.jacar.go.jp（作者说明：此件为日本外务省史料馆所藏电子影印件）。

③ 复旦大学历史系日本史组：《日本帝国主义对外侵略史料选编》，第381～382页，上海人民出版社1975年版。

④ 该协定的核心内容包括：①日本承担东经70度以东至美洲西海岸之间地区的作战，德意承担东经70度以西至美洲东海岸之间与东经70度以西的近东、中东及欧洲地区的作战，印度洋地区的作战相互可超越规定界限；②日本为策应德意对美作战，在南方及太平洋地区作战，当美英舰队几乎全部集中于大西洋时，日本除在太平洋、印度洋加强通商破坏战外，派遣部分陆海兵力到大西洋协助德意作战，反之德意亦然；③相互通报作战计划中注意事项、作战情报，相互协助制订有关作战战略，相互提供有关军事通讯。参见复旦大学历史系日本史组：《日本帝国主义对外侵略史料选编》，第386～387页，上海人民出版社1975年版。

1945年，三国同盟随着日、德、意法西斯的覆灭而烟消云散。短短五年间，日本的三国同盟战略表现出如下特点：

首先，该战略是颠覆现存世界秩序，重新瓜分世界的战略。当年对英结盟战略的主要目的是通过协助维护英国主导的远东殖民秩序，换取盟友对其地区扩张的支持；而三国同盟战略则以推翻英法主导的凡尔赛—华盛顿体系，建立新的霸权秩序为宗旨。当年的对英结盟战略只是把称霸亚洲作为长远目标，现实目标限定于服务日本对朝鲜、“满洲”的扩张；三国同盟战略则直接服务于“大东亚共荣圈”建设，以称霸亚洲太平洋地区，与德意共同瓜分世界为目的。而且，日本的法西斯结盟战略还伙同德意彻底撕毁了第一次世界大战后所形成的国际法条约体系，违背了日本业已参加的《非战公约》，公然直接服务于侵略战争掠夺，是赤裸裸的强盗联合战略。①

其次，该战略是与众为敌的战略。对英结盟战略针对的目标多限于一两个国家，凭借日英两国之力往往能占据优势、保持胜算。而三国同盟的矛头指向包括英、法、美、中等一系列国家，针对的是英美等列强和中国等被殖民侵略国家两大群体。当这两大受侵犯的群体联合起来形成反法西斯阵营之后，日本凭借与德意结盟根本无法获取实力优势。事实上，日本在筹划结盟时也意识到实力对比失衡的问题，并企图拉拢苏联入伙。为此，《德日意三国同盟条约》第五条刻意规定：“德意志、意大利和日本声明上述条款毫不影响三缔约国与苏俄间现存的政治地位”②。该同盟条约签署后一个星期，外相松冈洋右还在《日苏国交调整要纲案》中提出：“日德意三国要使苏联在世界新秩序建设方面给予合作，同盟要使苏联加入扩大为四国同盟”③。然而，苏联是为避免东西两线受敌才与日本签订

---

① 《非战公约》的正式名称为《关于废弃战争作为执行国家政策工具的一般条约》，又称《白里安——凯洛格条约》。该公约1929年7月25日生效，截至1933年公约参加国达63个。公约的核心内容是：“各国彼此间关系的一切改变只能通过和平方法并且作为和平及有秩序调整的结果来实现，此后任何签字国如用战争作为手段来谋求增进其国家的利益，不得享受本条约给予的惠益”；“缔约各方同意他们之间可能发生的一切争端或冲突，不论其起因和性质如何，只能用和平方法加以处理和解决。”日本、德国、意大利都属于该公约的首批“签字国”，被列举于公约前言中。因此，日本虽然退出国际联盟而不受国际联盟盟约的约束，但该公约对日本仍具有法律拘束力。参见世界知识出版社编：《国际条约集（1924－1933）》，第373页，世界知识出版社1961年版。

② 世界知识出版社：《国际条约集（1934－1944）》，第279页，世界知识出版社1961年版。

③ ［日］黑野耐：《大日本帝国の生存战略》，第212页，講談社2004年版。

《苏日中立条约》的，并无与日本结盟的意愿，而且最终也对日宣战，给其沉重一击。因此，日本的三国同盟战略看似强强联合，实则失道寡助。

再次，该战略是过分依赖他助的战略。在日英同盟时期，日本发动日俄战争，虽争取英国援助，但基本立足于自助获胜。但在三国同盟下，日本结盟战略存在许多不切实际寄希望于德意的一面。比如，前述《促进对美、英、荷、蒋的战争内部方案》规定，要先迫使英国屈服，再促德苏和解并入盟，进而逼和美国。[①] 然而，英国的屈服主要取决于英德战局，在德军主要兵力已东进苏联、面临压力减轻的情况下，其屈服的可能性只会更小，又何谈屈服后劝美国媾和；苏德战争在爆发后战局尚不明了，两国媾和也属未定之数，更不用说拉苏联“入伙”了。由此可见，日本对三国同盟的运用在很大程度上是一厢情愿，是建立在不确定的假设之上的。

第四，该战略是与盟友相互欺骗的战略。日德之间具有共同的法西斯思想基础和重新瓜分世界的目标，由于自身经济力量和军事力量不足以单独谋霸，因而需要在对外侵略扩张过程中相互勾结利用。但由于具体环境和利益的差异，它们的侵略计划、步骤并不协调一致，往往各行其是，甚至相互拆台。三国同盟战略自酝酿始，日本就不断被德国耍弄。当日本缔结《日德意反共产国际协定》后，德国签署《苏德互不侵犯条约》；当日本缔结三国同盟后，企图以此为基础拉拢苏联时，希特勒其实“从来不想邀请苏联成为三国公约中的一个正式伙伴”，而是在准备对苏战争。[②] 同样地，日本对三国同盟也是只利用、不配合。这使得日德同盟关系陷入了典型的“囚徒困境”。面对反法西斯国家的压力，两国始终不能相互就深层战略意图开诚布公。结果，日本与苏联签署中立条约后不久，德国就发动了侵苏战争；当德国侵苏战事不利、急需日本“北进”策应时，日本却置之不理——日、德两国由于不断相互背叛，最终都得到了最糟糕的“判决”。

---

① 《促进对美、英、荷、蒋的战争内部方案》主要内容包括：①日德意三国合作首先迫使英国屈服，为此要促使德国加强对英封锁乃至本土登陆，促使德意在近东、北非、苏伊士运河地区乃至印度实施进攻作战，促使三国联合在印度洋作战等；②日德意协作执行对英政策，并努力促使美国丧失战争意志，为此要促使德意加强大西洋及印度洋方向作战，促进德、苏媾和并把苏联拉入轴心国一方。③当英国屈服时，不立即与之媾和，应尽力采取措施使英国主动劝美国媾和。参见复旦大学历史系日本史组：《日本帝国主义对外侵略史料选编》，第 363 ~ 365 页，上海人民出版社 1975 年版。

② ［英］阿诺德·托因比、韦罗尼卡·M. 托因比：《轴心国初期的胜利》，许步曾等译，第 974 页，上海译文出版社 1958 年版。

第二节　当代日本的对美结盟战略

日本在第二次世界大战中败降后，为争取有利媾和，尽快实现战后复兴，在被动环境中主动与美国达成的“魔鬼交易”。冷战时期，日本对美结盟战略的关键词是“基地”和“轻军备”，日美安保体制被日本重点用于满足经济大国战略需要和战后国际地位的恢复。冷战结束后，日本出于实施政治大国战略需要对日美同盟“再定义”，对美结盟战略的关键词则调整为“防卫合作”、“周边事态”。日本对美结盟战略虽历经上述重大调整，仍未脱离最初的延长线——复兴大国地位。

一、冷战时期日本的对美结盟战略

（一）对美结盟战略的形成

第二次世界大战结束后，在被美国占领的6年间，日本面临的国际环境发生了转折性变化。从全球看，东西方冷战兴起，并形成了分别以美、苏为首相互对立的两大阵营。在日本所处的亚洲，民族解放运动风起云涌，亚洲各国纷纷走向独立。1949年10月1日，中华人民共和国诞生；1950年2月，中国与苏联签订了《中苏友好同盟互助条约》；6月25日，朝鲜战争爆发，东西方冷战演变成大规模热战。美国大幅度调整对日政策，急于扶植日本以遏制中、苏等社会主义国家，弹压亚洲民族独立运动。面对国际形势激变，处于被占领地位的日本，积极回应美国政策调整，顺势而上，促成了日美安保体制。

事实上，日本外务省在盟军占领日本后不久就组织了“和约问题研究干事会”，并于1946年2月21日提交了《关于和约之盟国方案与我方希望案的比较研究》的报告，建议在实现媾和后依赖美国保障日本安全，请求美军继续驻留原日领岛屿（而非日本本土）。① 1947年7月26日，时任片山哲内阁外相的芦田均向美驻日大使艾奇逊（George Atcheson）递交

① 根据“盟总”指令，自1946年12月开始，日本外交职能全面终止，外务省的主要工作从外交活动转变为配合美军占领，并为未来媾和做好准备，“和约问题研究干事会”因此而设；其报告《关于和约之盟国方案与我方希望案的比较研究》提出了媾和后日本安全保障的四个选项：中立自主、联合国保障、盟国集团（指二战中的盟国）地区性安全保障、美国保障，并倾向于第四选项。参见宋成有、李寒梅：《战后日本外交史（1945～1994）》，第48、49页，世界知识出版社1995年版；徐思伟：《吉田茂外交思想研究》，第84～87页，世界知识出版社2001年版。

媾和备忘录。《芦田备忘录》明确提出了以美英为主片面媾和、通过签订日美特别协定由美国保障日本安全等主张。9月13日，芦田均在给驻日美军第八军司令艾凯尔巴嘎（Robert L. Eichelberger）的书信（《芦田书简》）中，更具体谈到了依靠美国保护日本的构想，不仅提出了依靠联合国和依靠美国两种选择，而且还就后者策划了两种方案：一是美军以监督和平条约履行之名继续留驻日本本土；二是通过日美签署特别协定，美军以“有事驻留”的名义保障日本安全。① 此时，美国冷战政策刚刚出笼，正扶植中国国民党政府作为其远东战略的支柱，对日政策调整尚未起步。结果《芦田备忘录》被艾奇逊退回，借口是身为战败国提要求反而对日本不利。但《芦田备忘录》和《芦田书简》的出笼，标志着日本片面媾和及对美结盟战略构想的萌发。该构想后来被吉田内阁继承和充实，形成了具体的对日结盟战略。②

1948年，蒋介石集团在内战中败局已定，美国认为中共即将夺取全国政权，遂开始谋划扶植日本取代中国作为其远东战略的支柱。1950年5月3日，日本大藏相池田勇人以经济事务为由赴美，向杜勒斯传达了吉田茂的口信：“日本政府希望尽早实现媾和。在媾和之后，为了保障日本及亚洲安全，美军有必要驻扎日本。如果美方不想主动提出驻军要求，日本政府研究由日方提出请求。”③ 6月25日，朝鲜战争爆发，促使美国更加看重日本的战略价值，把单独媾和提上议事日程。9月14日，杜鲁门总统向远东委员会各国提出“对日和约7原则”，以片面媾和为导向，开列出当事国放弃对日赔偿请求等极为宽大的媾和条件，在安全保障战略领域提出美军继续使用日本的设施和基地，并不再对日本再军备做任何限制。④ 对此，

---

① “芦田书简”的“有事驻留”是指“当日本独立面临威胁时”美军才进驻日本本土，平时则驻扎于日本冲绳、小笠原、硫磺岛等“外侧附近地区”。参见［日］坂元一哉：《日米同盟の绊——安保条约の相互性の摸索》，第11~14页，有斐阁2000年版。

② 徐思伟：《吉田茂外交思想研究》，第133~137页，世界知识出版社2001年版。

③ ［日］细谷千博监修：《日本とアメリカ——パ-トナ-シップの50年》，第33页，ジァパン タイムズ2001年版。

④ 杜鲁门的《对日媾和七原则》是：1. 在对日交战国中达成一致意见并有缔约之意的国家可以缔结和约；2. 可以考虑日本加入联合国问题；3. 琉球和小笠原群岛由美国托管，台湾、澎湖岛、南库页岛、千岛的归属将来由美、英、中、苏决定；4. 关于安保问题，由日本和美国及其他国家继续保持协作；5. 订立新的通商条约之前，予以最惠国待遇；6. 缔约国放弃因战争引起的赔偿要求，有关要求的纠纷由特别中立法院解决。参见吴廷璆：《日本史》，第881页，南开大学出版社1994年版。

日方心领神会。1951年1月25日，杜勒斯访日并与吉田茂政府谈判缔结日美安保条约以及媾和后美军继续驻扎日本问题，数日后即达成一致。7月30日，美国又在已草签的条约文本中增加了"远东条款"。1951年9月4日，片面的旧金山和会召开；9月8日，即签署《旧金山和约》的同一天，日本与美国签订《日本和美利坚合众国间的安全保障条约》（简称《日美安全条约》）。1952年2月28日，日美又签订了《日美行政协定》。其中，《日美安全条约》共五条，核心内容是：①由日本"授予"美国在日本领土及其周围无限期驻军之权力。②驻日美军不仅"得用以维持远东的国际和平与安全和日本免受外来武装进攻之安全"，而且还可用来镇压"由于一个或几个外国之煽动和干涉而在日本引起的大规模暴动和骚乱"。③未经美国同意，日本不得将本国基地及相关设施给予第三国，亦不得给予第三国军队驻防、演习和过境之权利。[①]《日美行政协定》则具体规定了驻日美军及基地在日本的法律地位、权利和待遇。

《日美安全条约》的签署标志着战后日本对美结盟战略的基本定型，其内容和结构具有如下特点：

首先，该战略具有近、中、远多重目标。所谓近期目标主要是通过对美结盟，争取有利的媾和条件。首相吉田茂"也十分清楚媾和问题的核心是美军在日基地"，"他一直认为除了承诺美军留驻，别无实现（有利）媾和的途径"[②]。因此，尽管《日美安全条约》和《日美行政协定》有丧权辱国之嫌，但为了得到国际关系史上对战败者最为宽大的媾和条约，吉田政府还是签署了。所谓中期目标主要是为贯彻经济大国战略创造有利条件。对吉田而言，对美结盟战略"可收一石二鸟之效，既可把防卫日本巨大军费负担甩给美国，又可得到与西方经济发达国家一样的国际待遇"[③]。从经济角度看，日本对美结盟，一为仰赖美国的资金、市场和援助，推动经济的恢复和发展[④]；二为仰赖美国的军事保护，节省军费投

① 世界知识出版社：《国际条约集（1950－1952）》，第394页，世界知识出版社1961年版。

② ［日］升味准之辅：《日本政治史》第四册，董果梁译，第977页，商务印书馆1997年版。

③ ［日］藤原弘达：《吉田茂——その人その政治》，第68页，読売新闻社昭和39年版。

④ 在美军进驻前夕，吉田茂就在给前驻美大使来栖三郎的书信中，表达了战后依靠美国复兴经济的想法，称："如果能振兴科学，引进美国资本，重建财界，最终进一步发挥帝国精髓，那么战败也并非坏事，雨后的天地更有佳处。"徐思伟：《吉田茂外交思想研究》，第63页，世界知识出版社2001年版。

入。因此，在结盟缔约谈判中，面对杜勒斯反复坚持要求日本重新武装，吉田政府软磨硬泡、以种种理由搪塞，最后以“轻军备”与美国达成妥协。所谓远期目标则是重振日本的大国地位。战后对美结盟战略的制定者吉田茂等人，都曾是日本近现代内政外交决策的参与者、执行者。他们满脑子“皇国”思想，在对外战略思维上与东条英机之流的差异只是比较稳健而已。① 因此，他们对美结盟的终极目标是协助日本复兴政治大国地位，经济复兴则作为中期目标是为这一长远目标服务的。1951 年 10 月 11 日，吉田茂向临时国会提交《旧金山和约》和《日美安全保障条约》要求通过时表示，希望日本在“坚决投靠自由国家群”的同时，“能够站在率领亚洲的自由国家群，为世界和平和世界自由做出贡献的立场上”②。这表明吉田茂在接受日美安保体制时，就已经把其和日本谋求亚洲领导地位的未来目标联系起来。

其次，该战略对日本内政和国家战略的影响之深远前所未有。从该战略与日本国内政治的关系看，战后对美结盟战略的形成正值日本从战败国重新出发的关键历史时刻；其时美国又是一手主导了战后日本的政治、经济乃至社会改革。这种改革使亲美保守势力得以在日本政坛占据主导地位，并利用这种主导地位制定和实施对美结盟战略，而日美安保关系的护持又与日本保守政权的巩固存在密切关系。从结盟战略与国家战略的关系来看，日美安保关系不仅被日本决策者视为保障国家安全的主要手段和最后手段，而且是日本贯彻吉田茂“轻军备、重经济”路线的基本前提，同时又是“日本外交的基轴”，规定着日本在冷战格局下对外战略的基本取向。纵观世界，一个双边性同盟对国家生存与发展影响如此之深、之重者，可谓罕见。

再次，该战略的基本实现手段是以“物力”换“人力”。一般而言，军事同盟的核心应是盟国军队开展合作、共同对敌，相互提供基地往往在军事合作中处于从属地位。然而，日本对美结盟战略的基本手段则是通过向美军提供基地，换取美军对日本的保护，尽管日本自卫队与美军的合作在冷战中后期不断增强，但其对日美同盟关系的重要性仍不如提供基地。

---

① 吉田茂在执政期间，经常在讲话中冒出“大日本帝国”、“率领全亚洲”、“新国军”等话语，就突出反映出其政治理念。［日］藤原弘达：《吉田茂——その人その政治》，第 89 页，読売新闻社昭和 39 年版。

② ［日］信夫清三郎：《日本外交史》下，天津社会科学院日本问题研究所译，第 787 页，商务印书馆 1980 年版。

换言之，日本追求的日美同盟关系不是作为盟国共同行动，而是提供基地由盟国去行动——日美之间实际上是一种战略“寻租”关系，日本利用本国独特的地缘战略价值，向美军“出租”基地；美国以提供“保护服务”的方式支付“租金”，利用“租”来的基地支撑西太平洋霸权①。因此，尽管从一般同盟伦理看，日美同盟关系是不对等的，是美国单方面保护日本，但实际上在当时两国实力与需求均极不对称的情况下，双方的权利义务关系大体上还是平衡的，“是一笔公平交易”②。这种平衡也是日本对美结盟战略能够长期保持相对稳定的重要原因。但从另一角度看，日本这种对美合作结构又在日后对美“人（日本自卫队与美军）”的合作方面留下了巨大的发展空间。冷战后，日本强化军事同盟，就是利用一般意义上的同盟伦理为自卫队强化对美军事合作寻求“正当性”。

（二）对美结盟战略的调整和充实

在整个冷战期间，日本对美结盟战略相对稳定，但随着内外形势变化，战略目标和手段也有所调整，得到充实和拓展。随着时间的延伸，日本对美自主地位逐渐提高，战略自信不断增强，对美同盟合作趋于主动。

首先，修改《日美安全条约》，强化对美结盟战略基础。在1951年《日美安全条约》中，美国未明确承担保卫日本的义务，驻日美军还可以借镇压民众骚乱之名干涉日本内政，并享受着类似战前列强在半殖民地国家才能拥有的“治外法权”③。从政治及法律角度看，这无疑是一个缔约双方权利义务极不平等、严重侵犯日本主权的不平等条约，因此一直遭到日本国民的广泛反对，执政的日本保守阵营也觉得难堪。④ 为了纾解民怨，构建“真正能稳定日美关系的基础”，岸信介内阁成立后以消除“日

① 在这种“寻租”关系中，日本允许美国利用驻日基地干涉亚洲事务是日美“交易”的关键，这也是新、旧日美安保条约都塞进“远东条款”的原因所在。

② ［美］乔治·弗里德曼、梅雷迪斯·勒巴德：《下一次美日战争》，何力译，引言第7页，新华出版社1992年版。

③ 1951年《日美安全条约》第一条规定驻日美军“得用以维护远东的国际和平与安全和日本免受外来武装进攻之安全”，仅表示驻日美军可以用来保护日本，而不是应该或必须保护日本。1952年《日美行政协定》第17条规定“美国的军事法庭及当局，对于美国武装部队人员、文职人员及其家属（只有日本国籍的家属除外）在日本所犯的一切犯法行为，应有权在日本行使专属的管辖权”。参见世界知识出版社：《国际条约集（1950－1952）》，第394、462页，世界知识出版社1961年版。

④ 日本《朝日新闻》曾针对1950年《日美安全条约》发表评论称：“大概镇压内乱也要依赖美国，作为一个独立国家来说是很难堪的。这样书写的条约在世界上几乎没有例子。”转引自吴廷璆：《日本史》，第930页，南开大学出版社1994年版。

美安保的不平等结构"、"使美国对日防卫义务明文化"为核心目标，着手调整对美同盟关系。[①] 从1958年10月开始，两国经过15个月的会谈，于1960年1月19日签署《日本国和美利坚合众国共同合作和安全保障条约》(简称《新日美安保条约》)。

与《日美安全条约》相比，《新日美安保条约》的签订使日本对美结盟战略发生了如下重要调整：①增强了对美关系的对等性，删除了有损日本民族尊严的"内乱条款"和日本在给予第三国军事基地等事务上须经美国同意的规定；明确了美国保卫日本的义务和日本在本国行政权管辖领域内保卫美国的义务。②增加了对盟友的约束，要求驻日美军出动、军事设施及装备重大变更都必须"事前协商"。③明确把对美同盟合作扩大到经济领域，并注意到了相互间经济矛盾的解决。[②] 上述调整既满足了日本统治者提高在日美同盟中的地位、巩固对美结盟民意基础等需要，又使得对美结盟战略能够更有效服务于经济大国战略的目标，反映出日本对美结盟战略追求的是涵盖经济、社会、文化诸领域的复合型同盟。

其次，签订《日美防卫合作指导方针》，强化对美军事合作。《日美安全条约》签署后20年间，日本坚持吉田"轻军备、重经济"国策，把对美合作重点放在经济及政治领域，除提供基地外，对军事力量合作态度消极。在1951年日本与美国缔结《日美安全条约》后的9年间，"日美军事合作并没有真正开展起来"[③]。1960年《新日美安保条约》也只是原则性规定了两国相互保卫义务。该约签署后，日美两国设置了安全保障协议委员会，日本自卫队干部与驻日美军研究制定了一些共同作战规划，如"三矢计划"、"奔牛计划"、"飞龙计划"[④]。但是，这些作战计划仅以"课题研究"的形式存在，且在1965年被曝光后因涉嫌违宪遭到国会的严厉追究而难以为继。[⑤] 因此，一直到70年代中期，日本未就同盟军事合作与美国达成任何综合性协定。以至于1974年，日本防卫厅长官坂田

---

① [日] 细谷千博监修:《日本とアメリカ——パートナーシップの50年》，第77~79页，ジァパン タイムズ2001年版。

② 《国际条约集 (1960-1962)》，第27页，世界知识出版社1975年版。

③ 此时，日本自卫队刚刚建立，也没有能力与美军展开合作。参见王颜昱:《日本军事战略研究》，第304页，军事科学出版社1992年版。

④ 王少普、吴寄南:《战后日本防卫研究》，第86、87页，上海人民出版社2003年版。

⑤ [日]《防衛庁・自衛队のあゆみ》，载《朝日新聞朝刊》1998年4月2日。

道太上任后表示："日美安保条约对我国如此重要，但两国竟然至今未针对有事时的防卫合作做任何协商，更没有协调作战的机构。我对此感到意外和震惊。"①

20世纪70年代中期，美国经历越南战争失败后军力衰退，苏联军事力量增强，日本深感来自北方的威胁，对本国安全的忧虑加深。与此同时，随着日美贸易摩擦升温，美国国内敲打日本"白乘安全车"，要求其增加其防卫责任的呼声开始高涨。在此情况下，日本对美结盟战略开始强化对美防卫合作。1976年7月，日美成立由双方军界首脑参加的"防卫合作小委员会"。1979年，日美签署由该委员会起草的《日美防卫合作指导方针》。该"方针"从法律角度明确了日本自卫队在平时和战时与美军的合作事项和任务分工，填补了对美军事合作体制上的空白，在一定程度上纠正了日本此前对美合作仅偏重于政治经济外交领域的状况，也标志着日本对美结盟战略开始从"人"与"物（基地）"的合作向"人"与"人"的合作转变。因此，当时日本自卫队参谋长联席会议主席高品武彦甚至称，日美安保体制自此"有了灵魂"，《日美防卫合作指导方针》是"第三次日美安保体制"②。此后，日本对美军事合作明显趋于活跃。到20世纪80年代，因种种原因一向忌惮使用"同盟"一词的日本政治家，开始公开称日美安保关系为"日美同盟"了。此时已富甲天下的日本，启动了从经济大国走向政治大国的战略转型，其对美结盟战略追求的利益目标重点自然要随之漂移。

二、冷战后日本的对美结盟战略

冷战结束后，随着两极格局的彻底瓦解，国际战略形势尤其是亚太局势发生了重大变化；日本国内在"五五体制"崩溃和"泡沫经济"破灭后，政治、经济、社会进入了明治以来的第三次转型期。在上述背景下，冷战时期长期稳定的对美结盟战略随之动摇，开始了历史性调整。该调整1994年正式起步，一直到小泉内阁后期方告一段落。

（一）日本对美结盟战略的重新定位

冷战结束后，日本对美结盟战略开始面临四个方面的重大挑战：一是

---

① ［日］細谷千博監修：《日本とアメリカ——パ-トナ-シップの50年》，第168页，ジァパンタイムズ2001年版。

② ［日］細谷千博監修：《日本とアメリカ——パ-トナ-シップの50年》，第168页，ジァパンタイムズ2001年版。

苏联解体使日美同盟针对的共同威胁消失，同盟存在的必要性降低。二是日美经济冲突呈现出综合性、结构性，严重冲击着两国政治关系。三是日本开始全面调整经济大国国策，对美结盟战略在国家战略中的定位变得模糊不清。四是自民党执政地位动摇，国内民族主义思潮涌动，国民对“对美追随”的不满情绪高涨，同盟存在的国内政治和社会基础弱化。此间，日美同盟关系出现了日本舆论所说的“漂流”现象，尤其是1995年发生驻日美军强奸冲绳少女事件，引发了日本全国性抗议，日美同盟关系因此出现危机事态。

在上述情况下，日本启动了有关冷战后日本防卫政策调整和日美同盟重新定位的研究。1994年2月23日，首相细川护熙成立了以财界人士樋口广太郎为会长，各界知名人士参加的私人咨询机构“防卫问题恳谈会”，并在8月提交了所谓“樋口报告”，即《日本安全保障与防卫力量的应有状态——面向21世纪的展望》。该报告指出：“在最近一个时期，从实力和意图看，不可能出现军事上正面挑战美国的国家”，但“从综合国力看，美国已不具备压倒性优势”，未来的国际安全关系“可能是以美国为中心的多边合作”；日本“有必要构筑整体性、综合性安全保障政策。第一要促进世界和地区多边安全合作，第二要充实日美安保关系的功能，第三要以强化情报能力、危机处置能力为基础，保持高效可靠的防卫力量”①。“樋口报告”虽不能正式代表官方立场，但在很大程度上反映了细川内阁和村山富市内阁的意向。②

“樋口报告”尽管仍对日美安保关系发展给予肯定，但明显降低了对日美同盟的战略期望值，试图寻求建立新的安全支柱。该报告的主要起草人之一渡边昭夫事后也承认，报告中确实包含着：“亚洲志向、自立志向、多边志向”③。日美政治经济摩擦升温和“樋口报告”引起了美国的警觉，促使其加强对美日同盟关系的引导。1995年2月28日，美国国防

---

① ［日］防衛問題懇談会：《日本の安全保障と防衛力のあり方－21世紀へ向けての展望－》，1994年8月12日、http://www.ioc.u－tokyo.ac.jp/～worldjpn/documents/texts/JPSC/19940812.O1J.html

② 该报告的起草机构“防卫问题恳谈会”名为私人机构，实际上直接为首相服务，而且据报告的主要起草人渡边昭夫透露，他们在研究过程中可以自由调阅引用日本政府各部门文件。参见［日］福田毅：《日米防衛協力における3つの転機——1978年ガイドラインから・日米同盟の変革・までの道程》，载《レファレンス》平成18年7月号。

③ ［日］渡边昭夫：《日米安全保障关系の新展开》，载《国际問題》1998年第3号。

部发表《东亚战略报告》，提出了强化日美同盟的战略导向，推动日本一起对日美安保关系进行“再定义”。1996年4月16日，克林顿总统访日并与日本首相桥本龙太郎发表了《日美安全保障联合宣言》。1997年9月23日，日本又与美国签署了新《日美防卫合作指导方针》。上述文件的出笼，确定了日本强化对美结盟战略的基本取向，即以日美共同防卫日本和联合干预“周边事态”为重点，强化两国防卫合作关系。

进入21世纪以后，尤其是“9·11”事件发生后，日本对美结盟战略调整步伐加快。特别是在小泉内阁期间，日本采取了完善防卫法规体系、调整防卫战略、细化日美防卫合作议程、明确日美共同战略目标等一系列步骤，把日美防卫合作强化推向高潮。2002年11月，小泉首相的咨询机构“对外关系工作组”提交研究报告《21世纪日本外交的基本战略：新时代、新视角、新外交》，称：“对美同盟关系弱化难以想象，今后仍有必要强化”；“日美作为强有力的盟国，应该目标相同但拥有各自的坐标轴，日本外交的应取之道是，在与美国进行彻底讨论的基础上，谋求新时代的政策合作和相互补益”[①]。2004年10月，小泉首相的“安全保障与防卫力量建设恳谈会”提交报告书（“荒木报告”）。与“樋口报告”相比，“荒木报告”对日美军事同盟色彩的强调十分露骨，不仅不再提“促进多边安全合作”，而且行文中频繁使用“日美同盟”的字眼，声称：“日本今后应采取的安全战略应适当综合运用以下三种手段：①日本自身的努力；②同盟国的协助；③国际社会的协助”；驻日美军“仍是我国国防的大支柱、地区稳定不可或缺的因素”；今后应加强日美战略协商，并依据协商结果，确定新的《日美安保共同宣言》和新的《日美防卫合作指导方针》。[②] 2005年2月，日美“2+2会议”声明发表，公布了日美在全球和亚太地区的共同战略目标，提出了日美走向军事一体化的大方向。上述文件的发表标志着新世纪日本对美结盟战略的基本框架已经形成。

2006年，美军鉴于形势变化，大规模调整东亚军事部署。同年5月1日，日美两国政府达成“驻日美军再编路线图”。根据该“路线图”，美国将大幅度减少驻日美军基地和兵员规模，将驻冲绳的海军陆战队部分兵

---

① ［日］对外関係タスクフォース：《21世紀日本外交の基本戦略－新たな時代、新たなビジョン、新たな外交－》，平成14年11月28日、http://ijs.cass.cn/japanese/xszl/21thrbwj.htm

② ［日］安全保障と防衛力に関する懇談会：《〈安全保障と防衛力に関する懇談会〉報告書—未来への安全保障・防衛力ビジョン—》，2004年10月、www.kantei.go，jp/jp/singi/ampobouei/dai13/13siryou.pdf

力后撤至关岛，驻冲绳部分空军基地转移至日本本土。2010 年 1 月 19 日，在《新日美安保条约》签订 50 周年之际，日本与美国发表联合公报，表达继续坚持日美同盟关系之意，确认“日美同盟对维护日美两国安全与繁荣、地区和平与稳定，具有不可替代的作用”，表示要强化同盟在两国的民众基础，在减少包括冲绳在内的美军基地的同时，确保驻日美军遏制力，深化日美军事合作。2010 年 5 月 28 日，日美两国发表“2+2 声明”，表示要继续落实 2006 年日美达成的“路线图”，将嘉手纳以南大部分美军基地及设施移交给日本。上述调整意味着，日美同盟在 2005 年形成的政治与战略框架下，合作领域开始远离“基地合作”的轴心，转向以军力配合为重点的“人的合作”。

（二）对冷战后日本对美结盟战略调整的基本认识

冷战后日本对美结盟战略从目标到手段都和冷战时期存在重大差别，具有再造和重塑的味道，如同一艘内部被全面改装的军舰，虽然舰体外形大体如故，但其内部构造、武器系统已被升级换代，航向也发生了重大改变。我国有学者认为今天的日美同盟与冷战时期的日美安保是“同一外表、不同内核”[①]。这种评价是比较中肯的。

首先，对美结盟战略调整动机多重。其动机主要包括：①借美国权势，提升政治大国地位。1992 年 1 月 9 日，日本借布什访日之际，与美国发表《关于日美全球伙伴关系的东京宣言》，声称“日本与美国，对新（国际）时代的形成有特别责任”，将两国关系抬升为“全球伙伴关系”，突出反映出日本借同盟之力，扩展国际政治权势的战略意图。②以日美同盟为掩护，扩大国际安全影响。日本政界强人小泽一郎曾声称：鉴于周围国家对日本在海外单独采取军事行动抱有警惕，应十分重视发展同美国的关系——“同美国步调一致，是日本对世界和平作出贡献的最合理、最有效的政策”[②]。③通过强化同盟合作，提升对美关系地位。冷战时期日美安保体制给国际社会留下的一味靠美国保护、追随美国的印象一直是影响日本政治大国形象的消极因素。日本通过强化同盟，增加本国的对美防卫合作义务，也是为了消除上述消极因素。④以同盟合作为借口，推进“正常国家化”。在日本政界，“亲美保守势力”支持日美同盟强化的主要

① 陈晓晨：《试论国际政治中同盟的持久性——以冷战后美日同盟为例》，http://www.xslx.com/htm/gjzl/zlps/2005-04-22-18640.htm

② 赵阶琦：《当前日本的政局走向》，载《日本学刊》1994 年第 6 期。

国内动机就在于，利用同盟不断扩大的军事合作需求，摆脱“战后体制”尤其是现行“和平宪法”的制约，使日本变成能够自由扩军、海外用兵的“正常国家”。尤其是2012年年底以来，安倍晋三再度当选日本首相后，类似动机表现得格外明显。

其次，对美结盟战略调整的着眼点是对付中、朝。应对“共同威胁”乃军事同盟存在的基本价值。苏联解体后，日本在考虑延续对美同盟时，面临的最大困惑是“共同威胁”的减少——“清晰可见的有形威胁”消失了，国际安全形势处于“不清晰”、“不透明”状态。[①] 然而，1996年之后，日本却以“东亚国际关系动荡”、“朝鲜半岛不稳定”、“台湾海峡冲突可能性不能否定”等理由，走上了强化对美同盟的道路。种种迹象表明，应对中、朝“威胁”正是日本对美结盟战略的着眼点。而自2010年以来，日本右翼势力刻意在钓鱼岛反复挑起事端，目的就是企图通过渲染“中国威胁”，进而拉美国下水，把日美同盟运用于中国。

再次，对美结盟战略调整的基本取向是扩大对美安全合作。与冷战时期相比，调整后的日本对美防务合作从低姿态到高姿态，从务虚到务实，并在小泉执政期间基本完成了顶层设计，进入了细节勾画阶段。整体而言，日本对美防卫合作呈现出三大动向：一是增强日美防卫合作的“相互性”。“9·11”事件后，日本海上自卫队向参战美军提供后勤支援的积极性与海湾战争时的“出钱不出人”形成了鲜明对比，与越南战争期间的隔岸观火更有天壤之别。二是以“周边”超越“远东”。从1997年“周边事态”概念提出到2001年之后日本自卫队远涉印度洋，“日美同盟存在发生了质变”——日本对美合作范围已远远超出1960年《日美合作与安全保障条约》所规定的“远东”范畴；日美同盟不再是针对“远东”的同盟，而是变成了针对世界的同盟。[②] 三是对美防卫合作领域空前拓展。冷战后，日本对美防卫合作，从双边同盟合作扩展到多边安全合作，从传统安全合作迈向非传统安全合作，从陆海空军合作扩大到弹道导弹防御系统合作。进入21世纪以来，在美国全球军事联盟体系中，日本已经成为最为活跃的盟友之一。

---

① ［日］防衛問題懇談会：《日本の安全保障と防衛力のあり方－21世紀へ向けての展望－》，1994年8月12日，http://www.ioc.u－tokyo.ac.jp/～worldjpn/documents/texts/JPSC/19940812.O1J.html

② 《米軍再編、最終合意　軍事が突出する危うさ》，载《朝日新聞》2006年5月3日。

第四，日本护持同盟关系面临的消极因素增多。其主要表现在以下四个方面：一是日美战略利益交集弱化，相互政策错位扩大。冷战后，全球以及东亚国际关系失去了冷战时期的稳定性而呈现出流动性、模糊性。这无疑会影响到日本对日美共同利益的认定和针对特定国家及地区的政策协调。冷战结束以来，日美在对华关系、对朝关系、东亚一体化等战略性问题上，既有合作协调，也暴露出不少分歧甚至冲突。二是对美结盟战略的利益预期不确定性增大。与冷战时期相比，作为盟友的美国对日本的战略承诺已不像冷战时期那样稳定、有效和富有吸引力。这使得对美结盟的战略收益开始走向不稳定，对日本的诱惑力降低。在政治领域，美国已无力一手把日本送上联合国安理会常任理事国宝座；在安全领域，美国虽然多次重申保卫日本的承诺，但其“核保护伞”的有效性开始受到质疑；在经济领域，作为“恩人”的美国已随着冷战历史远逝。三是对美结盟的战略风险增加。日本强化对美军事合作虽在一定程度上满足了其政治大国战略和安全战略的需要，但也意味着主动或被动卷入武装冲突的风险增加了，尤其是当美国处于军事扩张高峰时。伊拉克战争爆发后，日本政界、舆论界对自卫队支援美军的反对声中就包含着这种忧虑。四是日本内政外交的右倾化冲动动摇美日信任关系。美日同盟虽然是基于现实利益的产物，美国维护美日同盟是以控制日本战略走向、确保其西太平洋主导地位为前提的。然而，日本右翼保守势力却始终存在颠覆二战后国际体制，走向自主型军事大国的冲动，这不能不引起美国的疑虑。2013 年，极右翼势力的代表安倍晋三再度当选首相后，公然表示要修改此前日本政府关于当年侵略战争的反省立场。对此，美国给予了高度警惕和强烈牵制，迫使安倍不得不调整立场。①

第三节　日本结盟战略历史演变的主要特点

100 多年来，日本结盟历史曾两次断续，似乎缺乏连贯性。日英同盟、三国同盟、日美同盟存在的内外背景差异甚大。日本在三个同盟时期

① 2013 年 1 月，对于安倍的右倾立场，美国主流媒体普遍作出了批评性表态，称其为“右翼民族主义者”；1 月 3 日，美国主流报纸《纽约时报》发表评论，指出“诸如此类的修正主义行为，对日本来说是可耻而又愚蠢的事情”；同时，出于多方面考虑，美国还拒绝了安倍 1 月份访美的请求。参见”The NewYork Times”，January3，2013.

的结盟战略的目标和手段也各有特色。但是，日本结盟战略的演变仍存在很强的因果联系，不同时期的结盟战略仍存在一些共性特征。

一、结盟战略的嬗变蕴含的因果关系

近代以来日本结盟战略演变经过了一个完整的历史回旋：对盎格鲁·撒克逊国家的追随（日英同盟）——与盎格鲁·撒克逊国家为敌（三国同盟）——再追随（日美同盟）。而从结盟对象和同盟历史长短来看，与德意缔结的法西斯同盟存续时间最短，仅为日英同盟的1/4、日美同盟的1/11。因此，从大的历史空间看，日本结盟的主流仍是与英美国家协调，三国同盟只是长河的一小段回曲。

事实上，日本在明治维新之后就逐渐形成了与英美协调的外交传统。战后日本虽然通过政治经济社会改革面貌一新，但内政外交并未出现所谓“政治断绝”，仍具有强烈的传承性。[①] 这种传承性突出表现在否定战前亲德路线，向与英美协调路线回归。[②] 我国学者徐思伟也指出，战后日美安保关系成立存在一近一远两个背景，从近看是冷战大环境以及战后东亚局势变化使然，“远背景就是日本近代对英美协调乃至对英结盟的传统思想促动其战后对美结盟”[③]。冷战结束以来，日本对美同盟关系的“再定义”，依然未摆脱结盟战略的历史回旋轨迹——延续、强化与盎格鲁·撒克逊国家的同盟合作。

近代以来日本结盟战略演变还存在另一个历史回旋：黩武（近代为准备战争结盟）——偃武（冷战时期为经济复兴而结盟）——尚武（冷战后为扩大国际安全影响而强化同盟）。近代日本穷兵黩武、好战成性，自明治维新开始动辄“赌国运一战”。日本近代结盟战略是为准备战争而生，为打赢战争而用，为保护战争赃物而存续。战后日本的对美结盟战略

---

① ［日］藤原弘达：《吉田茂——その人その政治》，第99页，読売新闻社昭和39年版。

② 战后日本对美结盟战略的策划者吉田茂本人当年就是日英同盟的支持者和三国同盟的反对者。他曾表示：“日本自与外国建交以来，一直是以同英美两国取得政治和经济上的协调为原则的，破坏了这个基本原则，同德国意大利结盟是投入轻率的战争的原因。”参见［日］吉田茂：《激荡的百年史》，孔凡、张文译，第72页，世界知识出版社1980年版。

③ 徐思伟先生甚至认为：美苏冷战“只是给日本实现对美结盟提供了可乘之机而已”，“日美同盟是冷战的间接产物而非直接产物，即使没有冷战现象，日本也要对美结盟。日美同盟也会在非冷战环境中通过另一种方式和程序得以形成”。但本人认为徐先生的观点忽视了中美关系因素，过于强调了日本结盟战略的内因。参见徐思伟：《吉田茂外交思想研究》，前言，世界知识出版社2001年版。

却因败降的地位又走向了另一个极端，在重新武装以及自卫队与美军合作方面总体上态度低调。冷战结束之后，日本对美结盟战略通过重新“定义”日美安保关系，对美防卫合作以地区干涉为取向，虽不能说是准备战争的战略，至少是准备卷入武力冲突的战略。这些说明当今日本结盟战略的思维原点不是在战后，而是在近代，其背后蕴含的历史意味非常值得关注和深究。

二、结盟战略发展以大国欲望为原动力

日本并不是一个充分具备大国潜质的国家，古代曾作为孤岛小国一直游离于东亚国际体系的边缘。然而，在丰臣秀吉时代，日本的大国野心就曾一度膨胀，不自量力图谋侵吞中国、主宰东亚，却因国小力寡而战败。在历史进入近代后，欧美先进生产力的引入、东亚国际关系的全球化，为日本崛起提供了前所未有的机遇和条件，使其大国志向迅速复苏、膨胀。

“近代以来的日本，其核心的国家意志就是追求日本的崛起”[①]；“由日清战争开始，军国主义和大国主义（对亚洲各国）的风气在日本人当中已经相当浓厚了。”[②] 到太平洋战争期间，日本大国野心则膨胀到极点，抛出了主宰亚太的“大东亚共荣圈”计划。战后，身为战败国的日本依然胸怀大国之志。在战败最初的日子里，外相吉田茂就表示，“日本人一定能站起来”，“恢复皇国的气势”[③]。在冷战后的今天，日本追求大国地位更加咄咄逼人。[④] 然而，大国地位的取得和巩固首先需要强大完善的综合国力，但20世纪初以来日本国力结构始终存在“偏科”现象——近代日本虽然军事力量一流，但工业资源匮乏，经济实力在列强中却位居中下流，往往在倾国力以速决战打赢对手后，再无余力压制对手复仇或对付第

---

① 张景全：《结盟对国家崛起、发展的影响——以日本为例的历史分析》，载《日本学刊》2006年第3期。

② ［日］依田憙家：《近代日本与中国：日本的近代化——与中国的比较》，卞立强、陈生保、任清玉译，第21页，上海远东出版社2004年版。

③ 宋成有、李寒梅：《战后日本外交史（1945～1994）》，第21页，世界知识出版社1995年版。

④ 比如，森喜朗曾在担任内阁首相期间表示，面向21世纪的世界，日本必须“作为国际社会的主要成员”发出声音，展开行动。小泉纯一郎担任首相期间，曾在国会公开表示日本“希望在国际社会追求有名誉的地位”。参见［日］小泉純一郎：《第164回国会における小泉内閣総理大臣施政方針演説》，平成18年1月20日，http://www.kantei.go.jp/jp/koizumispeech/2006/01/20sisei.html

三者挑战；战后虽然拥有了世界经济大国的实力，军事力量发展却受到制约，而且海外贸易安全的脆弱性、大规模杀伤性武器的出现、超级大国的猜忌等因素，也使日本难以独立发展、运用军事手段压制对手。

国力存在的结构性缺陷，使追求大国地位的日本对同盟产生了结构性依赖，宛如一个跛脚登山者在攀登高峰时对手杖的依重。国际关系的现实主义理论指出，国家寻求结盟的目的有两个，一是把其他国家的权力添加到自己的权力上，二是阻止其他国家的权力添加到对手的权力上。① 20世纪初以来，日本结盟战略的演变总是自觉、不自觉地遵循着上述权力政治逻辑完善国力要素中的"短板"。由于国力要素中的"短板"太短，日本决策者往往会本能地寻找国际关系中的最大权势者，并利用这种权势扩大自己的国际地位和威望。

三、结盟战略具有追求同盟持久性的倾向

纵观国际同盟关系的发展，"直至摩根索时代，同盟对于一个国家而言，并不是个原则问题，而是个权宜的问题"，大部分国家的同盟政策总是易变的。② 而如果分析20世纪初以来日本结盟战略的演变史，却会发现日本的对外同盟关系却表现出较强的持久性。在日本参与的三个同盟中，日英同盟两次延长前后存在20余年，其寿命在同时代大国正式缔结的双边同盟中是最长的。三国同盟虽然存在不足5年，但其终结缘于德国无条件投降，属于异数。日美同盟截至2013年已历经62年，超过了日英同盟和三国同盟之和的两倍，更可谓"长寿同盟"（参见表2.1）。日本结盟战略这种对同盟持久性的追求，既受一般同盟运行规律的作用，也有其独特原因。

表2.1　20世纪初以来日本对外缔结的同盟条约存续时间统计

同盟条约名称	生效时间	规定有效期	失效时间
日英第一次同盟协定	1902年1月30日	5年	1905年8月12日
日英第二次同盟协定	1905年8月12日	10年	1911年7月13日

① ［美］汉斯·摩根索：《国家间政治》，徐昕、郝望、李保平译，第235页，中国人民公安大学出版社1990年版。

② 陈晓晨：《试论国际政治中同盟的持久性——以冷战后美日同盟为例》，中国国际关系研究网，2005年4月22日，http://www.xslx.com/htm/gjzl/zlps/2005-04-22-18640.htm

（续表）

同盟条约名称	生效时间	规定有效期	失效时间
日英第三次同盟协定	1911 年 7 月 13 日	10 年	1923 年 8 月 17 日
德意日三国同盟条约	1940 年 9 月 27 日	10 年	1945 年 5 月 8 日
日美安全条约	1952 年 4 月 28 日	无	1960 年 6 月 23 日
日美共同合作和安全条约	1960 年 6 月 23 日	10 年	一直在自动延长

（根据世界知识出版社编辑：《国际条约集（1872～1916）》，世界知识出版社，1986 年版；《国际条约集（1950～1952）》，世界知识出版社，1959 年版；《国际条约集（1960～1962）》，世界知识出版社，1975 年版；《国际条约集（1934～1944）》，世界知识出版社，1961 年版。）

一般而言，同盟条约的成立时往往基于特定的共同威胁和共同利益。一国盟约到期后是否愿意延长或更新，取决于三个基本因素：①是否存在仍需要与盟友共同应对的威胁；②原定的共同利益是否继续存在或能否就新的重大利益与盟友达成共识或默契；③与盟友之间的安全矛盾和利益冲突是否大于其与第三国之间的安全矛盾和利益冲突。上述三个基本因素可在一定程度上为日本对英、对美结盟的长期化提供合理解释。

单就日本而论，其对同盟持久性的追求还缘于以下五种因素：①日本具有追随霸权核心国的战略偏好。由于国力具有结构性缺陷，日本对外战略总是缺乏某种自信，希望依附拥有最大权势者。而霸权核心国的衰落往往是渐进的，同盟对日本的战略增益的衰减也是逐渐的，会经历较长的历史过程，在其下滑到一个临界点之前，日本不会轻易放弃同盟。②历史教训使日本执著于维护日美同盟。战后日本对日英同盟解散后逐渐走向与英美为敌，陷入国际孤立的历史教训记忆深刻。尽管冷战后日美同盟的利益基础在弱化，但同盟关系对于防止日美走向对立的潜在价值越发重要，促使日本为此主动开发、寻找新的共同“威胁”和共同利益，强化同盟的存在基础。③日本对英、对美结盟战略在延续相当时间之后，会形成很强的战略惯性。[①] 由于这种惯性的存在，使得日本与英、美的同盟关系在既存共通威胁和共同安全利益动摇的情况下，仍能保持相当长时间。④独特

① 这种惯性主要包括：盟友关系发展过程中在日本政治中形成的人脉和体制积累，发展与盟友关系衍生积淀的国内政治利益、共同的经济利益，决策层在长期处理同盟关系中产生的国际观、价值观和情感偏好等。

的地缘政治环境促使日本长期推行远交近攻之策。日本虽然地理位置与英国类似，同处于欧亚大陆外部边缘地带，但地缘政治环境却与英国迥异——英国面临的西欧大陆主权国家林立、强国众多，在地区关系中纵横捭阖余地很大；日本在东亚大陆则主要面对幅员辽阔、人口众多的中国和国力不菲的俄国，要谋求地区内优势，自然需要长期依靠国力超越中、俄的地区外大国。⑤日本结盟战略目标的多元性趋势增强了同盟存在基础。在近代，日本的对英结盟战略既以谋求军事扩张利益为中心，又包含有经济利益、大国威望等诉求。在当代，日本对美结盟战略的利益目标更是涵盖政治、军事、经济乃至文化等多个领域。这样多元化的利益目标体系，使得日本结盟战略即使在部分利益目标难以达成的情况下，仍具有存在的必要性。

四、结盟战略极具现实主义

在日本结盟战略上，以本国利益优先、尽为己谋的一面格外突出。在一次大战期间，日本一方面对英方派兵欧洲的请求推三阻四，另一方面趁英国无暇东顾，在远东大肆扩张。在酝酿制定三国同盟时，日本外交界元老石井菊次郎声称，所谓同盟就是要“牺牲盟国利益，谋己国之利”①。而战后吉田茂评价三国同盟的失败，也是站在得失角度，以日本“毫无所获”为定语。② 至于吉田茂在制定实施对美结盟战略时，与美国在“再军备”问题上的讨价还价，更是表现出商人式的精明和利己，使日本不但“白乘安全车”，而且分享了美国霸权扩张的一系列好处——“美国不时因为与苏联的代理人发生战争而使自己的社会受到扰乱，而日本人却避开了战争，虽然它从美国的霸权中充分得到利益”③。

在现实主义的驱使下，日本结盟战略的弹性和适应性明显超过其他结盟国家，主要表现在：①选择结盟对象惟顾权势，采取“事大主义”，甚至不顾主权国家的“脸面”。比如，在三国同盟问题上，尽管德国与苏联签署《苏德互不侵犯条约》的背叛行为使日本外交颜面尽失，内阁为之倒台，继任者仍坚持亲德政策，将三国同盟进行到底。战后，“日本在占

---

① ［日］田村幸策：《太平洋战争外交史》，第325页，鹿岛研究会昭和41年版。

② ［日］吉田茂：《激荡的百年史》，孔凡、张文译，第38页，世界知识出版社1980年版。

③ ［美］乔治·弗里德曼、梅雷迪斯·勒巴德：《下一次美日战争》，何力译，引言第8页，新华出版社1992年版。

领初期，即使美国制裁也要对美协调，占领中期即使美国尚未彻底放弃制裁也要对美结盟，占领后期乃至占领结束后，无论怎么强调自主也要维护对美结盟……”[①] 如此不顾主权尊严，能忍“胯下之辱”，巴结“损友”和占领者的国家，在世界大国中是少见的。即使在21世纪的今天，日本对外战略仍唯美国马首是瞻。2012年12月，安倍晋三再度当选首相后即迫不及待要开展“朝拜外交”，力图在翌年1月份实现访美，遭到美方断然拒绝后，竟未流露丝毫不满，仍极力争取在2月实现访问。对美恭顺如此，令国际舆论侧目。②在利益目标选择和盟国合作上轻视道义，唯利益而动。在近代，日本在第二次日英同盟中要求英国承认其在朝鲜的“特殊利益”，完全违背了甲午战争前维护朝鲜独立的承诺；其运用三国同盟实施武力扩张，则是对《非战公约》的粗暴践踏。在冷战时期，日本虽然打着“和平国家”的旗帜下，却默许美国利用驻日基地多次发动对亚洲国家的侵略。在冷战后，日本虽然打着联合国中心主义旗帜，却支持美国发动缺乏合法性和正义性的伊拉克战争。③在战略环境适应方面富有弹性，善于顺势作为。日本统治者认为联盟作为国家的重要政略手段，“其运用的巧拙关乎国运消长”[②]。日本非常注重观察国际矛盾变化并从中寻找获取利益的机会，其结盟战略具有很强的适应性，战略出发点和政策目标总是善变的、多元的。国际政治学者斯蒂芬·M. 沃尔特（Stephen M. Walt）曾假设了国际同盟的五种模式，而20世纪初以来日本的结盟战略几乎对这些模式均有所尝试。[③] 日俄战争后，日本着眼战后形势变化，趁热打铁与英国签署第二次日英同盟协定；1911年，为挫败美国拆散日英同盟的企图，接受英方同盟不针对美国的主张，及时签署第三次日英同盟协定；在第一次世界大战爆发后，乘机打着日英同盟旗号扩大亚洲侵略；在第二次世界大战期间，看到德国法西斯在欧洲初战告捷，日本统治者迅速跟进缔结三国同盟条约；冷战时期，国力有所恢复后即要求修改日美安全关系；冷战后又顺杆上墙，呼应美国战略调整强化日美防卫合作。

---

① 徐思伟：《吉田茂外交思想研究》，世界知识出版社2001年版。

② ［日］芦田均：《现代日本文明史》，第1页，东洋經濟报社昭和17年版。

③ 沃尔特关于国际同盟的5个假设是：①国家结盟以对抗外来威胁（均衡）；②国家与外来威胁国结盟（看风使舵）；③国家与拥有共同意识形态的国家结盟；④国家与向它们提供援助的国家结盟；⑤国家同那些成功地对其进行渗透并操纵其国内政治的国家结盟。参见于铁军：《国际政治中的同盟理论：进展与争论》，载《欧洲》1999年第5期。

第三章　国家战略与日本对外结盟

作为亚洲最早实现近代化的国家，日本在近现代就形成了比较完整的国家战略体系。日本结盟战略受到国家大战略、国家安全战略以及军事战略和外交战略的直接或间接影响。

第一节　国家大战略与日本对外结盟

国家大战略通过确定国家总目标和规制国家发展战略、国家安全战略，影响着结盟战略的构建和运用。在大多数情况下，国家大战略与日本结盟战略之间的相互作用是间接的，但在冷战时期日本也曾直接从国家大战略需求出发制定结盟战略。

一、日本的国家大战略

（一）国家大战略的内涵与特征及其与结盟战略的关系

关于国家大战略，不同的国家有不同的称呼，内涵也各有侧重。在美国，它被称为“国家战略”，主要从维护和实现国家利益角度立意。主要含义是，在平时和战时使用武装力量的同时，发展和使用国家的政治经济和心理力量以实现国家目标的心理和科学。[①] 在英国，它被称为“大战略”，侧重于从安全角度定义，指“最积极地运用国家全部力量的艺术。它包括运用外交、经济压力、与盟国缔结有利的条约、动员国家工业和分配现有人力资源以及使用陆海空三军使之协调行动”[②]。在我国，有学者认为国家大战略是：“国家政府的这样一种操作方式或操作规划：自觉地本着全局观念，开发、动员、协调、使用和指导国家的所有政治、军事、

① 参见高金钿、顾德欣：《国际战略学概论》，第4页，国防大学出版社2001年版。

② 吴春秋：《广义大战略》，第25页，时事出版社1995年版。

经济、技术、外交、思想文化和精神等类资源，争取实现国家的根本目标。”[①] 在日本，则主要从统揽国家内政外交的综合性角度定义之，如著名政治家中曾根康弘认为：“所谓战略，一般就是指对实现特定目的的过程与手段进行规定的综合性判断与计划，国家战略从目的上可以分为军事战略、外交战略、经济战略、内政战略等。我把综合性国家战略称为国家战略。”[②]

虽然国家大战略的概念及相关理论研究迟至20世纪五六十年代才明确地出现，但国家类似的经验和实践却早就存在，并具有如下特征：①它属于国家最高层级的战略，居于国家战略体系的顶点，涵盖国家政治、经济、军事、外交乃至文化等诸多领域，包含并规定着国家的外交战略、军事战略、经济战略等子战略。②它的总目标至少会包含发展、安全和国家荣誉三个基本诉求，其中的重点诉求会成为国家大战略的重心，各个子战略的目标确定、力量构建和手段运用都会向其倾斜。③它不仅适用于战时，也适用于平时，对国家利益的判断、目标的制定都具有根本性和长远性，一经确定不会轻易动摇，往往会延续十几年乃至数十年。④它成功的关键在于目标与国力之间的相称以及战略体系内部的平衡。⑤它的实施受到国际国内环境变化的重大影响，需要诸多内政外交战略及政策支持。

国家大战略与结盟战略之间的关系主要包括四个方面（参见图3.1）：①结盟战略的基本价值在于协助国家大战略实现其安全领域的目标。换言之，满足国家大战略在安全领域的目标需求是国家谋求对外结盟的基本考量。一国国家大战略的安全目标与其自身安全资源之间的缺口越大，就越需要同盟。②国家大战略的总目标具有多重性，在很多情况下重心未必在安全领域。此时，国家缔结和运用同盟虽以维护安全利益为基点，但会重视开发国家大战略所重视的其他价值。比如在冷战时期，一些国家并未受到苏联威胁，但仍然与美国结盟，以谋求经济援助推动本国发展。③国家大战略通过确定总目标，直接或通过军事战略、外交战略间接规定着结盟战略的目标、内涵和运用方向。国家在选择重要盟友时，往往会优先结好有助于其实现国家大战略目标的国家。④结盟战略属于国家安全战略的工具性战略，其主体横跨军事战略和外交战略领域，属于军事战略和外交战

① 时殷弘：《国家大战略理论与中国的大战略实践》，载《现代国际关系》2004年第3期。

② ［日］中曾根康弘：《日本21世纪的国家战略》，联慧译，第1页，海南出版社2004年版。

略的重要组成部分，有时还与国家的经济战略存在交汇；它的确立与实施会直接影响国家外交战略、军事战略的结构及其目标的实现，并间接作用于国家大战略，甚至会直接影响到国家大战略总目标的实现。另外，结盟战略运用所造成的国际战略环境和国内政治及社会环境变化，也会间接影响到国家大战略的实施。

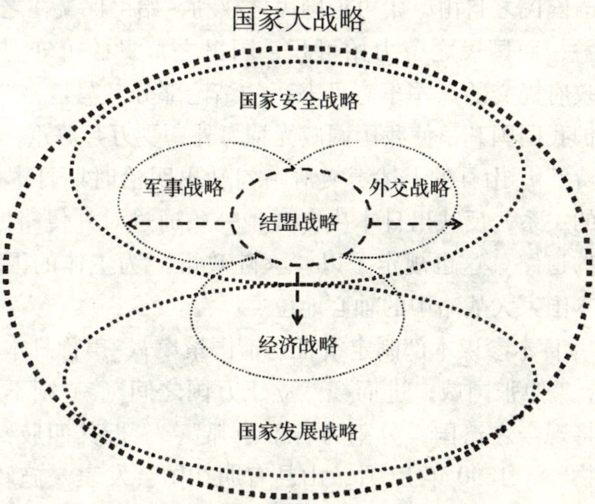

（示意图中箭头表示结盟战略运用重心的移动）

图 3.1　结盟战略在国家大战略中的地位示意图

（二）近代以来日本的国家大战略

近代明治维新以来，日本国家大战略发展大体经过了三个历史时期，其战略重心也经过了从“强兵”到“富国”，再到“政治大国”的转移过程。①

“富国强兵”战略。近代日本的国家大战略以“富国”、“强兵”、

① 近年来，日本有一些学者和政治家声称日本“没有国家战略”或者说近现代日本“没有国家战略”。如中曾根康弘就曾经如是说，并以学者佐伯喜一的观点为据。但本文在分析他们的相关论文和著作后认为，这种说法的本意并非否定日本国家战略的存在，而是在强调本国此前或现行的国家大战略不完善、统揽性不足或战略设计过于拙劣。（参见［日］中曾根康弘：《日本 21 世纪的国家战略》，联慧译，第 12～16 页，海南出版社 2004 年版。）事实上，日本近现代频繁出现的以“国策”、“基本国策”命名的战略文件，都对日本发展与安全的战略全局具有规定性，表明其当时是存在国家大战略的。

“列强化”为总目标。[①]“富国”是指发展近代工业、资本主义经济，增殖国家财富；“强兵”大兴军备，对外发动侵略战争；“列强化”是要与欧美主要强国并驾齐驱。而在三者之间，“强兵”被置于最重要的地位，成为国家大战略的重心——“对于明治政府来说，‘富国’的前提首先是‘强兵’”[②]。1880年，山县有朋在给天皇的奏文中写道：“兵强则民气始可旺，始可语国民之自由，始可论国民之权利，始可保交往之对等，始可得互市之利益，而国民之劳力始可积，国民之富贵始可守。”[③] 1888年，山县在其向政府提交的《军事意见书》的结论部分又写道：“如要伸张我国国权，保护我国国利，使我国国威光耀海外，受万邦尊重，除了兵力之外，有何可恃？”[④] 山县的上述奏文清晰勾勒出明治时期日本国家大战略三目标之间的关系，反映出日本决心要走一条通过对外侵略掠夺求发展、求大国地位的道路。这也规定了以“大陆政策”为主体的国家安全战略在近现代日本国家大战略中的轴心地位。

1887年，日本参谋本部制定《征讨清国策案》，声称日本要和英国一样保持富强，“伸张国威，进而巍然立于万国之间”，“则不可不攻击支那，不可不将现今之清国，分割为若干小邦”，“折其四肢，掠其土地，以之为附属物”[⑤]。1890年12月，山县有朋在国会发表《施政方针》，再次重申保护“利益线”的侵略政策。至此，日本以侵吞中国大陆为最终目标的“大陆政策”成型。1907年，日本政府制定的《帝国国防方针》规定要以“开国进取”为国是，谋求“国权扩张”，增进“国民福祉”，即要通过国家强权和利益的扩张，推进经济繁荣；为此，要“扶植在满洲及韩国的利权”，“向亚洲南部及太平洋维护和扩张民力的发展”，即把吞并韩国、侵占“满洲”，扩大对中国、东南亚的经济侵略作为“日本的国家战略”[⑥]。1936年11月，日本“五相会议”制定《国策基准》，要求外交与国防相互配合，把“北进”和“南进”并列为“国策枢轴”。至此，日本的“大陆政策”进一步膨胀为陆海双向的军事扩张，整个国家

① ［日］黑川雄三：《近代日本の軍事戦略概史》，第29页，芙蓉書房2003年版。

② ［日］依田憙家：《简明日本通史》，卞立强、李天工、雷慧英译，第218页，上海远东出版社2004年版。

③ 张健、王金林：《日本两次跨世纪的变革》，第260页，天津社会科学出版社2000年版。

④ 米庆余：《近代日本的东亚战略和政策》，第118页，人民出版社2007年版。

⑤ 米庆余：《近代日本的东亚战略和政策》，第115页，人民出版社2007年版。

⑥ ［日］黑川雄三：《近代日本の軍事戦略概史》，第69页，芙蓉書房2003年版。

的经济、外交、军事战略围绕扩大后的侵略目标高速运转，直至1945年战败。

“经济大国”战略。冷战时期的日本是否拥有完全意义上的“国家战略”，至今还是一个争议问题。[①] 目前，我国学术界和舆论常说的“经济大国战略”，其实是对冷战时期日本国家大战略实践的概念性总结。而日本国内无论是政界，还是学界、舆论界则极少见类似用语。但是，如据此断定日本在该时期压根不存在国家大战略恐怕也不妥当。日本世界和平研究所副所长佐伯喜一曾指出：“战后的日本虽然没有明确地意识到，但在某种意义上已经有了国家目标。那就是在制定所有政策时，都考虑到了经济问题。以西欧为目标，全身心地投入到了致力于恢复和发展经济上。”[②] 这说明日本战后实际上存在类似国家大战略的实践。至于佐伯喜一所说的“没有明确意识到”，只是在强调日本政府关于国家大战略的自觉意识不足而已。而这个“不言实行”的大战略其实就是源自吉田茂执政时期的“轻军备、重经济”路线。

“吉田路线”原本只是他重振日本大国地位的阶段性战略，其深层意图原本是先集中精力于经济，待经济实力恢复后再重整军备，把国家总目标拓展到政治安全领域。[③] 然而，吉田茂下台后，日本多届政府受“和平宪法”和内外局势的制约，未能彻底摆脱“吉田路线”。结果，一个在“原创者”眼里仅打算用于一时的中短期发展战略，却事实上发挥了统领国家内政外交的大战略功能，成为引领日本走向“经济大国”的国家大战略。[④] 其主要内容包括：①摈弃近现代国策总目标中的强兵，把追求“富国”作为国政的首要目标。②为集中战略资源追求“富国”，坚持“轻军备”，严格控制军费支出。③把“经济外交”作为外交的主要内容，“以外交为手段，为国家谋求经济上的利益”；“以经济为手段，为国家谋

① 参见冯昭奎：《21世纪的日本：战略的贫困》，中国城市出版社2002年版。

② ［日］中曾根康弘：《日本21世纪的国家战略》，联慧译，第15页，海南出版社2004年版。

③ 吉田茂在1967年曾表示修正“轻军备、重经济”路线之意，表示：“1950年在和约谈判时，我曾反对重整军备主张首先使日本在经济上得到发展，在当时那是唯一可行的政策，而且是明智的政策。但同那时相比，今天围绕日本国内外的许多条件已经明显不同……在防卫方面，日本也似乎即将渡过依靠别国力量的阶段。”同时，他还谈到了日本在政治安全领域作“贡献”的问题。参见［日］吉田茂：《激荡的百年史》，孔凡、张文译，第92页，世界知识出版社1980年版。

④ 参见张小劲：《大国复兴之路》，第152、153页，人民出版社2007年版。

求对外关系利益”[①]。如此一来，尽管从《旧金山和约》生效到20世纪80年代初，日本没有出台过系统、明确的国家大战略文件，但整个国家内政外交的运行仍然有稳定的目标和重心，这就是力争成为“经济大国”。

“正常国家化”战略。冷战结束后，随着国内外形势的剧变，日本内政外交战略转型速度加快，“正常国家化”战略应运而生。所谓“正常国家”又被称为“普通国家”，是由日本民主党政治家小泽一郎提出的，其含义包括两个方面：一是把冷战时期以“轻军备，重经济”基本特征的国家战略作为“特殊”情况对待，有修正此前国策之意；二是把世界上大多数拥有军队和战争权、外交上独立自主的国家视为“普通”，有攀比、摹化之意。“正常国家论”的基本主张有四：①强烈要求改变“经济大国战略”，以成为“正常国家”为导向构建新的国家战略。[②] ②修改宪法，增强政治家对国政的主导权，强化中央集权，为“普通国家”战略的实施提供国内政治基础。③通过积极的对外政策，提升日本在国际社会的形象和影响，谋求与世界经济大国相称的政治大国地位。④强化国家安全及军事战略，扩大防卫范围，维护日本的大国利益。小泽甚至声称：“如果国家安全成为负值，国政就等于零”[③]。

我国学者李建民指出：小泽一郎虽然至今未能进入权力中枢，但他的“正常国家论”实际上被国内执政的保守势力所普遍接受，当前日本推进的政治外交调整进程，基本是按照“普通国家化”的思路展开的，是在走一条“没有小泽的小泽路线”[④]。事实正是如此，“正常国家论”提出后，很快引起日本保守势力的普遍共鸣，逐渐转化为现实的战略。“正常国家化”战略所追求的核心目标与常说的政治大国战略完全一致——都是谋求政治大国地位。不过，政治大国战略从某种程度上更像日本的国际战略，而“正常国家化”战略则涵盖日本的政治、安全、外交诸领域，

① 张健、王金林：《日本两次跨世纪的变革》，第286页，天津社会科学出版社2000年版。

② 小泽一郎呼吁：“在冷战结束后的今天，应该尽快地从‘吉田主义’的说教中解放出来，制定一个新的战略；当然，要成为‘普通的国家’，并非只要政治改革就可以了；日本国民也应该清醒地意识到日本在国际社会中所处的地位，改造自己的思想，使自己成为能被国际社会所接受的‘普通的国民’”；“日本除了成为‘国际国家’外，别无其他的生存方式”。参见[日]小沢一郎：《日本改造計画》，第123页，講談社1993年版。

③ [日]小沢一郎：《小沢一郎のわが日本再興計画》，PRESIDENT1999年2月号。

④ 李建民：《冷战后日本的“普通国家化”与中日关系的发展》，第76页，中国社会科学出版社2005年版。

具有全面性、系统性、指导性，具有国家大战略的特质。

进入21世纪以来，日本的“正常国家化”战略逐渐进入关键阶段，表现出以下三个特征：一是摆脱“战后体制”成为日本政界右翼保守势力的共同诉求，很多内政外交主张已经政策化；二是现行“和平宪法”的修订已经启动，意味着日本二战后形成的政治体制将发生重大变化；三是日本社会支持“正常国家化”的民意基础空前扩大，渐呈主流态势，支持走“和平国家”的社会力量则日益边缘化。

二、国家大战略对日本结盟战略的影响

（一）国家大战略的扩张性是日本寻找盟友的根本动因

国家大战略的“首要的问题在于确定可用的手段或资源”①。按常理论，在国家发展刚刚起步或国力尚弱的情况下，合理的选择应是确保国家目标的有限性，逐步实施战略蓄势，待国力充沛后再寻求更大的目标。但是，自近代以来，日本从不安于走内涵式发展道路，国策总是外向型、扩张性的，其国家大战略实践的突出特征是“常常制定与自己实力不相符的国家目标”②。在20世纪上半叶，日本的国策目标，北至西伯利亚，南及东南亚各地，西揽整个中华，胃口如此之大，远远超出了日本民族力量的极限。战后，日本在前敌国恨意犹在、近现代殖民资源尽失的情况下，却想在短期内把“废墟之国”建成世界经济大国。不难想象，在自身资源实力不济的情况下，如无盟友支持，上述国家大战略就会丧失起码的合理性。

由于目标常具有扩张性，日本的国家大战略在实施中还会遇到越来越大的外部环境阻力，最终不得不借同盟之力，其主要表现在三个方面：①直接受日本扩张性战略侵害的国家。在近现代，随着日本侵略的扩大，亚洲国家的抵抗就越来越激烈——日本缔结三国同盟的主要原因之一，就是其独立解决“支那事变”的信心丧失。战后日本的经济扩张也曾遭到东南亚各国的强烈不满和反弹，并被欧洲国家奚落为“经济动物”。战后如果没有美国的政治和军事支持，日本对东南亚市场、资源的开发就不会那么顺利。②视日本为战略竞争对手的其他强国。随着日本扩张性国家大战略的展开，自身势力范围、国际地位受到日本挤压的国家总会越来越

① 时殷弘：《国家大战略理论与中国的大战略实践》，载《现代国际关系》2004年第3期。

② 李广民：《与强者为伍——日本结盟外交比较研究》，第241页，人民出版社2006年版。

多，他们联合或单独遏制日本的可能性也越来越大，迫使日本寻求外力帮助应对。

（二）国家大战略的体系结构决定结盟战略的性质和地位

从国家核心目标的变化看，自近代到21世纪，日本国家大战略的重心经过了一个“军事—经济—政治”转移过程。在近现代，日本整个国家战略体系围绕“强兵”构建和运转，结盟战略就是为打赢战争而生，为保护战争果实而用。冷战时期，“富国”成为国家大战略的重心，日美同盟就被日本用作“刀币”，以其“形”护身，以其“实”求富。冷战后，“正常国家化”战略把谋求政治大国地位作为首要诉求，迫切需要扩大国际政治安全领域的影响，日本遂开始重视强化、开发和利用日美同盟的军事安全功能。从一般意义上讲，联盟对国家的基本价值原本就存在于政治安全领域。因此，对致力于“正常国家化”的日本来说，冷战后结盟战略的调整也具有追求日美同盟关系“正常化”的味道。

从战略体系结构看，自近代到21世纪，结盟战略在日本国家大战略中的定位经过了一个“低—高—低”的变化过程。在近现代，日本推行“大陆政策”大体上立足于本国掌握的资源和实力，同盟虽被决策者视为外交战略“精髓”、“轴心”，但对国家大战略的影响仍是外在的，属于工具范畴。然而，冷战时期同盟却上升为“经济大国战略”的支柱，日本的国家发展战略、国家安全战略均以日美同盟关系的存在为前提。冷战结束后，尽管日本在强化日美同盟关系，但结盟战略在国家安全战略乃至“正常国家化”战略中的定位还是明显下降了，而且“正常国家化”本身还存在减弱对日美同盟依赖的深层意图。

（三）国家大战略的内在平衡影响结盟战略的效用和存续

国家大战略是一个复杂的体系，其下包括国家安全战略和国家发展战略，再下又包含军事战略、外交战略、经济战略乃至文化战略等。这些子战略尤其是军事战略和外交战略的相互关系及其在国家大战略中的地位，对结盟战略的存续和效用具有重要影响。比如，外交战略与军事战略虽然密切相关但各有其内在的运行规律与特点。外交战略目标确定和实力计算一般会从国家的整体需要和实力出发，实践中注重妥协、乐于接受次优选择；军事战略确定目标以安全战略为依据，计算实力时偏重国力中能够支持战争的那一部分，实践中高度容忍冒险和欺骗，往往以追求全胜为目标。在近代，日本军事战略在国家大战略具有轴心地位，但受到外交战略的有力制约，这使得日本结盟战略的运筹仍比较稳健，日英同盟虽为日俄战争而生，但战后却得以“长寿”。但是，进入20世纪30年代后，日本国家大战略完全被军事战略所规制，外交战略彻底沦为战争的奴仆，结盟战略的制定和实施就具有浓厚的“冒险性”，身为外相的松冈洋右，甩下“不入虎穴，焉得虎子”的豪语，与军部联手仓促缔结日德意三国同盟。①

与近现代相比，当代日本国家大战略对子战略的规制性增强，外交战略对军事战略的制约增大。相应地，日本结盟战略的稳健性也比近现代要强，冒险性明显降低。但在冷战后，日本国家安全战略及军事战略，借日美军事同盟强化，在国家战略体系中的地位迅速上升。从近期看，这种上升包含有矫正此前“轻军备”路线的味道，但如果长期持续，就可能“矫枉过正”，使日本军事战略演变成“军事大国”战略，再度主导国家大战略体系。因此，日美同盟被日本用作军事大国化的“孵蛋器”，变成日本战争冒险工具的可能性是不能排除的。

第二节 外交战略与日本对外结盟

同盟关系是一国对外关系的重要组成部分，一国结盟战略的制定、实施和运用效能都直接受其外交战略的影响。近现代“协调外交”的成败，冷战时期从一边倒外交向自主外交的转换，冷战后政治大国外交的全面展开，与日本结盟战略的存在、目标及手段的变化都存在密切的呼应关系。

一、近现代日本的外交战略与对外结盟

近现代日本外交比较注重与其他列强的合作与协调，并一度形成“协调外交”的传统。19世纪末与列强的协调外交因三国干涉还辽受挫，由此催生出日英同盟；日英同盟解体后，国际协调外交的再次受挫又成为日本走向三国同盟的前因。

（一）明治、大正时期外交战略与日英同盟

明治、大正时期日本外交战略的基本目标是，力争“作为西洋国家

① 1940年，松冈洋右看到外务省人员在米内内阁末期制定的三国同盟关系加强方案，表示不满，据说只批了一句他惯用的话：“不如虎穴，焉得虎子”，就原件退回，并最终主导制订了尽快缔结日德意三国军事同盟的计划。参见［日］信夫清三郎：《日本外交史》下，天津社会科学院日本问题研究所译，第650～652页，商务印书馆1980年版。

的一员，反过来统治亚洲各国"[1]。在1902年之前，该战略主要有两个方面：对中国等亚洲邻国实施侵略外交；对欧美列强实施协调外交；基本目标是争取列强支持、纵容其侵略邻国，废除不平等条约，谋求独立国家地位。在1902年之后，该战略调整为以日英同盟为支柱，积极在远东与列强进行殖民竞争。无论是前期还是后期，日本的对外战略都紧紧围绕其大陆政策需要而展开的，重点在于创造有利于打赢侵略战争、维护战后成果的国际环境。

在与列强"协调"中走向对英结盟。从明治政府成立后，就确立了"与列强协调"的外交路线。该路线的实施可分为前期（明治初年~1895年）、后期（1895年~1902年）。

前期与列强协调外交，促使日英结盟思想产生。该时期日本外交主要包括三个方面：①强调自我"欧化"，争取被认可为"西方文明国家的兄弟之邦"[2]。②围绕对朝、对华侵略，向列强显示甘当"马前卒"姿态，极力争取列强支持其对华开战。③打着文明开化、维护"朝鲜独立"等旗帜，骗取欧美舆论支持，谋求对朝、对华政治优势。这种协调主要利用列强之间、列强与中国之间的矛盾，尽量拉拢所有主要列强以全面孤立中国。但是，"三国干涉还辽"暴露出前期协调外交的致命缺陷——列强响应日本的协调外交，犹如纵犬逐兔，虽各怀鬼胎支持其侵华，但在限制其扩张范围上却表现出一致性。尤其是当某些强国欲抢夺日本的战争果实时，其他强国不会基于脆弱的协调关系自冒风险为其撑腰。结果，面对俄法德三国的武力恫吓，日本只能吐出部分到嘴的猎物，连外相陆奥宗光都哀叹"胜于战争而败于外交"[3]。1895年4月5日，时任陆军大臣的山县有朋在给陆奥宗光的意见书中写道："洞观将来的形势，独立维持东洋的权力，终究是不可能的"，因此日本必须变换外交，"笼络其中一国，使之成为我们的朋友，以打破它们的联合"。在此背景下，日英同盟论开始流行于日本朝野，强烈冲击着日本的协调外交。

后期开展亲英协调外交，对英结盟战略逐渐成型。该时期日本外交主要包括三个方面：①战略重点从孤立中国转向制衡俄国，为进一步向中国

① ［日］信夫清三郎：《日本外交史》上，天津社会科学院日本问题研究所译，第4页，商务印书馆1980年版。

② ［日］鹿島守之助：《帝国外交の基本政策》，第127页，严松堂昭和17年版。

③ ［日］外務省：《小村外交史》，第123页，原書房1966年版。

东北侵略创造有利的国际环境。②从面向所有列强的权宜性协调，转向利用列强矛盾，重点加强日英关系。③外交在日俄协商和日英合作两面下注，但对俄协商由软到硬，对英协调渐入佳境，联英制俄战略最终成型。此间，由于担心英强日弱，缔结双边同盟会受制于英，日本决策者在对英结盟问题上态度犹豫。伊藤内阁仍把牵制俄国的希望寄托在与英、德的多边协调上。[①] 1900 年 10 月，为抑制俄在华扩张，英国与德国签署《扬子江协定》。日本政府认为这是在多边框架下与列强合作抗俄的大好时机，迅即参加了该协定。然而，1901 年 3 月，德国政府宣布《扬子江协定》不适用于满洲。依托《扬子江协定》多边制俄计划的破产，意味着日本与列强协调外交走到了尽头。1901 年 6 月桂太郎内阁成立后，战略目光向对俄战争聚焦，遂视对英结盟为外交当务之急。[②] 是年底，尽管伊藤博文等日俄协商论者与桂太郎等日英同盟论者的争论激烈，但日本政府仍于 12 月作出了对英结盟的决策。

以日英同盟为“精髓”的外交战略。1902 年之后，日本外交从无同盟的协调外交转入了同盟外交，并一直持续到 1921 年华盛顿会议止。该时期可分为前期（1902～1906 年）、中期（1907～1914 年）、后期（1914～1921 年）三个阶段。

在前期，日本的外交战略重点在于配合日俄战争，对英结盟的战略意义彰显。1902 年日英同盟条约签署后，日本即运用该同盟全力开展旨在孤立俄国的战时外交，不仅得到了英国的鼎力相助，而且还拉到了“不在编的盟友”美国，并有效遏止了法、德等国对战局的干涉。1905 年 8 月 12 日，在对俄媾和谈判启动期间，日本又抢先与英国缔结了第二次日英同盟条约，不仅增强了谈判地位，而且获得了战后遏制第三国干涉和俄国复仇的王牌。日俄战争的胜利大大提高了结盟战略在日本外交战略中的地位，使其从一个战时运用的便宜工具，变成了战略支柱。

---

① 甲午战争后日本统治者感到国力不足，对英国是否真的愿意与日本结盟很不自信。早在 1996 年 8 月 6 日，《世界之日本》杂志发表社论反映了陆奥宗光的观点，指出：“日英同盟其名甚美，……然而英国不是忧人且助人的唐吉珂德……日本的实力如果和现在没有显著的差别，那么日英同盟就只能是梦想、是虚荣、是画饼。”参见米庆余：《近代日本的东亚战略和政策》，第 163、164 页，人民出版社 2007 年版。

② 1901 年年初，日本驻英公使林董向德国驻英使节建议缔结日英德三国同盟时透露了将对俄开战的信息，同年 3 月 14 日，日本军政首脑，围绕有关日英德结盟谈判问题，专门召开了一次对俄“和与战”的秘密会议。参见米庆余：《近代日本的东亚战略和政策》，第 167、168 页，人民出版社 2007 年版。

在中期，日本外交战略重在巩固和扩大远东霸权，使日英同盟长期化。主要表现在三个方面：①把日英同盟作为外交战略的最大后盾，以护持同盟关系为“国是”。1908 年 9 月 25 日，日本内阁确立的《帝国对列国之态度》中明确规定，“日英同盟乃帝国外交之精髓”，一旦日英同盟和日俄协商关系确立，将来只要列强之间的关系尤其是英德关系不发生转折性变化，“日英同盟之实力地位即无动摇之虞”；因此，应以维护同盟为“国是”，推进日英关系更加亲密。[①] ②以同盟为后盾扩大侵华，确立东亚优势地位。1902 年 10 月 7 日，日本政府制定的《对清、对韩最高国策》公然声称：《日英同盟协约》的缔结，“使帝国声望更加卓著。乘此时机，扩大经营我在清韩两国之事业……绝不可延缓一日”[②]。日俄战争后，日本外交则明确提出，“帝国无论在任何情况下，都必须具有决心对中国占据优势地位”，要“力争让列强承认我国在满洲的特殊地位”[③]。③以日英同盟为核心，建立远东霸权体制。此间，日本在英国调整对俄、对法关系后，相机推进日俄协商、日法协商，使美国与日本争夺在华殖民利益时陷入孤立，并迫使美国签署《鲁特——高平协定》，承认日本在满洲的特殊地位。[④] 上述条约、协定的签订，基本杜绝了其他列强针对日本结盟的可能性，有效巩固了日本在远东的霸权地位。[⑤] 不过，日俄协商、日法协商以及《鲁特——高平协定》的签订也使结盟战略在日本外交战略中的地位相对降低。

在后期，日本外交战略目标急剧膨胀，对英结盟战略露出破绽。第一次世界大战爆发后，日本外交很快露出了投机本性。[⑥] 政界元老井上馨马

① ［日］外务省：《帝国ノ列国ニ対スル態度》，明治 41 年 9 月 25 日閣議決定、アジア歴史資料センター，http:/www. jacar. go. jp（影印件）

② 王明星：《第一次英日同盟的缘起与影响》，载《历史教学问题》1999 年 第 5 期。

③ ［日］外务省：《帝国ノ列国ニ対スル態度》，明治 41 年 9 月 25 日閣議決定、アジア歴史資料センター，http:/www. jacar. go. jp（影印件）

④ 参见杨生茂：《美国外交政策史》，第 252 页，人民出版社 1991 年版。

⑤ 日俄战争后，日本政界元老西园寺公望在谈到国际形势时表示：“以帝国的国力，在军备上很难超过欧美列强中任何两三国的联合同盟，因此外交上必须一方面加深与同盟国的交流，一方面极力防止与帝国利害不一致的国际间联合。”参见［日］宫内厅：《明治天皇纪（第 11 卷）》，第 707 页，吉川弘文馆 1975 年版。

⑥ 在第一次世界大战爆发前夕，日本朝野即恐欧洲不战，刚被日本任命为驻华公使的日置益尚未到任，就宣称：“怕他战不成，战则大妙”，投机心理迥然。参见王芸生：《六十年来中国与日本》（第六卷），第 34 页，生活·读书·新知三联书店 2005 年版。

上建议全盘调整外交，趁机确立“东洋之利权”[①]。结果，日本的反应动作之大、之迅速都远远超出了盟友英国的有限“请求”，不仅全面对德宣战，而且向袁世凯当局提出了灭亡中国的“二十一条”[②]。但是，英国对“二十一条”态度消极，美国更是明确反对，日本决策层因此感到英国已不可期，出现了把日英同盟改造成日英法俄四国同盟之说。元老山县有朋还向大隈首相建议：“仅靠日英同盟保持将来东亚和平恐非万全之策”，“今日当务之急”是“在日英同盟之外，缔结日俄同盟，以完善我达到目的之手段”[③]。根据该建议，日本政府在与俄国签订第四次日俄协定时，以秘密条款的形式把协定适用范围从“满蒙”扩大到整个中国，并规定防止第三国（主要指美国）控制中国。至此，日英同盟在日本外交战略中的支柱功能实际上大部丧失。到华盛顿会议召开时，日本内阁尽管做出了希望延长日英同盟的决策，但其外交注意力已锁定在山东问题、军备限制等具体利权的争夺上，对日英同盟的态度冷淡，乃至于在同盟宣告解体时连作为外交辞令的惋惜之辞都懒得多说。[④]

（二）华盛顿会议后日本的外交战略与三国同盟

华盛顿会议后，日本外交战略再无盟友可恃，遂推行国际协调外交，试图缓和与英美的关系，以维护此前既得殖民利益并渐进扩大对华侵略。然而，军部不断扩大对华武力侵略，使日本协调外交破绽迭出、国际孤立加剧，最终陷入日中全面战争泥潭。日本外交再度被战争所牵引，走向新

① 他表示：“这次大祸乱，对于日本的国运发展来讲，乃是大正时代的天佑。日本必须与英、法、俄一致行动，以确立我国对东洋之利权。同时，……不能不更换驻英、法、俄及驻中国使节，以图谋刷新外交……。”参见［日］米庆余：《近代日本的东亚战略和政策》，第269、270页，人民出版社2007年版。

② 1914年8月7日，英国驻日大使格林希望日本海军搜索德国伪装的巡洋舰并加以破坏；8日，日本内阁即作出了对德全面宣战的决定；9日，英国收到日本准备对德宣战的备忘录后，开始对日本扩大远东战争的动机及后果有所担心和戒备，转而表示希望日本海军的对德作战行动仅限于保护海上贸易，并称要进一步研究日本政府对德宣战之事。参见米庆余：《近代日本的东亚战略和政策》，第269、271页，人民出版社2007年版。

③ 米庆余：《近代日本的东亚战略和政策》，第289页，人民出版社2007年版。

④ 在1921年12月10日华盛顿会议第四次全体会议上，英国全权代表贝尔福尽管已知晓本国政府解散日英同盟的决心，但仍以长篇发言对日英同盟大加赞扬并对其终结表示惋惜，声称：“日英同盟的解散并非两个偶然同乘巴士的乘客到站后分手那么简单，日英以盟约到期为由分手实有令人暗泣之悲。”而作为应答，日本全权代表德川家达登台后仅说了一句“日本也对同盟废弃表示遗憾”，就返回了坐席，令会场气氛颇为尴尬。参见［日］松村正義：《ワシントン会議と日本の广報外交》，载《外交调查月报》2002年第1号。

的结盟之路。

“国际协调主义”的失败与“反共产国际协定”。“国际协调主义”源自日本外相币原喜重郎1924年提出的对外政策基本方针，其主要内容为：“①与各国共存共荣的和平主义；②外交政策的连续性；③日美关系的改善；④同苏联的交涉；⑤对中国的不干涉政策。”币原还强调，“华盛顿诸条约所规定的政策，同我们所规定的一系列政策精神相符合”[①]。“国际协调主义”是日本面对华盛顿体系建立和日英同盟解体等国际环境变化，所做出的适应性调整，其具体政策主要包括：①利用华盛顿会议诸条约，维护此前扩张成果，缓和与列强在侵华问题上的矛盾。②以英美两国为国际协调的重点对象，把对美协调作为外交的核心。[②] ③对华推行怀柔政策，为缓和中国人民的反日情绪，在武力侵略方面有所收敛，更侧重以政治控制、经济军事援助达到侵略目的。④放弃对苏联的武力干涉政策，于1925年恢复日苏邦交。⑤参与列强之间的军控谈判，参加以限制战争为宗旨的《非战公约》。

“国际协调主义”外交对于防止日本在日英同盟解体后陷入国际孤立、迟滞日美关系恶化曾起到一定效果，但在实施中却面临四大挑战：①中国人民拒绝响应日本的“协调”政策。币原对华怀柔暗含的前提是维护此前侵华成果乃至谋求“满蒙”特殊权益，但此时中国人民反抗帝国主义侵略、要求修改不平等条约、谋求国家独立和统一的运动如火如荼，并日益把矛头集中于对华有领土野心的日本。日本侵华势力面临被全面挤出中国的危险。[③] ②英美等国在中国问题上对日合作态度消极。英美等国已认定日本“是他们在中国经济利益的潜在威胁”，拒绝配合日本主张的“协调”，而且还通过配合南京政府的“革命外交”，伺机排挤日本

① ［日］外务省百年史编纂委员会：《外务省の百年》，第914页，原書房1969年版。转引自刘笑盈：《眺望珍珠港——美日从合作走向战争的历程》，第98页，北京广播学院出版社2002年版。

② 币原外交实际上继承了内阁首相原敬的外交思想，早在1918年原敬就注意到美国在日本外交中所占的地位，他在第一次世界大战爆发后就指出：“将来日英同盟不足恃。一旦与美国有事，欧洲毫不可恃，因此，应采取多少付一些代价，务使美国对我之感情有所缓和之方针”。参见［日］信夫清三郎：《日本外交史》下，天津社会科学院日本问题研究所译，第444、445页，商务印书馆1980年版。

③ 如1928年7月，南京政府向日本宣告1896年《日清通商条约》无效；12月29日，张学良宣布东北易帜，中国初步完成国家统一；1930年5月6日，日本在所有与中国有商贸关系的国家都与中国订立了新的关税条约后，被迫签订新的《中日关税协定》，承认中国关税自主。

在华势力。[①] ③国内军部势力不断抵制和阻挠。日本军国主义势力对“币原外交”顺从华盛顿体系极为不满，称其为“自欺欺人”、“让步再让步的屈辱外交”[②]。军部更是加紧制订全面侵华计划，肆意扩大武力侵华，破坏政府的“协调”政策，使“国际协调主义”屡屡露出破绽。

1932 年 1 月，日本在欧美殖民利益集中的上海挑起“一·二八”事件，此间并策划成立了伪“满洲国”。8 月 27 日，日本内阁通过了《从考虑国际关系出发处理时局方针案》，声称国际形势恶化“或为大势所趋，难保不会导致国联或各国共同对帝国施加现实压迫之事态”；今后“帝国政府要更加发挥自主外交之真谛”，“站在帝国独自之立场，迈步推进满蒙经略，以此作为帝国外交之枢轴”；“国联方面如果干预进而干涉，触动帝国经略满蒙之根本……则已不能留在国联之中”[③]。这表明日本已打算抛弃“国际协调主义”，不愿意在侵华问题上与英美做战略性妥协。1933 年 3 月 27 日，日本政府宣布退出国际联盟。翌年 4 月 17 日，日本政府发表“天羽声明”，明确表达了以东亚主人自居、排除欧美势力、独占中国的意图。[④] 日本上述行动本质上与英、美主张的门户开放等一系列远东外交原则相冲突，等于宣判“国际协调主义”外交死刑。日本外交否定华盛顿体系、称霸东亚的战略取向因此清晰化。

然而，上述外交战略在实施中还面临两大问题：一是日本经济上严重依赖英美等国，二是日本军事上缺乏与英美对抗的信心。上述难题的存在使日本外交陷入了两难困境：既担心与英美彻底决裂，又不能在坚持独占中国的前提下与之恢复“协调”。为摆脱这种困境，日本试图通过与处境

---

① 比如，1928 年 6 月，南京国民政府发动了一场以修订不平等条约为中心的“革命外交”，要求与列强重新订约收回关税自主权。日本外务省多次与英美沟通，要求协调行动，阻挠中国实现关税自主，结果均遭到冷遇。当年 7 月 25 日，美国率先与中国签订新约，承认中国关税自主，英法等国纷纷跟进，使日本在该问题上的国际处境极为孤立。参见王建朗：《日本与国民政府的“革命外交”：对关税自主交涉的考察》，载《历史研究》2002 年第 4 期。

② ［日］信夫清三郎：《日本外交史》下，天津社会科学院日本问题研究所译，第 504 页，商务印书馆 1980 年版。

③ ［日］外務省：《日本外交年表並主要文書（下）》，第 206 ~ 207 页，原書房 1972 年第三版。

④ 该声明为日本外务省情报部长天羽英二发表，故被称为“天羽声明”，宣称：日本对维持东亚的和平与秩序负有特殊的责任，反对中国采取利用其他国家排斥日本的以夷制夷的政策；各国单独或共同向中国提供经济、技术和军事上的援助均会扰乱东亚和平与秩序，日本不能置之不理。参见［日］外務省：《日本外交年表並主要文書（下）》，第 284 页，原書房 1972 年第三版。

类似的德国联合，促使英美妥协，放弃干预日中纷争。日本与德国签署反共产国际协定的目的之一就是：利用英美等国的反共心理，“打着反共旗号协调与列强关系”；牵制英美与苏联、中国的接近动向，借机摆脱国际孤立地位。[①] 签署该协定既是日本外交在“国际协调主义”失败后遏制与英美关系恶化趋势的弥缝之举，又是进一步滑向结盟外交的“过门”。这种战略犹豫使日本在1938～1939年与德国的结盟谈判中，因不愿意明确把同盟指向英美而一度被德国离弃。

“大东亚新秩序”外交与三国同盟。1940年7月22日，日本大本营与政府的联络会议，通过了《适应世界形势演变处理时局纲要》，把“建设大东亚新秩序”规定为外交的基本方针。[②] 然而，日本外交要把“大东亚新秩序”主张转化为现实的国际秩序，至少需要两个条件：①国际认同，即能够纠集相当数量的国家尤其是大国承认“大东亚新秩序”的合理性、合法性，并形成多边性条约作为法律基础；②力量保障，即拥有足够的力量支撑外交，使被侵略国家和其他异议国家屈服或保持沉默。[③] 而要做到这两点，单靠日本自身的力量和国际影响是远远不够的，日本外交必须寻找立场相似的国家尤其是大国并争取其支持。当时，中国抗日烽火遍地，英美对“大东亚新秩序”嗤之以鼻，法国已经沦亡，日本可能拉拢到的大国也就是德国、意大利和苏联。因此，对日本而言，日德意三国同盟对“大东亚新秩序”的合法化是非常重要的。[④]

事实上，日本统治者在构建“大东亚新秩序”时，已经把对德结盟视为必要条件，并形成了一揽子同盟运用方案。1940年7月19日，在第

---

① 苏联在1933年与美国建交，1934年在日德退出国际联盟后反而应邀加入了国际联盟；苏联及共产国际还支持中国共产党“停止内战，一致对外”的方针，使日本最为担心的中国国共合作抗日的格局逐渐形成。日本决策层认为共产国际赤化工作已从欧洲转向了东亚，不仅为日本国体所不容，而且成为日本贯彻亚洲政策的重大障碍。（参见［日］信夫清三郎：《日本外交史》下，天津社会科学院日本问题研究所译，第614页，商务印书馆1980年版。）另外，日德在缔约谈判中，曾酝酿过拉英国、中国加入反共产国际协定，虽未成功，但最后公布的反共产国际协定仍设置了开放条款，允许其他国家加入。这些也反映出日本借反共产国际协定，孤立苏联并摆脱自身国际孤立的企图。

② ［日］信夫清三郎：《日本外交史》下，天津社会科学院日本问题研究所译，第652页，商务印书馆1980年版。

③ 英国推动建立维也纳体系，英美主导建立凡尔赛——华盛顿体系，美国主导建立美洲地区秩序，都反映出这种规律性。

④ ［日］信夫清三郎：《日本外交史》下，天津社会科学院日本问题研究所译，第650页，商务印书馆1980年版。

二次近卫内阁成立前后，日本决策层就外交政策作了如下规定：①强化日德意防共协定；②调整日苏关系，缔结日苏互不侵犯条约；③将美、法、荷、葡等国的东亚殖民地纳入“东亚新秩序”；④排除美国对“东亚新秩序”建设的干涉。[①] 9月，日本政府在上述方案基础上，制订了《关于加强日德意轴心的相关文件》。从外交角度看，日本缔结三国同盟有三个具体目标：①换取德意支持日本的“大东亚新秩序”。②力求利用三国同盟，以政略手段迫使美国放弃门户开放政策，承认或默认日本的“大东亚新秩序”[②]。③改善日苏关系，力求拉苏联入盟，以增大对美压力。[③]

二、冷战时期外交战略与对美同盟

冷战时期，日本结盟战略的特异性在于，在作为战败国恢复独立国家地位的同时，它就像芯片置于电脑一样嵌入到其外交战略之中，发挥着结构性、全局性影响。日美安保体制在日本外交战略中的轴心作用远超过日英同盟和三国同盟，日本选择了它，就意味着只能选择美国喜欢或至少同意的外交战略。即使如此，日本外交战略仍屈中求伸，千方百计追求外交的独立性，最大限度地实现本国的利益。

（一）外交战略的演变与日本的结盟战略

吉田茂一边倒外交路线与对美结盟战略。战后日本外交战略虽然内外环境与战前迥然不同，但仍具有很强的传承性。其始作俑者吉田茂战前曾作为亲英美派受到军部压制，对近现代外交教训有深刻认识。[④] 也就是以

---

① 参见吴廷璆：《日本史》，第720、721页，南开大学出版社1994年版。

② 日本外相松冈洋右曾经为日美谈判制定了三条原则：①有助于结束日中战争，即让美国不再插手中国；②不与三国同盟条约相抵触；③遵守对德国的国际信义，亦即阻止美国参加欧洲战争。参见［日］信夫清三郎：《日本外交史》下，天津社会科学院日本问题研究所译，第672页，商务印书馆1980年版。

③ 当时日本首相近卫的手记中曾有如下记述：“日美关系在恶化，特别是支那事变（指“芦沟桥事变”）以来两国邦交陷入极度困境……打开困局的唯一方法是通过与德、意乃至与苏联结盟促使美国反省。日德苏结盟的最终目标都是调整对美邦交，并以此解决支那事变。我是对苏警戒论者，不喜欢与苏联接近的。我之所以赞成日德苏结盟，因为这是与美国达成谅解的唯一途径。并相信苏联的威胁可以通过日、德东西牵制得到缓和。”参见［日］中村粲：《大東亜戦争への道》，第558页，展転社1990年版。

④ 吉田茂曾表示，明治维新后的日本正是在与英美的协调下才国运兴隆，此后却因胜而骄，外交在从“满州事变”到太平洋战争期间失去了正道，愚蠢地与英美开战而惨败，使此前国家发展的伟业尽丧；与英美对抗脱离了近代日本外交的根本基调，（这种错误）决不能重犯。［日］坂元一哉：《日米同盟の绊——安保条约の相互性の摸索》，第28页，有斐阁2000年版。

该认识为起点，吉田内阁重施近代依托欧美大国庇护、伺机发展自己的故伎，秉承财界要求维护资本主义制度的旨意，迅速确立了战后日本外交的基本路线，即在东西方对立中明确选择西方阵营，以对美实行一边倒的追随外交、维护日美特殊关系作为总方针，为国家的安全、复兴和发展创造有利环境。[①] 具体而言，吉田茂外交战略的基本目标主要有三个：①尽快摆脱战败国的国际地位，重返国际社会。②“追求经济繁荣和以非军事手段为基调重构对外关系”。③“以非对称手段应对共产主义威胁”[②]。为实现上述目标，吉田内阁在《日美安全条约》、《日美行政协定》等同盟条约的谈判中，除对美国提出的反对日本大规模重新武装的要求坚持之外，其他方面均迎合美国，从而奠定了日美安保体制的基本架构。

在20世纪50年代和60年代，日本外交战略基本上沿用了吉田茂制定的框架。1957年，日本政府发表战后第一号外交蓝皮书《我国外交近况》，对吉田内阁以来的外交战略和对美结盟战略进行了系统总结。首先，蓝皮书提出了“日本外交三原则”：①以联合国为中心；②与自由主义各国协调；③坚持作为亚洲一员的立场。其次，蓝皮书提出了日本外交三大课题：①同各国睦邻友好；②经济外交；③调整对美关系。[③] 上述“原则”和“课题”的提出，包含着浓重的现实主义考虑：在“三大原则”中，“与自由主义各国协调”乃中心原则，其实质则是“以日美关系为基轴”，“以联合国为中心”不过是在联合国追随美国的代名词，“坚持作为亚洲一员的立场”的真意是在美国支持和许可下重返亚洲。在“三大课题”中，最重要的课题是“经济外交”，“调整对美关系”则是争取对美自主地位、解决占领期间遗留问题的潜台词，至于“同各国睦邻友好”，仍以美国的同意为底线。因此，可以说该时期日本的对美结盟战略在其整个外交战略目标体系中实际发挥着支撑和规范作用。

多边自主外交战略的确立与对美结盟战略。进入20世纪70年代后，对美一边倒外交路线所追求的战略目标大部得以实现：①日本重返国际社会的问题已经解决；②经济大国已成事实；③日美战后遗留问题尤其是冲

---

① 参见宋成有、李寒梅：《战后日本外交史（1945－1994）》，第10页，世界知识出版社1995年版。

② ［日］中西寛：《敗戦国の外交戦略—吉田茂の外交とその継承者》、石津朋之编《日米战略思想史——日米关系の新しい视点》，第123～135页，彩流社2005年版。

③ ［日］外務省：《わが外交の近況（1957年）》，http://www.mofa.go.jp/mofaj/gaiko/bluebook/1957

绳施政权返还问题已了结。与此同时，国际战略形势也发生了很大变化，美苏冷战呈现苏攻美守态势，中美关系实现了突破，美国从越南撤军，开始大幅度调整联盟政策。在上述情况下，田中角荣内阁开始调整对美一边倒路线，提出了“多边自主外交”方针，基本思路是以日美关系为基轴，发展日中关系，结好第三世界，共同抗衡苏联。此后，日本政府又在田中外交的延长线上，相继提出“等距离”、“全方位”等外交方针。外交战略在坚持“外交三原则”的前提下，设置了新的重点课题：①打破东西方界限，扩大外交视野；②深化与亚洲国家的关系；③扩大国际贡献，增加对外援助，促进南北问题解决。

上述外交战略的调整对日本结盟战略产生了如下影响：①结盟战略在外交战略中的存在和影响有所缩小。在调整后的外交战略中，对美结盟战略从无处不在演变为重点存在，尤其是对日本具体外交政策的规范性明显减弱，但是其战略基轴地位未变，仍被视为“亚洲国际政治框架的重要支柱”①。②开始重新定位日美安保关系的价值功能。随着经济外交滑过高潮，日本外交战略运用同盟的重点从经济领域向政治安全领域转移，强化对美防卫合作提上了外交议事日程。与此同时，缓解日美经济摩擦，护持同盟关系也成为日本外交的重要方面。③调整同盟针对目标以适应对华关系改善。由于发展对华关系已成为外交战略的主要目标之一，对美结盟战略开始把中国排除在同盟针对范围之外。④谋求在同盟关系中的平等地位。随着外交战略自主性的增强，日本在日美平等合作方面取得了一些成效。1974 年 11 月 20 日，美国总统福特访问日本。这是美日有国交以来美国现任总统首次与日本互访，标志着日本谋求日美关系对等的努力进入了新阶段。在少数重大问题上，如阿以冲突中，日本也开始采取不同于美国的立场。

政治大国战略目标的提出与对美结盟战略。进入 20 世纪 80 年代后，美苏关系进入了新冷战时期，里根政府力图重振国力，强化联盟体系，反守为攻，掀起了新一轮对苏遏制高潮。此时，日本外交战略已把重点放在大国政治地位的追求上。1983 年 7 月，日本首相中曾根吹响了迈向政治大国的号角，宣布：“要在世界政治中提高日本的发言权，增加日本不仅

---

① ［日］外務省：《わが外交の近況（1973 年）》，http://www.mofa.go.jp/mofaj/gaiko/bluebook/1973

作为经济大国的分量，而且还作为政治大国的分量。”① 此后，日本一切外交活动立足于扩大日本的政治影响，提高日本的国际地位，增大日本在世界上的发言权。②

新的外交战略目标使日本开始从政治大国战略需要出发看待和运用日美同盟关系。1981 年，日本首相铃木善幸在与美国总统里根发表的联合声明中，首次使用“同盟”字眼，突出日美安保关系的政治安全价值。③在共同遏制苏联的旗帜下，日本外交打破了以往避谈军事合作的习惯，开始强化日美防卫合作关系，开发和运用日美安保关系的政治、安全功能。不过，此后冷战不久即走向终结，日本外交战略的上述调整未及全面展开，就被内外形势的激变暂时打断，但其依托日美同盟、走向政治大国的基本战略思路却在冷战后延续下来。

（二）日美同盟关系对日本外交战略的影响

日美同盟关系对日本外交战略选择的影响是双重的，一方面它使战败国日本得以选择并顺利实现远远超出当时国力基础的外交目标，另一方面它又极大地限制了日本外交战略的自由度。

日美同盟关系对日本外交的襄助。首先，日美同盟关系使日本外交顺利摆脱了战争责任。日本作为第二次世界大战的侵略国、战败国，战后受到了一系列惩处：日本本土及冲绳被占领，被《联合国宪章》明确给予“前敌国”地位，要承担向受害国赔偿义务等等。从以往的世界历史看，一个国家要摆脱战败国责任和义务，往往要经过艰难、漫长的挣扎。然而，由于接受了日美安保体制，日本外交摆脱战败国地位显得异常轻松。通过旧金山《日美安全条约》和《旧金山和约》一揽子交易，不仅成功结束了占领状态，而且几乎逃脱了所有赔偿义务。1971 年，日本还超越《波茨坦公告》、《旧金山和约》之规定，顺利从美国手中要到了对冲绳的

---

① 吴学文：《日本外交轨迹》，第 160 页，时事出版社 1990 年版。

② 参见吴学文：《日本外交轨迹》，第 167 页，时事出版社 1990 年版。

③ 原文是：“总理大臣和总统认为，日美两国的同盟关系建筑在民主主义和自由等两国共同价值之上，两国确认两国间的合作、友好和相互信赖关系。”参见［日］外務省：《铃木善幸総理大臣とロナルド・レーガンとの共同声明》（ワシントン），1981 年 5 月 8 日，http://www.ioc.u-tokyo.ac.jp

施政权。[①]

其次，日美同盟关系使日本外交顺利重返国际社会并得到相当地位。日本在被占领期间外交权被中止，与国际社会几乎处于隔绝状态，恢复独立后重返国际社会面临很多难题：①很多遭受日本侵略的国家对日抱有浓厚的仇恨和警惕心理；②日本的“前敌国”身份仍然存在；③国家一片废墟，不具备履行国际义务的能力。然而，这些问题由于日美同盟关系的存在都迎刃而解——20世纪50年代加入联合国和关贸总协定，60年代进经济合作发展组织（OECD），70年代成为西方七国首脑会议成员。日本外交的上述成功“在很大程度上是依靠美国为其领路、为其充当保证人展开的，美国好像一个‘大哥哥’牵着日本的手，把它领到诸如国际货币基金组织、关贸总协定等国际组织，甚至连近在日本身边的东南亚，其所以能够接受日本‘返回’那里，也是与美国这个‘保证人’的作用分不开的”[②]。

再次，日美同盟关系使日本经济外交以“无本生意”起家。在一般情况下，一国的外交战略目标只有与本国的国力相适应才有可能实现。但是，冷战初期的日本经济崩溃、一片废墟，几乎无国力可言，“外交战略立案之困难是世界罕见的”[③]。面对如此不堪的国情，如果没有外力帮助，日本很难实现吉田茂确定的“追求经济繁荣”的外交目标。然而，随着对美结盟战略的实施，使日本经济外交得以借外力而立，在解决资金来

① 1945年7月26日发表的《中美英三国促令日本投降之波茨坦公告》不仅坚持要求日本无条件投降，而且在第8条规定：“开罗宣言之条件必将实施，而日本之主权必将限于本州、北海道、九州、四国及吾人所决定其他小岛之内。”1945年9月2日，日本签署投降书，宣布接受波茨坦公告规定的条件，“对同盟国无条件投降”。这意味着日本同意接受波茨坦公告有关战后其主权范围之规定，冲绳的主权在战后是否属于日本，必须由发表和加入波茨坦公告的中美英苏等国共同决定。而1951年9月8日片面签署的《旧金山和约》并未就冲绳的主权归属做出安排，仅规定日本同意美国向联合国提出的，将冲绳置于联合国托管制度之下，并以美国为惟一管理当局的提议。因此，美国在1972年未经中、苏等国同意，就单方面与日本签署协定，以“归还”“施政权”名义将冲绳交给日本的行为是非法的、无效的。而且，美国把“冲绳施政权”“归还”日本的行为，也并不意味着日本重新合法拥有对冲绳的主权。从严格的法律意义上讲，冲绳的主权地位至今尚未解决。有关《波茨坦公告》和《旧金山和约》之规定，参见世界知识出版社编：《国际条约集（1845-1947）》，第78、112页，世界知识出版社1959年版；《国际条约集（1850-1952）》，第336页，世界知识出版社1959年版。

② 冯昭奎、刘世龙、刘映春、江培柱、金熙德、周永生著：《战后日本外交1945/1995》，第19页，中国社会科学出版社1996年版。

③ ［日］中西寛：《敗戦国の外交戦略—吉田茂の外交とその継承者》、石津朋之编《日米战略思想史——日米关系の新しい视点》，第123~135页，彩流社2005年版。

源、开拓海外市场等方面得到很多国家难以企望的方便，一系列发展目标得以在20年间奇迹般达成。这不能不说，日本外交确实有善用外力的战略禀赋。

日美同盟关系对日本外交的诱导和制约。首先，日美同盟关系造就了日本外交自主性先天不足。世界上没有免费的午餐，日本外交战略对日美同盟关系的借重虽然大大降低了有形的战略成本，但也付出了无形的战略自由。当代日本外交战略自创始就形成了对美国的“先天性”依赖，久而久之，这种依赖关系在人事上、体制上乃至战略心理上逐渐固化，使日本虽然高唱外交自主，却始终难以独立行走。日本防卫大学校长西原正在论及冷战时期“日美同盟的功罪”时指出，日美同盟并非在所有方面都有利于日本，日本的外交政策难以违逆美国意志，常常看着华盛顿脸色推进外交，即使在今天也是如此。① 事实上，追随美国已在一定程度上变成了日本外交战略的行为习惯，并在国际社会留下了“刻板印象”，成为日本软实力难以消除的重大缺陷。②

其次，日美同盟关系深刻影响着日本的国际定位。东西方冷战构造的形成使世界出现了两个分别以美苏为中心的，相互对立、隔绝的政治、军事和经济体系。这种格局的出现使世界各国往往面临三种选项：加入西方、加入东方、不结盟。当时世界上很多国家选择了第三条道路，掀起了不结盟运动，而日本选择了日美安保体制，也就意味着放弃了不结盟的自由。尤其是美国曾作为主要占领国，主导和参与了战后日本政治及社会的重塑，对日本外交思维中国际观和价值观取向的影响远比当年的英国和德国也深刻、广泛得多。一个被美国实际掌控的日本、一个内政外交思维几乎被美国“洗脑”的日本，其选择何种国际定位是不难想象的。

再次，日美同盟关系对日本对外关系发展具有广泛影响。在双边外交

---

① ［日］西原正：《日本の外交战略と日米同盟：国际比较の有用性》，载《NEWSLETTER》Spring2003 - Volume23.

② “刻板印象”是一个社会心理学术语，是指人们对某一类人或事物产生的比较固定、概括而笼统的看法；“刻板印象”一经形成，很难改变。在国际关系领域，也存在“刻板印象”现象，比如人们一想起非洲，往往认为整个非洲都是非常落后乃至愚昧的；一想起日本，就觉得这个国家尚武好斗，而较少考虑战后日本曾拥有半个多世纪的和平发展历史。参见［美］埃里奥特·阿伦森（Eliot Aeonson）等：《社会心理学》（第五版），侯玉波等译，第387～421页，中国轻工出版社2005年版。

领域，同盟关系的存在一方面对日本战后恢复发展与欧美国家的关系起到了促进作用，另一方面又制约着日本对外关系的全面发展。在日中关系上，两国邦交因美国反对20余年不能正常化，后来田中角荣访华尽管是步尼克松后尘，却仍被美国视为“抢跑”并遭到外交报复。① 在日苏关系上，美国仍不忘利用北方四岛问题牵制日苏靠近。② 苏联政府拒绝履行1956年把齿舞岛、色丹岛归还日本的承诺也是以日美安保关系存在为理由。③ 在多边外交领域，为维护日美安保关系，日本的联合国外交长期惟美国马首是瞻，不仅长期“充当美国阻挠中国恢复在联合国合法席位的忠实帮手”，而且积极配合美国的反苏战略，并在地区热点问题的处理上与美国保持步调一致。④ 20世纪70年代之后，日本多边外交的自主性虽有所增强，但重大问题上仍多与美国保持一致，在“在联合国和国际组

① 根据2006年美国国家档案馆解密的美国政府绝密文件显示，当助理国务卿基辛格得知日本首相田中角荣准备访华的计划时勃然大怒，在内部会议上怒骂日本推进中日邦交正常化是“无耻地抢跑”，“在所有的背叛者中，数JAP最坏”，并拒绝日本政府提出的有关田中访华的日美高级磋商。“JAP”是美国人对日本的蔑称，太平洋战争期间曾非常流行。参见［日］共同通信:《ジャップは裏切り者72年にキッシンジャー氏》，载《西日本新聞》2006年5月26日。

② 在1955年~1956年的日苏谈判中，日方一度提出通过“放弃”南桦太和千岛列岛，欲换取苏联一并归还北方四岛。对此，美国于1956年以备忘录的形式发表政府见解，警告日本无权转让在旧金山和约中放弃的领土，如果在日苏谈判中决定南桦太河千岛列岛的主权归属，则违反了旧金山和约。美国政府的意图与其说是支持日本收回北方四岛，不如说是牵制日本，意图使其在搁置领土问题与苏联恢复邦交，使领土争端成为长期阻碍日苏关系发展的楔子。参见冯昭奎、刘世龙、刘映春、江培柱、金熙德、周永生:《战后日本外交1945/1995》，第260~263页，中国社会科学出版社1996年版。

③ 苏联政府1960年1月27日在发给日本的备忘录中表示:“由于这个条约（新《日美安全条约》）实际剥夺了日本的独立，由于因日本的投降而驻扎在日本的军队将继续留在日本领土，因而形成了新的情况。在这种情况下苏联政府就不可能履行关于把齿舞群岛和色丹岛交还给日本的诺言”;“苏联政府必须声明，只有在一切外国军队撤出日本领土并签署苏联与日本的和约的条件下，才能根据1956年10月10日联合宣言把齿舞群岛和色丹岛交还给日本”。参见世界知识出版社编:《坚决反对日美军事同盟》，第16、17页，世界知识出版社1960年版。

④ 在阻挠中国恢复在联合国合法席位问题上，日本一直是美国最忠实、最积极的支持国;在古巴导弹危机期间日本首相池田勇人接到美国总统尼克松希望日本在联合国配合的请求后，迅速指示外务省通知驻联合国代表与美国驻联合国代表密切联系，支持美国的立场;在美国侵朝、侵越问题上，日本代表根本不顾及国内主流舆论的反对，颠倒黑白为美国的侵略行径辩护;在苏联入侵捷克斯洛伐克事件发生后，日本外相三木武夫在联大演讲时用了很长的篇幅谴责苏联，其支持美国态度之积极超过了西欧各国。参见杨仁火:《日本联合国外交的历史演变及其未来走向》，硕士学位论文，指导老师丁诗传，解放军国际关系学院，1996年11月。

织被揶揄为‘美国忠实的合作者、投票机器’”①。

三、冷战后日本的外交战略与对美同盟

冷战结束之后，受内外形势剧烈变化的影响，日本外交战略调整与日美同盟强化是一个相互促进的过程。

（一）日本外交战略的调整与日美同盟的调整

20世纪90年代，酝酿于冷战末期的政治大国战略最终确立并全面展开，并推动日本走上了强化日美同盟关系的道路。

大国外交战略的确立。冷战结束后，尽管内外环境发生了重大变化，日本外交战略仍未脱离20世纪80年代政治大国战略的延长线。10余年来，日本政界虽围绕外交问题争论不休，但在国际社会追求“有名誉的地位”，也就是政治大国地位方面仍高度一致，并以此作为外交战略的核心目标。该目标具体包括三个方面的含义：①充当国际秩序的维护者和国际规则的制定者。在20世纪90年代前半期比较重视日美欧三极合作，此后比较重视联合国，并把争当安理会常任理事国作为阶段性目标。②成为亚太地区的中心国家。2002年11月，小泉首相的咨询机构“对外关系工作组”提交的研究报告《21世纪日本外交的基本战略：新时代、新视角、新外交》称：“日本作为东亚的一员，应走之路是加快渐露萌芽的东亚一体化动向，担任其先锋，成为共同前进的共同体的核心国。”② ③在国际事务解决中发挥世界大国的影响和作用。2006年《外交蓝皮书》卷首强调：“日本为了开拓未来，解决国际社会面临的诸多课题，要作为负责任的一员发挥更大的领导力。”③

与以往相比，冷战后日本外交战略思路上的最大不同在于明确强调以“国益”而不是美国意向为出发点。前述研究报告《21世纪日本外交的基本战略：新时代、新视角、新外交》就指出了日本四大“基本国家利益”：①维护日本的和平与安全。不但要强化日美同盟关系，还要为维护世界安全发挥更积极的作用。②维护自由、民主和人权。③维护自由贸易

① ［日］加藤哲郎：《冷戦体制と日米安保のエルゴロジー——戦後日本の国際的枠組み——》，（収録）加藤哲郎：《現代日本のリズムとストレス》，花伝社1996年版。

② ［日］対外関係タスクフォース：《21世紀日本外交の基本戦略－新たな時代、新たなビジョン、新たな外交－》，平成14年11月28日，http://ijs.cass.cn/japanese/xszl/21thrbwj.htm

③ ［日］外務省：《外交青書》，平成18年版，http://www.mofa.go.jp/mofaj/gaiko/bluebook/2006

体制；④积极推进学术文化教育等国民间交流。[①] 上述“基本国家利益”实际上构成了日本外交战略的基本目标。为实现这些目标，日本外交战略进行了系统调整和拓展：①刷新冷战时期的外交战略原则。2007 年外交蓝皮书对 1957 年外交三原则扩大为日美同盟、国际协调、重视亚洲邻国、建设自由与繁荣之弧“四根支柱”[②]。“四根支柱”的确立，抹去了冷战时期“三原则”的理想主义色彩，凸显出浓厚的地缘政治意识和务实主义，战略结构的内在平衡性明显增强。②突出了价值观外交的战略功能。第一次安倍内阁“自由与繁荣之弧”的提出是战后日本首次在意识形态领域搞“进攻性”外交，反映出日本外交更加注重软硬实力的综合运用。第二次安倍内阁成立后，安倍抛出了新的“外交五原则”，虽然抛弃了“弧”的地缘政治表达，但仍把所谓“思想、表达、言论自由等人类普遍价值”列为首要原则。[③] ③强化外交对军事手段的运用。[④] 2010 年以来，随着钓鱼岛问题的升温，日本对华外交即具有越来越浓厚的军事安全意味。

外交战略调整对日美同盟关系的影响。冷战后日本外交战略的调整“是一次较为自主和理性的战略调整，与冷战时期由于环境所迫而不得不推行被动外交和小国外交具有本质的不同”[⑤]。这种调整使日本外交战略对日美同盟的结构性依赖有所变化。

首先，日本外交战略自主性增强使日美同盟关系从“神器”降格为普通的战略工具。同盟原本不过是一国外交安全战略的工具，但在冷战时期，日美同盟在日本对外关系中的地位被绝对化，几乎成为外交战略的规范。冷战结束后，日本外交战略开始立足自身“国益”，努力以“平常

① ［日］対外関係タスクフォース：《21 世紀日本外交の基本戦略－新たな時代、新たなビジョン、新たな外交－》，平成 14 年 11 月 28 日，http://ijs. cass. cn/japanese/xszl/21thrbwj. htm

② ［日］外務省：《外交青書》，平成 19 年版，http://www. mofa. go. jp/mofaj/gaiko/bluebook/2007

③ ［日］外務省：《開かれた，海の惠み——日本外交の新たな5 原則》，平成 25 年 1 月 18 日，http://www. mofa. go. jp/mofaj/press/enzetsu/abe_0118j. html

④ 日本陆上自卫队参谋长先崎一在谈到伊拉克派遣的感想时，公然对媒体表示，“自卫队的派遣是国家意志的表现，对国家而言，‘自卫队的力量’就是‘外交力量’……”。参见［日］半田滋（编辑委员）：《制服组インタビュ－ イラク派遣时陆上幕僚长 先崎一》，载《東京新聞》2007 年 8 月 19 日。

⑤ 包霞琴、臧志军：《变革中的日本政治与外交》，第 205 页，时事出版社 2004 年版。

心”看待日美同盟。[①] 前述研究报告《21世纪日本外交的基本战略：新时代、新视角、新外交》就把日美安保视为外交的“现实手段”之一，明确指出：“冷战构造已消失10年，世界在走向多样化”，虽然日美国家利益的取向是一致的，“但并非一定要在所有方面保持一致”；“美国是日本的唯一盟国，而日本只是美国近40个盟国中的一个，两国自然会拥有各自的‘议题’，特别是在亚洲和中东，不能先验地认为日美政策的优先顺序是一致的”；“日本虽然与美国拥有共同目标，但也应该立足自身坐标，实现与美国外交的互补。”[②]

其次，日本外交战略对政治大国地位的追逐成为强化同盟关系的根本动力。冷战结束后尤其是进入21世纪以来，日本之所以能摆脱犹豫，走向强化同盟之路，根本因素在于意识到同盟对其追逐政治大国地位的价值。没有美国的合作，日本无力单独建立他梦寐以求的国际新秩序，也很难实现成为联合国安理会常任理事国的梦想，更难以把中国纳入其主导的地区框架；没有美国的合作，无论是环境保护、大规模杀伤性武器扩散等全球性问题，还是地区性安全问题，日本要在其解决中发挥大国作用，也非常困难。[③] 因此，冷战后日本外交战略选择强化日美同盟关系，乃是依托盟友实现大国志向这一战略惯技在新的历史条件下的重演。

再次，日本外交战略重心的变化推动了日美政治安全合作的强化。冷战后，日本外交战略的根本性变化是完成了冷战末期就已开始的从经济现实主义转向政治现实主义的历程，由此引发的结构性变化是战略目标选择和手段构建都转向以政治安全为重心。而当日本外交要向国际安全领域拓

① 日本东京大学中国政治问题专家高原明生曾在接受中国媒体采访时承认：“在日本一些人心目中，日美关系已经开始目的化。本来我们建立日美同盟关系是希望达到其他某种目的，日美关系只是一个手段。但长久以来，一些人开始将日美关系这一手段当成了目的，只要是有可能对日美关系造成影响的，他们都坚决反对。现在，我们有必要想一想，到底什么才是日本真正的国家利益，日本到底希望看到一个什么样的亚洲和世界?”参见《探寻理想的日本对华外交战略》，《南风窗》2008年第10期。

② ［日］対外関係タスクフォース：《21世紀日本外交の基本戦略－新たな時代、新たなビジョン、新たな外交－》，平成14年11月28日，http://ijs.cass.cn/japanese/xszl/21thrbwj.htm

③ 比如，日本倡导的旨在维护世界环境的《京都议定书》，就由于美国拒绝批准，澳大利亚等国追随美国反对而参加几乎陷于流产。该议定书规定只有当55个国家以上批准且批准国家的二氧化碳排放量占世界总排放量的55%（以1990年为基准）以上时，议定书才能生效，而美国一国的排放量比重就占36.1%，因此美国拒绝批准后给日本策动议定书生效的工作造成很大困难，最后还是在中国、欧洲联盟的鼎力支持下，才勉强生效。至于在国际军控领域，日本的建议也曾多次因美国反对而流产。

展，乃至动用军事手段扩大国际政治安全影响、提升国际地位时，日美同盟不仅可作为战略后盾，还发挥着弱化国际社会警惕和反弹的“护照”功能。[①] 因此，对冷战后日本而言，日美同盟的“刀币”功能已随“经济外交”一起化作历史，更重要的是开发同盟的“刀”、“盾”和“护照”功能，为日本外交扩大国际政治安全影响服务。正是这种需求重点的转换，有力推动着21世纪日美防卫合作关系的强化。

(二) 日美同盟强化对日本外交的影响

日美同盟一方面增强了日本外交在国际政治安全领域的权势基础，另一方面又使日本与亚洲国家“居相近，心相远”的现象更加严重。尤其在小泉执政期间，由于坚持支持美国发动伊拉克战争，对亚洲国家展示强硬立场，日本外交的张力绷到了极限，亚洲外交一度陷入孤立，联合国外交不断露出破绽，国民对“追随美国”的抨击日益高涨。[②] 但近年来，面对中国的快速发展，逐渐丧失实力信心的日本反而更加重视日美同盟对日本外交的支撑作用，甚至声称，日美同盟是日本外交的“脊梁”，有同盟在，日本才被当大国对待。[③]

对日本外交战略的整体影响。首先，增强了日本大国外交的权势基础和战略信心。日美同盟强化为日本运用军事手段、扩大国际安全影响开了方便之门，增强了其谋求大国地位的信心。在20世纪80年代末，日本经济在西方一枝独秀，迈向大国地位的信心很足，一度提出“日、美、欧三极”三分天下。但是，随之而来的“泡沫经济”崩溃和长期不景气，又使日本从“自信过剩”变为“自信丧失”。尤其是面对中国的快速崛起，日本以亚洲“雁首”身份经略天下的外交构想面临空前危机。在这种情况下，日美同盟关系的强化既是日本大国外交信心不足的产物，又是

① 日本前防卫厅事务次官西广整辉认为：“就日本而言，(日美) 安保是通向国际社会的护照”。参见刘世龙：《冷战后日本的外交战略》，载《日本学刊》2003年第5期。

② 比如，在日本“入常”失败问题上，尽管日本保守势力刻意归罪于中国，但国内仍有很多人对美国的立场深为不满。在战后派遣伊拉克自卫队的收撤问题上，由于国内要求早日撤回的压力不断加大，日本政府一度进退两难，政府相关人士称：“小泉的心理非常复杂。既讨厌被认为是追随美国，又担心（撤兵）有损日美同盟”。见［日］《退路示せぬ日本、イラク陸自 米、日英豪の動き牽制》，载《朝日新聞》2006年3月4日。

③ ［日］《安倍政权に望む 最終回 日米同盟 外交の背骨》，载《読売新聞》2012年12月25日。

增强战略信心的重要手段。[①] 日本国力低落的10年恰恰也是日本强化对美同盟关系的10年，更是日本狐假虎威推行强势外交的10年。进入21世纪后，尤其是小泉执政和安倍首次执政期间，日本外交对亚洲邻国表现出的强硬和“高姿态”，正是以日美同盟强化为背景的。当前，日美同盟仍然是日本开展外交的主要国际后盾。2013年1月，安倍内阁提出的所谓新“外交五原则”，着眼点就是依托日美同盟这个所谓“海洋同盟”，谋求日本在太平洋、印度洋地区的外交主导地位。

其次，使日本大国外交战略布局表现出新态势。日美同盟关系强化的过程也是日美外交形成新合作结构的过程，并对日本外交战略布局产生了三个方面的重大影响：①外交布势真正走向全球化。在日美同盟强化过程中，日本外交先后提出“世界中的日美同盟”、“为了世界和亚洲的日美同盟”等概念，声称“日本作为世界大国之一员，国家利益与世界体系的稳定生死攸关……无论世界何处发生的事情都不能说与日本无关”[②]。②亚太外交布局突破传统框架。冷战时期，日本的亚太外交的基本布局是东联美国，西看东亚。冷战结束后，受美国“不稳定弧”理论的影响，日本提出了超越传统地区分野的“自由与繁荣之弧”外交。[③] ③对华外交呈现合纵制衡态势。冷战时期的对华外交考量一般立足双边视角，参考中美苏和中美日两个三角结构。但是，在冷战后日美同盟强化过程中，日美开始寻求更大范围的合作以牵制快速发展的中国。近年来，日本与澳大利

① 2002年2月，日本首相小泉在与美国总统会晤后的记者招待会上，专门谈到了国家自信心不足的问题，表示“考虑到日中、日韩友好，日美关系更加重要”，感谢布什的“强力支援和鼓励”，要进一步强化同盟合作。该谈话实际上反映出日美同盟强化对日本大国外交战略在权势和精神两方面的支撑作用。参见［日］首相官邸：《共同记者会见・小泉总理とブッシュ大统领》，2002年2月18日，http://www.kantei.go.jp

② ［日］麻生太郎：《〈自由と繁栄の弧〉をつくる 拡がる日本外交の地平》，日本国際問題研究所セミナー講演，平成18年11月30日，http://www.mofa.go.jp/mofaj/press/enzetsu/18/easo_1130.html

③ 日本外相麻生太郎2007年1月在众议院的演说中，声称战后以来日本外交有三大支柱即“日美同盟”、“国际协调”、“重视亚洲邻国”，而把“自由与繁荣之弧”外交增补为“日本外交的第四支柱”。“自由与繁荣之弧”的弧线从东北亚开始，囊括欧亚大陆的南侧边缘地带，一直延伸到东欧地区。基本布局是，在弧线的东端与美国、澳大利亚合作，中间地段与印度合作，西段与欧洲联盟和北约合作。见［日］麻生太郎：《第166回国会における麻生外務大臣の外交演説》，平成19年1月26日。http://www.mofa.go.jp/mofaj/press/enzetsu/e_gaimu.html

亚、印度关系的加强就包含着这种意图，而且明显是受美国的影响。[①]

对日本亚洲外交的影响。首先，日美同盟既是日本谋求亚洲外交优势的依托，又是深入亚洲的羁绊。日本要谋求亚洲领导地位，解决“入亚”问题是前提。当前，日本外交既非“脱亚入欧”，也不是“脱亚入美”，而是“入美入亚”——一方面强化日美同盟，一方面高唱亚洲合作。该路线看起来可谓两全其美，既能像以往那样借美国之力，谋求对亚洲邻国的外交优位，又能够深入亚洲，得到地区领导权。然而，日美同盟的强化实际上又是日本深入亚洲的羁绊。其主要表现在：①日本依托日美同盟谋求亚洲外交优势的做法，很容易招致邻国的反弹。小泉内阁期间，日本因历史问题与中、韩发生龃龉时，就试图通过加强对美外交压服对手，结果反造成本国在亚洲的孤立。②日本“入亚”时处处看美国脸色，难以得到亚洲国家的信任。[②] ③日本在东亚区域合作方面讨好美国的做法，面临两难困境。对日本来说，推进东亚共同体建设是确立其地区权势的关键一步，但却始终为美国警惕和牵制。日本试图两面讨好，一方面提出“东亚共同体”计划，一方面倡导“开放的亚洲”，支持美国、澳大利亚参加东亚一体化。这种做法不仅难以得到亚洲各国的支持，最终还可能在对美关系上陷入两难——共同体如全面对美“开放”，则“主导权”恐怕要易手与美；如有限“开放”，美国不会满足，日美还是难免矛盾和摩擦。

其次，日美同盟既是日本应对东亚安全问题的工具，又是阻碍其扩大影响的屏障。日本在冷战后强化对美同盟的直接目的在于应对朝鲜半岛、台湾海峡等所谓“周边事态”，为发挥地区安全影响寻找借口。特别是2010年以来，随着钓鱼岛问题的升温，日本独立面对中国信心愈加不足，而美国在钓鱼岛问题上挺日立场的逐渐清晰化，无疑为日本对华外交提供了救命稻草。然而，这种强化虽对日本外交干预亚洲安全问题有一定作

---

① 如美国2006年命驻澳大利亚大使托马斯·希弗（Thoms Schieffer）转任驻日大使，而就是在希弗转任后，日澳战略合作关系得到了快速发展。对于日印关系发展，日本舆论毫不隐讳与美国联手牵制中国的意图，声称“在美印密切关系之时，日本也要推进日美印在政治、经济、安全、军事等领域加强合作，目的就在于牵制中国”。参见［日］《日印、安保で緊密化 対中牽制、インド洋演習も》，载《産經新聞》2006年3月6日。

② 2003年当东盟同时向中国和日本发出加入《东南亚友好合作条约》的邀请时，中国迅即决定加入，而日本却因害怕这一条约与日美同盟的精神相左，未立即做出承诺，结果“日本的犹豫使东盟各国十分失望。虽然在当年年底在东京召开的日本—东盟领导人特别会议上，日本签署了该条约，但是爽快的承诺和扭捏犹豫的接受的外交效果是截然不同的。”参见张云：《选秘书长，日本失算了》，载《环球时报》2006年10月16日。（作者是日本国立新潟大学副教授）

用，但也面临如下制约和风险：①日本外交在地区安全问题上追随美国的做法，会加重亚洲国家的不满和敌意，削弱其“入亚”的努力成果。②由于启动日美防卫合作的“发令枪”掌握在美国手中，一旦美国决定战争冒险，日本亚洲外交就可能失去控制局势的能力难以为继。③当日本为维护自身利益，在解决地区问题上单独行动时，又会受到美国的牵制，难以取得成果。①

再次，日美同盟既是日本牵制中俄的利器，又是发展对华对俄关系的重大障碍。冷战后日本强化对美同盟意在平衡中、俄，以同盟为基础构建迫使中俄接受并参加的地区政治安全架构。然而，日本对华关系利害交织，极具复杂性，对华外交利用日美同盟固然可能获得一定优势，但如果过火导致日中对立，也会蒙受重大利益损失。因此，日本一方面针对中国强化同盟，一方面又不得不就此反复向中国解释。而对于俄罗斯，日本外交和舆论极少谈及威胁问题，企图给人一种日美同盟强化与俄罗斯无关的印象。但这些掩耳盗铃之举很难收到效果。1999 年 5 月，俄《独立报》指出：“如果至少该地区两个有影响的大国——中国和俄罗斯对日美联盟持怀疑态度，则很难想象这种联盟目前能起到什么稳定作用，这已经是一个潜在的严重的不稳定因素。”② 进入 21 世纪以来，针对日美同盟的强化，俄罗斯作出的回答就是深化与中国的战略协作伙伴关系，进一步加强对千岛群岛的军事部署，并自 2009 年以来多次单独或联合中国举行大规模军事演习。

对日本多边外交的影响。首先，日美同盟关系的强化使日本在联合国等多边外交领域能多得到美国的襄助。在强化同盟关系的大氛围下，经过十几年的努力，目前日美在多边外交领域的协调有所增强，已形成了相互磋商的习惯和机制，并取得了一些“成果”。比如，2004 年 5 月，日美曾在世界卫生组织大会上相互勾结，一起投票支持给予台湾所谓“观察员资格”。2006 年 7 月，日本在朝鲜进行导弹试验后，迅速向安理会提交制裁朝鲜的决议草案，并在美国支持下，推动安理会通过了针对朝鲜导弹试

① 比如 2002 年 9 月，小泉为绑架人质事件突然访问朝鲜，结果“在绝密状态下推进的日朝首脑会谈，碰到了美国的逆鳞，日美同盟因此出现了裂缝”；为报复日本“偷跑”，美国公布了朝鲜研制核武器的情报，使小泉的外交努力几乎还原为白纸。参见［日］《検証 小泉政権とイラク戦争》，载《毎日新聞朝刊》2003 年 3 月 29 日。

② ［俄］米哈伊尔·尤里耶夫：《日本——北约的亚洲成员国吗?》，《独立报》1999 年 5 月 29 日，转引自《参考资料》1999 年 6 月 2 日。

射的谴责决议。此举被日本舆论渲染为日美同盟在外交领域运用的一大成功。

其次，日美同盟强化加剧了日本多边外交和同盟护持的矛盾。多边外交对于增进日本国际威望意义重大，但取得成功的关键因素是寻求能顾及各国利益的最大公约数，并以此为基础形成共识。但是，日美同盟属于"私产"，本质上是为两国特殊利益服务的。由于日美同盟的强化，日本多边外交受制于对美协调的现象增加了——当其企图在多边外交领域有所建树时，却屡屡被美国的我行我素拖累。① 比如，在国际组织或多边会议上，日本好不容易推动形成的多数共识，常常被美国的否决化为乌有，外交因此大失颜面；反过来，当美国在联合国力促某个决议通过时，日本则要从维护同盟出发，以牺牲外交原则的代价给予支持。②

四、对日本外交战略与结盟战略相互作用的若干规律的认识

纵览日本近代以来外交战略与结盟战略的互动，可发现以下规律特点。

首先，20 世纪初以来同盟关系下日本外交自主性的强弱变化经过了一个历史回旋。在日英同盟时期，日本外交战略把同盟视为外交"精髓"，对英国的配合程度比较高，在协调与法、俄关系等重大国际问题上注意与英国保持一致，但这种配合主要基于自主判断，大体保持了独立

---

① 比如，在日本主导推进的《京都议定书》和《全面核禁试条约》签署生效时，美国一直不予配合，令日本非常尴尬。在日本 2005 年的"入常"攻坚战中，美国一方面宣称支持日本，一方面坚持反对日本参加的"四国提案"，结果"表面上看美国的意见似对日本有利"，但实际上却"伤害"了日本。参见［美］肖恩·柯廷:《美国得罪日本》，香港亚洲时报在线 2005 年 6 月 22 日，转引自《参考消息》2005 - 06 - 25。

② 比如在伊拉克战争问题上，日本外交长期倡导的"联合国中心主义"原则就因追随美国而遭遇严重挑战。对于美国布什政府的对伊动武决策，日本在开战前也基于"联合国中心主义"做了一些"抵抗"，要求美国在得到联合国安理会授权后再动武。2002 年 2 月 18 日，小泉首相在与布什会晤时，引用法国思想家帕斯卡尔的名言表示："没有大义的力量就是暴力"；2 月 23 日，日本执政三党干事长山崎拓与美驻日大使会谈时还表示："先发制人不行，（日本）不能支持。要依据联合国决议行事"。但是，随着联合国安理会在对伊动武问题上分歧扩大，日本的联合国外交的困境越来越深。为了保住"联合国中心主义"的面子，日本只好充当说客，极力劝说安理会其它成员国支持美国的决议但一无所获。结果，面对美国坚持动武的立场，小泉最终决定："即使（联合国安理会）没有新的决议，也要支持美国行使武力。考虑到国家利益，必须这样做。"日本一贯追求的"国际协调"和"日美同盟"并立的外交路线瞬间崩溃了。参见［日］《検証小泉政権とイラク戦争》，载《毎日新聞朝刊》2003 - 03 - 29。

性，可以归纳为“自主性配合”。到三国同盟时期，日本虽然一度也把同盟视为“精髓”，但受德国左右的情况很少，外交自主的一面被强调到极致，可以归纳为“高自主性合作”。在冷战时期，日本外交战略自主性最低，基本上处于追随美国的状态，可以说是“低自主性配合”。冷战结束以来，日本开始明确加强外交战略自主性，试图恢复到日英同盟时期的程度，减少对美国的追随。前后相比，存在某种历史回归现象。不过，日本外交的这种回归仍然受到自身国力的严重制约，尤其是当与中国、俄罗斯等大国博弈时，日本仍不得不向美国看齐和靠拢。

其次，结盟战略在外交战略中的地位随着同盟关系的延续大体呈相对下降趋势。无论是日英同盟还是日美同盟，在结盟初期往往在日本外交中占据较高地位。但是，到了中后期，日本为维护与结盟战略相同、平行乃至相反利益目标，会加强与第三国的关系，同盟在其外交战略中的地位自然相对下降。尤其是进入21世纪以来，日本在坚持日美同盟的同时，大力增强日澳、日印战略合作，其对华外交在防范与牵制的同时也建立了“战略互惠关系”——对美结盟战略在日本外交战略中的地位实际上已明显进入下降期。

再次，外交战略对同盟关系的稳健性和保守性总体上在增强。经过20世纪初以来长期的结盟实践，日本外交在处理同盟关系方面积累了丰富的经验教训。尤其是三国同盟实践的失败在日本外交思维中留下了极深的烙印，至今日本舆论仍广泛流传着松冈洋右在日美开战时所谓“三国同盟乃我一生之不智”的悔语。① 因此，战后日本处理日美同盟关系的态度非常谨慎，即使在进入21世纪的今天，尽管经常被舆论批评为“对美病态依存”，日本外交界坚持日美同盟的论调仍牢牢占据主流地位，甚至存在一种宁“抱残守缺”也不愿“弃旧图新”的观念。

第三节　军事战略与日本对外结盟

20世纪初以来，日本军事战略经过了一个“积极—消极—积极”的

① ［日］日美开战意味着松冈洋右筹划三国同盟时，拉苏联入伙，把三国同盟扩大为德日意苏四国同盟，迫使美国不战而妥协的战略企图彻底破灭。日本战前原外交官斋藤良卫战后曾在所著《被欺瞒的历史》一书回忆，他在日美开战当日曾造访松冈洋右，交谈时松冈含泪痛悔：“缔结三国同盟是我一生之不智，死而犹悔。”转引自［日］《読売新聞》，《日·独·伊三国同盟》2007－01－08。

演变过程。日本的结盟战略的目标定位和手段构建及运用也因此不断调整，对同盟的军事利用强度也发生了“强—弱—强”的历史变化。

一、日本近现代军事战略与对外结盟

近现代日本军事战略极具进攻性，战略目标一步步扩大，假想敌不断增多，军事力量与目标需求之间的差距逐步扩大，对外结盟的出发点是满足军事战略的需要，寻求外部力量弥补上述落差。

（一）近代军事战略与日英同盟

对俄战争与日英同盟的缔结和强化。日本对英结盟的直接动因是发动对俄战争，源头则是三国干涉还辽期间对自身军事实力不足的认识。当时，俄、法、德三国在中国沿海部署铁甲舰在内的舰艇共 12 万吨，集结于金州半岛（位于辽东半岛南部）附近海面；而日本此时连同缴获的中国舰艇在内不过 8 万吨，联合舰队主力远在澎湖列岛附近且已战力疲惫。[①] 陆相山县有朋和海相西乡从道都认为如果不听“劝告”，海军将为三国所败，侵华陆军也会因失去后援而陷入险境。正是这种无奈使日本军部成为“日英同盟论”的坚定支持者。

三国干涉还辽事件后，日本把俄国视为主要作战对象，称其为“新敌”。1895 年陆军大臣山县有朋向天皇提交的《军备扩充意见书》，日本军事战略开始从“守势”战略向“攻势”战略转变，形成了“以韩国尤其是以北鲜为基地，以日俄决战为基础，向大陆进军的构想”[②]。而对日本来说，制海权问题是对俄作战“最重要的关键”[③]。尽管海相西乡从道从三国干涉的教训出发，力争海军军备拥有与俄罗斯及其一个盟友作战的能力。但由于国际海军军备竞争水涨船高，日本很难达到预期目标。到 1901 年，日本海军虽与俄法远东海军兵力大体持平，但与俄海军整体实力相比仍有很大距离，而如果法国的欧洲舰队东援俄国，则日本将完全出于劣势（参见表 3.1：日、俄、英、法 1901 年远东海军主力对比）。[④] 因此，日本海军要在对俄作战中掌握制海权，必须依靠外援解决两大问题：

---

① ［日］黑野耐：《大日本帝国の生存战略》，第 58 页，講談社 2004 年版。

② ［日］黑川雄三：《近代日本の軍事战略概史》，第 48 页，芙蓉書房 2003 年版。

③ 王颜昱：《日本军事战略研究》，第 82 页，军事科学出版社 1992 年版。

④ 到 1903 年 6 月，根据日本参谋本部的分析，俄国海军太平洋舰队的兵力为日本海军的 70%，如果加上波罗的海舰队的兵力，则为日本海军的 180%。参见王颜昱：《日本军事战略研究》，第 81 页，军事科学出版社 1992 年版。

①阻止法国海军履行对俄同盟义务参战；②阻止俄波罗的海舰队东援或消灭之。由此可见，日英同盟的缔结则是解决上述问题的关键性因素。

表 3.1　日、俄、英、法 1901 年远东海军主力对比

项目＼国家	日本	俄国	法国	英国
战列舰	5	5	1	4
装甲巡洋舰	4	6	1	2
巡洋舰	10	2	6	11
驱逐舰	13	6	1	7
吨位（万吨）	20	12	8	17

（数据引自［日］角田顺《满洲问题と国防方针》原書房、昭和 42 年版、第 88 頁）

日英同盟缔结后，日本迅即展开对俄作战筹划，基本分工是陆军负责朝鲜北部和满洲的地面作战，海军则夺取制海权，确保陆军海路运输和“舰队决战”。对英军事合作的重点是遏制法国参战，联手夺取远东海域的制海权。[①] 1902 年 5 月 20 日，日本军政首脑联合确定“日英联军大作战方针”，规定对英军事合作以实现对俄作战计划为优先目的，以应对法俄同盟为标准制定合作计划，[②] 海相山本权兵卫据此下达了有关日英共同作战的训令。而在一周前，日英两国在横须贺两国高级军事会议上，就通信、情报交换、两国舰船相互提供补给及修理服务、日方雇用英国船舶运兵等议题达成了一致。[③] 此后，日本多次与英国联合召开军事会议，商讨的中心议题就是如何联手夺取制海权。1903 年 5 月 2 日，日本参谋本部起草《关于日英协定的有关军事问题应进一步协商的主要事项》，提出一

① 1903 年 5 月 22 日，山本权兵卫向部署阐述海军作战方针时强调，只有以“日英联合舰队的实力，才能超过俄法联合舰队的实力”，夺取战争的胜利。参见王颜昱著：《日本军事战略研究》，第 95 页，军事科学出版社 1992 年版。

② ［日］黑野耐：《大日本帝国の生存战略》，第 87 ~ 88 页，講談社 2004 年版。

③ 此主要援用我国学者王颜昱的观点，另据日本学者黑野耐研究认为，在横须贺会议上，英国代表以贸易航路辽阔、不宜划分区域为由，反对山本权兵卫的提议。参见王颜昱：《日本军事战略研究》，第 94 页，军事科学出版社 1992 年版；［日］黑野耐：《大日本帝国の生存战略》，第 86、87 页，講談社 2004 年版。

旦出现《日英同盟条约》“所规定的场合”（实际指法国参战），两国“应迅速集结海军，尽可能迅速地歼灭敌方舰队，或将之封锁，以使陆军自由行动”。

日英军事合作尤其是海军合作对日本赢得日俄战争发挥了重大作用。战争期间，英国向日本提供的军事配合与支援包括：①抢先一步与法国订立协约，阻止法国舰队支援旅顺俄军。②利用其控制土耳其的条件，命令土耳其封锁俄黑海舰队必经的博斯普鲁斯海峡和达达尼尔海峡。③为俄波罗的海舰队东进支援设置障碍，命令其管辖下的港口不得向俄舰队提供燃料、食品和淡水。结果，俄支援舰队在海上漂泊航行达 7 个月，官兵疲劳不堪，到达东南亚海域时，甚至发生了士兵叛乱。[①] 这些支援对日本的意义在于：①避免了与法俄同时交战的局面；②为日军赶在波罗的海舰队到达之前歼灭俄太平洋舰队争取了宝贵的时间；③得以以逸待劳，轻松打败使俄波罗的海舰队。④使日军在战争中获得了巨大的对俄心理优势。

1905 年 4 月，日俄战争尚未结束日本政府就做出了强化日英同盟、签订第二次《日英同盟条约》的决定。日本之所以如此迅速调整对英结盟战略，既与战争本身密切相关，还存在长远的战略考虑：①日军虽然连战连胜，但始终未能给俄以决定性打击，而自身的动员已达到极限。[②] 在这种情况下必须在武力以外寻找制胜手段，而把日英同盟修改为进攻性同盟，可增大对俄压力、迫其就范。②在未获得彻底胜利的情况下与俄和谈，必须有强有力的国际军事后盾，防止三国干涉重演。③战后防范俄国复仇仍需要日英同盟。④希望通过修改同盟关系用于对付美国。美国虽在日俄战争中偏袒日本，但日本却早已视美为潜在敌人。在 1900 年，日美海军就因“厦门事件”发生过摩擦。[③] 1901 年，日本海军总务长斋藤实就声称“美国威胁之大，是俄罗斯威胁不能比的”[④]。在同盟条约改订谈

---

① 参见黄定天：《东北亚国际关系史》，第 235 页，黑龙江出版社 1999 年版。

② 山县有朋在其向内阁提交的意见书中“三番五次举例说明不能再继续战争”。参见［日］井上清：《日本帝国主义的形成》，宿久高译，第 203 页，人民出版社 1984 年版。

③ 厦门事件发生于 1900 年。事件原因是日本借口其设在厦门的本愿寺被纵火，派遣陆战队，企图占领厦门港。对此，美国表示抗议，并派遣军舰和陆战队登陆实施威慑。面对美国的压力，日本政府接受了伊藤博文的建议，放弃了对厦门港的占领。但同年底，当美国提出占领福建三沙澳作为其海军煤站时，同样遭到日本的反对而作罢。参见［日］北岡伸一：《後藤新平》，第 63 ~ 68 页，中央公論社 1978 年版。

④ ［日］高橋文雄：《明治 40 年帝国国防方針制定期の地政学的戦略眼》，载《防衛研究所紀要》2004 年第 6 卷第 3 号。

判中，日本海军大臣山本权兵卫即表示对美国菲律宾舰队的警惕，反对英国把驻扎在香港的5艘驱逐舰召回本国。[①]

《帝国国防方针》与日英同盟。1907年4月，日本制定了近代史上第一个系统规范的军事战略《帝国国防方针》。[②] 主要内容包括：①确定日本在东亚采取攻势战略，强调境外作战、主动进攻。②指出日本虽属岛国，但“国防当然不得偏重陆海之一方，更何况隔海在满洲及韩国已扶植了利权之今日”。③假想敌国以俄国为第一，美、德、法诸国次之。④在军备上，陆军应最重视俄国，依据俄在远东可能动用的兵力，以攻势为度实施战备；海军应最重视美国海军，以攻势为度备战。《帝国国防方针》还对日英同盟关系做了如下规定：①当英俄发生战争时，不论争端发源于东亚、印度，还是在其他任何地方，都应履行援助英国之义务。②当英德发生冲突、德俄结盟时，日本也要分担日英同盟之义务。③要考虑到同盟存在会诱发新的同盟，当防止俄德、俄法、俄清形成与日英同盟对抗之同盟。④关于日英同盟合作，“面对共同敌人应相互策应，使友军全胜”。

上述国防方针的确立是促使日英同盟长期化的重要因素。首先，它与1905年日英同盟从防御性同盟向进攻性同盟的转变相协调，明确确立了攻势战略。其次，它明确把同盟纳入了军事战略体系，对日军同盟援助责任的规定甚至超出了第二次《日英同盟条约》中应承担的义务，为日本对英结盟战略稳定提供了基础。再次，它逐渐接受了美英军事关系密切的现实，实际上把美国排除在日英同盟的运用范围之外，对后来日英同盟条约渡过第二次修订危机具有重要意义。然而，1907年《帝国国防方针》也蕴含着与对英结盟战略不协调的一面。其主要表现在：①它既以美国为假想敌又实际上把美国排除在同盟运用范围之外。第二次《日英同盟条约》签订后，为应对本部局势，英国等欧洲国家纷纷把远东海军撤回欧洲，“远东遂形成了日本海军和美国海军一对一的局面”[③]。在这种情况下，日英同盟与日本军事战略之间的错位越发明显了。②它确定的第一假想敌俄国后来甚至成为日本的盟友，日英同盟的制俄功能因此被虚置。

---

① ［日］高橋文雄：《明治40年帝国国防方針制定期の地政学的戦略眼》，载《防衛研究所紀要》2004年第6卷第3号。

② ［日］黒川雄三：《近代日本の軍事戦略概史》，第69~80页，芙蓉書房2003年版。

③ ［日］高橋文雄：《明治40年帝国国防方針制定期の地政学的戦略眼》，载《防衛研究所紀要》2004年第6卷第3号。

③它只规定日英在不同区域相互策应而拒绝共同作战，不利于两国同盟合作的深化。在日英同盟存续期间，日军用兵纲领明确拒绝与英军在同一区域共同作战，两国终未就战役、战术层面的联合形成合作机制，形成坚实的军事合作基础。[①] 而在一战期间，美、英官兵却在一个战壕里并肩作战。这种情况对后来英国军方对日、美这两个盟友的认识比较难免会产生影响。

1918 年，日本制定了第二个《帝国国防方针》。与前者相比，该方针的主要变化有：①把假想敌从俄、美、德、法调整为俄、美、中。②陆、海军军备虽仍然各以俄、美为对手，但规定陆军应考虑应对“俄、美、中联合作战”。③开始关注“消耗战”、“总体战”等新的战争样式，首次提出“有必要考虑长期战的准备和应对”[②]。这次调整进一步扩大了日本军事战略与结盟战略之间的错位。其主要表现在：①此时德国与英、日都还处于战争状态，却被日本排除在假想敌之外，日英同盟在威胁方面的共同性彻底消失。②在俄、美、中三国中，美国是被英国视为永远不战的盟友，中国是英国在远东的利源之地，日本军事战略将美、中与俄国“一锅煮”的做法大大增加了日英战略冲突的可能性。因此，这次调整实际上彻底破坏了日英同盟军事合作的战略基础，埋下了后来两国从友到敌的种子。

（二）20 世纪 30 年代初至二战结束时的军事战略与三国同盟

1936 年 6 月，日本制定了第四个《帝国国防方针》。[③] 主要内容包括：①总纲部分规定“帝国国防之本义基于建国以来之皇谟，常以大义为本，加倍彰显国威”，与此前“方针”所称的“国防之本义在于保障帝国的自主独立”相比，更富于侵略扩张性。②在假想敌确定上，扩大为美、苏、中、英，其中美、苏并列为第一假想敌。③在战略指导上，除继承“攻势原则”、“先发制人”、“短期决战”、“准备持久战”等原则外，还强调“鉴于本国国情，努力强化初战的威力至为重要”。④制定了“北进”对苏、“南进”击英美以及全面侵华的作战计划。对苏作战计划则立足于防

① 王颜昱：《日本军事战略研究》，第 138 页，军事科学出版社 1992 年版。

② 日本 1918 年《帝国国防方针》原件在第二次世界大战结束时被销毁，上述内容是学者黑川雄三根据相关旁证资料整理的。参见［日］黑川雄三：《近代日本の軍事戦略概史》，第 106～110 页，芙蓉書房 2003 年版。

③ 在 1923 年日本曾颁布第三次《帝国国防方针》，但相关确切史料比较缺乏，且该方针与三国同盟签订相距时间较远，影响不大，故本文略去不谈。

御，强调内线作战，伺机反攻；对美作战强调“初战迅速歼灭美太平洋舰队，陆海协同攻占吕宋岛及其周边，夺取关岛并以之为基地抢先寻机消灭美来袭主力舰队”；对华作战强调“初战目的是占领华北要地及上海”①。

第四个《帝国国防方针》虽未提及结盟问题，但其实施却对日本走向对德结盟之路产生了重要影响。①假想敌之多远超出日军的应对能力，且日美军实力消长不利于日，非借外力不能达成目标。② 负责《帝国国防方针》起草的参谋本部作战课课长石原莞尔也承认，这个时期的日军连应对苏联一国都困难，与英美为敌必须借助“国家联合”，打“总体战”③。②虽提出要准备持久作战，但却缺乏具体策划，实践中仍沿袭“短期决战主义”。结果，日军的“对支（中国）一击论”在1938年彻底破产后，战略自信迅速萎缩，对德结盟战略随之浮出水面。③1939年之前，日本在美、苏之间更注重防苏。主要原因是日本陆军在“满洲”感受到了苏军的强大压力并为苏联积极军事援华所困。这也是日本在《反共产国际协定》附加秘密对苏军事条款和1938～1939年对德结盟谈判中坚持对苏的直接原因。④ 而其中的“南进”战略则是日本后来同意以英美为对手缔结三国军事同盟的推手。⑤

从后来的战争实践看，日德战略重点、战略手段运用上的一系列差

---

① ［日］黑川雄三：《近代日本の軍事戦略概史》，第194～196页，芙蓉書房2003年版。

② 日本海军的舰艇吨位与美国海军的比例在20世纪30年代末达至0.8:1后，即丧失了上升潜力一路下降；到1936年，陆军兵力与苏军的对比从1932年的75:100下降到31:100。参见［日］黑川雄三：《近代日本の軍事戦略概史》，第196页，芙蓉書房2003年版。

③ ［日］黑川雄三：《近代日本の軍事戦略概史》，第196页，芙蓉書房2003年版。

④ 日本参谋本部德国情报组组长若松只一在东京审判中的供词称，日本军部积极推进缔结日德防共协定，主要目的在于：①通过协定的签订自然而然地阻止德苏接近（主要担心德苏接近后，苏军加强东线兵力）；②阻止德国在中日纠纷中偏向中国③希望得到德国提供的军火和关于中国的军事情报。参见陈仁霞：《中德日三角关系研究（1936－1938）》，第102、103页，生活·读书·新知三联书店2003年版。

⑤ 在三国同盟决策过程中，日本军部自身面临的最大问题是海、陆军分歧。日本海军主流派如米内光政、山本五十六、井上成美等人对美作战信心不足，担心缔结日德意三国同盟引发日美战争，一直反对对德结盟。米内担任海军大臣时曾表示：“帝国海军不是为与美英为敌、作战而建的，与德国二流海军国家联手对日本海军没任何帮助”，“和意大利海军联手的话，更是笑话”。但是，当1940年日本海军决意贯彻“南进”战略后，又转而希望缔结三国同盟作为遏制美国干预的手段，从而在结盟问题上与军部达成了妥协。参见［日］村田晃嗣：《歴史としての日米同盟》，PRANJワークショップ記録、CSIS戦略国際問題研究所，2001年8月21日，http://pranj.org/workshop/2001/workshop0821a.htm

异，也使日军不重视对德军事合作。苏德战争爆发后，“德国陆军以击败苏联为首要任务，日本陆军致力于征服中国；德国海军的重点是利用潜艇兵力，以破交战打倒英国，日本海军则以歼灭美国舰队为首要，仅把潜艇作为‘舰队耳目’”①。由于诸多差异的存在，日本虽在1942年1月与德国签署军事合作协定，规定了作战配合事项，但并未切实纳入其作战计划。② 从海战来看，当时最利于日本海军对德合作的海域是英国联系远东的主要通道印度洋。然而，“日德海军轻视了印度洋海域的重要性”，多次失去合作战机。③ 在整个太平洋战争期间，日本海军在日德军事合作中的作用，基本限于运送一些稀缺物资和技术资料。至于陆战，日德更是南辕北辙，比较像回事的合作也就是1942年2月做“顺水人情”，应德国要求进攻新加坡而已。

二、冷战时期的军事战略与对美同盟

佛罗里达大学政治学教授约翰·W. 斯帕尼尔在分析冷战时期的结盟实践时指出，国家结盟的首要目的是作为均势政治的主要手段，通过盟国的力量加强自己的力量；第二个目的是“划清界限”，“使其对手明确无误地知道哪些地区对它来说是至关重要的，不许外人干涉。④ 冷战时期，日本防卫战略的同盟运用就突出表现出上述目的性，既通过《日美安全条约》明确立于西方阵营，对假想敌实施战略心理威慑；又通过提供基地、确保美军存在，维持与假想敌的力量均势，维护本国安全。同时，日本又通过防卫力量建设和运用的自我节制，减少了被日美同盟卷入战争的可能性，使国家资源集中于经济大国战略。

---

① ［日］平間洋一：《第二次世界戦と日独伊三国同盟——海軍とコミニテルンの視点から》，序説，錦正社2006年版。

② 战后披露的日本海陆军作战计划中，有关对德军事合作的内容极少，偶有发现也仅片言只语。

③ ［日］平間洋一：《第二次世界戦と日独伊三国同盟——海軍とコミニテルンの視点から》，序説，錦正社2006年版。

④ 约翰·W. 斯帕尼尔在阐述“第二个目的”时，进一步指出“随着北约的出现，美国第一次承担起和平时期联盟的义务，目的是使苏联清楚地知道，世界上哪个地区对美国的安全是必不可少的，苏联采取什么样的行动会引起军事冲突”；同样，他还指出，由于中国与苏联签订了友好同盟互助条约，也使美国意识到中国对苏联远东利益的重要性，而不敢在朝鲜战争中空袭中国、放纵国民党军队进攻大陆。参见［美］威廉·奥尔森、戴维·麦克莱伦等：《国际关系的理论与实践》，王沿等译，第304～307页，中国社会科学出版社1987年版。

（一）日本军事战略对日美安保关系的影响

日本军事战略的再生与调整。正如人类先有肉体而后才有精神，战后日本军事战略是随着国家的重新武装逐渐形成的。1950 年 1 月日本根据麦克阿瑟指令建立国家警察预备队。1952 年 8 月设立保安厅，将警察预备队改为保安队。1954 年 7 月，日本将保安厅改称防卫厅并设置“统合幕僚会议”，保安队和海上警备队分别改称“陆上自卫队”和“海上自卫队”，同时组建“航空自卫队”。至此，日本正式建立了武装力量，开始拥有军事战略的执行主体。1956 年 12 月，日本内阁颁布《国防基本方针》，规定了四项内容：①支持联合国行动，谋求国际协调，以期世界和平。②安定民生，发扬爱国心，确立保障国家安全的必要基础。③适应国力国情，在自卫所必需的限度内，逐步发展有效的防卫力量。④在联合国有效发挥功能之前，对于外来侵略，“依靠同美国的安全保障关系予以阻止”①。《国防基本方针》如同战前《帝国国防方针》中的“国防要义”，它赋予了日本军事战略新的灵魂。

1970 年，日本《防卫白皮书》宣称“我国的防卫以专守防卫为宗旨”；1972 年，田中角荣内阁明确了“专守防卫”的军事战略方针。其基本内容包括：①受到对方武力攻击后才行使防卫力；②防卫力的行使在必要的、最小限度内；③即使防卫上必要，也不采取进攻对方基地的战略攻势；④防卫行动只及于日本国土及周边；⑤对来侵之敌以击退为度。② 1976 年，日本首次发布《防卫计划大纲》，主要内容有：①明确了假想敌国，公开称苏联为“潜在威胁”，并有针对性加强部署。②确定了“质重于量”的建军方针，加速推进装备的国产化、现代化。③扩大了防卫范围，将“周边海域”的范围由过去的太平洋一侧 300 海里，九州西方 200 海里、日本海 100 海里和远洋航线 500 海里，改为“周边数百海里和航线 1000 海里”。《防卫计划大纲》的出台弥补了军事战略方针和力量构建之间的环节缺失，标志着日本军事战略最终成型。1983 年，日本军事战略实施拓展性调整，正式提出“洋上击破”的防御战略方针，陆上自卫队将以往的“内陆持久、反击”战略修改为“歼敌于水际和滩头”，航空自卫队战略目标从维护政治经济中心扩大为“以海岸线作为本土防空作战

① 王颜昱：《日本军事战略研究》，第 277 页，军事科学出版社 1992 年版。

② ［日］黑川雄三《近代日本の軍事戦略概史》，第 254 页，芙蓉書房 2003 年版。

的最后防线"①。

日本军事战略对日美安保关系的影响。日本军事战略一直把与美军尤其是驻日美军的合作视为其重要组成部分，其产生和调整对日美安保关系的发展有直接影响。

首先，它在一定程度上削弱了日美同盟关系的不平等性。在1950年日美围绕《日美安全条约》的谈判时，日本一直要求美国像在《北大西洋公约》中那样，在条约中明确承担保卫日本的义务。对此，美国坚决拒绝，借口是日本不拥有军备，"没有持续有效的自助和相互援助能力"②。日本企图争取类似欧洲国家对美地位的想法化为泡影，只好接受"被保护国"的政治屈辱。而后来日本军事战略的产生、拓展使自卫队力量不断壮大，逐渐具备了一定的对美承担军事义务的能力，削弱了美方的上述借口，使日美安保关系从单纯的保护被保护关系，逐渐向相互合作乃至平等合作的方向转变。

其次，它推动了日美防卫合作关系的充实和发展。军事战略的形成为日本开展对美军事合作提供了体制保证。在1976年之前，日本也曾尝试实施作战层面的对美合作，"统合幕僚会议"因此制订了"三矢计划"等，但都因缺乏相应的战略体制支撑，受到国会追究而沦为"私案"。而在《防卫计划大纲》问世两年后，日本得以堂而皇之签署《日美防卫合作指导方针》，填补了日美防卫合作关系的体制空白，为两国拓展和深化军事合作提供了法律保障。此后，随着《防卫计划大纲》的实施，日本自卫队在日美防卫合作中的任务分工从无到有、从少到多；合作区域从国土到沿海，从沿海到近海，不断扩大。1975年12月，日美两国军方奉命开始了共同作战计划及相关工作的研究；1984年11月，日本统合幕僚会议议长与驻日美军司令官签署了日美安保史上首次正式的"日美共同作战计划草案"。至此，日美安保关系开始真正有了"军事同盟"的味道。

再次，它的自律性制约着日美防卫合作的扩大。在"专守防卫"战略形成和调整过程中，受宪法第九条和国内政治影响，日本政府确立了一系列自我约束原则。1954年，日本内阁法制局发表政府"统一解释"，提

① 王颜昱：《日本军事战略研究》，第297～299页，军事科学出版社1992年版。

② ［日］坂元一哉：《日米同盟の绊——安保条约の相互性の摸索》，第52～53页，有斐阁2000年版。

出“自卫权发动三要件”，即“遭到非法紧急入侵”、“没有其他合适手段排除”、“在必要的最小限度内行使实力”三个必要条件；宣布交战权只在自卫权限度内行使，但不允许占领他国领土，并禁止海外派兵。① 1967年，日本首相佐藤荣作先后宣布“无核三原则”和“武器出口三原则”②。1972年，日本外务省条约局局长在国会答辩中表示，宪法不允许行使集体自卫权。1976年，日本内阁做出防卫费（军费）支出不超过国民生产总值1%的规定。③ 上述自律性规定，既保证了日本军事战略的“专守防卫”性质，也使日美防卫合作大致保持在“基地合作为主，兵力合作为辅，美提供核保护，日立足本土支援”的基本框架内。不过，随着日本国力的增长，这种自律性后来又招致美国“白乘安全车”的敲打。

（二）日美安保关系对日本军事战略的作用

通常来讲，一国往往会先确定军事战略，再议结盟问题。然而，战后日美安保关系的形成却先于日本军事战略。这种独特的历史结构使得日美安保关系对日本军事战略拥有不同寻常的影响。

首先，它使日本军事战略的威胁认知与美高度趋同。冷战时期，美国的敌人自然就是日本的“威胁”。在20世纪50、60年代，尽管日本对外矢口否认有假想敌国，但其军事战略仍偷偷地把苏联、中国、朝鲜视为假想敌。④ 当然，该时期设定“假想敌”的“认真”程度是不能与近现代

① ［日］黑川雄三：《近代日本の軍事戰略概史》，第253页，芙蓉書房2003年版。

② “无核三原则”的基本内容是，依靠美国的核保护，“不制造”、“不拥有”、“不运入”核武器；“武器出口三原则”是指，日本制造的武器及军事技术“不向共产主义国家出口”、“不向联合国决议禁止的国家出口”、“不向国际争端当事国出口”。参见［日］永野信利：《日本外务省研究》，上海复旦大学历史系日本史组译，第293页，上海译文出版社1979年版。

③ 该规定在1986年被中曾根内阁取消。不过此后日本军费超过本国GDP1%的幅度并不大，1987年超了0.004%，1989年超了0.006%。参见军事科学院外国军事研究部：《世界军事年鉴1988》，第25页，军事科学出版社1989年版；《世界军事年鉴1990》，第92页，军事科学出版社1991年版。

④ 1963年日本首相佐藤荣作在国会咨询中明确说日本“不考虑设假想敌”，但防卫厅内部文件仍然存在以苏、中、朝为假想敌的印迹。参见王颜昱：《日本军事战略研究》，第291、292页，军事科学出版社1992年版。

相比的，在很大程度上是为追随美国和发展自卫队寻找借口。[①] 到了20世纪70年代后期，随着苏联扩张威胁的现实性明显增大，日本军事战略的“假想敌”设定才“认真”起来，切实采取了一系列防范举措。至于日本后来把中国排除在“假想敌”之外，既受中日邦交正常化的影响，也是受美国军事战略调整的诱导——“对美国来说，原来以打赢‘两个半战争’为目标的军事战略，由于把中国去除而变为‘一个半’战争。对日本来说，也不再把中国视为潜在敌人和威胁。”[②]

其次，它推动着日本军事战略的拓展和自主性增强。日本军事战略运用范围的扩大既源于其内在动力，也得力于盟友美国的援助和鞭策。在冷战前期，日本自卫队从无到有、从小到大与美国的军事援助是分不开，其训练、制订作战计划都受到美驻日军事顾问团的帮助和指导。冷战期间，美国还不时向日本施压，促其发展军备并承担更多的责任。这种“外压”成为推动日本军事战略目标和运用拓展的主要动力之一。而在尼克松“关岛讲话”之后，随着美军减少对亚洲盟友的军事援助义务，日本军事战略也开始明显增强防卫的自主性，把独立排除“间接侵略”和“小规模直接侵略”作为防卫目标。[③]

再次，它制约着日本军事力量的发展和运用。在20世纪50、60年代，美国掌握着自卫队的战时指挥权，并利用日美安保关系严密监控自卫

---

① 日本虽然以苏联、中国、朝鲜为主要威胁，但吉田茂的基本判断则是在今后一个时期内美苏发生全面战争、苏联入侵日本的危险性不存在。1951年1月13日，西村熊雄外务省条约局局长表示：“（吉田）总理断然否定了再军备。从客观形势看，两大阵营不存在进入全面战争的可能性。现在的对抗时缓时急，将长期存在。其间，双方喊‘战争！战争！’不过是心理战，不能上当。首相的意思是，既然看透了苏联断不会入侵日本，就否定再军备，寻找其它安全保障方式。”参见［日］坂元一哉：《日米同盟の绊——安保条约の相互性の摸索》，第31～32页，有斐阁2000年版。

② ［日］细谷千博监修：《日本とアメリカ——パ－トナ－シップの50年》，第162～163页，ジァパンタイムズ2001年版。

③ 1970年3月9日，日本防卫厅长官中曾根康弘表示，当时（指20世纪50年代）形势下，没有对日本发动大规模侵略的可能性，“1960年缔结的日美安保条约较旧条约进步，我们则必须更加进步。为此，必须具有日本自身国有的、立足于日本本位的防卫战略，要能够和美国分担调整机能”。参见王少普、吴寄南：《战后日本防卫研究》，第146页，上海人民出版社2003年版。

队动向，驻日美军事顾问甚至对自卫队将领的言行都有细致掌握。① 在一些情况下，美军甚至撇开日本政府与自卫队部队私下勾结，两军合伙秘密制订的共同作战计划甚至连日本内阁成员都蒙在鼓里。② 进入70年代后，美国对日本军事大国化的戒心增强，尼克松政府对日本发展核武器警惕有加。1972年2月尼克松访华时，曾对周恩来总理明言："我相信，为了太平洋和平，抑制日本符合美国的利益。"因此，前述日本军事战略的自律行为，恐怕也存在适应日美同盟中这种微妙关系的成分。

三、冷战后的军事战略调整与日美同盟的强化

与此前相比，冷战后日本军事战略调整的深度和广度都大得多。这种调整与日美同盟的变革与强化同步进行、相互呼应。

（一）冷战后日本军事战略的调整

冷战后日本的军事战略主要发生了以下四个方面的变化。

首先，"关照"中国，战略威胁认知转移、分化。苏联解体后，日本对战略威胁的判断一度陷入模糊状态，常以"不确定"、"不透明"概之。然而，自20世纪90年代中期开始，日本逐渐开始锁定新的威胁目标，到"9·11"事件后大体稳定下来，分化为"传统威胁"和"新型威胁"两种。关于传统威胁，日本自卫队明显把朝、中、俄作为假想敌国，以朝鲜为第一，但最关注中国、俄国次之。2004年日本《防卫计划大纲》视朝鲜为"地区安全重大不稳定因素"，又宣称中国"正推进核力量、导弹力量和海空军的现代化，并谋求扩大海洋活动范围，今后要严密关注中国的动向"③。这是冷战后日本军事战略文件首次公开提及"中国威胁"，尽管

① 为了确保优位，美国始终注意对日本军情的掌握和操控。日本原海上自卫队参谋长林崎千明曾披露，"美军实际上掌控着自卫队，收集自卫队内部争论和对立的情报"，"有时这边一点不足道的谈话，美国也能敏感地做出反应"；很多自卫队干部与美军联系之密切，常把要求提给美国人，以"外压"的方式促使政府变更政策。参见［日］《自卫队 第三部 选举と政治外圧米軍と緊密関係》，载《东京新聞》2004-06-22。

② 从1955年到1975年，驻日美军与自卫队秘密制定了《日美共同统合作战计划》(Coordinated Joint Outline Emergency Plan，CJOEP)。该计划由驻日美军司令与日本统合幕僚会议议长签名私订，经由防卫厅的防卫局长向防卫厅长官报告；计划内容只有防卫厅内局高级官员和自卫队高级将领知道，机密程度甚至连日本首相、大多数内阁官员等政治高层蒙在鼓里。参见［日］朝日新聞：《自衛隊50年》取材班《自衛隊 知られざる変容》，第283～288页，朝日新聞社2005年版。

③ ［日］日本内閣：《平成17年度以降に係る防衛計画の大綱について》，2004年12月10日，www.jda.go.jp/j/defense/policy/17taikou/taiko.pdf

把朝鲜放在前面，但其“真正意义上的潜在对手恐怕还是中国”[①]。关于“新型威胁”，则主要指大规模杀伤性武器以及弹道导弹技术扩散和国际恐怖组织活动。在上述两种威胁中，日本明显把传统威胁视为重点，战略重心也是应对前者。2010 年 12 月，日本政府公布的新《防卫计划大纲》则把对华威胁认识从 2004 年的“严密关注”抬升到“警戒监视”，并规定了重点加强“西南诸岛”军事部署等实际上应对中国的多种战略措施。[②]

其次，越海入洋，战略性质由防到攻。日本前防卫厅长官額賀福志郎声称，由于威胁形态发生了很大变化，“必须认识到‘专守防卫’是一个相对概念”[③]。近年来日本国会连续通过十几部军事法案，大都有保障自卫队海外行动的条款。2001 年，日本国会通过《周边事态法案》；2003 年又通过《武力攻击事态法》等“有事法制”相关三法案。2003 年 3 月，日本防卫厅长官在国会表示对朝鲜核基地实施先发制人打击“并不违宪”[④]；5 月又扩大内阁原对“自卫权发动三要件”的解释，表示自卫队舰船在海外受到攻击同样可视为“有事”[⑤]。进入 21 世纪以来，日本军事战略长期因循的“专守防卫”原则在形骸化，自卫队兵力部署以西南方向为重点，日益远离本岛，军事行动已远至印度洋辽阔海域乃至中东地区，兵力运用一步步从非战争领域向战争领域推进，未来以“自卫”名义或以集体防卫为借口，站在国际战争前线的可能性将越来越大。

再次，海空优先，调整、强化军力结构。2004 年 10 月，作为小泉内阁的防务智囊，日本安全保障与防卫力量恳谈会发表报告，主张自卫队建立“多功能弹性防卫力量”，拥有控制本国周边海空域及岛屿、海外干

① 我国学者孙成刚持这样的观点，他认为日本夸大中国威胁的意图有四：一是树立一个较强的目标，借之大力发展军事力量；二是将东亚地区不稳定的责任推向中国；三是转移国内视线，将公众对经济改革失败的注意力转移向国外；四是为日本部署弹道导弹防御系统寻找依据。参见孙成岗著：《冷战后日本国家安全战略研究》，第 215、216 页，解放军出版社 2008 年版。

② ［日］日本内閣：《平成 23 年度以降に係る防衛計画の大綱について》，2010 年 12 月 17 日，www. jda. go. jp/j/defense/policy23taikou/taiko. pdf

③ 額賀福志郎 我が国の日米同盟 国際協調戦略（2004 年 11 月 11 日，於：日米安全保障戦略会議）http://www. rosenet. ne. jp/ ~ nb3hoshu/NukagaS20041111. htm

④ ［日］《トマホーク導入を検討 他国基地を限定目標に》，载《毎日新聞》2003 - 03 - 28。

⑤ ［日］井上澄夫：《事法制関連三法案は、〈日本の戦争〉を世界に拡大する》，载《きざむ》2003 年 5 月号。

预、反导等多种功能。报告称海上自卫队要“提高遂行海外任务的能力”，把重点转向岛屿控制、反弹道导弹等领域；航空自卫队要加强远程投送能力；陆上自卫队应“建立可从事多样化低烈度军事行动的应急体制”，“建立能常年执行海外任务的精锐部队”①。上述建议基本被《平成17年度以后防卫计划大纲》采纳。日本自卫队据此放弃了此前长期沿用的“基础防卫力量构想”，以信息化导向，以具备海外干预能力为目标，重点发展海空军事力量，加强弹道导弹防御能力、战略投送能力与海空进攻能力。尤其是日本目前在加紧构建的弹道导弹防御系统，不仅可防御导弹，且其本身集信息化技术之大成，将对自卫队提升整体战力产生重大影响。2010年12月，日本政府通过的新《防卫计划大纲》，进一步明确军事战略从“基础防卫”转变为“机动防卫”，着眼于侵占和控制争议岛屿，增强海空机动打击和运输兵力，尤其是大力扩充海上自卫队反导兵力和潜艇兵力，增强航空自卫队空中运输能力。

第四，追求自主，强化自主防卫的意志和决策能力。冷战结束后，日本追求防卫自主的脚步明显加快，主要表现在：①军事战略文件明确表达自主防卫意志。1995年，日本颁布的《平成8年度以后防卫计划大纲》明确提及要“建立一支适度的自主防卫力量”。2004年，《平成17年度以后防卫计划大纲》更进一步，空前强烈地表达了防卫自主意志，表示“自我努力是安全政策的根干，要举全国之力为防止对我国的直接威胁做最大努力”，日本的“防卫力即排除威胁的国家意志和能力，是安全的最后担保”②。②强化战略自主决策能力。日本自冷战初期自卫队成军至今，“已具备建立独立防务体系的基础”，并“拥有巨大的战争潜力”③。当前，其自主防卫面临的最大问题不是实力不足，而是自主决策能力不够。多年来，日本自卫队成立情报本部并相继发射多颗侦察卫星，深层意图就在于加强情报系统的独立运行能力，减少对美依赖，为自主决策提供

---

① ［日］安全保障と防衛力に関する懇談会：《安全保障と防衛力に関する懇談会》報告書 www. kantei. go. jp/jp/singi/ampobouei/dai13/13siryou. pdf

② ［日］日本内閣：《平成17年度以降に係る防衛計画の大綱について》，平成16年12月10日，http://www. mod. go. jp/j/defense/policy/17taikou/taikou. htm。

③ 王少普、吴寄南：《战后日本防卫研究》，第398~405页，上海人民出版社2003年版。

前提。[①]

（二）军事战略调整与日美同盟强化的相互促进

与以往相比，进入21世纪以来日本军事战略调整的内在动力非常强劲，并与美国的东亚军事战略强烈共振，推动着日美同盟的强化。而日美同盟的强化又为日本军事战略的扩展提供了牵引和有利环境。

首先，日军新的威胁判断为日美同盟强化提供了前提。冷战结束后，美国东亚军事战略很快就瞄上了中国，并把朝鲜视为所谓“无赖国家”；“9·11”事件后，美国又把国际恐怖主义视为主要威胁之一，而日本军事战略在战略威胁认知上与美国高度趋同。需要指出的是，日本军事战略对冷战后新“威胁”的认定，与美国一样存在很多主观臆造的成分——这些“威胁”并非都客观存在，而是两国出于各自战略需要有意夸大和制造的。客观存在的威胁一般会随着国际形势的流变而消长，而日美这种基于长期战略需要“人工制造”的威胁却会稳定“存在”，并构成了冷战后十几年日美军事同盟一路走向强化的“前提”。

其次，日本军事战略拓展为日美同盟运行提供了新的能量源。冷战时期，日本军事战略在日美安保合作中基本扮演“受动”角色。日美同盟运用领域和范围的缩胀主要取决于美国军事战略的调整，日本则是追随者。冷战后日本军事战略的拓展则使日美同盟的“发动机”从“单发”变为“双发”。十余年来，日本自卫队兵员规模虽然基本稳定，但整体作战能力尤其是远洋作战能力和导弹防御能力已大大增强，可以与英、法等传统军事强国相媲美；同时，与美国联手扩大海外兵力运用乃至干涉国际安全事务的意愿空前增强。这种变化使日美同盟在干预国际安全事务时，内耗更低、启动更快、能量更大、航程更远，也更具有危险性。

再次，日美同盟强化为日本拓展军事运用范围提供了政治法律支持。长期以来，阻碍日本军事战略拓展的因素并非国力和军事实力不足，而是如下政治和法律问题：①如何消除美国的不信任、亚洲国家的戒心？长期以来，日本在军备扩张方面与其说担心亚洲国家的对日戒心，不如说更害怕美国对日起疑心。而日美同盟的强化则有利于化解这个问题。②如何获得国内民众的支持？冷战时期日本军事战略的自律性原则是政府向国民做

① 美国分析家认为“这种侦察美国可以替日本做的，事实也的确如此”，这表明“日本不再一味确信与美国保持亲密关系是足够的，并且开始着手准备这种可能性。”参见［美］Bill Emmott “Japan’s English Lessons”，Foreign Policy January/February. 2004

出的政治承诺，如今又要毁弃它，必须向国民有所交代。由于日本民众普遍存在对美依赖心理，强化同盟无疑是最好的政治注脚。③如何破解宪法第九条的拘束？日本是一个法制国家，军事战略的拓展必须有相应的法律依据。然而，由于“第九条”的存在，现行日本宪法很难引为相关军事立法的依据，防卫厅（省）所能指望的只有《日美安全保障条约》及相关协定了。因此，日美同盟强化为日本军事战略提供了“松套”、“背书”和“担保”等支持。①

第四，日美同盟强化为日本增强军事战略能力提供了机遇。其主要原因在于：①日本军备强化仍在相当程度上依赖于日美同盟强化所产生的政治和需求牵引。②日本军事力量走向海外、走向战争仍需要师从美军。尽管近现代日军嗜血成性，但日本自卫队自成军后近 40 年未踏出过国门，从未参与过战争，要在新的军事时代学习战争经验，跟能打惯斗的美军“见习”无疑是最好的选择。③日本战略防御能力构建仍依赖于美国的合作。日本是一个人口高度集中、生存严重依赖海外航线的岛国，在导弹打击常态化的今天，如果不解决相关防御问题，其任何实质性扩张行动都会面临遭受军事报复的风险。因此，导弹防御是日本军事战略踏入战争领域必须优先解决的瓶颈问题。日本原海上自卫队少将高山雅司就声称：“真正的日美共同作战将是从导弹防御开始的。”②

（三）日本军事战略调整与日美之间利用与制约关系的复杂化

冷战后，日本军事战略的拓展性以及对自主性的追求，使其与日美同盟之间的利用和制约关系趋于复杂、微妙。

首先，日美对华、对朝战略仍存在诸多差异和分歧。日美对华虽同持

① 比如，作为对日本军事战略拓展最具实质意义的法律，《周边事态法案》就是以履行《日美安保条约》为借口出台的。而在实践中，日本自卫队行动甚至已超越了《日美安全保障条约》中“远东条款”规定的地域。对于日本自卫队超越《日美安保条约》“远东条款”的行为，日本亲美保守舆论的逻辑是，驻日美军的行动范围不限于“远东”，为维持同盟关系，日本自卫队行动也可以不限于“远东”，他们声称：“日美安保条约第六条虽然写着为了远东和日本的安全向美国提供基地，但并未明文限定美军的行动”；所谓驻日美军不能用于日本和远东以外的说法，不过是冷战时期自民党与社会党国会辩论的“残渣”，是虚构的；日本的大战略就是维持日美同盟，只要有必要日本可与美国在世界任何地区合作。这有利于日美加强信赖关系，符合日本国民的利益。”参见［日］岡崎久彦：《米軍再配置と日本 信頼関係深める好機 利益得られぬ極東条項論争》，载《読売新聞朝刊》2004 年 10 月 17 日。

② ［日］高山雅司：《近の安全保障情勢の変化とその影響の一考察》，载《DRC 年報 2005》（Defense Reserch Center）、http://www.drc-jpn.org/AR-9/sougou-05j.pdf

遏制或防范立场，但对台湾问题和钓鱼岛争端的重视程度仍有差异。台海地区对美国而言属于“重要利益”范畴，而日本不仅有“亲台情结”，还视台海为“生命线”①。至于中日钓鱼岛争端，日本一直谋求把其纳入日美同盟运用对象，但美方的立场却显得模糊和不稳定。在朝鲜半岛问题上，日美虽基本立场相同，但对朝鲜“威胁”的敏感性、关注程度以及应对的出发点仍存在诸多分歧。对美国而言，朝鲜半岛问题固然重要，但毕竟不是“生死攸关的利益”，而在“日本人的意识中，朝鲜半岛与日本安全存在深刻的联系”，近代曾视其为必争之地，先后两次发动战争。日本舆论还认为：“北朝鲜没有能攻击美国本土的导弹，其实际装备的‘劳动’导弹是以日本为目标。在对北朝鲜的威胁认识上，美日差异很大。”②其国内甚至有专家称：“日美同盟能否有效发挥作用，朝鲜半岛有事时即可判明。”③ 在朝鲜半岛的无核化问题上，日本的出发点是消除朝鲜的核威胁，而美方关注的则更深一层，担心会在韩国、日本引发核武装连锁反应。上述差异和分歧都可能对日美防卫合作的具体开展产生不同程度的影响。

其次，“军事一体化”与“防卫自主”之间关系微妙。冷战结束以来，日本军事战略在调整过程中呈现出两个看似背反的动向：一方面，自卫队与驻日美军的“军事一体化”达到了空前的深度和广度，两军迅速走向基地共用、共同行动；另一方面，日军又表现出很强的自主倾向，并似乎在一定程度上得到美方认可。④ 2004 年，日本防卫厅长官额贺福志郎提出“主体性防卫战略”概念。按照其解释：所谓“主体性”就是“把我国安全及防卫问题作为自己的问题，自主性地思考，并根据自己的国家

---

① 日本前内阁总理安倍晋三的主要智囊、政界亲台论的权威人物冈崎久彦还曾公开表示：“台湾如以和平名义交给中国，美国将失去亚洲的信赖。在经济上华侨控制的东亚地区会变成中国的势力范围。这对日本来说（其严重性）相当于国际政治的地壳运动。”［日］日米台シンポ：《台湾海峡の平和と安定のための安全保障対話》，载《産経新聞（大阪版）》2006 年 7 月 25 日。

② ［日］《日米会談 同盟強化の不断の努力が大事だ》（社説），《読売新聞》2007－02－23。

③ ［日］岡崎久彦：《国際情勢判断》，第 126～127 页，PHP 研究所 1996 年版。

④ 1997 年签订的新《日美防卫合作指导方针》已明确规定，在日本国土防空、“周边海域”交通线防护、击退对本国的进攻方面，由自卫队担负主要责任。参见军事科学院外国军事研究部：《日本军事基本情况》，第 351～352 页，军事科学出版社 1998 年版。

利益积极做出判断"①。不过，当"四肢"通过"军事一体化"与美军绑在一起之后，"头脑"的自主判断能否顺利转化为自主性"动作"，恐怕还是一个疑问。当前，在仍旧依赖美国"核保护伞"，自卫队参与战争行动受本国宪法制约的情况下，日本追求防卫自主的空间到底有多大，也需要探讨、深究。

再次，自卫队军力发展仍面临同盟的"天花板"效应。在日美同盟强化过程中，美国纵容鼓励日本军备发展运用被急于扩军的日本保守势力视为重大机遇。但是，也有日本人清醒地指出："现在，日美之间的力量关系处于相对的变动之中，短期内美国会不得不要求在军事方面发挥更大的作用；但从中长期看，日本向军事大国发展的结果，必将引起美国的警惕。美国政策中正包含着这样一个矛盾。"② 事实上，日美同盟犹如一个"天花板"，既可为日本"遮风避雨"，又有限制日本无节制扩军的功能。比如，在核问题上，美国向日本提供"核保护伞"既是保护日本，也是防止其搞核军备。基于对日太平洋战争的经历，很多美国人甚至亲日人士都对日本发展核武器非常忌惮。③ 美国政府自尼克松时代至今，反对日本发展核武器的立场坚定且富有连续性。因此，尽管日本拥有制造核武器的能力，并多次炒作核武装问题，但政策选择上仍只能自我约束。④ 在自卫队常规力量发展方面，日美同盟同样存在"天花板"效应，只不过这个"天花板"的是可以升降的。美国会从平衡中、俄，维持东亚军事优势的战略需要出发调节其高度。而日本防卫省以及政界"扩军派"经常大肆炒作中国军事现代化的目的之一，就是希望美国把"天花板"升得更

① 額賀福志郎：《我が国の日米同盟 国際協調戦略》（2004年11月11日，於：日米安全保障戦略会議）http://www. rosenet. ne. jp/ ~ nb3hoshu/NukagaS20041111. htm（作者为日本众议院安全保障议员协商委员会总事务长，在小渊惠三和小泉纯一郎执政期间两度担任防卫厅长官）

② [日] 浅井基文：《日本新保守主义》，刘建平译，第236页，新华出版社1999年版。

③ 日本右翼政治家、核武装论的积极鼓吹者西村真悟，在1999年曾宣称"日本应讨论核武装问题"，并引起轩然大波。据他本人回忆，事后一位娶日本人为妻，且在日本居住20多年的美国"亲日人士"专门去信抗议其核武装主张，称："50年前，你们日本是坏人，美国人是正义的。所以，向日本人扔原子弹是理所当然的。将来，仍然一定是美国正义、日本坏。你这次发言完全是胡扯，难道日本要离开美国，再与美国打仗吗?"见 [日] 西村真悟《《中国の核が世界を制す》伊藤貫著を読んで》、《眞悟の時事通信》No. 223、2006年4月4日。http://www. n - shingo. com/cgibin/msgboard/msgboard. cgi? page = 223

④ 军事分析家坦特（Richard Tanter）指出，日本已经具备了"满足使用核武器的三个核心条件的不可置疑的能力：一个军事核装置，一个十分精确的目标系统和一个合适的发射系统"。参见 Chalmers Johnson "The real 'China threat'" Asia Times Online Mar19, 2005

高些。

四、对日本军事战略与结盟战略相互作用的若干规律的认识

通过日本近代以来军事战略与结盟战略的互动，可发现以下规律特点。

首先，20世纪初以来结盟战略对日本军事自主性的追求总体上呈现出“较强—强—弱—趋强”的历史变化。在日英同盟时期，日本军事战略基本上是内生的、自主的，同盟之与日本军事战略是配合与运用的关系，但日本在确定军事扩张方向和范围时还是比较重视英国态度的。在三国同盟时期，日本战争计划的配合与实施很少顾及对德配合，更不用说追随德国了。然而，到了冷战时期，日本在同盟关系中追求国防自主性的欲望降到了极致。结果，日本军事战略与美国东亚军事战略形成单向结构性依存关系，结盟战略在同盟运用上偏重于经济政治领域，军事战略拓展因此受到很大制约。冷战结束以来，结盟战略试图减轻对美安全依赖，日本军事战略自主性遂明显增强。应该说，目前日本在同盟关系中对军事战略自主性的追求正处于历史上升期。

其次，军事战略的性质决定日本在安全领域运用同盟的出发点。在近代，日本军事战略本质上是侵略性的、干涉性的，因此缔结和运用军事同盟的出发点是如何借盟友之力增强对外战争能力、削弱战争对手、确保战争胜算。在冷战时期，日本军事战略本质上是防御性的，其运用日美同盟的出发点不再是补强本国的对外战争能力，而是如何维持美国的保护承诺，慑止他国入侵及威胁。冷战结束以来，日本军事战略扩张性增强，开始从防御型向“防御＋地区干涉”型过渡，其运用日美同盟的出发点调整为“维持美战略防御承诺＋利用日美军事合作增强海外军事影响”。因此，从整个20世纪初以来日本的对外结盟史看，当前日本军事战略扩张性与结盟战略扩张性的同步增强显示出某种历史回归迹象，值得高度关注。

再次，20世纪初以来日本结盟战略对同盟军事合作方式的追求从“外在配合型”走向“结构配合型”。在日英同盟时期和三国同盟时期，由于军事战略具有很强的自主性，日本在同盟军事合作方面，更注重不同地域间战略行动上的配合，并未深入到联合作战层面。到了日美同盟时期，日本自卫队从兵力结构设计到兵力运用都让美军深度介入，甚至容忍美军指挥自卫队行动。冷战结束后，日本在对美防卫合作方面，积极推进

两军军事一体化、联合作战。日美弹道导弹防御系统合作已经深化到情报、武器、通信等微观层面；在日美联合演习中，双方互换指挥角色已属家常便饭。日本有关同盟军事合作方式的上述历史变化与第二次世界大战结束以来国际同盟关系中军事合作方式的演变背景是一致的。目前，日本追求军事战略自主性的着眼点是求得战略决策自主，不会从根本上改变对美军事合作的“结构配合型”模式。

第四章　外部环境与日本结盟战略抉择

一国对外战略和安全战略选择总会受到国际环境的作用和制约，像日本这样资源贫乏、生存依赖海外的岛国尤其如此。自20世纪初至今，国际体系和格局历经多次重组，亚太地缘政治环境发生了天翻地覆的变化，英、德、美等国先后谋求与日本结盟，这些都对日本的结盟战略的产生、延续和调整具有重大而直接的影响。

第一节　国际环境与日本结盟战略

日本是世界上对国际环境变化反应最为敏感的国家之一。20世纪初以来，地缘战略环境、国际体系、国际战略格局在变迁，日本结盟战略为顺应或塑造外在环境也在不断调整。

一、地缘战略环境与日本结盟战略

全球及亚太地缘战略环境的变化，对日本的国家生存状态、选择维护国家利益的方式都有重大影响，并间接影响到其结盟战略的内涵。

（一）近现代地缘战略环境变迁与日本两次结盟

在近现代，日本面临的地缘政治环境发生了三次重大变化。第一次是鸦片战争后，东亚以中国为核心的传统地缘政治体系被列强打破，日本的战略视野和回旋空间骤然扩大；第二次是甲午战争后，英、俄、日远东角逐加剧，英国世界霸权在欧亚两地面临严峻挑战，日本走向日英同盟；第三次是20世纪30年代，中日走向全面战争，日与美英矛盾激化，德日在欧亚形成两大战争策源地，日本缔结法西斯三国同盟。

东亚地缘政治关系的转折与日本结盟时代的来临。在古代东亚地缘政治环境中，日本的存在是独立的、安全的和孤独的。2000多年间，东亚地缘政治体系是以中国为核心，由陆权主导的，囊括周边邻国的宗藩体系。由于日本是孤悬于海洋的岛国，大海的阻隔使中日间权力互动并不像有领土接壤的中朝、中越那样直接、经常。回顾中日官方交往史，中国在维持朝贡体制方面对日本的要求并没有对陆地藩属国那样严格。有时派个使节宣抚一下，有时“敕所司，无令岁贡”，有时干脆听之任之。[①] 然而，与独立、安全相伴的是边缘化和孤立。在古代农业社会，日本单凭自身国力根本无法超越中国，摆脱在地区的边缘化；由于古代航海技术的落后，日本的外交圈子被局限于东北亚，也很难在更广的范围内纵横捭阖，寻求盟友制衡中国，实现霸权野心。公元663年的“白村江战役”和16世纪末丰臣秀吉侵朝的惨败，均反映出地缘战略环境对日本统治者称霸东亚雄心的巨大制约。

当历史进入近代以后，封闭性的古代东亚地缘政治体系被欧美列强的坚船利炮击成碎片，被逐步纳入欧美主导的全球政治中，从而使日本地缘战略环境为之一变。首先，“西力东渐”为日本摆脱地区“孤独”提供了条件。日本尽管与其他东亚国家一样，面临列强殖民侵略造成的民族危机，但战略视野和活动空间却骤然开阔。可以设想，如果传统的东亚地缘政治环境未被打破，日本就难以摆脱地区“孤独”，也就不会有后来的日英同盟。其次，19世纪末，西方列强角逐东亚的新地缘政治格局的形成，为日本在崛起过程中，利用矛盾拓展国际战略空间，寻求盟友弥补自身实力之不足，提供了现实的可能性。再次，欧美列强对日本的地缘价值定位为日本走向与欧美强国为伍的道路提供了诱因。在19世纪60年代，英国驻日使节就提出过利用日本对抗俄国的建议；[②] 到70年代，美国的驻日使节更进一步明确提出把日本变成“列强的同盟者”[③]。由此可见，在欧美殖民者眼里，日本的主要价值不在于财富和市场，而主要体现在地缘战

---

① 参见汪向荣：《古代中日关系史话》，第140页，中国青年出版社1999年版。

② 19世纪60年代，英国的驻日总领事兼外交代表阿礼国（Alcock. R.）曾表示：“日本是我国在东方拥有重大利益的前哨，即使没有贸易，也不能破损这大英帝国联环的一节，若其他强国从日本退出，日本也可能成为沙皇世界帝国的一环，使太平洋处于俄国势力之下，所以为对抗俄国，英国必须保有日本”。参见［日］井上清：《条約改正》，第6页，岩波書店1963年版。

③ 19世纪70年代，美国驻日公使德朗（C. E. Delong）提出：“我一向认为西方国家代表的真实政策，应当是鼓励日本采取一种行动路线，使日本政府彻底反对这种主义（指闭关自守或与中朝联盟），使日本朝廷与中国及朝鲜政府相疏离，使他成为西方列强的一个同盟者。”参见王芸生：《六十年来中国与日本》（第一卷），第106页，生活·读书·新知三联书店2005年版。

略及作为殖民帮凶上。① 这就为日本的对外政策提供了选择余地——如果它转换外交政策取向，为列强的东亚政策服务，就可能实现自保乃至坐大。

东亚地缘政治环境的开放、列强逐鹿东亚以及对日本地缘价值的青睐，都蕴含着对日本国策走向很具诱惑力的因素。这些因素与日本国内政治互动的结果，使明治新政府毫不犹豫地走上了结好欧美列强，掠夺邻国以自肥的战略路线。1885 年，日本著名思想家和舆论鼓动家福泽谕吉发表《脱亚论》，提出脱离亚洲国家行列，与西洋之文明共进退。1894 年，日本把明治维新初步成功焕发出的国力凝聚在刀锋，发动了侵略朝鲜和中国的甲午战争并取得了胜利。至此，日本“脱亚入欧”的地缘战略基本定型。这也意味着，一旦日本需要盟友时，就会在欧洲列强中去找。而且，在甲午战争前日本确实也萌生了寻找盟友的欲望，同时出现了“日俄同盟论”和“日英同盟论”。

甲午战争后地缘战略环境的嬗变与日英同盟。甲午战争后，日本的地缘战略环境在三个方面发生了重大变化。①英俄在欧洲和东亚的地缘政治矛盾加剧，英国的远东战略优势被严重削弱。沙俄先是调整俄法同盟，把英国作为共同敌对国；继而强占中国东北，加紧与英国在华势力范围的争夺。英国在欧洲和远东两线受俄牵制，陷入战略被动。②日本东亚地位跃升，受到英国等列强瞩目。甲午战争胜利使列强对日本的军事扩张实力刮目相看。1900 年八国联军侵华时，日本受英国之邀派出了 2.2 万人，成为出兵最多、作战效率最高的国家；到 1901 年，日本海军已拥有远东最强的舰队（参见表 4.1、表 4.2）。③日俄围绕朝鲜和中国东北的争夺趋于白热化，日本急需帮手。日本一向对朝鲜半岛方向的安全形势格外敏感，其大陆政策布局也是先从朝鲜半岛切入，进而谋取中国东北。而俄国的扩张正好遮断日本的上述战略路径，因此日俄两国的地缘政治矛盾是根本性的，难以调和。而且，此时俄国正加紧构筑西伯利亚铁路，一旦竣工

---

① 列强对日本的上述认识恐怕还受以下因素的影响：①欧洲列强对东亚的入侵路线是经马六甲海峡，由西向东北方向延伸，而日本正处于该路线的末端、航程最远，征服成本和通商成本应该比殖民东南亚和中国高；② 在东亚国家中，日本属于典型的资源贫国，对欧美列强来说恐怕是掠夺价值最低的国家之一；③日本位于大陆东侧边缘地带且逼近中国最富庶的东部地区，对太平洋东岸的美国来说，是入侵中国最好的战略跳板。

地缘竞争态势将对日非常不利。[①]

表 4.1　八国联军侵华时各国兵力统计　（单位：人）

国别	日本	俄国	英国	法国	美国	德国	奥匈	意大利
兵力	22000	12374	6000	3500	3127	300	73	42

（参见［日］黑野耐《大日本帝国の生存战略》、講談社、2004 年版、第 68 頁。）

表 4.2　日俄战争前列强在东亚海军舰艇统计

项目＼国别	日本	英国	俄国	法国	德国	意大利	美国
海军舰艇总吨位（万吨）	24	152	39	60	36	28	30
东亚海军舰艇吨位（万吨）	21	15	11	6	4	1	5

（参见［日］黑野耐《大日本帝国の生存战略》、講談社、2004 年版、第 72 頁。）

然而，日本谋划对俄战争时又不能不考虑日俄实力对比（参见表 4.2）。俄国海军总兵力远大于日本，如集中于东北亚，将形成明显优势。日本要获胜算，必须有盟友牵制俄国波罗的海舰队和黑海舰队东上。此时，在远东有殖民利益的列强中，法国是俄国盟友，美国远东海军尚弱，德国首鼠两端，能够依靠的也只有英国。因此，在日俄战争前，“福泽谕吉就主张，拥有阻止俄国南下力量者只有英国，不与英结盟就打不赢战争”[②]。事实也是如此，在日俄战争中，“英国作为日本的盟国虽未出一兵一卒，但阻滞了俄海军东进，牵制了俄盟友法国的举动并看住了德国，日本才得以举全力于日俄战争，抢在西伯利亚铁道竣工前，先发制人获得胜利”[③]。

---

① 此时，日本已经把所谓“利益线”扩展到中朝边界附近。山县有朋在其《军备意见书》中表示，西伯利亚铁路一旦竣工，俄军从首都出发十几日即饮马黑龙江，“该铁路完工之日即朝鲜多事之时”。参见［日］渡边利夫：《極東アジア地政学と陸奥宗光》，载《環太平洋ビジネス情報》RIM . 2007. VoL. 7 No26.

② ［日］渡辺利夫：《海のアジア、陸のアジア》（講演）、財団法人貿易研修センター 霞ヶ関東京會舘 エメラルドルーム、2007 年 7 月 18 日。http://www. iist. or. jp/j/contents/asia/monthly/013/13th - monthly. html

③ ［日］渡辺利夫：《海のアジア、陸のアジア》（講演）、財団法人貿易研修センター 霞ヶ関東京會舘 エメラルドルーム、2007 年 7 月 18 日。http://www. iist. or. jp/j/contents/asia/monthly/013/13th - monthly. html

日英同盟建立后，日本对英结盟战略表现出很强的稳定性。其地缘政治原因主要有三个方面：①两国在远东及中国的势力范围分布摩擦面较小。在第一次世界大战前，英国的势力范围主要在印度以及中国的长江中下游地区，日本的势力范围则在中国东北和福建地区，两者相距较远，不易发生利益摩擦，却可遥相呼应牵制其他列强的行动。②两国结盟前就形成了共同压制中国、牵制其他列强的地缘安全合作结构。早在1898年，侵华日军即将撤出威海卫时，未经中国同意，就私相授受把威海卫交给英国。[①] 这样一来，威海卫英军日后不仅可与驻旅顺日军共扼京津海上门户，且可为日本驻“南满”军队的后援。日俄战争后，两国又确立了以日本海军为主力，合作掌控远东及中国周边海域制海权的态势。[②] ③两国在欧洲和东亚之间形成互为依托的态势。英国有赖日本在东亚“看门”，得集中兵力于欧洲对付德国；日本则倚重英国全球性强国的威势，在东亚搞扩张。

地缘政治因素不仅影响了日英同盟的建立与延续，其变化也影响了该同盟的瓦解。第一次世界大战后，正是英美与日本地缘政治矛盾的上升，从根本上摧毁了日英同盟的基础。其主要表现在：①日英在华势力范围摩擦面迅速扩大。大战期间，日本乘机占领了中国山东，开始与英国在长江中下游的传统势力范围有了直接“接触”，所提对华“二十一条”更是直接挑战英在华整体利益；日本国内团体还支持印度独立运动，意图颠覆英国在印殖民统治。[③] 英国人开始想起当年国内日英同盟反对者的预言，对同盟的热情迅速下降。[④] ②日本的地缘扩张模式使英美越发难以相容。英美扩张偏好用经济手段，以资本取胜；日本却更喜好以军事手段实施领土吞并和殖民经济垄断。如此一来，随着日本扩张范围的扩大，无论是英国

---

① 日本外务次官小村寿太郎当时向英国表示：“日本同意英国租借威海卫，同时希望将来日本政府在维护增进利益时得到英国的同情和援助”。参见［日］鹿岛守之助：《日本の外交政策》，第122页，鹿岛研究会昭和41年版。

② 这种优势在第一次世界大战期间得到充分体现，战争爆发后英国远舰队被迫回防欧洲，英国为防止德国在远东的舰队乘机袭击威海卫、香港，遂要求日本海军支援。结果，日本海军尽歼德国在远东的海军舰队。

③ ［日］平間洋一：《日英同盟——同盟の选择と国家の盛衰》，第116～117页，PHP研究所2000年版。

④ 早在1879年，就有英国人指出：“日本注定会对我们有用，把俄国赶出满洲。但是，为此我们——最后——所花的代价，却是拱手把远东让给了日本帝国主义”。参见［英］季南：《英国对华外交1880－1885》，许步曾译，第318页，商务印书馆1984年。

的自由贸易，还是美国的“门户开放”，都面临被日本“终结”的危险。③日美太平洋争霸迫使英国在两国间做出抉择。第一次世界大战爆发后，日本不仅扩大侵华，还夺占了西太平洋德占岛屿，“阻断了美国架设‘太平洋之桥’，也决定了日美走向太平洋霸权争夺战的命运”①。对英国而言，英美合作的意义在于欧洲，英日合作的意义在于远东，而欧洲的地位显然要比远东重要得多。这种地缘重要性的差别是决定英国舍日就美的关键性因素。

20世纪30年代地缘战略环境剧变与对德结盟。20世纪30年代，全球及远东地缘政治关系进入了激变期，亚、欧分别以日、德为中心形成了两大战争策源地。在欧洲，法西斯德国崛起并与意大利结成战略轴心，展开了史无前例的扩张计划；面对德意步步紧逼，英法在绥靖和抵抗间进退失据，此前苦心经营的地缘战略格局呈土崩瓦解之势。在亚洲，日本不断扩大侵华战争，先制造伪满洲国，进而发动全面侵华战争，企图灭亡中国，彻底改写亚洲政治版图。德意日重新瓜分世界激起了被侵略国的激烈反抗和美英法等国的战略反制。而居于欧亚大陆腹心的苏联，既担心英美“祸水东引”，又忧惧德日战略夹击，立场踌躇多变。在复杂变幻的地缘战略棋局中，被侵略狂热主导的日本对外结盟决策，失去了日英同盟早期的沉稳和深谋远虑，充满了野心、臆想和投机。

德日地缘扩张战略的趋同，日本臭味相投，接近德国。20世纪30年代的德国扩张战略深受卡尔·豪斯霍夫（Karl Haushofer）地缘政治理论的影响。豪斯霍夫曾是“希特勒的魔鬼天才”、最重要的外交政策顾问之一。他主张国家是一个必然扩大和灭亡的有机体，随着其成长必然要扩大其领土；为扩大生存空间，德国应向东部辽阔地带扩张；为对付控制欧亚大陆两端的英国，应处理好与苏联的关系。② 他提出的“泛地区论”分别以美国、德国、俄罗斯、日本为中心，把未来的世界划分为“泛美”、“泛欧非”、“泛俄罗斯”、“泛亚”四大部分（参见图4.1：豪斯霍夫的“泛地区”构想）。

上述观点在希特勒《我的奋斗》中得到反映，成为德国扩张战略的重要指导理论。豪斯霍夫还曾作为军事观察员驻日两年，对日本抱有特别

---

① ［日］岩大路邦夫：《日本の地政学的戦略 半島と海洋国家》，http://www11.plala.or.jp/jins/index.html

② 参见朱听昌：《西方地缘政治理论》，第95~101页，陕西师范大学出版社2005年版。

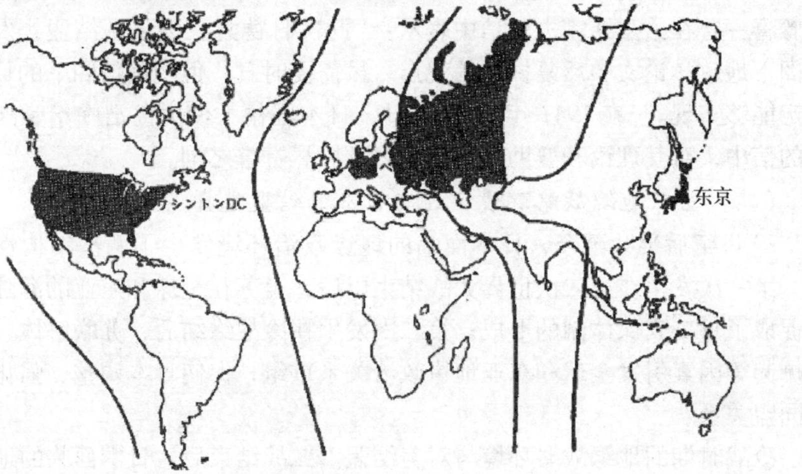

图 4.1　豪斯霍夫的“泛地区”构想

的兴趣。他在自己主编的《地缘政治学杂志》中，“使用了为德国在欧洲的统治权进行辩护的同样的话语为日本在远东谋取霸权地位的目标进行辩护。日本被描绘成未来世界强国之一……并且能和德国一道以一种新的、由德国和日本共同操纵的世界秩序代替旧的以盎格鲁为中心的世界秩序”①。1938 年，豪斯霍夫还出版了一本几乎是专门为日本而写的地缘政治著作《太平洋地缘政治学》，提出日本应控制“满洲”、主宰太平洋，实现“自给自足”。

在 20 世纪 30 年代初，日本地缘扩张战略本来就与德国存在某种趋同现象——两国都采取了先大陆后海洋的扩张步骤，都把英美作为主要地缘政治对手。豪斯霍夫理论则顺应了日本的扩张欲望，并为其既有扩张实践提供了一个“合理化”解释，因而受到日本军部的追捧，使分布在亚欧大陆东西、相隔万里的日德两国，产生了战略共鸣，增强了彼此间的吸引力和求同意识。后来，力促建立三国同盟的外相松冈洋右，在提出四国同盟方略时，把战后世界分为大东亚圈、欧洲圈、美洲圈、苏联圈，可谓是

① ［英］杰弗里·帕克：《地缘政治学：过去、现在和未来》，刘从德译，第 45 页，新华出版社 2003 年版。

豪斯霍夫理论的翻版。① 史料还证明，日本统治阶层不少对德结盟的拥护者都和豪斯霍夫都有过密切交往。如三国同盟条约缔结后，日本海军中将远藤喜一曾在给豪斯霍夫的信中表示："此次日德意三大强国结盟，发源于阁下地政学论文中反复探究的观点。虽需要时日，但我确信阁下的目标一定能够实现。"在1941年7月11日，日本驻德大使大岛浩在给豪斯霍夫的信中，对其理论和襄助三国结盟之举极尽赞誉之词。②

（二）当代地缘战略环境变迁与日本的结盟选择

20世纪后半叶至今，日本面临的地缘政治环境发生了两次结构性变化。第一次发生在第二次世界大战结束以后，美苏在全球和东亚的海陆对抗促成了日美安保体制的形成；第二次发生在冷战终结后，苏联解体、中国崛起等因素引发全球和东亚地缘政治关系重组，促使日本调整、强化日美同盟关系。

冷战时期的地缘战略环境与对美结盟。二战结束后，日本面临的地缘政治环境发生了以下重大变化：①美国取代英国成为全球最大的海权国，苏联则崛起为全球最强的陆权国，美苏海、陆之争长期成为全球地缘政治关系的对立轴，两国的地缘影响力在欧亚大陆及其外围岛国产生了强烈的"磁场效应"。美国拥有比苏联更强大的经济实力和海上军事力量，几乎控制着全球所有重要的海洋交通枢纽，并力图控制欧亚大陆边缘地带，③位于该地带的国家往往被美国的强大海权所"俘获"，加入其联盟体系。苏联则占据陆权优势，影响力西至中东欧，东至中国和朝鲜半岛。②中国重新成为东亚地缘政治的有力参与者，受美苏地缘对抗磁场效应的影响，新中国与苏联结成了同盟关系，朝鲜半岛也和"磁场"相对应，形成南北对抗局面。面对隔海相望的中、苏、朝等社会主义国家结成的同盟关

① 参见刘笑盈：《眺望珍珠港——美日从合作走向战争的历程》，第319页，北京广播学院出版社2002年版。

② ［德］クリスティアン・W・シュパング（Christian W・Spang）：《カール・ハウスホーファーと日本の地政学》，载《空间・社会・地理思想》2001年第6号。

③ 早在1944年，美国地缘政治学家尼古拉斯・斯派克曼（Nicholas John Spykman）就发表《和平的地缘政治学》一书，指出居于欧亚大陆心脏地带和边缘海之间的边缘地带"是一个中间区域，在海上势力和陆上势力的冲突中，起着一个广大缓冲地带的作用"；为了防止来自欧亚大陆心脏地带的危险，美国要控制边缘地带特别是西欧和东亚。特别是位于大陆边缘的日本、英国分别在东亚、西欧的两侧，在政治、军事上具有重要意义。斯皮克曼的观点为美国的全球扩张提供了重要的理论支撑。此后，美国在西太平洋自觉或不自觉地实践着其"边缘地带"理论。参见程广中：《地缘战略论》，第180页，国防大学出版社1999年版。

系，不断受国内进步力量挑战的日本保守政权抱有很强的危机感。③日本被美国所控制，自主参与地缘政治关系的能力被严重削弱。从战败到1951年，日本战前在东亚大陆和太平洋的侵略果实被悉数剥夺，冲绳被美军单独统治，本土到处是美国占领军。此时，美国对日本的地缘战略价值认识趋于清晰，决心于媾和后继续控制日本、保持在日军事存在。[①] 面对上述情况，在1951年签订《旧金山和约》和《日美安全条约》前夕，日本保守政府无论为国家谋，还是为政权生存计，都没有太多的回旋余地，所能选择的只是以积极的、还是以消极的姿态投入美国怀抱。

日美安保体制的建立，使东亚地缘政治关系分别以“苏—中”、“美—日”为核心，沿大陆边缘分裂成陆、海两大板块，板块间的排斥力和美国的霸权引力对日本结盟战略起到了固化作用。面对拥有强大海权并控制着日本周边乃至以远海域的美国，面对中国的再崛起和苏联强大的陆权压力，日本不得不收起战前兵临大陆、争霸太平洋的雄心，改弦更张，把精力集中投放于地缘经济扩张，并取得了巨大的成功。就在美国为称霸西太平洋在朝鲜半岛和印度支那厮杀时，日本作为美国的盟友，未出一兵一卒却得到了“朝战特需”和“越战特需”的巨大利好，并在同盟的庇护下，把经济触角再次伸到了东南亚甚至自己曾经抢占过的中国台湾。

进入70年代后，美苏对抗态势转为苏攻美守，苏联呈现陆海双向扩张势头，美国被迫结束越南战争实施战略收缩，两国地缘争夺线开始远离东亚大陆边缘向太平洋深处推进，美国急需盟友协助维护在西太平洋的海上优势。中苏关系变友为敌、紧张对峙，中美关系实现了突破并最终建交，中日关系实现了关系正常化。而此时苏联陆空军紧逼北海道，海军游

---

① 1949年6月美国参谋长联席会议编撰的一份题为《关于日本对美军事必要性的战略评价》从军事霸权需要出发阐述了日本的地缘价值和战争潜力价值：“日本列岛对保障美国在远东的安全利益具有高度的战略重要性。其主要理由是：日本列岛地扼北太平洋贸易航线以及日本海、东海、黄海出入口，面对上海以北亚洲诸港。因为处于上述位置，如果日本被苏联支配，就可向东、向东南亚地区推进，可以日本为基地直接攻击美国在西太平洋各基地；反之，美国如果直接或间接控制日本，就可以控制（日木列岛上）这些对攻防都极具重要意义的基地，战时可以此为前哨防止苏联控制日本海、黄海、东海，乃至作为我向苏联的亚洲本土及附属岛屿投射军事力量的作战基地”；“日本人遂行侵略或自卫战争的能力，业已在先前的世界大战中得到证明……（在美苏交战时）如果美国对日本的影响力处于优势，日本在美国有计划的援助下，至少可以实现自保；而且如果日本能得到必要的援助，还可望在亚洲对苏作战中做出重要贡献”。参见［日］坂元一哉：《日米同盟の绊——安保条约の相互性の摸索》，第16～17页，有斐阁2000年版。

弋于太平洋—南海—印度一线，日本国土和海上通道安全面临前所未有的压力。面对上述地缘政治环境变化，日本对美结盟战略发生了如下调整：①不再把中国作为日美同盟的共同威胁，而以苏、朝为共同威胁。②从单纯为美军提供基地，逐渐走向利用本国地利和防卫力量，主动配合美国对苏海上遏制。③发挥经济实力优势，对若干具有重要地缘价值的国家实施“战略性援助”配合美国对苏遏制战略。

冷战后的地缘战略环境与对美同盟调整。苏联解体后，全球以及东亚地缘政治环境的新变化，使日本的结盟战略进入新的调整强化阶段。

首先，美国空前强大的地缘控制力和独霸全球的决心，对日本仍有强烈的诱导和制约作用。关于冷战后美国的地缘影响力，兹比格纽·布热津斯基（Zbigniew Brzezinski）曾这样描述：“今天美国全球力量的范围和无所不在的状况是独一无二的。美国不仅控制着世界上所有的洋和海，而且还发展了可以海陆空协同作战控制海岸的十分自信的军事能力……美国的军事部队牢固地驻扎在欧亚大陆，还控制着波斯湾。美国的仆从国和附庸国分布在整个欧亚大陆，其中一些还渴望和华盛顿建立更加正式的联系。”① 为进一步掌控欧亚大陆，美国还力图强化北约和美日同盟，以防止盟友离心，压制新兴大国崛起。2012 年 1 月 5 日，美国奥巴马政府推出新的国防战略报告《维持美国的全球领导地位：21 世纪国防的优先任务》，正式打出“重返亚太”的旗帜，明确将收缩在世界其他地区的军事部署，进一步扩大在亚太地区的军事存在和安全影响②。上述情况对日本等依赖海上贸易的美国亚太地区的传统盟友来说，既极具诱惑力，又存在很大压力——继续追随仍可安享太平乃至从中渔利，离开美国则意味着要独立支付安全成本，还可能冒被美国视为叛逆或挑战者的风险。

其次，中国崛起刺激日、美传统地缘政治意识，结盟应对新挑战者的权力游戏很容易重演。传统的地缘政治观往往“主要是大国战略游戏”，具有“强烈的争霸意识、对抗性和军事斗争色彩”，“强调结盟关系，敌、我、友阵线分明”③。进入 21 世纪以来，中国综合国力快速跃升，在东亚

① ［美］兹比格纽·布热津斯基：《大棋局——美国的首要地位及其地缘战略》，中国国际问题研究所译，第 30、31 页，上海人民出版社 1998 年版。

② “Sustaining U. S Global Leadership: Priorities for 21st Century Denfense”, Published January5, 2012, www. defense. gov/news/Defense_strategic_Guidance. pdf.

③ 中国现代国际关系研究所：《国际战略与安全形势评估 2002/2003》，第 84、85 页，时事出版社 2003 年版。

乃至全球的地缘政治影响显著增强，并以海洋大国的姿态积极参与海洋地缘政治格局的构建；日本则意图从经济大国走向政治大国，成为亚洲的“领导者”——亚洲首次出现中日两强并立发展的局面。在传统地缘政治观的作用下，美国视中国为需要防范的潜在霸权挑战者，日本一些人抱着“一山不容二虎”的心态，视中国为必须压制的战略竞争对手。而无论是防范还是压制，强化业已存在的日美同盟都可谓最方便的手段。

再次，大国地缘对抗与合作交织，日本结盟战略在威胁判断上日益自相矛盾。冷战结束后，随着经济全球化加速，地缘经济对地缘政治的渗透空前增强，“按照传统地缘政治标准划定的对手或敌手，在地缘经济时代可能同时是贸易伙伴”；其结果，“国家间的竞争关系以一种新的方式出现了”，大国由于经济相互依存加深，很难再像冷战时期那样公然确定敌人，掀起一场全面对抗，更何况它们还共同面临国际恐怖主义、全球生态危机等共同挑战。① 在上述情况下，同盟关系对共同敌人的认定，乃至军事合作地理范围的确定都变得暧昧和模糊起来。受其影响，日本对美同盟合作针对中国的意图往往揣在心里，不能像冷战时期那样明确见于官方立场。1997 年《日美防卫合作指导方针》虽然提出了“周边”概念，但日本的官方立场又始终坚持其“不是一个地理概念”。近年来，随着钓鱼岛问题升温，尽管日本社会舆论反华声调高涨，主流媒体频频公然指称中国为“威胁”，但日本政府在官方立场上仍尽量使用暧昧语言。

（三）对地缘战略环境作用日本结盟战略的若干规律的认识

如果深入解析 20 世纪初以来地缘政治环境与日本结盟战略演变中的互动关系，可以发现存在如下规律性特点。

居大国争锋之地，难以置身事外，偏好远交近攻。近代以来，东亚成为大国角逐之地。日本东濒太平洋，西邻东亚大陆，地缘战略价值十分重要，备受大国关注和牵扯而难以独善其身。日本自身又怀有充当“亚洲盟主”的野心，奈何国力潜质不足，难以在大国中独立周旋、获取优势。受上述内外因素的作用，日本很容易倒向某个地区外大国，以求区域内的扩张。20 世纪 50 年代，力主依附美国的吉田茂曾表示：只要一个国家的地理位置具有重大战略价值就难以维持中立，日本不可能成为“东方的瑞士”，想一想比利时在两次世界大战中的教训就明白了；日本既没有足

① 参见倪世雄：《当代西方国际关系理论》，第 400 ~ 403 页，复旦大学出版社 2001 年版。

以保持中立的强大武装力量，又处在美国包围苏联的前沿地带，战略地位对双方都很重要，在此情况下日本除了依靠美国的军事力量保护之外，“可以说别无防守之策”①。吉田之语谈的虽是时局，却在一定程度上反映出独特的地缘环境这个恒量对于其结盟战略策略的选择，所具有的持久影响。

更需要指出的是，日本历史上总是把结盟战略矛头指向中俄（苏）邻国，使近代以来日中（俄）关系充满了负面历史积淀。由于这种积淀的存在，冷战结束后，日本与中俄交往时仍存在很强的竞争、顾忌、防范和牵制心理，希望与中俄保持距离并依托地区外强权制衡之。在20世纪90年代，日本舆论动辄把中韩等邻国对其历史问题的针砭诬蔑为“新三国干涉”，以唤醒国民对日美同盟的危机意识。在进入新世纪后，活跃在日本舆论界的日美同盟论者渡边利夫在呼吁强化对美同盟关系时甚至声称：“尽管100多年前的历史同今天的国际政治环境完全不同，但就远东地缘环境的敌对性而言”，“目前日本周边的远东地缘政治环境与日清、日俄战争开战前夜非常相似”②。

面对陆海权对立，多与海上强国为伍。20世纪的地缘政治关系以陆海权对立和竞争为主轴，而邻近大陆的岛国及濒海国家多与海上强国为友。③造成这种现象的主要原因有四：①海上强国在与大陆国家的竞争中总体上处于优势，上述国家酝酿对外结盟时，更容易产生“与强者为伍”的本能。②“邻国间的对抗概率大于非邻国，非邻国间的合作概率大于邻国”④。上述国家与相邻大陆强国之间的利益矛盾往往更多、更具有经常性，容易促使它们与海上强国联合对付近邻。③同大陆强国相比，海上强国往往惯于经商且拥有更强的经济互酬能力，与之为伍能获取更多经济利

① 程广中：《地缘战略论》，第188页，国防大学出版社1999年版。

② ［日］渡辺利夫：《海のアジア、陸のアジア》（講演），财团法人貿易研修センター 霞ヶ関東京會舘 エメラルドルーム，2007年7月18日。http://www.iist.or.jp/j/contents/asia/monthly/013/13th-monthly.html

③ 在2007年版《中国军事百科全书》所列的20世纪初以来24个有大国参与的军事同盟中，岛国或大陆濒海国家与英美海洋国家的同盟占了17个；曾与苏联、德国等大陆国家的结盟仅有5个。参见顾德欣：《中国军事百科全书·（学科分册Ⅰ）国际军事关系》，第214~268页，中国大百科全书出版社2007年版。

④ 程广中：《地缘战略论》，第91页，国防大学出版社1999年版。

益。④从陆海权对抗的规律看，“以海制陆易，以陆制海难”[①]。对上述国家来说，与海上强国联合能有效添附本国的海上权势，平衡大陆国家，反之则不然。[②]

20世纪初以来，东亚地缘政治博弈大体也是海权占据上风。日本地理上正处于陆海权博弈的“楚河汉界”，不能不受这种态势的影响而“随大流”。吉田茂曾指出，日本是一个海洋国家，必须通过海外贸易养活国民，同拥有海洋控制力、经济实力丰厚、信奉自由主义传统的英美海洋国家，尤其是战后的美国协调关系必不可少，这是增进日本国民利益的“近道”[③]。即使在强调战略自主、谋求大国地位的今天，日本国内这种“随大流”心态仍广泛存在。日本防卫研究中心研究员、前陆上自卫队少将吉田晓路曾撰文称，日本是东北亚地区唯一直面大陆的海洋国家，“（当今）大部分海洋国家，希望像美、英、澳、荷、西班牙那样，通过与他国海上自由贸易，形成相互依存的国际分工实现发展……国家安全应适应本国的这种地缘特性，保持陆海空军，致力于同其他海洋国家构筑同盟”[④]。

日本选择与海洋国家为伍还存在吸取历史教训的一面。近代日本先与海洋霸主英国结盟跻身列强，后在大陆政策指引下，与大陆强国德国缔结三国同盟而沦为战败国。两种截然不同的后果对战后日本地缘战略思维影响甚为深刻。1972年，执政的自民党海空技术调查会发表大型研究报告《海洋国家日本的防卫》，认为日本第二次世界大战中的重大教训就是身为海洋国家，却盲目于大陆扩张，与英美等拥有强大海权的“海洋国家

---

① 从地缘政治影响力的衰减规律来看，军事力量在陆地投送时的衰减率远远大于海上；海上强国向陆地投送兵力时的机动性很强，在现实中，陆地强国的海军实力往往又弱于海上强国。

② 比如在第二次世界大战期间，日本虽然与陆上强国缔结了同盟，但“德意两国与日本相距遥远，日本与德意之间，向西隔着太平洋、印度洋和欧亚大陆，向东隔着太平洋、美洲大陆和大西洋。这种地缘关系严重制约着三国的协调行动，加之缺乏强大的海上力量克服地缘障碍，因而陷入各自为战的境地，无从发挥联盟的整体力量。”参见余起芬：《国际战略论》，第305页，军事科学出版社1998年版。

③ ［日］坂元一哉：《日米同盟の绊——安保条约の相互性の摸索》，第29页，有斐閣2000年版。

④ ［日］吉田曉路：《戦略地政学的に見たわが国の防衛特性》，载《DRC年报2004》，2004年8月，財团法人 ディフェンス リサーチ センター Defense Research Center（DRC）http://www.drc-jpn.org/AR-8/hyousi-04j.htm

群”为敌。[1] 冷战结束后，日本国内流行的“海洋日本论”中“以史为鉴”的味道也十分浓厚。日本政界大佬中曾根康弘也宣称，“日本是一个岛国，属于海洋民族，一旦深入大陆，就会被大陆强烈的重力吸引，而在历史上日本每次向大陆伸手都会陷入失败，我们作为海洋民族，与英国一样没有资源，应靠贸易为生……英国、日本等岛国理应成为海军国家”；所以在国际交往方向上，“日本的基本路线是向东，也就是面向太平洋，与对岸的超大‘岛国’美国携手”[2]。

地缘观念滞后，结盟战略难以适应新变化。日本战略文化有善于模仿、拙于创新的特点，战略理论多从欧美“拿来”，少有系统性原创。其地缘战略环境分析和对策，往往习惯于寻找现成的范式，临摹他国情况。[3] 甲午战争后，日本受海权论的影响，一度欲像英国那样以海洋立国；30 年后，随着大陆政策的全面展开，又引入豪斯霍夫的地缘政治理论；二战以后，麦金德的陆海权对立论和斯派克曼的边缘地带学说又统治了日本人的头脑。在 21 世纪的今天，当“第一次阿米蒂奇报告”提出以美英同盟为样板，发展美日同盟时，很多日本人即照葫芦画瓢，叫嚷要做“远东的英国”[4]。

冷战结束后，随着经济全球化加速推进、国与国相互依存加深，全球及东亚地缘政治环境日益表现出新的特征，传统的地缘政治理论日益露出破绽——本是老牌海洋国家的英国却与传统大陆国家德法一起推进欧洲联盟建设，中国大陆与日本列岛虽隔海相望经济上却已紧密相连。然而，日本强化日美军事同盟的战略思路，仍然局限于传统的陆海权二元对立观。对此，我国学者金熙德指出：“近年来，有些日本人热衷于以‘海权’对‘陆权’的模式论证日美同盟的合理性，其中包含着以日美同盟确保海上权益和贸易通道安全的考虑和抑制他国参与海洋竞争的防范意图。这种战

---

① ［日］海空技術調查会：《海洋国家日本の防衛》，第 4、26、73 页，原書房昭和 47 年版。

② ［日］中曽根康弘：《日本の戦後 50 年とこれからの進路》（講演）1995. 6. 29. 第四回リバティ・オープン・カレッジhttp://www. tetsusenkai. net/official/yasukuni/material/nakasone. html

③ 近代日本海军总喜欢寻找日本周边与世界其它地区地缘政治环境的相似之处，如把日本海看成地中海，把黄海视为大西洋，把朝鲜海峡比拟为英吉利海峡，进而参考英国的战略。参见［日］高橋文雄：《明治 40 年帝国国防方針制定期の地政学的戦略眼》，载《防衛研究所紀要》2004 年第 6 卷第 3 号。

④ ［日］富山泰：《日美关系不能成为另一个美英关系》，《世界周报》2005 - 06 - 21，转引自《参考消息》2005 - 06 - 24。

略思路一厢情愿地遮断了日美关系与其他未来影响因素之间的联系，描绘着日美合霸海洋的蓝图，这种设想将随着东亚地区格局的演变而日益暴露出脆弱性。”①

二、国际体系及国际战略格局与日本结盟战略

国际体系是指“国际社会中的各行为主体（主要是国家）按一定的准则，有规律地相互联系、相互作用所形成的各种关系的统一体”②。“国际战略格局是指国际关系中的主要战略力量在一定历史时期内相互联系、相互作用而形成的具有全局性、相对稳定的结构及基本态势”③。国际体系包含国际格局，国际格局是国际体系的基本架构，二者的演变从宏观层次上对日本结盟战略和政策产生影响。

（一）国际体系与日本结盟战略

“联盟是国际体系的特征。”④ 20 世纪初以来，日本结盟欲望的产生与国际体系的无政府状态、体系运行中的势力均衡原则以及体系本身的“中心—边缘”结构具有内在联系。日本选择盟友的范围，与国际基本矛盾分野和与及其在分野中的定位存在直接关联。从某种意义上说，日本选择盟友实际上也是在寻找本国在国际体系中身份定位的政治原点。

促使日本走向结盟的国际体系因素。国际体系的运行机制对日本结盟战略的产生具有诱导性，其主要表现在三个方面。

首先，国际体系的无政府状态促使日本寻求结盟。在 19 世纪之前，日本所处的东亚“朝贡体系”是静态的、有序的。它以中国为中心，形成等级严格的辐射状结构，体系内其他成员的横向互动较少；体系运行的规则是“东亚家庭式”，强调“长者的美德是不去攻击，而晚辈的美德是不图谋报复”⑤。在该体系下，日本虽然国际地位不高、外交视野有限，但只要不站在挑战者立场上，自身安全是基本得到保证的。然而，近代

① 金熙德：《日本外交与中日关系——20 世纪 90 年代新动向》，第 145 页，世界知识出版社 2001 年版。

② 高金钿：《国际战略学概论》，第 226、227 页，国防大学出版社 2001 年版。

③ 余起芬：《国际战略论》，第 267 页，军事科学出版社 1998 年版。

④ ［美］威廉·奥尔森、戴维·麦克莱伦、弗雷德·桑德曼：《国际关系的理论与实践》，王沿、孔宪倬、国昌、王彤译，第 299 页，中国社会科学出版社 1987 年版。

⑤ ［美］布兰德利·沃麦克：《可持续的领导权：来自 968—1885 中越关系的经验教训》，宋鸥译，《史学集刊》2004 年第 1 期。转引自夏立平：《全球化时代国际体系的演变与转型》，博士学位论文，指导老师余伟民，华东师范大学，2007 年 4 月。

“朝贡体系”被列强的舰炮击碎后，整个东亚逐渐被纳入以无政府状态为基本特征的主权国家体系。“在一个自助的体系中，各国为了确保自身的安全，要么保持中立，要么加入同盟”①。这种逻辑还可以引申为：“在一个自助的体系中，国家要实现超越自身国力的对外目标，只有加入同盟。”因此，可以说东亚国际体系的全球化、丛林化是日本结盟战略产生的基础性环境因素之一。

其次，国际体系运行的势力均衡原则也是诱发日本结盟动机的重要因素。善于从经济角度分析国际体系的伊曼纽尔·沃勒斯坦（Immanuel Wallerstein）认为国际体系运行所遵循的原则是势力均衡原则。势力均衡根植于资本积累，资本积累是资本主义世界经济的原动力和最终目标，“每一个国家都希望从事能获得最大利润的生产活动，加强本国的经济基础，进而使其变得比较强大。在这种动机驱使下，每一个国家都力图运用自己的国家机器促进资本积累，这样就导致国家之间的竞争甚至冲突。然而，在资本主义的世界体系中，每一个国家都处在国家体系之中。这就促使那些强国和中等强国进行联盟，以阻止某一个国家控制其他的所有国家，从而导致国际体系中的势力均衡”②。沃勒斯坦的这种观点有助于从经济角度解释日本走上对外结盟的动机。

再次，国际体系“核心—边缘”的互动结构促使日本走向结盟之路。沃勒斯坦把国际体系结构分为“核心区—半边缘区—边缘区”。在这种结构中，日本常常徘徊于“核心区”和“半边缘区”之间。③这种“尴尬”

---

① ［美］威廉·奥尔森、戴维·麦克莱伦、弗雷德·桑德曼：《争论中的国际关系理论》，阎学通、陈寒溪等译，第298页，世界知识出版社2003年版。

② 王正毅：《世界体系与中国》，第161、162页，商务印书馆2000年版。

③ 王正毅借鉴了沃勒斯坦的观点，认为“半边缘区”是指“处于核心和边缘之间的地区，对邻近的核心地区而言，它呈现出一种边缘化过程，但相对于临近的边缘地区而言，它又呈现出一种核心过程”。但是，王正毅将甲午战争后的日本视为“核心区国家”，却未能客观反映历史事实，也折射出沃勒斯坦基于经济视角的局限性。从近现代历史来看，日本的发展水平虽然远超过亚洲国家，但同英、美、法等“核心区”国家存在明显差距，更像是“半边缘区国家”，但在当时的国际政治体系中，日本作为“凡尔赛——华盛顿体系”的主要成员，政治上又具有“核心区国家”的特征。从当代历史看，日本经济一直到20世纪70年代经济上才上升到“核心区国家”，但在国际政治体系中的定位仍比较尴尬，虽然跻身西方七国首脑会议，但始终未能成为安理会常任理事国，被形容为“经济巨人、政治侏儒”。因此，日本在国际政治经济体系中的地位是模糊和独特的，很大程度上徘徊于“核心区”和“半边缘区”之间。参见王正毅：《世界体系与中国》，第118、120页，商务印书馆2000年版；耿协峰：《新地区主义与亚太地区结构变动》，第71页，北京大学出版社2003年版。

地位也是促使日本寻求结盟的重要因素。[①] 主要原因是：①位于“核心区”的霸权国家容易把日本视为潜在挑战者。面对这种情况，日本很难选择超脱，要么迎合之，承认既存体系；要么挑战之，颠覆既存体系。[②] 当日本选择迎合时，就可能建立与霸权国家的同盟；当日本选择挑战时，更需要对外结盟，以形成足以颠覆既存体系的国际势力。[③] ②当日本以“核心区”或“半边缘区”国家的身份处理与亚洲国家的政治关系时，既容易引发其他“半边缘”和“边缘”国家的不服和反弹，又容易引起霸权国家的警惕。为压制这种反弹，化解霸权国家疑虑，日本倾向于通过结盟迎合霸权国家，获取其支持和认可。

国际基本矛盾对日本结盟战略视野的制约。国际体系的基本矛盾在很大程度上影响着日本的结盟战略视野和同盟的稳定性。在俄国十月革命胜利之前，国际基本矛盾表现为：帝国主义列强之间的矛盾、帝国主义列强与殖民地半殖民地国家及人民的矛盾。在俄国十月革命胜利后，社会主义国家苏俄与帝国主义之间的矛盾迅速上升，冲击着由列强主导的国际体系。到20世纪30年代，随着法西斯主义在德、日、意等国的崛起，法西斯国家与社会主义国家、传统资本主义国家、殖民地半殖民地国家的斗争使国际体系呈现出二元对立结构。在20世纪后半叶，国际基本矛盾又发生新的演化：帝国主义与殖民地半殖民地国家和人民的矛盾演化为发达国家与发展

---

① 关于国际体系与日本对外结盟的关系，本文借鉴了我国学者张景全先生的部分观点。张景全先生在其《国际体系与日本对外结盟》一文中，首次谈到了日本在国际体系中的“位置”与其结盟政策的关系。但是，他仅仅从“中心”与“边缘”的关系出发，认为处于国际体系边缘位置的国家，为缓解体系主导国家的压力，往往存在“保持中立或迎合主导者（可能导致与强国的结盟）”、“（单独或联合行动，联合行动意味着与其它挑战者结盟）挑战现有体系状态”等选择。这种论述对于解释日本走向结盟具有创新性，但仅仅把日本归结为“边缘”国家，并不完全符合历史事实，也不能解释为什么日本很少选择中立或超脱。事实上，日本既非一般意义上的“边缘区”国家，也不完全是掌握国际体系主导权的“核心区”国家，抓住这种独特性是准确理解国际体系与日本结盟战略之间关系的关键。参见张景全：《国际体系与日本对外结盟》，载《日本学刊》2005年第3期。

② 尽管从理论上讲日本存在选择“中立”或“不结盟”的可能性，而且战后日本国内也广泛存在类似呼声，但实际上国际体系的“核心区”与“半边缘区”之间往往是国际政治角逐最为激烈的区域，日本除非放弃奔向“核心区”的努力，否则很难超脱。在日英同盟解散后，日本曾经选择“协调外交”，结果归于失败；在冷战结束后，当日本在日美同盟问题上有所摇摆时，迅即遭到美国的恫吓和敲打。

③ 在霸权循环中，霸权国家实力的衰落和在国际体系中主导地位正当性的丧失往往是渐进的，而且面对挑战者总能找到盟友。因此，对挑战者而言，要颠覆既存国际体系，盟友几乎是必不可少的。

中国家的矛盾，即南北矛盾；苏俄与资产阶级国家尤其是帝国主义国家之间的矛盾，扩大为社会主义国家群体与资本主义国家集团的矛盾，即东西矛盾。

中国古语云："物以类聚，人以群分。"美国谚语说："选择坐在餐桌的哪一边，决定了你的视野。"国际基本矛盾客观上把世界各国分为根本利益不同的国家群体。这种分野不能不影响到各国对外关系的亲、疏、敌、友判断，使得同一群体的国家较容易走向结盟，不同群体国家之间同盟的稳定性往往较低。① 尤其是在国际体系中具有重要影响的国家寻找盟友时，多首先把目光投向同一群体。近现代殖民主义国家总是更关心彼此间的结盟关系，而常把战时与半殖民地国家的联盟视为用过即扔的抹布；在第二次世界大战后，发达国家仍然更重视彼此间同盟关系，而把与发展中国家的结盟关系置于次要地位。更值得一提的是，战后60多年来，没有一个社会主义国家能够成为资本主义大国的正式盟友。这些都说明，国际基本矛盾的存在对很多国家的结盟政策取向还是有较大影响的。

20世纪初以来三次结盟历史表明，日本结盟对象的选择总是受国际基本矛盾的限制。近代日本确立的效法列强、对外殖民侵略的"富国强兵"路线，从根本上规定了其对外战略只会站在殖民地半殖民地国家群体的对立面。如此，日本寻找盟友时首先会关注帝国主义列强，进而依据列强内部的矛盾关系缩小选择范围。到20世纪30、40年代，当日本推行法西斯全面扩张时，与殖民地半殖民地国家的矛盾、与英美传统资本主义国家的矛盾、与社会主义苏联的矛盾都陷入了难以调和的地步，可供选择的盟友范围自然进一步缩小到法西斯国家群体。② 进入当代之后，保守势

① 当然，出于现实利益需要，很多位于国际体系"边缘地带"的国家会超越国际基本矛盾分野，与另一群体的国家结盟。如两次世界大战期间，不少殖民地半殖民地国家都分别与列强建立联盟关系；冷战期间，分别与美苏结盟的发展中国家也不少。但是，他们之间的联盟关系往往很不稳定。比如，帝国主义国家与半殖民地国家的结盟，往往是欺骗的产物和控制工具；在冷战时期美国建立的联盟体系中，东南亚条约组织和巴格达条约组织的脆弱性与北约的稳定性也形成了鲜明对比。

② 日本在缔结三国同盟之时，虽然一度存在拉苏联入伙的战略企图，但最终未能实现。造成日本企图落空的直接原因是苏德战争爆发，重要背景则是国际体系的基本矛盾结构。在当时的国际社会，法西斯与反法西斯之间的矛盾已成为日苏走向结盟的难以逾越的政治鸿沟。社会主义苏联虽然与英美法等列强之间矛盾重重，但与法西斯德、日之间的矛盾则更为深刻。"1936年10月罗马——柏林轴心的建立与1936年11月德日'反共产国际协定'的同时签订，决定了帝国主义国家侵略的继续发展，同时也规定了在此时期内苏联外交政策的方向。"在这种情况下，苏联可能作为权宜之计，会与德、日法西斯达成暂时的妥协，但很难再跨一步进入法西斯阵营。参见［苏］维辛斯基：《苏联外交简史》，雉堞译，第30页，世界知识出版社1952年版。

力掌舵的日本对外战略虽远离了法西斯主义，但仍站在近代战略思维的延长线上，敌视社会主义国家，轻视已经获得独立的前殖民地半殖民地国家，面对国际体系中的“东西”、“南北”分野，自觉地选择了“西”和“北”，坚持为“西方国家之一员”，并与西方首领美国结盟。

（二）国际战略格局演化与日本结盟战略

国际战略格局可分为世界战略格局和地区战略格局，基本内涵主要有两个方面：一是力量结构，即主要战略力量之间的实力地位和在国际事务中实际发挥的作用；二是主要关系结构，即国际战略力量之间的相互关系。①“国际格局所产生的作用是结构性的，即结构从它对国家（单元）行为及其结果所施加的控制和影响来讲一直是存在的，在重复出现的国际现象中它充当了约束性和分配性力量。”② 在国际格局面前，“国家的外交政策和行为是一种‘结构选择’，这种‘结构选择’影响国家政策的选择偏好，制约国家行为的导向，并决定国家政策和行为的结果”③。如果说国际体系的演变影响着日本潜在盟友的范围，那么国际战略格局中力量结构和主要关系结构的演变，则直接影响到日本对具体结盟国家的选择。④

国际战略力量对比和相互关系对日本选择结盟对象的影响。世界战略格局和亚太地区战略格局中战略力量结构对日本选择结盟对象具有规定性影响。在19世纪与20世纪之交，国际战略格局的主要特征是英法俄美德等列强角逐。其中最为突出的是英法争夺，次之为英俄对立；远东战略格局中则主要呈现为英俄较量，其次是日俄争斗。此时，英、法、俄、日的工业能力之比为20:7:5:1⑤，日本海军舰艇总吨位相当于俄国的61%、法国的40%，而英国海军舰艇总吨位则是法国的2.5倍、俄国的3.9倍。⑥

---

① 国际战略力量主要是指“在国际关系中能够独立发挥作用，并对国际形势及国际战略的运用和发展具有重大影响的大国或大国集团。”参见余起芬：《国际战略论》，第267、268页，军事科学出版社1998年版。

② ［美］肯尼斯·沃尔兹：《国际政治理论》，胡少华等译，第80、81页，中国人民公安大学出版社1992年版。

③ 李义虎：《国际格局论》，第107页，北京出版社2004年版。

④ 这主要是因为：①国际战略格局作为国际体系的核心内容，能够从结构的角度为国家的对外战略提供了更为清晰、细致的蓝图和坐标，对日本结盟战略的影响也更直接、更富有现实意义。②20世纪初以来，日本虽一度沦为战败国和被占领国，但绝大部分时间内是一个具有相当实力和影响的大国，是国际战略格局的构建者或直接参与者。

⑤ 参见宋则行、樊亢：《世界经济史》（上卷），第238页，经济科学出版社1998年版。

⑥ ［日］黑野耐：《大日本帝国の生存戦略》，第72页，講談社2004年版。

正是上述对立关系的交互作用和国力比较因素，才使日本对英结盟战略的产生有了需求动力和客观条件。同样地，此后当英法关系缓和，英德对抗上升为欧洲的主要斗争后，日本结盟战略也随之进行了适应性调整。在英法美主导的凡尔赛—华盛顿格局下，英法与德之间、日美之间，围绕着维持和打破现存格局展开的争夺，分别是影响欧洲和远东大国关系运动的主轴，也是日本走向三国同盟的推手。到20世纪30年代末，尽管德日国民收入之和仅为英美之和的40%①，但其军备实力却与英美大体相当。这种国力对比态势也使日本依托三国同盟对抗英美具有一定的合理基础。在战后两极格局下，美苏对抗和中美冲突（冷战前期）分别成为国际战略格局和亚太地区格局的主要斗争，而美国的综合国力比苏、中均占据明显优势，又需要纠集更多的国家与苏联等社会主义国家对抗。这就为日本“搭便车”，通过追随美国实现国家复兴提供了机遇和条件，搭车的“免费证”就是日美安保条约。②

当然，在主要力量相互关系之外，还存在其他诸多影响日本结盟战略的格局因素。首先，格局中非主要关系对日本结盟战略也有一定影响。在近现代，中日之间、中国与列强之间以及日苏之间的关系等，对日本结盟战略都产生过重要作用。③ 其次，国际战略格局的类型对日本结盟战略演变也具有某种制约性。一般而言，在多极格局下，多数战略力量往往采取均势政策，而随机变换联盟则是实施均势的重要手段。④ 这意味着多极格局下国家结盟的选择余地较大。而在两极或单极格局下，除作为“极”

① 参见宋则行、樊亢：《世界经济史》（中卷），第307、308页，经济科学出版社1998年版。

② 总的说来，这种“搭便车”式结盟战略的产生、美国对日本“搭便车”行为的容忍，是由当时国际战略格局的主要矛盾结构决定的，并不完全是主观的设定。其现实证据是：①当时美苏两个大国背后都有一批国家采取与日本类似的行为；②两极格局瓦解后，美国对盟国尤其是日本“搭便车”行为的容忍度就明显下降了。参见李义虎：《国际格局论》，第111页，北京出版社2004年版。

③ 比如，中国始终是日英同盟的压制对象之一，而日本在第一次世界大战期间侵华野心的膨胀又成为削弱日英同盟基础的因素之一，此前酝酿已久的日美矛盾甚至可以说是终结日英同盟的“催命鬼”；至于后来日本参加三国同盟，不仅与全面侵华战争陷入泥沼关联密切，而且还存在制约、利用苏联的复杂考量。

④ 参见倪世雄：《当代西方国际关系理论》，第290页，复旦大学出版社2001年版。

的国家外，其他国家的结盟选择常受“极”的强力制约。[①] 在20世纪初列强角逐的多极格局下，日本一方面保持日英同盟，一方面多次与俄国签署针对美国的密约和具有同盟条约性质的《关于远东问题的专约》。[②] 而在战后两极格局下，日本除保持日美同盟外，未出现任何与第三国结盟或准结盟的动向。在冷战后，随着多极化趋势的发展，日本在强化日美同盟的同时，又开始扩大、深化与澳大利亚、印度等国的安全合作。

国际战略格局演变中集团对抗对日本结盟的影响。在近现代，战争是国际战略格局转换的主要方式，“一场大规模战争的发生、经过和结果，同时意味着国际关系格局的交替”[③]。而大规模战争中往往会出现集团对抗，并引发国际同盟关系“潮涨潮落”。当战争危机逼近时，大国关系受国际格局主要矛盾的诱导，往往向“敌—友”两极分化，结盟运动随之“涨潮”，最终几乎所有大国都会卷入其中，形成相互敌对的两大集团。集团在形成后内外会产生很强的“面敌凝聚效应”和“滚雪团效应”[④]。已经入盟的国家被集团所吸附，一般不会再轻易退出；少数处在“骑墙”

① 冷战时期，由于美苏两极都拥有世界性的政治、军事和经济影响力，两国长期的全面对抗在国际关系中形成了难以逾越的政治鸿沟。对东西方阵营中的其它国家来说，跨越这个鸿沟虽然可能得到新的利益，但也会面临巨大的战略风险。此间，敢于脱离各自阵营的主要成员国尤其是脱离苏联阵营的国家都承受了巨大压力，付出了高昂代价，如中国与苏联反目成仇、捷克斯洛伐克遭到如入侵；而在西方阵营，对于企图脱离其联盟体系甚至哪怕是存在类似迹象的发展中国家，美国同样手段毒辣，如伊拉克、危地马拉、古巴、多米尼加等国都遭受过美国的制裁乃至武装干涉。在欧洲，法国戴高乐政府1966年开始追求独立外交地位的行为尽管是有限的（只是宣布退出北约组织军事一体化机构，但仍然忠于大西洋联盟），但也遭到了美国及其它盟国的围攻，经济上失去美元支持的法郎一度狂贬不止，经济社会矛盾激化，酿成震惊世界的“五月风暴”。戴高乐之后的蓬皮杜政府只好采取措施改善对美关系。因此，对于政治安全经济等领域深度依赖美国的日本来说，背离同盟的风险足以令决策者望而却步。参见张芝联：《法国通史》，辽宁大学出版社2000年版，第691、692、693、703、704页；［法］让－巴蒂斯特·迪罗塞尔：《外交史（1919—1984年）》，汪绍麟等译，第298～304页，上海译文出版社1982年版。

② 三次日俄密约的签署时间分别为1907年7月30日、1910年7月4日、1912年7月8日，《日本与俄国关于远东合作的专约》签署于1916年7月3日。参见世界知识出版社：《国际条约集（1872－1916）》，第314、459、487、540页，世界知识出版社1986年版。

③ 金应忠、倪世雄：《国际关系理论比较研究》，第239页，中国社会科学出版社1992年版。

④ “面敌凝聚效应”是一个社会心理学现象，含义是在派系斗争、民族战争或团队竞争时，本派系、民族、团队的凝聚力自然增强，并强化对敌方恨意的效应。本文认为这种效应在国际集团对抗中也存在，并对各国的联盟决策心理产生影响。突出的例子是在第二次世界大战两大集团的心理战中，都宣扬各自同盟的强大，显示同仇敌忾的一面。参见汤笑：《心理效应解读》，第58页，中国城市出版社2004年版。

状态的关键国家，最终也会加入其中一方。① 日本对外结盟也难免受到上述效应的影响。如果说日英同盟最初成立时仅是为对付俄国的话，那么日俄战争后随着法、俄相继向英国靠拢，反德集团不断扩大，它就被嵌入了两大军事集团的对峙轨道，具有了反德性质，而这种嵌入又增强了日本对英结盟战略的稳定性，影响着其同盟运用方向。② 在20世纪30年代，德意轴心的建立对当时陷入国际孤立的日本来说也表现出很强的吸引力。战后，在雅尔塔格局定型过程中，东西方分别以苏、美为对象再度出现结盟“大潮”，作为战败国的日本，则如墙头草，顺“西风”而倒。当相互对立的两大集团决出胜负或相互关系缓和后，国际同盟关系多又出现“落潮”现象，不少同盟关系会不同程度出现弱化甚至解体。③ 日英同盟在“协约国集团”的“面敌凝聚效应”消失后，内外张力遂失去平衡而崩解；当雅尔塔格局因苏东集团消解走向终点时，日本对美结盟战略也一度动摇、“漂流”。

前述国际同盟关系发展的潮汐现象，是以战争或冷战推动国际战略格局的转换为主要背景的。但是，到两极格局瓦解时，不仅未发生历史上常见的大战，连曾经促使两极格局定型的冷战也被美苏缓和气氛冲淡到了极点。华约组织的瓦解既不是因为战败，也不是因为美国及北约国家强制施压，而是成员国自行离散的。在华约解散之后，曾长期与之对峙的美国联盟体系虽然一度动摇和弱化，却并未走向崩解，一些国家如日本、北约成员国仍希望维持乃至强化对美同盟关系。这启示人们，如果国际战略格局转换排除了战争和冷战选项，国际同盟史上的“潮汐”现象有可能不再重演。对于冷战后美国联盟体系出现的上述现象，只能从其他角度去

---

① 在维也纳格局建立前，英法矛盾的激化促使几乎所有欧洲大国都加入了反法或挺法联盟。在凡尔赛——华盛顿格局建立前十几年，随着英德矛盾的上升，所有的世界大国都卷入了同盟国、协约国两大军事集团。在雅尔塔格局建立前，大国关系又分化为轴心国或同盟国两大阵营；美国在第一次世界大战和第二次世界大战中，最初都保持“中立”，但最终都加入了其中一方；在大战结束后，雅尔塔格局构建、定型过程中，美苏由盟友变为对手，很快演变为有史以来规模最大、参加国最多的两大联盟体系的对抗。

② 1907年“英俄协定”的签署削弱了《第二次日英同盟协定》针对俄国的效力，此后日本走上了日俄协商之路；由于英国为维持对德优势，力图避免得罪美国，《第三次日英同盟协定》遂将美国排除在同盟针对目标之外；而且在第一次世界大战爆发后，日本迅速以英国盟国的名义对德宣战。这些都表明大国集团对抗对日本对英结盟战略的延续和调整有促进作用。

③ 第一次世界大战和第二次世界大战结束后，原来形成的联盟集团均随之崩解；在20世纪60年代美苏关系缓和期间，两大阵营内部均出现联盟体系弱化的迹象；在冷战结束后，由于苏东集团的消失，美国联盟体系的基础即开始动摇，不得不大幅度调整、强化与盟友的关系。

解读。

从格局转换的角度看，目前日本等大国之所以愿意继续与美国保持联盟关系，恐怕主要出于以下原因。①美国为建立“单极”霸权，仍在竭力维持和强化同盟体系。由于美国国力仍很强大，其决心表达和“努力”在一段时间内还是有效的。②国际战略格局演变的不确定性使美国盟友“吃着碗里的，看着锅里的”。冷战后，多极化趋势虽然日益明显，但美国仍拥有超强优势，未来形成什么样的多极格局还是未知数。对美国的盟友而言，这意味着既可发展与其他大国的关系，在格局竞争中谋求多数优势，又可通过“搭便车”继续榨取对美同盟的剩余价值。日本自然也不例外。③担心离开同盟触痛美国谋求单极霸权的敏感神经。各大国对霸权循环史上挑战国的屡次失败已铭记在心，“只要各国认识到了现实主义的本质，大家都不会作为挑战国跳出来，而都会耐心地、谨慎地等待（跳出一个愚蠢的挑战国）”①。④在面向未来国际战略格局的“抢座位游戏”中，日本等国还面临多强间的竞争，为了应对其他大国的竞争，日本也需要维持和强化对美同盟。

第二节　结盟对象国的对日政策与日本对外结盟

日本的结盟战略选择既缘于自身的国家利益，又直接受结盟对象国的政策影响。英国、德国、美国为了达到与日本结盟的目的，其对日政策都存在刻意引导的痕迹。

一、英国的对日政策及其对日本结盟战略的影响

（一）英国对日结盟政策的产生

1895年，就在中日甲午战争胜负分晓之时，英国外交正值“一个关键时期的开端”。此时，“大英帝国在帝国主义列强瓜分世界的狂潮中成了众矢之的，帝国的边疆到处经受着空前沉重的压力”②。在欧洲，法俄同盟于1894年把矛头指向英国，“从1895年起，英国政治家们的政治考

---

① ［日］猪口邦子：《后霸权体制与日本的选择》，杨伯江译，第43页，时事出版社1991年版。

② 王绳祖：《国际关系史》第三卷，第331页，世界知识出版社1995年版。

虑都是围绕着这件主要事实，即英国对于这个潜在的联合体找不到对策”[①]。在亚洲，英国同样面临沙俄步步紧逼，客观上也需要可协助其制俄的战略力量。

甲午战争前，英国国内曾存在挟持中国对付沙俄的主张，但战后这种声音即销声匿迹，以日制俄的呼声随之高涨。在甲午战争走向尾声时，英国伦敦《泰晤士报》载文主张在远东扶植日本以对抗沙俄。一些英国舆论甚至公然主张怂恿日本扩张，称：“从今以后，日本人愿意做什么就做什么，它可以有极大的自由，它可以侵吞别国的土地，可以任意蚕食别国的版图。”[②] 然而，此后几年间，对日结盟并未进入英国的决策议程。其主要原因有三：一是受“光荣孤立”政策理念的制约。[③] 在1901年之前，英国统治集团中“多数人仍担心结盟会使英国难以自由地利用其他国家之间的矛盾来投机取巧，如果结盟等于自套枷锁”[④]。二是英国担心与日本结盟会全面激化与俄国的矛盾。届时，日本只能在东亚助英国一臂之力，但俄国却可在中亚、欧洲多个方向“回敬”英国。[⑤] 三是英国对日本的实力地位仍有轻视。日俄战争前，一些英国舆论以高高在上的世界帝国自居，认为“与远东的后进国结盟是无用的负担”，把英日结盟讽刺为“月亮与王八结婚”[⑥]。因此，围绕英俄远东矛盾，英国首先考虑是在欧美圈子里寻找制俄盟友。

然而，1900年俄国入侵中国东北后，英俄妥协难度进一步增大。为应对沙俄的远东挑战，英国殖民大臣张伯伦建议同美国或其他列强订立同盟，但当时美国忙于加勒比海事务无暇他顾，德国有其自身追求世界霸权

① ［英］杨国伦：《英国对华政策（1895－1902）》，刘存宽等译，第1页，中国社会科学出版社1991年版。

② 张忠紱：《英日同盟》，新月书店1931年版，第16、17、27页。转引自王明星：《第一次英日同盟的缘起与影响》，载《历史教学问题》1999年第5期。

③ “光荣孤立”又被译为“光辉孤立”，1896年1月英国财政部长在议院就外交政策进行演讲时，首次使用这种说法。此后，“光荣孤立”逐渐成了大致自19世纪60年代以后英国所奉行的外交政策的同义语，其“保持充分的行动自由，避免受事前盟约的约束”参见王绳祖：《国际关系史》第三卷，第328、329页，世界知识出版社1995年版。

④ 王艳芬、汪诗明：《英日同盟的建立与英国传统的外交政策》，载《学海》2001年第5期。

⑤ 参见王明星：《第一次英日同盟的缘起与影响》，载《历史教学问题》1999年第5期。

⑥ ［日］平間洋一：《日英同盟——同盟の选择と国家の盛衰》，第33页，PHP研究所2000年版。

的目标，无意为英国火中取栗，惟日本与英国抱有共同的反俄立场。① 到1901年，当现实迫使英国政府不得不放弃“光荣孤立”寻求结盟时，发现英日同盟成了“保卫英国在远东利益的最好的——也是唯一的方法”②。此时，日本统治者还在“日俄协商”与“日英同盟”之间争论、徘徊。形势促使英国政府主动倡议与日本进行了实质性结盟谈判，很快达成协议，签订了盟约。

英国对日结盟政策的实质，是力图以最便宜的价格雇佣一个强悍的地区打手——这个打手要挑战自己都发怵的对手，而英国向其承诺的，仅仅是在第三国卷入时，才承担军事援助义务。从国际实践看，对一个实力弱于对手的国家来说，这种军事意义十分有限的防御性同盟，其战略功用一般仅用来恫吓对手、促成妥协。然而，日本统治者却深知，在东北亚权势争夺中，日本可以举全国之力抗俄，而战略上受制于英的沙俄，却只能动员局部力量对付日本。因此，日本敢于利用日英同盟，向强大的俄国发动了一场全面战争。日本统治者这种有恃即无恐、敢于冒险犯难的战略秉性足以令后人警醒。

（二）英国对英日同盟的运用和抛弃

在日英同盟存续期间，英国与日本的国力和国际地位差距很大。这种不对称使英国在大部分时间内能够左右同盟走向，使之最大限度为己所用。然而，历史的另一面则是，英日之间的非对称性随着日本的崛起不断弱化，英国维持对日结盟关系的费效比越来越低，风险却越来越大，其对日结盟战略经过了一个从强化到弱化同盟，再到抛弃同盟的历史过程。

在日俄战争前，英国对日结盟战略的目的是有限的，甚至是投机性的，同盟运用也比较谨慎，主要是因为“对日本的能力没有信心，或者说也不大在乎”③。日俄战争后，英国才开始高度重视日本在远东的战略作用，迫不及待地通过修约，把英日同盟改造成进攻性军事同盟。从第二次英日同盟时期开始，英国的对日政策目标明确而稳定：①把日本视为维护远东殖民利益的地区支柱，并以英日同盟为核心构建远东霸权合作机制。主要利用日本保护英国的远东殖民地，镇压东方（印度）的革命运

① 参见王绳祖：《国际关系史》第三卷，第332页，世界知识出版社1995年版。

② 英国下院议员阿·巴特尼梯1901年在下院发表演讲时如是说。参见王明星：《第一次英日同盟的缘起与影响》，载《历史教学问题》1999年第5期。

③ 王艳芬、汪诗明：《英日同盟的建立与英国传统的外交政策》，载《学海》2001年第5期。

动；推动日本先后与法国、俄国签订协约，形成了英法日俄四国针对远东及中国的合作格局。②把日本纳入遏制德国集团的战略轨道，牵制德国在欧洲的行动。日俄战争后，英国的战略重点从制约俄法调整为遏制德国，竭力鼓动日本与法、俄、美协调关系，以围堵德国。[①] ③依托日本海军镇守远东，腾出兵力参与欧洲博弈。即在远东由英日联手维持优势，英国海军乘机收缩至欧洲海域应对德国。[②] ④制约日本在远东的行动，防止日本易友为敌。[③] 英国达成上述目的的手段则主要有三个：一是向日本承诺战时提供援助。二是承认、纵容日本对朝鲜的吞并和对中国的局部侵略。三是向日本提供殖民扩张的资本和政策便利。

应该说，以上对日政策符合英国维持世界及远东霸权的需要，也满足了日本渐次扩大侵略的环境需求，使英日两国在远东形成了稳定的地区霸权合作结构。然而，英国对日政策又存在两个难以化解的矛盾。①英国维护在华利益与日本对华侵略无限性的矛盾。英国对日结盟政策的悖论在于：目的是维持远东现状，保护此前在华获得的最大权益，结果却“培养”出一个意图打破现状的有力对手。[④] 最终迫使英国不得不彻底改变对日政策。②英国霸权护持与日美远东争霸的矛盾。进入20世纪后，随着国力的相对衰落，英国不得不通过与日、美等新兴大国合作护持霸权。对英国来说，同时得到日美两国的襄助无疑是最佳选择。[⑤] 但日美远东争霸

---

① 尤其是日俄关系上，日本缔结第二次日英同盟条约的主要目的就是防范俄国复仇。然而，日俄战争结束后，为了拉拢俄国对付德国，英国却向俄保证，英日同盟的续订“没有任何干涉俄国合法行动的企图，也不寻求损害俄国的扩张政策。”英国的这种保证以及1907年签订的《日俄协约》实际上使日英同盟难以再运用于俄国，迫使日本对俄国的态度从防范转向妥协和合作。参见王绳祖：《国际关系史》第三卷，第347页，世界知识出版社1995年版。

② ［日］黒羽茂：《世界史上より見たる日露战争》，第60~61页，致文堂昭和35年版。

③ 早在1905年9月11日，英国海军文官首脑会议就担心，在第二次《日英同盟条约》中加入自动参战条款，会刺激日本制定好战的海军计划；1909年6月20日，英帝国国防委员会在检讨香港防务时指出，如果不续订日英同盟条约，日本舰队在中国海的优越地位会“产生危险”，应加强海军力量。参见［日］角田順：《满洲问题と国防方针》，第608~609页，原書房昭和42年版。

④ 英国史学家尼斯指出：“1894年以后的半个世纪，英国对日观上的主要问题是日本在中国的活动。这个问题未包括在日英同盟之中，然而却是……日英关系的主要事情。日本的（扩张）行动是1921年日英同盟被废止的主要原因，并且以后也作为日英间的问题而继续。围绕与日本结盟是否对英国有利的争论，在英国内部是经常存在的。”参见祝曙光：《日英同盟的终止与日本外交的得失》，载《苏州科技学院学报（社会科学版）》1988年第1期。

⑤ 在第二次修改《日英同盟条约》时，英国既坚持维护日英同盟，又执意把美国排除在共同假想敌之外，即有此意。

愈演愈烈、难以相容。当英国不得不在对日、美关系上作出决断时，理所当然选择了与之同文同宗，国力远在日本之上，利害冲突又远在日本之下的美国。

（三）对日本结盟战略的影响

英国对日政策对日本结盟战略的影响主要表现以下四个方面：①英国缔结和护持日英同盟的决心是日本对英结盟战略产生及存续的前提。尽管军事同盟存废取决于双方意志，但从英日两国在远东的利益和政策需求来看，日本对日英同盟的期望程度明显高于英国。日英同盟的缔结和终结更多地取决于英国的态度。②英国对日政策的调整对日本结盟战略走向具有较强的规定性。日英同盟关系的两次调整都是由英国率先提出的，同盟的性质、针对国、适用地域都更多反映了英国的战略意图。尤其是第二次调整时，尽管日本已经把美国作为主要假想敌，但仍不得不按英国的意图把美国排除在同盟运用范围之外。③英国对盟友扩张行为的牵制增强了日本对同盟的离心力。在第三次日英同盟期间，英国牵制日本扩大对华侵略的动向趋于明显。日本统治者因此意识到日本侵华行动已经超出了英国的容忍限度，需要重新估量日英同盟的价值。④英国的对日利益互酬能力是保持日英同盟凝聚力的基础。在同盟关系中，除共同对敌外，盟友间的利益互酬也非常重要。英国作为当时的世界霸主，拥有远大于日本的国际政治影响力、经济和军事实力。对日本来说，不仅发动战争时需要英国压阵，在提升国际地位、把侵略成果“合法化”、获取发展资本和市场等方面也希望英国支持。这也是第一次世界大战后，日本统治者尽管口称日英同盟为“壁龛里的装饰品”，却又舍不得抛弃的原因。

综上所述，对于日英同盟的存续变迁，处于强势的英国往往占据主动地位，获得更多的权益，而处于相对弱势的日本，由于善于顺应时势调整结盟战略，也充分利用了日英同盟，实现了利益最大化。20 年的日英同盟，使日本积累了如何依据强大盟友的政策演变，适时调整结盟战略，维持同盟关系，以实现自身战略利益的成功经验。这些经验为日本后来的对外结盟提供了重要参考。

二、德国的对日政策及其对日本结盟战略的影响

在 20 世纪 30 年代之前，德国与日本之间的关系是敌对多于合作。在 1895 年，德国曾经与法、俄携手“干涉还辽”，逼迫日本吐出到嘴的肥肉；第一次世界大战期间，日本对德宣战，尽扫其在远东的殖民地，报了

一箭之仇。然而，20 年后法西斯德国非但不图报复，反而与日本成了盟友。这里，德国的对日政策，对两国缔结同盟起到了巨大的推动作用。

（一）1938 年之前法西斯德国的对日拉拢

法西斯德国与军国主义日本一样反苏并仇恨共产主义，且与英、法、苏、美等大国存在矛盾；两国都企图颠覆凡尔赛—华盛顿体系，先后都退出了国际联盟，并因此陷入了国际孤立。1934 年之后，希特勒完全掌握了德国政权，并提出史无前例的霸权扩张计划。根据该计划，德国将“先大陆，后海洋”，第一步在欧洲德意志人聚集区，建立囊括中欧的“大德意志”；第二步打败法国、消灭苏联，夺取欧洲大陆霸权，以为统治世界的基础；第三，向海外发展，战胜英美两国，称霸全球。① 如此庞大的计划，仅靠德国之力是难以完成的。同样巨大的野心和相似国际处境使德国不计前嫌，希望亲近日本。希特勒的外交顾问约阿希姆·冯·里宾特洛甫（Joachim Von Ribbentrop）曾表示：“从理论上说，日本是德国的唯一盟友。”②

德国对日政策的本质是“用它在东亚的扩张去威胁几个可能要受德国侵略之害的同样强大的国家”③。自 1933 年年底，苏联把外交及军事斗争矛头指向了法西斯国家，其反法西斯立场及行动在大国群体中格外突出，使德国倍感压力。④ 此时，希特勒最需要联合日本对付的就是苏联，并企图在反共旗帜下间接牵制英法。⑤ 1936 年，西班牙内战爆发。希特勒把西班牙内战看作“布尔什维克主义的世界灾难”，视苏联为主要敌人，并下定了联日反苏的战略决心。他在备忘录中写道：“与消除‘布尔什维克’威胁的紧迫性相比，其他的任何考虑都是次要的”，“除了德国和意

① 参见王绳祖：《国际关系史》第五卷，第 96 页，世界知识出版社 1995 年版。

② 陈仁霞：《中德日三角关系研究（1936－1938）》，第 98 页，生活·读书·新知三联书店 2003 年版。

③ ［美］格哈特·温伯格：《希特勒德国的对外政策·上编·发动第二次世界大战·上册》，何江译，第 227 页，商务印书馆 1997 年版。

④ 1933 年 12 月，苏联政府提出了建立集体安全体系的建议。1935 年 7 月共产国际第七次代表大会，明确提出建立国际反法西斯统一战线的主张。同年，苏联又同法国、捷克斯洛伐克签订了军事互助协定。1936 年，一年前签署的法苏军事互助协定被批准生效。同年，西班牙内战爆发，共产国际与苏联旗帜鲜明地站在西班牙共和政府一边，反对德意法西斯的武装干涉。

⑤ 在反共产国际协定签署后，里宾特洛夫就表示：“形式上我们还要把苏联作为主要敌人，然而实际上，我们应该把英国作为主要敌人”参见［日］三宅正樹：《日独意三国同盟研究》，第 124 页，南窓社 1975 年版。

大利之外，只有日本可以看作是一支能够对付世界灾难的力量”[1]。

希特勒的战略决心加快了德日一年前就已启动的反共产国际协定谈判，并很快签订了反共产国际协定。不过，从德日谈判进程和协定本身的内容看，德国拉拢日本签署该协定主要追求的是政治和外交效果。此时，德国战争计划尚未全面展开，希特勒还担心与日本军事勾结太甚会过早引发与英法的对抗，影响其东进计划。因此，该时期德国的对日政策与谋求军事结盟还是有距离的，在军事上德国也担心被日本关东军向苏联的肆意挑衅所连累，不愿意对日承担军事义务。尤其是日本全面侵华战争爆发后，出于经济利益和防止中国倒向苏联等考虑，德国玩弄平衡政策，一边笼络日本，一边与中国继续军火及经济贸易关系并派遣军事顾问。这使得日本对德“爱恨交加”，亲疏远近举棋难定。

（二）1938 年之后法西斯德国的对日结盟政策

1937 年底之后，希特勒的战争机器已准备就绪，战略重点转向准备对英法的战争，并决定先侵夺东欧地区，对日政策重点则从制衡苏联，调整为以军事结盟牵制英法。1938 年 1 月 2 日，里宾特洛甫在给希特勒的一份外交备忘录中，从对英法战争的需要出发，指出德国自身的力量不足以和西方国家抗衡，因此要关注柏林—罗马—东京轴心的加强，以建立起反对英国的联盟。[2] 5 月，希特勒确定了进攻捷克斯洛伐克的时间表，开始认真考虑缔结三国同盟问题，并在接见高级将领时表示，由于预计英国将会反对德国向东线谋求“生存”空间，设法使日本从反苏政策转变为反英政策就是一件重要的事。[3] 为此，德国对日采取了一系列笼络措施，包括放弃归还第一次世界大战期间日占太平洋属地的要求，承认伪满洲国，停止对华武器供应并撤回在国民党军队中的德国顾问等，但均效果不彰。德日结盟谈判进程终因 1939 年 8 月《德苏互不侵犯条约》签订而中断。

希特勒违反《德意日反共产国际协定》签订《德苏互不侵犯条约》并不意味着彻底放弃对日结盟。此时，他已有新的构想，就是组建一个主要有德、俄、意、日参加的，并且是“在一定程度上代表从北非到东亚”

---

① 陈仁霞：《中德日三角关系研究（1936－1938）》，第 109、110 页，生活·读书·新知三联书店 2003 年版。

② 参见王绳祖：《国际关系史》第三卷，第 386 页，世界知识出版社 1995 年版。

③［美］格哈特·温伯格：《希特勒德国的对外政策·下编·发动第二次世界大战·上册》，何江译，第 246 页，商务印书馆 1997 年版。

想牺牲英国来满足自己的所有国家的"一个联盟"，并认为"使它们的生存空间的发展势头正常地全部指向南方，将是明智的方针"①。"希特勒的信念是，这种同盟愈紧密，日本对东南亚和东亚大不列颠帝国的威胁就愈能有效地使英国在欧洲动弹不得"②。因此，德国政府"尽力使激怒的日本人平静下来，向日方许诺协助改善苏日关系，并且强调德日两国对西方的同仇敌忾"③。不过，《德苏互不侵犯条约》签订后，希特勒并未急于同日本重开结盟谈判，因为他的战争计划一开始实施得很顺利。

1940年4月以后，希特勒的"闪电战"发展到要对英国本土登陆作战时，暴露出其制海权不足的软肋，战争陷入了僵局，美国直接参战的可能性也增大了。于是，德国对日结盟战略重新被激活，但重点已调整为牵制美国参战，"出价"是承认日本在东亚的领导权，承诺协助改善日苏关系等；基本的谋略则是力图让日本相信德国的战争实力和已完全掌握欧洲战局，激发其加入分赃的欲望。④ 结果，日本果真相信欧洲乾坤已定，迅速决定加入了"胜利者"的阵营，于1940年9月与德意两国结盟，下定决心扩大在亚洲太平洋地区的战争。

（三）法西斯德国对日政策对日本结盟战略的影响

法西斯德国对日政策对日本结盟战略的影响主要表现以下三个方面：①对日本走向三国同盟发挥了诱导作用。在拉拢日本入盟的过程，德国的欺骗宣传和外交拉拢发挥了重要作用。希特勒通过游说日驻德大使大岛浩的和日方高层，使日本决策者普遍感到希特勒会赢，德国将主宰新的欧洲秩序。⑤ 德国宣传机器在对日交往中极力输出法西斯主义，抨击凡尔赛—华盛顿体系，把大和民族吹捧为"东方的雅利安人"，使日本军部在颠覆

① ［英］阿诺德·托因比、维罗尼卡·M. 托因比：《希特勒的欧洲》（上册），孙基亚译，第82页，上海译文出版社1980年版。

② ［美］格哈特·温伯格：《希特勒德国的对外政策·下编·发动第二次世界大战·下册》，何江译，第920页，商务印书馆1997年版。

③ ［美］格哈特·温伯格：《希特勒德国的对外政策·下编·发动第二次世界大战·下册》，何江译，第875页，商务印书馆1997年版。

④ 一直到1941年3、4月间，德日在柏林举行会谈时，希特勒还在竭力让日本外相松冈洋右相信，对英国的战争实际上已经打赢了。参见［英］阿诺德·托因比、韦罗尼卡·M. 托因比：《轴心国初期的胜利》，许步曾等译，第1013页，上海译文出版社1958年版。

⑤ 中曾根康弘在谈到对美开战时表示："（当时）日本也认为希特勒在欧洲会赢，尤其是日军受到纳粹主义的强烈影响走上了开战之路。如果想到德国会输就不会（对美）开战。"中曾根康弘：《日本の戦後50年とこれからの進路・講演》1995. 6. 29. 第四回 リバティ・オープン・カレッジhttp://www. tetsusenkai. net/official/yasukuni/material/nakasone. html

现存世界秩序、建立新秩序方面产生了强烈共鸣。德国甚至还试图左右日本的政局走向，谋求日本建立一个亲德政府以推进结盟谈判进程，且达到了目的。[①] ②过于自信为日本规避同盟义务留下了空间和口实。与日英同盟下的英国不同，希特勒在挑起战端时过分自信、刚愎自用，其对日结盟看重的是日本的政治承诺和地缘战略配合，并未把军事合作作为重点——"对柏林方面来讲，与日意两国紧密关系的外貌就十分足够了（因为其中隐含着对英国世界地位的威胁）"[②]。里宾特洛甫甚至当面向日本夸下海口，如与苏联交战，不需要日本帮助，几个月就可消灭它；结果，后来侵苏战事不顺时，反被日本引为口实而袖手旁观。[③] ③善变与欺瞒加重了日本对德同盟合作的紊乱。从1935年到1940年，希特勒对日政策的出发点先求反苏，后求反英，再求制美，五年三变，在对苏关系上两次要弄日本。[④] 此间，日本对德结盟战略决策也缺乏定见，"目标支离破碎"[⑤]。由此造成的后果则是，当德国准备实施"巴巴罗莎"计划时，日本外相松冈洋右却与苏联签订了中立条约——从松冈本人在苏德战争爆发后的表现来看，如果此前希特勒能据实相告，很可能不会出现这种情况。[⑥]

史实表明，德日两国结成侵略性军事同盟经历了曲折而复杂的过程。这期间，德日之间的相互勾结利用，自始至终充斥着尔虞我诈。尽管日本当局工于心计，时时权衡利弊得失，力避被德国牵着走，但由于国力不及德国，战争形势也一度不如德国有利，实际上德国在双方走向结盟的过程

---

① 在1940年6月19日，奥特在给德国外交部的电报中，表示对米内首相和有田外相不信任，认为这两个人想同美国搞妥协，建议本国政府不要立刻发表声明印度支那交给日本，这样也许能导致米内内阁垮台，而由一个"亲我们"的内阁取而代之。德国外交部采纳了奥特的主张，结果亲轴心的松冈洋右当了外相。参见［英］阿诺德·托因比、韦罗尼卡·M. 托因比：《轴心国初期的胜利》，许步曾等译，第943页，上海译文出版社1958年版。

② ［美］格哈特·温伯格：《希特勒德国的对外政策·下编·发动第二次世界大战·上册》，何江译，第249页，商务印书馆1997年版。

③ ［英］阿诺德·托因比、韦罗尼卡·M. 托因比：《轴心国初期的胜利》，许步曾等译，第987页，上海译文出版社1958年版。

④ 德国在1939年对日结盟谈判时，突然与苏联签订互不侵犯条约；在1940年以协助改善日苏关系为诱饵重拉日本谈判时，已在考虑对苏作战。

⑤ ［日］冈崎久彦：《枢軸同盟の締結 目をおおわしめる知的頽廃》，载《産経新聞》2002-05-31。

⑥ 德苏战争爆发后，松冈洋右在内阁力主撕毁刚刚签订的《日苏中立条约》，对苏开战。参见［日］信夫清三郎：《日本外交史》下，天津社会科学院日本问题研究所译，第664页，商务印书馆1980年版。

中依然起着主导作用。

三、美国的对日政策及其对日本结盟战略的影响

美国对日政策的根本目的在于借用日本的地缘价值和实力扩大和护持霸权。直接目标是确保美军驻日和基地使用权，谋求日本的政治外交支持和军事上的有限策应，控制日本的发展走向；基本战略手法是以结盟扶植日本、利用日本和控制日本。

（一）冷战时期美国对日政策产生与演变

冷战时期美国对日政策的形成。早在太平洋战争期间，美国就开始思考，关于日本这个敌国在打败投降后，究竟应当在其亚洲战略构想中处于何种地位。① 而后来的历史答案是美国选择了日本作为其亚洲的支柱，答案的注解则是美与中、苏走向冷战对抗，以及由此引起的美国对日政策认识的变化。

1947 年，冷战氛围趋于浓厚，美苏矛盾已经公开，并激化到“双方都把对方当作对手，只顾研究战争的可能性了”②。美国开始重新调整其全球战略，并从冷战新需要出发重新衡量日本的价值，调整对日政策。对苏冷战理论的炮制者乔治·凯南（George Frost Kennan）在多种场合强调日本的战略价值。③ 他还表示：“只要存在着苏联的威胁，要么不缔结对日和约由盟国继续占领着日本，要么允许重新武装日本，二者必居其一。”④ 受其影响，1947 年 5 月 8 日，在杜鲁门授意下，副国务卿艾奇逊（Dean Gooderham Acheson）在柯利夫兰发表演说强调：“我们要做的就是

---

① 美国海军部长詹姆斯·福莱斯特在日本投降前的一次内阁会议上曾直截了当地提出：“我们究竟要把日本打击到什么程度才合适呢？……我们对苏联在远东的影响采取什么政策呢？与之平衡的力量应当是中国还是日本？”参见杨生茂：《美国外交政策史（1775—1989）》，第 461 页，人民出版社 1991 年版。

② ［法］让-巴蒂斯特·迪罗塞尔：《外交史（1919—1984 年）》，汪绍麟等译，第 58 页，上海译文出版社 1982 年版。

③ 乔治·凯南曾在公开演说中表示：“世界能大规模产生现代军事力量的地区只有五个——美国、英国、以莱茵河流域为中心的工业地带、苏联和日本……这五个地区只有一个处于共产党的支配下。因此，遏制政策的关键在于注意防止其余四个地区的任何一个落入共产主义之手。”参见［日］坂元一哉：《日米同盟の绊——安保条约の相互性の摸索》，第 5 页，有斐阁 2000 年版。

④ ［日］永野信利：《日本外务省研究》，上海复旦大学历史系日本史组译，第 180 页，上海译文出版社 1979 年版。

推动欧洲和亚洲那两个最大工厂——德国和日本的重建。”①

尽管美国重视日本遏制苏联的价值，但在战后初期美国仍把蒋介石统治下的中国视为其控制亚洲的帮手。然而，自1948年起，随着冷战加剧和中国革命的节节胜利，美国对日政策开始转变方向，重点由促使日本非军事化和民主化转向扶植和重新武装日本，将其纳入遏制苏联的战略轨道，让日本取代即将由共产党掌权的中国，作为其在亚洲依靠的主要据点。1949年10月1日，中华人民共和国建立后，内政外交发生巨变，“中、美双方在经过一段相互试探等待后，都走上了相互强硬的道路”；1950年4月，《中苏友好同盟互助条约》生效，美国由此认定中国已完全倒向苏联，于6月8日宣布对华采取与对苏一样的经济封锁政策——中美走向对抗的局面“已是不可挽回了”②。6月25日，朝鲜战争爆发并在以美国为首的西方国家的侵略干涉下迅速扩大，“使原先局限于欧洲的美苏对立全球化，战后国际体系由此整体上确立了冷战构造”③。也就是在这场战争中，美国“意识到了日本作为‘雇佣兵’的使用价值之大”，迅速从对苏对华冷战需要出发，明确了酝酿已久的对日政策方针，走上了以媾和裹挟日本加盟的道路。④

1949年12月23日和30日，美国国家安全委员会先后制定了NSC第48/1和48/2号文件，阐述美国的亚洲政策以及对日政策的基本内涵，在政治上，规定美国必须防止日本倒向苏联阵营；在经济上，使日本自立和复兴；在军事上，正式明确日本作为美国战略防线上重要一环的地位，称其为东亚“多米诺”骨牌中“超多米诺”⑤。1951年5月17日，美国国家安全委员会确定NSC48/5文件，把对日媾和与对日结盟捆绑在一起，提出着手与日本进行缔结安全保障协定的谈判。⑥ 依据上述文件精神，同

① 宋成有、李寒梅：《战后日本外交史（1945－1994）》，第66、67页，世界知识出版社1995年版。

② 项立领：《中美关系史全编》，第260～265页，华东师范大学出版社2002年版。

③ ［日］小野直樹：《戰後日米關係国際政治经济分析》，第44页，慶應義塾大学出版会株式会社2002年版。

④ ［日］三根生久大：《新世紀への提言》，载《Top Story》2004年6月号。

⑤ ［日］信夫清三郎：《日本外交史》下，天津社会科学院日本问题研究所译，第760～762页，商务印书馆1980年版。

⑥ 该文件还规定了重新武装日本，协助日本恢复经济独立，使日本加入联合国，制定适当的心理计划使日本人离开共产主义走向自由世界等政策目标。参见［日］信夫清三郎：《日本外交史》下，天津社会科学院日本问题研究所译，第783页，商务印书馆1980年版。

年美国单方面策划对日媾和，先后签署了《美日安全条约》和《美日行政协定》，从而确立了对日结盟战略的基本框架：①政治上确保日本站在西方阵营。②通过驻日美军保护日本并控制其军事力量与安全政策。[1] ③依托驻日美军基地，对远东地区社会主义国家实施军事遏制乃至进攻。④视情要求日本承担军事义务。

冷战时期美国对日政策的调整。冷战期间的美国对日政策演变大致可分为三个阶段，总体上对日本自主外交的容忍度越来越高，对日本的防卫合作义务的要求则经过了高—低—高的变化，而在日美经济关系方面，则从呵护逐渐走向敲打。

20 世纪 50～60 年代美国对日政策的主要内容包括：协助日本发展经济和重返国际社会，强化日本国内支持日美安保体制的政治、社会和经济基础，利用驻日美军基地干涉亚洲事务。在日美安保体制建立之初，美国政府坚持大规模重新武装日本，但遭到日本民众的坚决反对和吉田茂内阁的抵制，日本保守政权也因此根基动摇。1954 年 9 月 9 日，美国驻日大使约翰·阿里森（John Moore Allison）在向国务卿杜勒斯的备忘录中要求放弃强制日本大规模武装的政策，把重点放在促进其国内经济稳定和巩固亲美保守政权上。[2] 基于此，美国在 1960 年签订新的《日美安全条约》，淡化了美日同盟关系的不平等性，并实际上认可了日本政府的“轻军备，重经济”国策。在政治领域，美国把中国作为日美共同遏制的重点对象，要求日本在围堵、孤立中国方面给予外交配合。在军事安全领域，美国于

---

① 在 1952 年日美围绕签署行政协定的谈判中，美国迫使日本暗中接受了关于紧急时建立联合司令部的要求，获得对日军的战时指挥权，而日本首相指挥日军的权力仅限于平时。参见冯昭奎、刘世龙、刘映春、江培柱、金熙德、周永生：《战后日本外交 1945/1995》，第 120、121 页，中国社会科学出版社 1996 年版。

② 约翰·阿里森在该备忘录中指出：“目前，日本的防卫与其说是应对外部攻击，不如说是以防止内部攻击为前提，因此我国对日政策的重点应放在日本经济和国内稳定上”；美国应提供的支援应是协助日本巩固政权，增强其在亚洲及国际社会的威信，而不是最大限度增强其防卫力量。1955 年 4 月 9 日，美国国家安全委员会接受阿里森的建议，通过 5516/1 号文件，修订了此前大规模武装日本的政策目标，规定“避免向日本施加妨碍其政治、经济稳定的军备压力”。当然，美国这种政策转换的原因还在于，其它盟友如澳大利亚、新西兰、菲律宾等二战受害国对日本重新武装疑虑重重、态度消极。参见［日］细谷千博监修：《日本とアメリカ——パートナーシップの50 年》，第 47～48 页，ジァパンタイムズ2001 年版。

1964年首次正式向日本承诺提供“核保护伞”①，并依据《新日美安保条约》的“远东条款”，以日本为基地扩大越南战争，要求日本政府提供政治和物资支持。不过，对于日本政府拒绝出兵越南的立场，美国虽有所不满，仍予以默认。

20世纪70年代，苏联的国力及扩张势头明显增强，美国因越南战争国力严重削弱，被迫收缩、调整全球称霸战略。在联盟战略方面，美国虽宣称仍继续承担其“业已承担的条约义务”，但强调“除非出于我们切身利益的需要，我们将不再承担任何新的义务”；在亚洲国家的国内安全和军事防务问题上，除非受到一个大国带有核武器的威胁外，美国将鼓励并有权期望由这些国家自身来负责。② 在对日政策方面，美国的基本立场是：①维持日美安保体制。②对日本外交追求自主的倾向既有所警惕又适度容忍。③军事上对日本既用又防，一方面继续提供“核保护伞”，阻止日本搞核武装；一方面要求并协助日本加强常规防卫力量，加强日美防卫合作，并围绕防卫日本确立了“日主美从”的原则、“美攻日守”的战略分工。③ 1978年，美国与日本首次签署《防卫合作指导方针》。

20世纪80年代，里根担任美国总统后，再度掀起对苏冷战高潮。在联盟战略上，试图“恢复联盟活力”，增强与盟友对话，缓和联盟体系内部的紧张关系，要求盟国增加防卫开支，加强防御能力。④ 对日战略方面，美国淡化“防”、注重“用”，力求开发日本作为盟国的综合

---

① 在中国核试验成功后，美国国务卿腊斯克于1964年7月12日向日本外相椎名悦三郎保证：美国认为，不管使用的武器性质如何，其与日本的安全安排完全有效。参见冯昭奎、刘世龙、刘映春、江培柱、金熙德、周永生：《战后日本外交1945/1995》，第163页，中国社会科学出版社1996年版。

② 参见杨生茂：《美国外交政策史（1775－1989）》，第555、556页，人民出版社1991年版。

③ 参见冯昭奎、刘世龙、刘映春、江培柱、金熙德、周永生：《战后日本外交1945/1995》，第185～189页，中国社会科学出版社1996年版。

④ 参见陈效卫：《美国联盟战略研究》，第20页，国防大学出版社2002年版。

价值。[①] 其基本立场包括：①巩固现有日美安保体制，防止任何颠覆或修改。②明确要求日本增加防卫力量，强化对美防卫合作力度。③明确要求日本开放国内市场，缓和日美贸易摩擦。④明确要求日本经济上配合美国新冷战政策，加强针对特定国家的“战略援助”[②]。

（二）冷战后美国对日政策的调整

冷战结束以来，美国对日政策分别以“奈报告”、“第一次阿米蒂奇报告”、“第二次阿米蒂奇报告”、“第三次阿米蒂奇报告”的相继出笼为标志，实施了三次调整。

苏联解体后，美国开始调整安全战略，但为谋求世界霸权，仍坚持维护既有的全球联盟体系。此时美国东亚战略调整刚刚起步，受共同威胁消失、日美经济矛盾激化等因素的影响，对日政策存在很大的模糊性，出现过多种主张。其中比较有代表性的是美国知名的日本专家查尔摩斯·约翰逊（Chalmers Johnson）的放弃同盟论与约瑟夫·奈（Joseph S. Nye）的强化同盟论。前者认为，冷战结束后“在经济因素重要性超过军事因素的今天，美国应解除片面承担义务的日美同盟，让日本成为一个有责任国家”[③]。但是，约瑟夫·奈认为，虽然苏联崩溃了，但为了亚太秩序稳定，美军前沿存在和日本对驻日美军的支援不可缺；美日同盟的目标应从遏制苏联转换为维持国际秩序稳定；美国应放弃孤立主义继续参与亚洲，日本有必要放弃“日本特殊论”积极参与国际问题的解决。[④] 约瑟夫·奈的上

---

① 美国白宫1982年10月25日签署的《第62号国家安全决策指令》规定，美国对日政策主要包括以下几个方面：①稳定对日同盟关系，规定“《日美共同合作和安全保障条约》（《新日美安保条约》）仍是我们的关系的根本框架。我们将在其条款的范围内工作，抵制修改条约的任何努力”；②在安全领域“保持日本亲西方的倾向”，“谋求日本人同意在本10年内尽快获得更大的潜力，以承担其本国领土、周围海域和空域以及1000海里海上通道的防御”，“努力使日本增加外援，特别是对战略上敏感地区的援助，不过我们不会视外援为防务的替代”，“在我们的定期磋商和高层会晤中，继续敦促日本人增大其防务努力”。③在经济领域，“在一场持续的运动中，坚持使日本经济进一步广泛地开放”，“鼓励日本继续开放其金融市场，要求美国的商业银行、证券公司和保险公司在日本得到最低限度的国民待遇……”，“要求日本注意对苏技术泄漏问题”。参见［美］白宫：《第62号国家安全决策指令》（绝密），美国国家档案馆，BG273，NSDD62，1990年10月31日解密，转引自《日本问题资料》1992年第8期。

② 花井等：《日米破局のセナリオを克服セよ》，载《月刊ペン》1983年2月号。

③ Chalmers Johnson and E. B. Keehn “East Asia Security：The Pentagon's Ossified Strategy”，Foreign Affairs，July/August 1995

④ Joseph S. Nye “East Asia Security：The Case for Deep Engagement”，Foreign Affairs，July/August 1995.

述思想在1995年美国国防部发表的《东亚及太平洋地区安全战略报告》（又称“奈报告”）中得到反映，并被克林顿政府采纳，成为90年代美国调整对日政策的“脚本”[①]，催生出1996年日美联合首脑宣言和1997年新的《日美防卫合作指导方针》。

进入21世纪后，布什政府继续调整对日政策，“脚本”则是两次“阿米蒂奇报告”。2000年美国国防部战略研究所发布报告《美国与日本：面向21世纪成熟的伙伴关系》（又称“第一次阿米蒂奇报告”）。其主要内容包括：①明确以美日同盟作为美国亚洲战略的支柱，把中国定位为“战略竞争对手”和美日同盟的制衡对象。②称新《日美防卫合作指导方针》“不是日美防卫合作的终点，而是起点”，要求美日进一步增强日本的作用，建立超越太平洋的同盟关系。③主张以“美英特殊关系”为范本，构建日美同盟关系。④主张日本宪法“应解除对行使集体自卫权的禁止”。⑤要求“驻日美军与自卫队三军建立不可动摇的全面合作合作体制”，扩大日美弹道导弹防御合作。[②] 由于该报告的四位主要起草人后来均进入布什政府的决策部门，其主要内容几乎全部变为美国现实的对日政策。[③] 结果，美日同盟关系掀起了新一轮强化的高潮，演出了“日美军事一体化”、把台湾地区列入日美“共同战略目标”等“剧目”。

然而，随着中国崛起和中美关系发展，“第一次阿米蒂奇报告”过分强调遏制中国越发不合时宜。于是，2007年2月16日，阿米蒂奇又纠集美国超党派亚洲专家，发表了报告《美日同盟：与亚洲一起走向2020》（“第二次阿米蒂奇报告”）。[④] 与上次相比，该报告有四个新动向：提升亚洲在美国全球战略中的地位，重视与中国在亚洲事务中的协调与合作，重新定位日美同盟关系，重新审视亚洲地区秩序。[⑤] 报告在对日政策方面

① 约瑟夫·奈当时担任美国国防部长助理，实际主持了上述对日政策的调整。

② “The United States and Japan：Advancing Toward a Mature Partnership”，INSS Special Report，October 11，2000. http//www. ndu. edu/inss/strforum/SR_01/SR_Japan. htm

③ 在布什政府内，作为该报告的主要起草人，理查德·阿米蒂奇（Aichard L. Armitage）担任副国务卿，詹姆斯·凯利（James A. Kelly）是负责东亚事务的助理国务卿，陶克·派特森（Torkel L. Patterson）担任国家安全会议亚洲部资深主任及总统特别助理，保罗·沃尔福威茨（Paul D. Wolfowitz）担任国防部副部长。

④ “The U. S – Japan Alliance：Getting Asia Right through 2020”，CSIS Report，February2007，http：//www. csis. org/component/option，com_csis_pubs/task，view/id，3729/

⑤ 参见顾静、李雪飞：《从“阿米蒂奇报告Ⅱ”看美国亚洲战略新动向》，载《现代国际关系》2007年第4期。

提出如下建议：①扩大日美同盟的世界影响，“在2020年之前，使日美成为能运用经济和军事手段，真正发挥影响力至地球每一个角落的，最重要的民主国家”；美国应支持日本成为安理会常任理事国，应与日本开始双边自由贸易协定谈判。②强化美日同盟“作为美国亚洲战略的核心”，扩大与澳大利亚、印度等所谓“民主国家”的合作，由日美联手主导亚洲的未来。③以日美同盟为依托，影响中、印尤其是中国的发展方向。指出亚洲的稳定与“中美日三国关系的质量相关”，日美两国应携手“启发”中国成为“负责任的利益攸关方”①。④日美要采取一系列特别措施持续强化军事安全领域的合作关系。美国应继续强化包括向日本提供“核保护伞”在内的安全合作，使日美综合性同盟永久化并“拥有建设性力量”。日本应进一步改革决策体制，消除制约日美防卫合作的国内因素。②

近年来，随着中国综合国力的快速提升和军事现代化进程的加快，美国在牵制与防范中国方面的战略焦虑空前增强，遂以应对中国为轴心，开始打着“重返亚太”、“战略再平衡”的旗帜大幅度调整东亚战略，强化对日结盟政策。在此背景下，对美国对日政策具有主要影响的阿米蒂奇与约瑟夫·奈于2012年8月，推出了题为“日美同盟：亚洲稳定之锚”的第三次“阿米蒂奇报告”。与前次报告相比，该报告最大的变化在于对日美同盟提出了更为深入和宏大的合作远景，对日本提出了更加“赤裸”、“彻底”的战略要求。该报告开宗明义，把应对中国崛起列为日美同盟的首要问题，以保持“一流国家”地位为诱惑，要求日本在如下领域加强自身国力，进一步深化和扩大与美国的同盟合作③：①在能源安全保障方面，与美国扩大合作，摆脱福岛核电站事故阴影，继续开发核电，共同开发页岩气、阿拉斯加石油和日本周边海底能源矿藏，建立日美能源同盟，摆脱中东能源安全的不确定威胁，美国则应承诺保证对日战略能源供应；②在经贸方面，日本加入美国倡导的“跨太平洋经济合作协议（TPP）”，

① ［日］有元隆志：《新アーミテージ報告 日米で中国啓発より対等な同盟要求》，载《産经新聞》2007－02－18。

② 具体对日建议包括：强化政府组织，提高决策效能；促进修宪舆论，消除遏制同盟关系的日本宪法因素，制定有关自卫队海外派遣的永久法案，增加防卫预算等。参见［日］《アーミテージ元米国務副長官、日米同盟強化を提言》，载《朝日新聞》2007－02－17。

③ 该报告甚至在开篇中写道：“日本是想继续做一流国家呢，还是甘心做二流国家，如果日本国民和政府甘心当二流国家，则本报告就无存在的必要”，“日本重要性下降并非命中注定，日本仍然拥有继续做一流国家的能力，关键在于日本采取何种倾向。”参见 Richard L. Armitage, Joseph S. Nye,” The U. S. －Japan Alliance ANCHORING ATABILITY IN ASIA”，CSIS，August 2012.

进而与美国、加拿大等国签订“一揽子经济·能源安全保障协定(CEESA)”，两者相互融合，可形成世界最大的自由贸易圈。③在地区关系方面，美日韩三国应以共同的价值观和战略利益为基础，实现外交资源互济，继续订立、完善三国间军事合作协定，遏制朝鲜核开发、塑造应对中国“复兴”的地区环境，日韩应控制历史问题争端、化解历史恩怨，把解决共同的战略问题置于优先地位；日美应加强人权领域的国际合作。④在安全合作方面，日美应继续加强与印度、澳大利亚、菲律宾、台湾等国家和地区的安全合作，日本应综合运用军事、政治、经济等所有国力，将防卫战略范围应进一步向南、向西（直至霍尔木兹海峡）扩大，日美应加强在战略运用上的融合和部门间的合作，为此应修改宪法、变更政府对“集体自卫权”的解释。

与前两个报告相比，第三次“阿米蒂奇报告”具有四个特点：①它是在美国推出“重返亚太”战略之后作为配套政策提出的，出发点是满足美国长期巩固亚太霸权的战略需要。奥巴马政府之所以推出“重返亚太”战略，主要原因是解决由于小布什政府全球扩张过度和金融危机导致国力削弱、亚太应对中国崛起心有余力不足等问题，通过收缩战线、战略聚焦的方式，加强对亚太地区的战略控制，防范中国挑战其在该地区的霸权。在此背景下，美国迫切需要稳住日本、巩固日美同盟，乃至借用日本的力量牵制中国、掌控亚太，以减轻美国的霸权护持成本。②它突出反映了美国既想从中国发展中得到好处，又不放心中国、防范中国的一面。报告既不得不“承认同盟从和平繁荣的中国收益良多”，又指出“中国的高速经济增长和政治稳定缺乏确定性”，要求“同盟必须具备应对中国复兴的政策和能力”①；报告提出的日美经济一体化、联合印、澳、菲律宾等措施，实际上是具有防华总动员的性质。③它提出的强化同盟之策具有空前的大战略性，其广度和深度远远超出了前两次“阿米蒂奇报告”。比如，报告建议日美签订TPP、CEESA，实质上是要在经济上彻底阻断日本与中、韩等亚洲国家一体化的道路，把日本与美国绑在一起，在能源上完全依赖美国，同时又可因此削弱日本对南海—印度洋—中东一线能源通道的安全依赖，以减少日本能源通道被中国所制的战略担忧，能在军事制衡中国方面放开手脚。④它在实施上较前两个“阿米蒂奇报告”更具有不确定性。

① Richard L. Armitage, Joseph S. Nye," The U. S. – Japan Alliance ANCHORING ATABILITY IN ASIA", CSIS, August 2012.

这种不确定性主要表现在三个方面：一是报告虽然以应对“中国复兴”为中心，但对中国国力发展趋势和对美、对日战略走向缺乏准确的把握。中国是世界第二经济大国，又拥有日益强大的世界级军事力量，日美尤其是日本经济发展又愈来愈倚重中国，报告提出的强化日美同盟的措施势必会遭到中国的反制，届时是否可用、有效，均不得而知。另外，报告提出的日美能源合作、签订 TPP 也具有很强的战略主观性，落实起来会遇到很多问题。

(三) 美国对日政策的基本特征

纵观 50 多年来的美国对日政策，具有以下三个明显特征。

其一是注重“四个确保”。①确保利益。美国向来“把自身利益作为一切外交的基石”，把“我们没有任何朋友，只有利益”视为座右铭。[①]其对日政策的出发点是利用日本维护和扩大其霸权利益，而不是解决日本的问题。在处理对日同盟关系时，美国犹如一位精明而富有远见的商人，总是力求以最低成本获取最大、最长远的战略利益。②确保主导。冷战时期，美国在联盟体系中的自我定位是“领袖、大伙伴和主角”[②]，虽声称要改变美日领导被领导的关系，但又强调“我们放弃家长式的联盟作风并不意味着我们将让日本或任何盟国随波逐流”[③]。冷战后，美国顾忌日本的民族主义情绪，对日经常使用“平等伙伴”、“共同领导”等辞令，但在强化日美同盟过程中仍坚持发挥主导作用，为促使其承担更多防卫义务，甚至公然干涉日本内政，要求其修改宪法。③确保主动。为了维护在日美同盟中的主导地位，美国一直力求掌握同盟事务的“发球权”[④]。无论是冷战，还是冷战后，但凡涉及日美同盟的重大调整，基本都是由美国率先倡议并要求日本“接球”。④确保自由。美国的对日政策虽越来越注

① 参见陈效卫：《美国联盟战略研究》，第 91 页，国防大学出版社 2002 年版。

② 美国总统尼克松在 1973 年 5 月 3 日发表的对外政策报告中表示：“美国在战后所扮演的角色和担负的责任，是占优势的力量所赋予我们的。我们在同共产党世界针锋相对的各个联盟体系中，充当保护人和支持者——充当领袖、大伙伴和主角。”参见［日］永野信利：《日本外务省研究》，上海复旦大学历史系日本史组译，第 307 页，上海译文出版社 1979 年版。

③ ［日］永野信利：《日本外务省研究》，上海复旦大学历史系日本史组译，第 307 ~ 309 页，上海译文出版社 1979 年版。

④ 美国白宫 1982 年 10 月 25 日签署的《第 62 号国家安全决策指令》规定：“为维护和发展我们与日本的伙伴关系，为防止我们的关系发生重大转变的可能性，美国将在谋求达成我们的安全、外交和经济目标时，尽量避免给人以反应迟钝的印象”。参见［美］白宫：《第 62 号国家安全决策指令》，美国国家档案馆，BG273，NSDD62，转引自《日本问题资料》1992 年第 8 期。

重与盟友的协调，但在重大问题上又刻意维护本国的战略自由。冷战时期尼克松在对华关系上搞的“越顶外交”、冷战后小布什政府在对伊动武问题上的我行我素等，都令日本恼火、头痛却又无可奈何。

其二是纵容与防范并重。50多年来，面对日本这个曾经的战争对手，美国既从现实主义出发，适度纵容乃至支持其发展军备、发挥国际政治影响，又时刻不忘警惕和牵制。对美国来说，日本犹如放飞的风筝，日美同盟则是风筝线，需要时可以让风筝飞得更高，但绝不能“脱线”。为达此目的，美国对日政策始终存在三个底线：①不允许日本撇开美国，单独谋求亚洲主导地位。早在1946年1月4日，美国主导的“盟总”就在指令中明确规定，“原则上禁止日本是东亚的领导者之类的主张”[①]。日美安保体制建立后，美国这条对日政策底线虽不引人注目却一直存在。冷战结束后，随着日本政治大国战略的展开，这条“底线”又有所凸显——美国对日本主导东亚共同体建设的敲打、支持日本“入常”口惠而实不至，都反映出其对日政治防范心理。②不允许日本与中国、俄罗斯（前苏联）走得太近。美国亚洲外交的特色是“分而治之（divide and rule）”[②]。为此，美国总是对日本发展对苏（俄）、对华关系保持戒心和牵制。③不允许日本发展核武装。在世界军事进入核时代以来，拥有核武器是大国战略自主的重要保障手段之一。正因为此，美国对日本发展核武器始终不松口。早在20世纪70年代，美国国防部长梅尔文·莱尔德（Melvin Laird）就明确要求日本“不搞核武装”[③]。在冷战结束以来，美国尽管鼓励日本积极发展和运用军备，但在核武装问题上，依旧明确说“不”。④不允许日本擅自对外采取重大军事行动。2010年中日钓鱼岛问题升温以来，美国尽管公开把钓鱼岛纳入日美防卫合作范围，纵容日本的顽固立场，但又时刻防范被日本拖下水，公开声称“钓鱼岛纳入美日安保条约，并不意味着美国认可日本的所有所作所为”，并多次警告日本“慎重处理”。

其三是战略稳中有变。如前所述，美国对日政策历经半个多世纪，保持了很强的稳定性。这种稳定性的核心是利用日美同盟谋求和护持其全球霸权，维护其在亚洲的主导地位。不过，在如此长的历史空间内，国际环

① 徐思伟：《吉田茂外交思想研究》，第311页，世界知识出版社2001年版。

② ［日］寺島実郎：《衆議院国際社会における日本のあり方に関する調査・参考人意見陳述》，第154回国会，2002年5月9日，http://tetsu - chan. com/katsudo/kokkai/gijiroku/020509s. html

③ ［日］室山義正：《日米安保体制（下）》，第63页，有斐閣1992年版。

境和美国的利益需求在变，其对日政策也在不断调整。从调整节奏看，冷战时期相对较迟缓，冷战后则呈加速趋势。从调整幅度看，冷战时期相对较小，冷战后则步伐增大，尤其是20世纪90年代中期以来，美国对日政策的定位从“远东”抬升到全球，对日防卫合作的要求明显增加。从调整的内容看，冷战前期对日政策是以援助求控制，稳定日美政治关系，确保基地使用；冷战后期美国开始注重缓解日美经济矛盾，适度增加日本在政治、安全、经济上的合作义务；冷战结束后尤其是进入21世纪以来，美国突出强调日美防卫合作和军事一体化，重点要求日本在安全领域“作贡献”。这些变化总体上看具有渐进性，但也存在不少“质变”的成分，值得注意。

（四）美国对日政策对日本结盟战略的影响

在20世纪初以来日本的对外结盟史上，以美国的对日政策对日本结盟战略的影响最为广泛和深刻，其主要表现在以下三个方面：①对日本选择与美国结盟兼具强制性和诱导性。冷战时期，美国凭借作为日本主要占领国的有利条件和强大的政治经济和军事实力，扮演着战后日本的塑造者、监护人以及引路人等多重角色。面对一手执大棒，一手拿黄油的美国人，日本在对美结盟方面表现出的主动性，不过是顺应权势的乖巧而已。冷战结束后，日本虽然已恢复独立半个世纪并成为世界经济大国，但其国家利益和对外战略已被深深嵌入美国的霸权体系，再选择盟友的余地仍很有限，不能不继续与美国为伍。②对日本结盟战略内涵具有很强的规范性。在日美同盟下，日本对美同盟合作的基本内容往往由美方提出、日本执行；在防务等敏感领域，甚至“到了没有美国开绿灯，日本就不敢越雷池半步的程度”①。冷战结束后，这种规范性虽有所弱化，但仍然有效。③对日本结盟战略存续的内政外交基础有很强的支撑作用。美国的对日政策涉及到政治、经济、军事乃至文化等领域，具有很强的综合性、渗透性，其长期实施在日本国内营造出较广泛的亲美政治、经济和社会基础。其结果，日本精英阶层在国家利益判断、威胁认知等方面总是自觉、不自觉地随美国起舞。

---

① 冯昭奎、刘世龙、刘映春、江培柱、金熙德、周永生：《战后日本外交1945/1995》，第115页，中国社会科学出版社1996年版。

四、对盟友影响日本结盟战略的若干规律性的认识

纵观80多年日本对外结盟史，盟国的对日政策、战略，与日本结盟战略之间的互动存在如下规律性。

（一）盟友主要利用三种方式影响日本的结盟战略

英、德、美三国对日政策影响日本结盟战略的方式往往包括以下一种或几种：①强化日本对“共同威胁”的认知，促使日本坚定应对“共同威胁”的决心。在近现代，英国自“三国干涉还辽”开始，就有意识在反俄方面与日本协调合作；法西斯德国为了促使日本缔结军事同盟，先是向日本强调苏联威胁，后又煽动日本人仇视和蔑视英美国家的情绪。在冷战前期，美国为了巩固日美安保体制，刻意阻挠日中关系正常化和日苏领土争端的解决，促使日本在敌视中苏方面与美国保持一致；冷战结束后，美国的官方文件不断发布“中国威胁论”，其论调则往往被日本亲美派视为敌视中国的主要“论据”。②强化日本与本国在价值观领域的同质性，为形成利益共识提供认知前提。德国曾精心组织对日法西斯意识形态输出，美国则对日实施反苏反共意识形态灌输。这些都为日本接受同盟、护持同盟提供了有利的主观条件。③向日本提供或承诺一系列政治、经济好处。英国利用其丰富的财源和向穷而好兵的日本提供扩张资本，并利用其世界霸主地位认可其扩张果实；德国向日本展示德、日、意三分天下的“画饼”，鼓动其一起分享；美国冷战时支持日本经济发展和回归国际社会，冷战后又表态支持日本“入常”。这些虽然与同盟应对共同敌人的本义无直接关系，但都是促使日本重视同盟的重要因素。

（二）盟友对日政策与日本国策的契合程度攸关日本结盟战略的走向

日本结盟战略的追随性虽是公认的，但其根本仍是满足本国的国策需要。事实上，只有盟友的对日政策被日本认为符合其战略需求时，才能有效对日本结盟战略发挥影响。在20世纪初，英国的远东战略处于守势，主要是维护既得的殖民地，进一步领土扩张的欲望不强，其对日政策出发点是利用日本看守远东。日本之所以希望与英国结盟，很大程度上是看准英国这种战略保守性，认为其短期内不会威胁到本国大陆政策，反可用来对付咄咄逼人的俄国。然而，到同盟后期，日本大陆政策展开后，其与英国远东及对日政策保守性的矛盾就凸显出来，对英结盟战略也到了尽头。在1939年，德国诱使日本缔结军事同盟的企图之所以一度失败，根子在

于当时日本仍以“北进”为国策重点，只是后来在日本调整为“南进”后，结盟谈判才顺利起来。在20世纪50年代初，杜勒斯大规模武装日本的政策，因有违日本经济大国路线而遭到顽强抵制；后来当美国把稳定内政、协助发展经济调整为对日政策重点后，日本的对美结盟战略即表现出很强的服从性和稳定性。20世纪90年代以来，美国强化日美军事同盟的战略诉求步步得手，很大程度上也因为顺应了日本“正常国家化”战略的需求。

（三）盟友国力消长与日本结盟战略的积极程度变化有对应关系

“与强者为伍”既是日本结盟战略所常见，也是国际权力政治的一般现象。这主要是因为国家结盟的基本目的是寻求权力添附，以应对威胁、扩张利益。为获得更大、更有效的权力添附，国家通常希望与更强大的国家为伍。而当一国国力衰落时，其可向盟友提供的权力资源随之减少，盟友的向心力也会因此削弱，走向疏远、离弃乃至背叛。20世纪初以来，日本结盟战略对盟友国力变化一直反应敏感，表现出强则交、弱则疏的特征。在第一次世界大战前，英国还比较强势，对日政策往往能得到日方的呼应，当后来英国在欧战中国力明显露出破绽后，非但得不到日本的积极合作，远东利益反而受到其威胁。在20世纪80年代后期，当美国国力被冷战所耗露出衰相后，一向对美俯首帖耳的日本就开始说“不”。更有趣的时，几年后当美国借“新经济”之力综合国力大涨，而日本因经济长期低迷、国力不振时，美国几乎要失效的对日指挥棒迅即恢复了“魔力”，使日本很快走向了强化同盟之路。

第五章 国内政治经济与日本结盟战略

按照马列主义的观点，外交是内政的延续。马克思在谈到19世纪60年代美国的外交政策时，曾指出："在美国的对外政策上，同在对内政策一样，奴隶主的利益成为指路的星辰。"① 列宁也曾表示："我国的内外政策归根结底是由我国统治阶级的经济利益和经济地位所决定的。"② 因此，结盟战略作为日本对外战略的组成部分不能不受到其国内政治经济状况的影响。日本国内的政治经济制度和体制、政局、经济形势乃至民生变化都会直接或间接影响到统治集团决策成员的构成、决策机制和决策倾向的嬗变，从而引起其结盟战略、策略的改变及战略侧重方向的调整。

第一节 国内政治与日本结盟战略

从明治后期至今，日本的政治制度、体制多次发生重大变化，每一次变化都导致统治集团的重组，并影响到日本对国家利益和内外环境的判断，影响到结盟战略的制定和实施。

一、近现代日本政治与对外结盟战略

明治时期，曾在明治维新中发挥骨干作用的元老重臣、宫中集团、军阀、财阀，相互间形成了以天皇为核心的、多角制衡的权力政治格局。这一格局的存在和瓦解对日本在英日同盟问题上的决策具有重大而直接的影响。

(一) 明治大正时期的日本政治与对英结盟

明治大正时期日本的政治权力结构。明治宪法是以天皇大权为中心，

---

① 中央编译局：《马克思恩格斯全集》第15卷，第351页，人民出版社1963年版。

② 中央编译局：《列宁全集》第27卷，第339页，人民出版社1958年版。

政府各机关都是天皇的协赞机关。根据1889年颁布的《大日本帝国宪法》，日本政治机构包括：天皇、内阁、枢密院、贵族院、众议院，其中贵族院和众议院扮演议会的角色，枢密院则是天皇的最高咨询机关。该宪法规定，政府组阁、议会立法都必须由天皇批准，至于缔结条约、宣战、媾和以及组织军队的权力都专属于天皇。关于内阁组成，宪法第55条规定："国务大臣辅弼天皇以任其责"，也就是说内阁大臣只对天皇负责，不对议会（贵族院和众议院）负责。[①] 而在内阁中，从1900～1913年，陆、海军大臣都由现役军官担任。他们既是内阁成员又是陆海军首脑。在上述各机关中，议会（贵族院和众议院）的权限受到严格限制，其对政府的制约仅限于预算审议，通过的法律也需要枢密院审议通过和天皇签署才能生效。从上述机构组成可以看出，能够有权参与日本结盟战略决策的机关只有天皇、内阁和枢密院。

事实上，除这三个机构外，还存在三个对结盟决策有实质性影响的政治集团：元老、宫中集团和军部。元老是该时期在天皇身边辅佐政事并直接左右政局的重臣集团。这些人大多在明治维新中建有卓著的功勋，自明治初年开始长期担任军政要职，在军、政、财各界拥有巨大号召力，并得到天皇特许享受政治元勋待遇。[②] 他们通过直接向天皇上奏、举荐内阁总理大臣候选人、参加枢密院会议和御前会议以及召开元老会议，直接参与或影响国家的重大决策。"宫中集团"是指辅佐天皇草拟诏书、处理奏章等宫中事务的内大臣、负责天皇安全的侍从长等。他们与天皇家族关系密切，深得天皇信任，特别是内大臣决定内阁和军部上奏顺序，其意见倾向对天皇的"圣断"有很大影响。军部则是近现代日军指导组织的统称，大致包括陆军省、海军省、陆军参谋本部、海军军令部等机构。这些机构的首脑拥有"帷幄上奏权"，可越过内阁直接向天皇禀奏军国大事和建议。在上述三个政治集团中，元老对日本决策的影响最大。1901年桂太郎内阁的对英结盟建议正是在得到大部分元老同意和支持后，才得以上报天皇批准的。

明治和大正时期日本政治对日英同盟的影响。元老政治对结盟战略的制定和实施发挥了重要作用。其主要表现在两个方面：①元老围绕对英结

① 参见董璠舆：《日本国会》，第18～20页，中国民主法制出版社1990年版。

② 参见李广民：《与强者为伍——日本结盟外交比较研究》，第66页，人民出版社2006年版。

盟的意见统一增强了结盟战略的稳健性和稳定性。在1901年末，政界元老围绕政府的对英结盟决策，形成分别以山县有朋和伊藤博文为代表的赞、否两派，并发生了激烈争论。结果，除伊藤之外的其他元老在赞同结盟方面最终达成一致，并形成元老会议决议，伊藤本人在得知决议和天皇的意向后也不好再坚持原论。元老集团在日英同盟问题上的意见统一对于桂内阁迅速付诸行动，以及此后对英结盟战略的持稳定续具有重要意义。②元老集团的存在对防止同盟运用中政战略分裂有约束功能。明治和大正时期日本的政治体制从封建政治向资本主义政治过渡特征十分明显，体制内政权机构与体制外权力机制并行且盘根错节，导致决策系统极为复杂。对外结盟是牵涉到日本政治、军事、外交的复杂问题，决策的集中统一至为重要。而日本明治和大正时期的元老基本都是军、政两栖人物，比较重视政战略的一致性、稳健性，“他们思考问题的出发点，从来就没有限于纯军事领域，而是以军事为基础的政治”①。同时，由于在政、军、财各界均拥有巨大的影响力，他们在元老会议、御前会议上的集体决断对于排解内阁、军部之间的纷争，确保结盟战略实施中的政略与战略统一发挥了独特的作用。比如，1906年5月，日本陆军曾企图在“满洲”直接建立军事统治，否定“门户开放”政策，遭到了英国的外交抗议，外相加藤高明因无法说服陆军被迫辞职。此时，元老伊藤博文在山县有朋的侧面支持下，“奋起慷慨陈词把陆军的气焰压了下去”②。

明治天皇的意向对日英同盟缔结和稳定具有关键作用。无论是从政治体制看，还是从政治集团的相互折冲看，明治天皇在对英结盟决策中都起着中枢作用。尤其是在元老集团内部围绕结盟问题相互对立的情况下，天皇的态度对当时还属于“小字辈”的桂太郎和小村寿太郎能否实现其结盟见解至关重要。1935年日本出版的《仰望明治天皇圣德》曾有如下记载：桂太郎收到伊藤博文1901年12月6日主张推迟日英结盟谈判的电报后，曾打算置之不理，仅向天皇报告日英同盟交涉经过，但元老井上馨认为：“不宜抹煞伊藤博文的反对意见，应将伊藤的电报与诸位的意见一并呈报天皇，以待圣断。”面对井上的坚持，桂与小村只好怀揣辞职书，于12月9日带着电报觐见天皇，打算如果伊藤意见被采纳即当场递交辞呈。

① 武寅：《近代日本政治体制研究》，第246页，中国社会科学出版社1997年版。

② ［日］信夫清三郎：《日本外交史》上，天津社会科学院日本问题研究所译，第347～348页，商务印书馆1980年版。

结果，天皇认真阅读了伊藤的电报后表示："此乃伊藤观察有误，尔等不必顾虑，下决心推进日英同盟，并电命伊藤为同盟尽力。"① 因此，日英同盟之所以迅速缔结，不能不说得力于明治天皇的明确态度。

政局变化对日英同盟的演变具有直接影响。1901 年桂太郎内阁建立后，日本缔结日英同盟并借之取得日俄战争的胜利，全体阁员及驻英公使林董因此被天皇授予爵位。原来桂太郎内阁因阁僚资历浅而被讽刺为"三流内阁"，而今却因日英同盟而名声大噪。② 此后，以元老山县有朋及陆军、官僚集团为后盾的桂太郎和以元老伊藤博文及政友会为靠山的西园寺公望势均力敌、轮流执政，使日本政治进入了史家所谓政敌间"情投意合"的"桂园时代"（1905 ~ 1912 年）。③ 由于桂太郎与西园寺公望分别是日英同盟的始作俑者和支持者，使得对英结盟战略未因内阁轮替发生大的波折。此间，日英同盟完成了两次重大调整，成为历届内阁外交的"神主牌"，一直到 1918 年，"日本与英国的同盟关系更加巩固"仍是日本总理大臣和外相在议会演说时必讲的套话。不过，在"桂园时代"结束后，日本政局中不利于日英同盟的因素就开始增多，主要表现在：①元老数量减少，有影响力的元老对日英同盟的重视减弱，如山县友朋、井上馨在一战爆发后都主张不能只依靠英国，还要建立日俄、日法同盟乃至日俄英法四国同盟；②元老集团与内阁的倾轧使加藤高明等亲英政治家受到排挤。进入大正时期后，日本内阁开始谋求摆脱元老集团对外交决策权的把持，但遭到对方的反击，导致坚持日英同盟的加藤高明外相被排挤出内阁。此后，日本决策层几乎再没有对日英同盟十分热心的人物了。④

---

① ［日］水鸟莊介：《仰ぎまつる明治天皇の御聖德》，第 311 ~ 312 頁，皇德聖赞会出版部昭和 10 年版。

② ［日］田中良太：《〈大国意識〉にサヨナラしよう——崩壊の年・2009 年の年頭に考える》，http://www.news.janjan.jp/column/taikikengai/taikikengai.php

③ ［日］升味准之辅：《日本政治史》第二册，董果梁译，第 369 ~ 380 页，商务印书馆 1997 年版。

④ 加藤高明 1894 年出任日本驻英公使，在 1913 年和 1914 年先后担任桂太郎内阁和大限内阁外相，在政界卓有影响。担任外相期间，他认为日英同盟是"日本的根本大计"，坚持"外交一元化"，"对元老们力主的日俄、日法结盟主张不予理睬，尤其反对俄、法加入日英同盟；第一次世界大战爆发后，他不顾山县有朋等元老维持日德友好的建议，决定立即对德宣战；后又瞒着元老们向中国提出"二十一条"，结果招致元老集团的反感被排挤出内阁。参见［日］信夫清三郎：《日本外交史》上，天津社会科学院日本问题研究所译，第 401、410 页，商务印书馆 1980 年版。

（二）昭和时期的日本政治与三国同盟

日本军部独裁体制是在元老政治衰落过程中，在日本国内政治经济矛盾走向激化的背景下逐渐形成的。它的形成破坏了日本此前在决策机制上的内在平衡，导致日本在三国同盟决策上出现战略紊乱。

昭和时期日本政治结构的畸变。日本自 1926 年进入昭和时代之后，明治时期建立的政治及权力结构蜕变速度加快。其主要表现在三个方面：①元老势力衰微，干政能力日薄西山。到 1924 年日本明治时期的元老只剩下西园寺公望一人，且开始淡漠政事。结果，原本对日本内阁轮替有决定性影响的“元老推荐”，变得“只是形式而已，而元老本人也就变得没有用了”[①]。②军部势力崛起，干政能力迅速增强。在明治宪法体制下，日本军部本来就享有很大权力，到了昭和时期，日本军部利用明治宪法制定的“统率权独立”制度，滥用“帷幄上奏权”、操控政局的情况越来越突出。[②] ③日本政党本来在大正民主化运动中有很大发展，但是由于政党政治严重腐败和在世界大萧条中应对无策，政治和社会基础迅速弱化，其中的右翼党派乘机大发展掀起了“亲军运动”，法西斯势力逐步渗透至整个政权。[③]

元老势力的衰落、政党势力的弱化使日本政治权力结构逐渐失去平衡。在大正时期，尽管军部不时与政党发生冲突，“但在藩阀元老集团综合机能的作用下，它们之间的矛盾尚未完全激化”[④]。但到 20 世纪 30 年代，军部势力因失去元老牵制，开始利用动员舆论、暗杀、政变等手段，肆无忌惮地扩张权力。受到排挤的政党“除与军部同一步调和合流外，无法在政界保持地位”，因看不到重掌政权的可能，“只好挤在众议院里

① ［日］升味准之辅：《日本政治史》第三册，董果梁译，第 575 页，商务印书馆 1997 年版。

② 1899 年颁布的《大日本帝国宪法》规定，军队的指挥权独立于议会乃至国务大臣之外，仅由天皇掌握；1907 年 9 月 12 日，日本公布第一号军令，规定凡属有关军队指挥方面的敕令无须内阁总理大臣副署一事定为制度。这些制度为后来军部的独断专行提供了依据。

③ 与德意法西斯自下而上夺取政权相比，日本法西斯则是通过自上而下的途径上台的，即在没有改变原有天皇制专制主义政权体制的情况下，由掌权的日本军部和日本政府以及右翼势力，通过压制民主力量和稳健势力逐渐使原有政权法西斯化的。参见吴廷璆：《日本史》，第 693 页，南开大学出版社 1994 年版。

④ 姚玉民：《20 世纪 30 年代日本政军财关系初论》，载《日本学刊》2002 年第 4 期。

反抗军部，妨碍预算的成立以消愁”①。1936年3月9日，无党派背景的广田弘毅组阁后，完全接受军部的要求，不仅设置了由首相、外相、陆相、海相和藏相组成的所谓“内阁中的内阁”，而且恢复了军部大臣现役制②，日本政府陷入了非军部支持不能组阁、正常运转的地步。③ 自1940年6月开始，近卫内阁又推行所谓“新体制运动”，政党纷纷解散，各派势力被其领导的大政翼赞会收编。至此，日本政治被彻底法西斯化了，决策层再也没有能够牵制军部的政治集团，“政府对任何有关对外政策失去了发表独立声明的权力，完全听从军部的摆布”④。

军部法西斯独裁的确立与走向三国同盟。军部法西斯独裁的确立主要从三个方面推动日本走向日德意三国同盟：①军部看衰英国、看好德国的战略判断主导了国策思考。日本军部的战略思维主要受陆军高级将领的影响。而近代日本陆军的创建和发展主要以德国为模板，其军官素有崇德倾向。⑤ 这种倾向在20世纪30年代得到了进一步强化，使得1939年德国在欧洲初战得手后，日本军部对英国走向衰落、德国称霸欧洲的前景深信不疑。⑥

---

① ［日］升味准之辅：《日本政治史》第三册，董果梁译，第758页，商务印书馆1997年版。

② 1895年，日本制定了只有现役军官才能担任陆海军大臣的法令；1913年，迫于议会政党的压力，山本权兵卫内阁一度废除了军部大臣现役制。

③ 1937年1月，广田内阁总辞职，陆军大将宇垣一成奉天皇之命组阁。但是，由于军部对宇垣不满，拒绝推荐陆相人选，结果“天皇大命”竟然不能实施，宇垣只好放弃组阁。参见［日］依田憙家：《简明日本通史》，卞立强、李天工、雷慧英译，第316页，上海远东出版社2004年版。

④ ［日］森岛通夫：《透视日本——“兴”与“衰”的怪圈》，天津编译中心译，第152页，中国财政经济出版社2000版。

⑤ 日本对德国有一种崇拜心理，在日英同盟时期，尽管日本是一个岛国与英国有盟友关系，仍常自称为东方的普鲁士，而不以东方的不列颠自居，自希特勒崛起后，其成就更令日本人敬服，甚至到了迷信的地步。服部卓四郎曾表示：“大本营与政府均确信德国不败，这是事实。他们认为德国虽不一定战胜，但绝不会战败。举凡日本的开展决心及战争计划等，都是在此观念下形成的。”参见钮先钟等：《第二次世界大战的回顾与省思》，第300页，广西师范大学出版社2003年版。

⑥ 1940年8月，即日德意三国同盟缔结前夕，日本陆军省情报部发表的报告称：“此次欧洲大战与上次大战一样，是英德争霸战。不过，与上次相比，这次德国在政治、经济、军事所有方面都居于有利地位……聪明的希特勒没有成算是不会动手的。德国此次一揽欧洲大陆，如果持续空袭英国并以潜艇实施海上封锁战，英国国民所受打击会日益增大，英国世界地位将日益下降。纵观世界历史，没有国家能永远称霸世界，英国也是如此。此次东亚支那事变与欧洲战争相互呼应，大英帝国的统治动摇已成大势。”参见［日］陸軍省情報部：《国防国家建設の必要》，载《週報》第201号，昭和15年8月21日。

日本素有“与强者为伍”的战略性格，当日本军部在对英德的强弱分析有了“定见”之后，选择德国就变得顺理成章了。②军部动员军、政及外交“亲轴心势力”形成了推进对德结盟决策的合力。在军部主宰政权之后，日本政府各部门支持对德结盟的“革新官僚”势力迅速壮大，外务省的决策权逐步被松冈洋右、大岛浩、白鸟敏夫（驻意大利大使）等人所掌握。他们与军部相互呼应形成了支持对德结盟的强大合力。[①] ③军部在核心决策层对异议者的排挤确保了同盟决策的制定。军部对德结盟决策的推进并非一帆风顺，曾遭到元老重臣、部分海军高级将领以及外务省“亲英派”的抵制，导致百议而未决，甚至一度流产。但是，后来军部采取蒙蔽、倒阁、劝诱乃至暗杀威胁等手段，排除了政界和军界的障碍，最终如愿以偿。[②]“在三国同盟条约酝酿的过程，近卫曾说：‘对不住公爵了’，不让元老西园寺公望事先得知消息。得知同盟缔结的西园寺如闻晴天霹雳，预言（日本）要与（英美）爆发战争，对身边的女人叹息：‘连你们都不能（平静地）死在榻榻米上了’”[③]。

二、当代日本政治与对美结盟战略

战后以“和平宪法”为特征的资本主义民主政治对日本结盟战略具有质的规定性。在议会内阁制的框架下，日本保守政治势力在与革新势力对抗的同时，又在新的基础上恢复了派阀政治传统，并对结盟战略决策产生直接影响。冷战后，日本政治走向呈现出“复古”与走向后现代的双

① 松冈洋右因得到军部支持得以当上外相，但他支持对德结盟，并非完全出于迎合军部的立场；在推动日本走向三国同盟的过程中，他并作为核心人物，“与其说他是军部的傀儡，不如说他在驱使军部。”（参见［日］重光葵：《昭和の動乱》，第143～144页，原書房1978年版）大岛浩原是军部指派的驻德武官，1936年曾撇开外务省与德国进行签订《反共产国际协定》的谈判，1938年在军部和外务省亲轴心势力的支持下破格升任驻德大使，屡次向国内发送有利于结盟的情报和建议；白鸟敏夫担任日本驻意大利大使，曾声称：“日德意苏四大国应团结起来，谋求与现状维持国（指英、美等国）的对等地位。”参见［日］《昭和戦争・検証最終報告》，载《読売新聞・東京朝刊》2006-08-15。

② 日本海军大将米内光政组阁后虽然支持强化日德意合作，但反对缔结同盟，结果被军部倒阁下台；驻德大使东乡茂德因反对对德结盟，在军部干预下被转派为驻苏联大使（参见［日］《藤原肇特別対談——歴史の証言》，载《財界にっぽん》2003年8月号）。为改变海军高级将领的立场，松冈洋右还把海军次官和海军军令部高官请到私宅，以维护国内政治稳定为由极力劝说。参见李广民：《与强者为伍——日本结盟外交比较研究》，第90～98页，人民出版社2006年版。

③ ［日］岡崎久彦：《目をおおわしめる知的頽廃》，载《産経新聞》2002-05-31。

重性，这一特征对日本的强化同盟战略利弊参半。

（一）政治制度对当代日本结盟战略的影响

政治体制对结盟战略的影响。战后日本在美国的监控下废除了《大日本帝国宪法》和具有半封建半资本主义性质的天皇制，颁布了《日本国宪法》，建立了具有现代意义的资产阶级民主制度。在新的政治制度和体制下，天皇虽然被保留，但仅作为"日本国民统合的象征"，不再拥有任何实质性权力；重建的武装力量不再拥有旧军部的特权，被置于"文民统治"之下；贵族、元老、军部掌握乾坤的情况成为历史，政权轮替按照资本主义选举政治和"议会内阁制"游戏规则进行，内阁与国会的国政决策权得到宪政体制的保障，并依赖于庞大的、受过专业训练的行政官僚集团。如此一来，日本内政外交决策的主导权从战前极少数特权阶层手中，转移到在国会占据多数议席的党派和高级行政官僚手中，并受到在野党的牵制。①

当代日本政治制度和体制对日美安保体制的影响总体上表现为四个方面：①日本政治制度与美国的同质性有利于日美同盟的建立和稳定。战后日本政治制度和体制是美国主导确立的。正是在该制度下，战前受到军部法西斯压制的日本资产阶级民主派（即当代日本政坛的"保守势力"）才得以掌权。面对国内军国主义复活的危险性和进步力量的挑战，为了稳固自己的政权地位，他们只能依靠美国。② 即使在冷战结束之后，日本保守势力尽管已不存在权力危机，但仍习惯于利用日美政治制度的同质性，作为强化同盟的政治依据。②日本资产阶级民主制度的特质使得日本的对美结盟战略经常遭遇反对派质疑、攻击。现代资产阶级民主政治尽管存在历

① 日本在恢复独立后，政府逐渐形成了规模庞大的行政官僚群体。他们按照部门形成各种集团，通过向国会议员以及首相、内阁大臣等当权政治家提供专业情报和建议影响国家决策。由于日本政权经常轮替、国会议员常新，本来应作为决策主体的政治家往往因缺乏必要的专业知识和行政人脉，不得不依赖于行政官僚的指导和建议。因此，日本政府各省的高级官僚对日本的国家决策具有非常大的影响力，有时各省的大臣甚至沦为"装饰品"和"分割行政预算的尖兵"。参见杨建顺：《日本国会》，第260~262页，华夏出版社2002年版。

② 日本保守势力最初筹划结盟战略，与美国签署《日美安全条约》，就存在利用美国力量弹压国内进步力量，巩固政权的意图。在朝鲜战争爆发后，日本保守势力对国内统治的危机感加剧，币原男爵对到访的美国国防部长路易斯·A. 约翰逊（Louis A. Johnson）等人表示："希望以某种方法使美军驻留日本"，"这是因为如果过分准许共产主义者自由，而美军现在就立即撤回，日本人就抑制不了共产主义者的活动"。参见［日］升味准之辅：《日本政治史》第四册，董果良译，第980页，商务印书馆1997年版。

史局限性，但毕竟不能像法西斯政权那样赤裸裸镇压不同政见者。这使得日本的对美结盟战略迄今一直面临国内党派、政治团体和国民的公开质疑、反对。更有趣的是，日本当权派有时还会利用这种反对声音与美国讨价还价。③“议会内阁制”影响了日本处理同盟关系时的决策效率。由于日本内阁的产生依托国会多数，其决策不仅受政党朝野关系和执政党内部派系的多角制衡，还受到官僚机构的制约，往往难以一锤定音。结果，日本在处理、调整同盟事务时，决策经常比美国“慢半拍”，往往是美国“发球”、日本“接球”。这种情况即使在21世纪的今天仍未根本改观。④行政官僚集团对日美同盟的发展具有较大影响。日本外务省行政官僚作为外交政策的草拟者和“操盘手”，在对美关系领域有很大发言权，往往扮演同盟看护人的角色，对于日本保持结盟政策的连续性有重要影响。① 进入21世纪以来，日本在强化日美同盟问题上之所以比较顺利，从技术角度看，与日本外务省官僚中亲美保守势力的强大和作为存在密切关系。

“和平宪法”与日美安保体制。当代日本政治与日美安保体制之间最具讽刺意味的话题就是《日本国宪法》的“第九条”。该宪法于1946年颁布生效，其中第九条规定：“日本国民衷心谋求基于正义与秩序的国际和平，永远放弃以国权发动的战争、武力威胁或武力行使作为解决国际争端的手段。为达到前项目的，不保持陆海空军及其他战争力量，不承认国家的交战权。”② “第九条”的产生基本上是日本执行麦克阿瑟“修宪三原则”的结果③，麦氏的初衷原本是防止日本再度成为美国的威胁。然而，美国没有想到的是，“第九条”后来竟变成了其扩大日本同盟义务的最大体制障碍。

---

① 越南战争期间，美国大肆利用驻日美军基地从事侵越活动，遭到日本国民和部分政治家的的反对。1972年9月1日，日本建设省大臣木村武雄公开表示裁撤美军在日本相模的某汽车修理厂。结果，日本外务省次官法眼晋作为“避免日美安保体制中产生分裂”，当晚接见记者时断然否定“木村发言”，尽管有记者挖苦“究竟谁是外务大臣?”，但最后还是按次官说了算。参见［日］永野信利：《日本外务省研究》，上海复旦大学历史系日本史组译，第111～112页，上海译文出版社1979年版。

② 《简明日本百科全书》编委会：《简明日本百科全书》，第655页，中国社会科学出版社1994年版。

③ 麦克阿瑟的修宪三原则大致是在1946年年初向日本提出的，主要内容是：①天皇的权限要基于宪法，顺应宪法上所说的国民的意思。②废止行使国权的战争。解决纷争的手段，不得以保护日本安全为由诉诸战争。决不允许拥有军队，也不给予日本军队以交战权。③日本的封建制度应当告终，废除贵族、华族的特权。参见［日］升味准之辅：《日本政治史》第四册，董果梁译，第876页，商务印书馆1997年版。

《日本国宪法》颁布后，日本右翼保守势力一直心怀不满，试图修改之。第一个自民党政权鸠山一郎内阁，也曾把“自主修改宪法”作为执政目标，并通过法案设立了“修宪调查会”。然而，位居日本保守势力主流的吉田茂及其追随者，却采取了便宜利用宪法“第九条”的中道立场。他在执政期间，为抵挡美国要求日本扩军的压力，贯彻“轻军备、重经济”路线，对“修宪”态度相当消极，并曾向亲信表示：“什么再军备眼下都不可行……狡猾一点说，在此之前把日本防卫交给美国人干去。我们有一部禁止再军备的宪法实在是上天的恩赐，正好用它堵美国人的嘴。那些企图修宪的政治家都是混蛋。”① 为增强反对再军备的说服力，吉田茂甚至私下与坚持护宪、反对再军备的社会党合作，暗地鼓动他们抬高护宪和反对再军备的调门。② 然而，随着对美结盟战略的实施，日美同盟与宪法第九条的冲突问题还是越发凸显出来，其主要包括三个基本方面：①日本签订《日美安全条约》，接受美军驻扎并提供基地的行为是否符合日本宪法？这事关日美同盟的基础。②宪法是否允许日本拥有自卫权？这关系到在日本自卫队是否有权在本国领土范围内与美军合作的问题。③宪法是否允许日本拥有集体自卫权？这关系到日本自卫队能否走出国门与美军协同作战的问题。

关于第一个问题，日本最高法院1959年做出的“砂川判决”，勉强给出了答案。③ 1959年12月16日，日本最高法院在复审“砂川事件”时，援用“统治行为论”④，推翻了地方法院有关“接受美军驻日违宪”的判决，表示：“宪法第九条并非否定日本作为主权国家固有的自卫权，该条款禁止的战力是由日本指挥管理的战力，不适用于外国军队。所以美军驻留并未违反宪法及其前言宗旨。另一方面，日美安全条约属于高度政

① ［日］宮澤喜一：《東京—ワシントンの密談》，第160页，実業之日本社1956年版。

② ［日］小熊英二：《民主と愛国》，第456页，新曜社2002年版。

③ 1957年7月8日，日本东京都北多摩郡砂川町（位于今日本立川市内）反对美军扩建基地的示威群众推倒栅栏闯入基地，其中7人被日本当局起诉。1959年3月30日，东京地方法院宣布7名被告无罪，同时判决美军驻日违反了日本宪法第九条“不保持战争力量”之规定。这一判决曾使当时反对日美安保体制的群众运动一度大受鼓舞。

④ “统治行为论”是日本司法过程中对某些国家行为回避宪法判断的原则。按照日本法学界具有代表性的定义，“统治行为”是指国家机关行为之中具有高度政治性的行为，对此即使可能进行法律判断，因其具有高度的政治性而被排除在法院司法审查之外。参见张允起：《日本宪法诉讼的理论、技术及其问题》，载《比较法研究》2007年第5期。

治性条约……不能就其内容是否违宪做出判断。”①“砂川判决”因屈从美国压力而强词夺理，长期受日本舆论、法学界和在野党批评。② 它实际上等于日本最高法院宣布放弃对日美安保体制的违宪审查权。此后，有关日美同盟、自卫队的宪法解释权就由本不具有法定释宪权的日本内阁法制局掌握了。

关于第二个问题，日本政府给出的是肯定的答案。1954 年 12 月，日本内阁法制局长官林修三和防卫厅长官大村清一，代表鸠山内阁就宪法与自卫队、自卫权的关系，提出了宪法并未否定自卫权以及自卫队并不违宪的解释。③ 根据该解释，日本政府进一步推导出的结论是：如果日本因为向在“远东”行动的美军提供基地支援而遭到敌人打击时，可行使自卫权，阻止敌人对美军驻日基地的攻击。④

关于第三个问题，日本内阁法制局在冷战期间始终持否定立场。1954 年 6 月，外务省条约局局长下田武三在国会就“集体自卫权的定义和自卫权行使界限”进行答辩时，首次表明“宪法不允许行使集体自卫权”。1981 年 5 月，日本内阁再度在国会表示：“我国既然是主权国家，在国际法上当然拥有集体自卫权。但对宪法第九条所容许的自卫权的行使，则解释为应仅限于守卫我国所需的最低限度范围之内。而行使集体自卫权是超出这一范围的，因此政府认为宪法是不容许的。”⑤

由上可见，尽管日本内阁法制局从维护日美同盟的现实需要出发，做出了相关司法解释，但《日本国宪法》第九条对日本结盟战略实施的制约还是很大的。为突破这一制约，日本右翼保守势力曾在冷战期间三次发

---

① ［日］田畑忍：《最高裁判所の砂川判決について 安保条約第三条に基つく行政協定に伴う刑事特別法違反事件に於ける最高裁判所判決の違憲性について》，载《同志社法学会》1960 年第 11 卷 5 号。

② 该判决公布后，日本舆论、法学界一直对判决法理依据的正当性和是否屈从美国压力提出质疑。2008 年，美国政府的解密文件终于证实，日本最高法院的判决实际上是美国秘密施压乃至直接干涉的结果。参见［日］《〈米军違憲〉破棄への圧力 砂川事件、米大使が露骨な介入》，载《东京新闻·朝刊》2008－04－30。

③ ［日］田中明彦：《安全保障：戦後 50 年の模索》，第 146～149 页，読売新聞社 1997 年版。

④ 参见吴怀中：《日本“集体自卫权”问题的演变和影响》，载《日本学刊》2007 年第 5 期。

⑤ 吴怀中：《日本“集体自卫权”问题的演变和影响》，载《日本学刊》2007 年第 5 期。

起修宪冲锋，但均遇挫而退。[①] 这主要是因为：①吉田路线长期占据了主流地位。②右翼保守势力无法获得法定的修宪多数。[②] ③美国出于各种考虑，后来放弃了强行要求日本扩军的做法，默认其在本国宪法框架内参与同盟合作。2012 年 12 月，第二次安倍内阁成立后，首相安倍晋三把解禁"集体自卫权"作为修宪的突破口，企图利用访美争取美国对日本解禁集体自卫权的支持，但仍被奥巴马政府以"担心刺激中国"为由婉拒[③]。奥巴马政府之所以如此，固然有顾忌中国反应的因素，但恐怕更多地还是担心日本右倾化政治可能蕴含的不确定。

（二）冷战时期的日本政局与日美安保体制

"保革对立"对日美安保体制的影响。战后日本在东西方冷战的大背景下，国内也形成了资产阶级保守势力与共产党、社会党等"革新势力"长期对峙的政治格局。日本保守政权面临"革新势力"的严峻挑战，一度风雨飘摇。[④] 为巩固保守政权，日本两大保守政党自由党和民主党于 1955 年合并为自由民主党。此后一直到 1993 年，该党内靠财界提供的丰富政治资金和舆论支持，外靠美国后援，连续把持政权 38 年，被称为"万年在朝党"。其间，日本社会党以及共产党等"革新势力"虽相对处于劣势，但一直掌握着国会 1/3 以上议席，对自民党的内外政策构成很大牵制。这种保守与革新朝野分明、势力伯仲、相互对立的政治格局又被称为"五五体制"。

在"五五体制"下，日本自民党打着"维护日美同盟、强化自卫力量、推进经济增长"的旗帜，社会党则旗帜鲜明，以"维护宪法、反战和平、非武装中立"路线相对抗。这种"保革对立"对日美同盟关系产生了如下影响：①保守势力的"万年在朝"为日本长期维持日美安保体

① 日本在 20 世纪 50 年代的鸠山一郎内阁、岸信介内阁和 80 年代的中曾根内阁都曾经企图修改宪法，但均遭到挫败。中曾根本人亦坦率承认，修宪是不得人心的。参见刘作奎：《三次闹剧均告失败：日本修宪图谋 50 多年》，载《环球时报》2005 - 11 - 25。

② 《日本国宪法》第 96 条规定修宪必须经参众两院全体议员 2/3 以上多数创议，并在国民投票中得到半数以上赞同。而冷战期间，日本国民普遍拥护"和平宪法"，社会党等"革新势力"坚持"护宪"，并一直占据国会 1/3 以上的议席。

③ ［日］《集団的自衛權行使容忍にソッポ オバマ米国にハシゴ外された安倍政權》，载《日刊ゲンダイ》2013 - 02 - 05。

④ 吉田茂曾在回忆他首次组阁时情景时表示："我的第一届内阁，由于共产主义者所领导的暴徒的实力斗争遭到了阻碍。我的内阁是在红旗的包围和革命歌声中组建的"。参见吴廷璆：《日本史》，第 825 页，南开大学出版社 1994 年版。

制提供了政治基础。简而言之，自民党政权的长期化与日美安保的长期化存在着某种相互支撑关系。②“革新势力”的反安保斗争对日本扩大日美防卫合作进行了有力牵制。冷战时期，日本共产党、社会党坚持反对重新武装和向美国提供军事基地，要求废除日美安保条约。其结果，“在第一大在野党社会党否定日美安保合法性的情况下，日本有关防卫合作的研究只能在幕后偷偷进行，政府各机构协调推进对美防卫合作根本不可能”[①]。到20世纪80年代，尽管铃木内阁、中曾根内阁都曾承诺增加对美军事合作义务，自卫队也与美军进行了一系列研究，但研究成果到冷战结束时也未能系统转化为日本现实的防卫战略。[②] ③冷战后期的“保革趋同”为日美同盟的调整强化提供了一定的有利条件。自20世纪70年代开始，在“革新阵营”中势力最大的日本社会党的日美安保对策开始逐渐转向现实主义，间接承认日美安保关系。[③] 1984年该党又修正此前废除日美安保条约的立场，提出了分阶段解除日美安保关系的主张。[④] 这些变化在一定程度上减轻了保守政权在同盟关系护持方面面临的国内政治压力，也是冷战后日美同盟调整强化的前因。

日美安保体制对日本政治的影响。日美安保体制对日本政治的影响主要表现在三个方面。

首先，它为日本资本主义制度的巩固提供了有利的国际环境。冷战初、中期，全球及东亚国际关系按照意识形态被分割为资本主义和社会主义两大阵营。很多国家在政治制度创建中都面临选“资”，还是选“社”的问题，国内政治团体往往因此分为相互对立的两派。当时的日本也不例

① 村田晃嗣：《歴史としての日米同盟》PRANJワークショップ記録 CSIS 戦略国際問題研究所（ワシントンDC）2001年8月21日 http://pranj.org/workshop/2001/workshop0821a.htm

② 铃木内阁的承诺是承担1000海里远洋航线的防御责任，中曾根内阁对美承诺的主要内容包括：日本列岛是不沉的航空母舰，封锁三海峡，阻止苏联逆火式轰炸机南下，保卫海上通道安全。据1986年12月1日日本《产经新闻》报道，日本自卫队与美军围绕保卫海上通道进行了研究，该项研究设定了在中东、欧洲等地“有事”波及日本时可能出现的四种情况以及三种作战方案。但是，在1990年发生波斯湾危机时，日本只肯派海上保安厅巡视船到波斯湾扫雷、护航，在海湾战争中也只出钱、不出“人”。这说明日美前项共同研究并未转变成日本法定的防卫战略。关于铃木和中曾根对美承诺和日美相关研究的详细内容，参见王颜昱：《日本军事战略研究》，第310、311页，军事科学出版社1992年版。

③ 1981年，该党在党的大会决议中承认，战后日本的经济发展是“安保体制下对美依存型的经济成长”。参见徐万胜：《日本政治与对外关系》，第74、75页，人民出版社2006年版。

④ ［日］原彬久：《戦後史のなかの日本社会党　その理想主義は何であったのか》，第206～207页，中公新書2000年版。

外，与国际政治中的意识形态分野相照应，出现了几乎势均力敌的左右两大群体。而日本与世界最强大的资本主义国家建立的同盟关系如同一条锚链，把日本拴锁于资本主义阵营，实际上打消了国民选择社会主义道路的选项。

其次，它为日本保守政党长期执掌政权提供了有力支撑。日美安保体制为日本经济、外交带来的巨大利益，无形中增强了日本保守势力执政的正当性和号召力，增强了其与“革新势力”的对抗优势。在与政敌的斗争中，日本保守政党还得到美国的声援和干涉性支持。据近年来披露的资料显示，为弱化日本左派势力，稳定保守政权，美国在 1958 ~ 1968 年，先后制订了四个影响日本政治动向的计划。计划内容包括：为自民党主要政治家提供财政支援和忠告；分裂在野党，培育在野党稳健派；进行消除左翼影响力的宣传；基于上述目的对社会各阶层有影响的人物开展“社会活动”。美国中央情报局提供秘密资金的对象，不仅包括岸信介、池田勇人内阁下的实权人物，而且囊括被称为“左派稳健势力”的旧社会党右派。1959 年以后，美国中央情报局还实施了“单独秘密计划”，策划把“左派稳健势力”从社会党分裂出去，制造出“亲美负责任的在野党”——民主社会党。从 1960 年民主社会党创党到 1964 年，美国中央情报局每年向该党提供 7.5 万美元的资金援助。①

再次，它在日本政治中滋生和诱发了一系列矛盾和议题。日美同盟如同一个嵌入日本国家肌体的假肢。它在日本安全及外交领域发挥支撑作用的同时，也引发了很多“免疫反应”，时时刺痛着大和民族敏感的自尊心，使这个岛国面临新的战略风险，并干扰着其正常的国家治理和国民生活的安宁。冷战期间，安保体制的存废问题、基地问题、驻日美军参与侵略战争的问题、美军核武器进入日本的问题、对美贸易摩擦问题等等，都成为日本国内不同政治势力间相互攻防的话题。对这些问题的不同立场，使日本政界、舆论长期处于分裂和对峙状态，甚至引发过全国性的“安保骚乱”。

（三）冷战后日本政局的变化与日美同盟

20 多年前，总理大臣在对美关系中使用“同盟”一词几乎酿成一场

① 《資金提供で親米政権安定化 CIAの対日工作明らかに》，载《読売新聞》2006 - 07 - 19。

政治危机。[1] 20 年后的今天，“日美同盟”成为日本舆论、政界的“陈词滥调”。前后对比，恍若隔世，反映出日本结盟战略所面临国内环境的巨大变化。

冷战后日本政治保守化对日美同盟强化的促进。冷战结束以来，日本政治发生了以下三个方面的重大变化：①“五五体制”瓦解，政治总体保守化。1993 年 6 月，日本自民党在国会选举中失败，失去了盘踞 38 年的政权宝座；社会党的国会议席也大幅度减少，“五五体制”因此彻底瓦解。此后，日本“革新势力”极度萎缩，保守党派占据了国会绝大部分议席，社会党立场也向右倾斜，政局演变呈现出“总体保守化”的特征。②政治乱象丛生，政局高度不稳定。“五五体制”瓦解后，自民党发生分裂，日本政界出现多党混战的“战国”状态，内阁更迭如走马灯、令人眼花缭乱，一度有“十年九相”之说。[2] 进入 21 世纪后，在小泉内阁一度较长期执政，但小泉之后日本政治再度陷入乱局，自 2006 年至 2012 年“七年七相”，日本内阁也因此被国际舆论讥笑为“旋转门”。③老政客纷纷退出，新生代迅速崛起。20 世纪 90 年代以来，活跃于冷战时期的老牌政客纷纷去世或淡出，战后出生的新生代政治家开始主导国政。在政界的新老更替中，主张强化日美同盟、制衡中国的政客明显增多，对中日友好持积极态度的政治家明显减少。尤其是小泉执政期间，大力任用亲美、反华分子，排挤和打击田中真纪子等主张对华友好的政治家，使日本决策层

① 1981 年 5 月，日本首相铃木善幸访问美国，与里根总统的联合声明中，第一次使用“同盟关系”的字眼，结果回国后遭到在野党追究。日本之所以对“同盟”比较敏感，是因为日语中的“同盟”一般指军事同盟，而铃木善幸使用“同盟”一词时，还提出了“守卫 1000 海里海上航线”，反映出日本政府开始把日美同盟作为一般意义上的军事同盟看待，并准备承担对美军事合作义务。但是，面对在野党的反对，铃木首相为了规避在野党的追究，又不得不辩称“同盟关系中不包括军事”，结果又引发自民党内部的质疑，外相伊东正义为此辞职。参见［日］加藤淳平：《战后日本の首脑外交》，载《外务省调查月报》2002 年 No1。

② 自 1993 年到 2001 年，日本先后有宫泽喜一、细川护熙、羽田孜、村山富市、桥本龙太郎、小渊惠三、森喜朗、小泉纯一郎担任首相，其中在任最短的羽田内阁仅存续两个月。

在对美对华关系上的势力结构出现了严重失衡。[①]

冷战后日本政局的上述变化与日美同盟的调整强化同步发生，前者对后者的促进作用非常明显，主要表现在：①政治总保守化为日本强化日美同盟提供了非常有利的国内政治基础。日本各派保守势力虽然政见多有分歧，但在通过维持或强化日美同盟，扩大日美防卫合作，推进“正常国家化”，谋求政治大国地位等方面，立场却大同小异，加之“反安保”的“革新势力”已非常微弱，诸多强化日美军事同盟的决策能够很容易出台并付诸实施。②政局从乱到治保证了日本强化日美同盟进程的连续性。在“五五体制”瓦解后最初的几年，日本政治乱象丛生一度对日美调整同盟关系产生了不利影响。[②] 2001 年自民党再度实现连续执政后，日美同盟的调整与强化也一度比较顺利。尤其是在小泉纯一郎连续 5 年执政期间，日美在落实周边事态应对、调整驻日美军基地、推进军事一体化、制定共同战略目标等方面均获得重大突破。但是，在小泉内阁之后，日本政局再度陷入混乱，导致日美先前达成的诸多防卫合作协议和共识因日方官员频繁轮替而难以落实，甚至美国都顾不得干涉内政之嫌，公开对日本政权频繁更替发出警告。[③] ③政界新老更替增强了日美同盟调整强化的动力。与老一代政客相比，日本新生代政治家精力充沛，富有权力意识和国际竞争意识，对近代侵略历史缺乏切身体验，反省赎罪意识极淡。他们更多地从权力平衡和利益权衡的角度看待日美同盟，把强化同盟作为制衡中国和摆脱

---

① 日本亲美保守势力选择小泉上台就存在推行对美一边倒外交的考虑。2000 年，主张发展对华关系的加藤纮一与小泉纯一郎争夺首相宝座时，保守势力的舆论代言人冈崎久彦曾公开表示：“我反对加藤的外交立场。当前日本外交在‘重视日美同盟’、‘重视与中国对话’之间，二者必择其一。森喜郎首相和我主张前者，加藤取后者。外交要考虑战略大局，其它不过是琐事。说起森之后的首相人选，河野洋平不行，小泉的外交立场还是可期的”（参见［日］岡崎久彦：《〈加藤〉の暴発反乱を私はこう見る》，载《週刊新潮》2000 年 11 月 30 日号）。小泉上台后，伦敦大学亚非研究学院当代中国研究所所长迪恩斯（Phil Deans）的观察是：“亲台情绪在日本有不同寻常的增长。在小泉内阁中没有一个亲中的成员。”参见 Chalmers Johnson“The real‘China threat’”Asia Times Online Mar19，2005

② 时任美国国务卿的沃伦·克里斯托夫曾回忆：“我们与日本加强关系的努力由于日本政局的动荡而受到一定干扰。在克林顿总统任期的第一个四年，他不得不与五位首相打交道，我也相应地有五位不同的同事。我们不停地与新任官员发展良好的关系，而很快另一个新面孔又出现了，这令我们非常难办。”参见［美］沃伦·克里斯托夫：《美国新外交——经济、防务、民主》，苏广辉等译，第 317 页，新华出版社 1999 年版。

③ 2012 年 10 月 26 日，美国助理国务卿坎贝尔在东京公开批评，日本频繁更换要员美日同盟间的信任。路透社中文网 http://cn. reuters. com/news/archive/CNTopGenNews? date = 10262012

“战后体制”的工具使用。因此，在强化同盟问题上，他们不像老一代政客那样瞻前顾后，往往无所顾忌。进入新世纪后，日本强化同盟的一系列举措主要是由他们推动出台的。不过，也应该看到，当前日本政界反对强化日美同盟的声音虽然较弱但仍顽强存在，即使在支持日美同盟的保守势力中，也有很多人反对只注重对美关系的做法。尤其是小泉对美一边倒导致日本在亚洲外交孤立、“入常”失败，使他们不得不考虑日美同盟关系与亚洲外交之间的平衡问题。

日美同盟强化对日本政治的影响。冷战后日美同盟强化对日本政治的影响广泛而深刻。它为日本右翼保守势力掀起的“正常国家化”运动推波助澜，不断挑战日本现行政治体制的底线；它使战后日本政治中的痼疾“基地问题”发作更加频繁，成为政治家和国民挥之不去的痛点。

首先，“和平宪法”面临严峻挑战，日本政治面临终结“战后体制”的历史关头。战后以来，日本保守主流对现行宪法的态度大致经过了利用宪法、解释宪法、修改宪法三个阶段。冷战结束后，在日美同盟强化过程中，日本政府对“第九条”的扩大解释已经到了极限，宪法禁止行使“集体自卫权”对日美扩大防卫合作的瓶颈效应显得格外突出。日本知名右翼学者樱井新甚至声称：“日本没有集体自卫权，就没有日美同盟。”[①]那么，如果日本不行使“集体自卫权”，日美同盟是否真的就难以为继呢？关于这个问题，日美安保关系60余年的存在历史已经给出了答案。其实，集体自卫权问题的瓶颈效应是相对于日美同盟强化的目标需求而言的，是相对于日本保守势力推进“正常国家化”的体制需要而言的——他们希望通过修宪，摆脱“第九条”对集体自卫权的禁止，获得与英美国家一样的，在海外使用武力乃至参与和发动战争的法律自由，而日美同盟的强化正好可用作敲碎“第九条”的“锤子”。

日美同盟强化的“锤子”功能对日本修宪政治主要产生了两大效果：①它使亲美保守势力得以维护日美同盟为借口修改宪法。日本在战略决策上具有“外压依存型”体质。[②]美国是日本的唯一盟国、当年“和平宪法”提议者，其立场一向对日本政治有巨大影响。长期以来，每当执政党谋求重大政策转向或突破时，总是“自觉”地借助美国“压力”增强

---

① ［日］樱井よしこ：《集団的自衛権なくして日米同盟なし》，载《週刊新潮》2007年2月1日号。

② 包霞琴、臧志军：《变革中的日本政治与外交》，第272页，时事出版社2004年版。

其行为的正当性，说服国内反对力量，且屡屡得逞。在进入新世纪之后，美国布什政府由于军事扩张急需盟友相助，开始露骨地向日本施加修宪压力。① 日本亲美保守势力虽然在历史问题上诬蔑邻国“干涉内政”，但对美国的这种干涉却十分受用，以维护日美同盟为借口，大造修宪舆论，向“和平宪法”发起进攻。②它刺激一些政治家和国民为摆脱对美依附体制而主张修宪。日美同盟的强化和美国政府对日本政治的露骨干涉，引发了很多国民和政治家的民族情绪反弹和被美国拖进战争的担忧，使他们转而希望通过修宪，减少对美国的安全依赖。日本《读卖新闻》2001～2006年的民意调查显示，主张修宪的国民虽然在增加，但动机主要是摆脱“美国强加的宪法”和实现自主防卫；在与日美同盟强化关联密切的“集体自卫权”问题上，认为不拥有“集体自卫权”也可的人群也在明显增加。② 而这几年正是美国出于反恐战争等需要，在强化日美防卫合作方面加大对日压力的时节。

由此可见，日美同盟的强化从正反两个方面都起到了促使日本修宪的效果。日本各派修宪势力尽管动机主张各异，其整体力量增长都在导致国内政治社会环境向有利于修宪的方向转化。2006 年 3 月 5 日，日本《每日新闻》的调查分析结果显示，国民中赞成修宪者上升到65%，反对者降至27%；支持修改“第九条”者达49%，反对者为41%。而该报2004年针对国会议员的调查表明，在政界支持修宪和修改“第九条”已占大多数。③ 其他各主要媒体的调查也反映出类似趋势。2007 年 7 月 14 日，日本参议院通过了专门用于修宪的《国民投票法》，规定到 2010 年启动

① 2000 年阿米蒂奇报告公开呼吁日本修改宪法、解除对行使集体自卫权的限制。2004 年 8 月 13 日，美国国务卿鲍威尔在东京毫不掩饰地说，如果日本想要成为联合国安全理事会的常任理事国，首先必须摈弃其和平主义宪法。在 2007 年，新版阿米蒂奇报告重弹要日本修宪的老调。阿米蒂奇在接受记者采访时强调《日本国宪法》第九条是阻碍日美同盟进展的“要因”。从当代国际法和国际道德看，这无疑“是对日本内部事务的粗暴干涉”参见：Chalmers Johnson，“The real ‘China threat’” Asia Times Online Mar19，2005 http://www.atimes.com/atimes/china/GC19AD05.html

② 2006 年日本《読売新聞》关于修宪的舆论调查显示，主张修宪者占 65%，较 2003 年增 10.7%。在支持修宪的人群中，因认为“现行宪法是美国强加的”而支持修宪者最多，占 33.6%，较 2001 年增 9.3%，希望肯定国家自卫权和自卫队存在者占 32.5%，较 2001 年增 13.6%。在“集体自卫权”问题上，主张修宪获取“集体自卫权”以协助美国者为 26.5%，而认为没有“集体自卫权”也无妨的却高达43.5%，比2003 年同项调查增8.3%。参见［日］《読売新聞・朝刊》2001－04－05、2003－04－02、2006－04－04。

③ ［日］《每日新聞》2004－05－03、2006－03－05。

修宪程序，并成立由参众两院部分议员参加的宪法审查会。但是，此后由于朝野政党未能就宪法审查会组成和运行程序达成一致，加之民主党执政后忙于经济振兴事务，修宪的政治议程一度被缓置。尽管如此，在自民党的极力推动下，2010 年 5 月 18 日，日本《国民投票法》正式实施，从而使启动公投修宪程序成为可能。2012 年 12 月，极力主张修宪的自民党组建第二次安倍内阁，并将修宪纳入“政权公约”。可以说，当前“和平宪法”已如俎上之鲫，日本政治在日益接近发生重大蜕变的历史关头。

其次，自卫队国内政治地位上升，“文民统治”制度面临考验。基于近现代军部横行的历史教训，战后日本在重新武装的同时，也引进了欧美国家的“文民统治”原则。“文民统治”是资本主义民主政治控制军队的基本制度。根据该制度，现役自卫队官兵不能直接干预国内政治，具有政治外交意义的军事决策必须由政治家以及防卫厅“西装组（文官）”做出，而不是由“制服组（现役军官）”做主。日本自卫队的最高首脑机关防卫厅，其规格地位比“省”低一级，最高长官不能像省部大臣那样建议召开内阁会议、直接向大藏省提出预算请求、向国会提出立法建议。在防卫厅内部，大权掌握在由“西装组”组成的“内局”手中，“制服组”未经前者同意，不得擅自行动或就防卫政策公开发表见解。

然而，冷战后在日美同盟强化过程中，防卫省（防卫厅）、自卫队在日本内政外交中的存在和影响明显扩大。冷战时期，由于自身存在的合法性一直受到“革新势力”的追究，国民对战前军部横行的历史仍记忆犹新，日本自卫队在国内政治中非常低调，且视海外用兵为禁域。现役将领轻视“文民统治”原则的言行只是个别现象，且很快会遭到在野党追究和防卫厅制裁。① 但是，冷战后随着日美防卫合作的强化，日本自卫队摆脱了以往的蛰伏状态，海外行动日益频繁，常常得到国内舆论的关注乃至喝彩。十几年来，自卫队发展运用开始上升为日本国内政治的中心议题，高级将领受邀到国会作证的频率也大大增加。2007 年 1 月，日本防卫厅正式升格为“防卫省”，标志着自卫队已摆脱此前在日本内政外交中的边缘状态，政治地位空前提高。尽管造成这种现象的根本原因在于日本

① 1978 年 7 月，日本自卫队统合幕僚会议议长栗栖弘臣在接受某周刊杂志采访时，公然表示当日本受到奇袭攻击时，“自卫队将不得不依据一线指挥官的判断采取超法规行动”，结果引起日本舆论大哗，栗栖迅即被防卫厅厅长金丸信下令辞职。参见［日］高野真澄：《有事法制の批判的考察》，载《高松大学纪要》VoL41、2004 年 2 月 28 日。

"正常国家化"战略的实施，但日美同盟强化产生的外部牵引作用也不能忽视。

日美防卫合作的强化还使自卫队"文民统治"制度直接面临考验，主要表现在：①自卫队超越"文民统治"体系，私下被美军"带跑"。由于日美两军合作关系十分密切，已形成一体化和联动机制，一旦美军行动时，日本自卫队就可能超越本国的控制体制，"自动"追随美军行动。这种迹象在美国"9·11"事件发生后就已有所表露。[①] ②自卫队出于自身利益，与美方勾结制造"外压"，影响本国政府的相关决策。2002年，日本海上自卫队为使本国政府做出扩大海外派遣的决定，就曾私下找美方要求其向本国政府施压。[②] 这种行为已明显超越了自卫队的"本分"，构成了对国家外交决策的干预。③自卫队打着维护日美同盟的旗号，直接干预国内政治。据日本媒体报道，在对美防卫合作方面，近年来日本自卫队干部不顾政治禁忌，频繁与国会议员接触施加影响。在小泉执政期间，围绕日美共同作战问题，"制服组"竟然直接把意见反映给民主党的"影子内阁"成员前原诚司；日本宪法修改尚未正式启动，舆论就传出了"制服组着眼将来，在以改宪为前提研究作战问题"的消息。[③]

日美防卫合作强化对日本"文民统治"制度的冲击可能对日本结盟战略以及国内政治产生如下影响：①削弱日本在对美同盟博弈中的地位和利益获取能力。通过日美军事一体化以及与自卫队将领与美方的私下勾结，美军可轻易掌握日本政府在防卫合作谈判中的底牌，使日方难以在合作谈判中，利用"喊价"获取最大利益。②削弱日本对本国防卫战略的驾驭能力和对美军事合作的拒否权。如果日本政府不能确保对自卫队的驾

① "9·11"事件发生后，日本海上自卫队参谋部尚未接到防卫厅指示，就擅自派出军舰为美军航母担任护卫，甚至越过当时防卫厅内局，私下直接与外务省联络。外务省在得到海上自卫队参谋部的建议后未与防卫厅内局商议，就上报首相小泉公布。结果，当小泉公布七项紧急应对措施时，在指导自卫队军事行动方面负有决策建议职责的防卫厅内局竟一无所知。参见［日］东京新闻社：《新防人考 変ぼうする自衛隊 海を越える新任务（2）海幕主导》，载《东京新闻》2007－05－28。

② 2002年4月10日，日本海上自卫队为实现进一步向海外派遣的目的，竟指派海上自卫队参谋部官员前往横须贺基地拜访美国驻日海军司令查普森，建议美国向日本提出如下要求：希望日本海上自卫队派遣警戒和监视性能优越的宙斯盾驱逐舰，以便同美国海军加强情报共享；在搜索救难方面，希望日本派遣P3C预警机支援美军；如果日本能够尽量长时间地将两艘海上补给舰部署在印度洋，美方将非常高兴。参见王大军：《日本为向海外派遣自卫队找借口欲与美国'演双簧'》，载《解放军报》2002－05－07。

③ 《自衛隊 第三部 选举と政治外压米軍と緊密関係》，载《东京新闻》2004－06－22。

驭和控制，美国未来对外发动战争时，有可能恶意利用日美军事一体化机制，通过制造日美共同作战的事实，迫使日本政府追认并卷入一场未必情愿的战争。③严重损伤日本的自主性和国家威望。一个连本国武装部队都被他国操控的国家，其自主能力和国际形象无疑会大打折扣。④有可能使日本重续近现代军部祸政的传统。如果自卫队利用日美防卫合作干预本国政治和决策屡屡得手，就可能胃口越来越大，最终危及“文民统治”制度。日本的历史经验也反复证明，失控的军队对国家、对国民都将是一场灾难。2008 年 11 月发生的田母神俊雄事件就是一个危险信号。[①]

再次，基地问题成为日本政治的突出难题。当前，日本已成为美国全球盟友中提供基地数量最多的国家、全球除伊拉克以外接受美驻军最多的国家。截至 2007 年 1 月，日本 47 个都、道、府、县中，分布有美军基地（含美军专用和与日本自卫队共同使用两种）者达 29 个，基地总数达 130 多个，占地总面积相当于东京 23 区的 1.6 倍。[②] 如此广泛的基地分布和大规模的外国驻军对日本国计民生影响之大可想而知。近年来，日本国民追求正常生活和民族尊严的愿望日益强烈，驻日美军基地调整引发的国内政治矛盾也在新一轮基地调整中频繁暴露出来。

日本在基地问题上的国内政治矛盾主要表现为两个方面：①反基地民众与维护基地的执政党之间的矛盾。对广大民众尤其是基地周边的民众来说，美军基地的存在不仅刺痛他们的民族自尊心，更重要的是其衍生的安全、治安、环保、交通等问题威胁到其生活的和平与安宁。以治安问题为例，仅冲绳一县在 1973 ~ 2006 年间，进驻美军及其家属的犯罪案件就达 5451 件。[③] 20 世纪 90 年代中期以来，随着驻日美军基地调整，美军在日本的分布从冲绳向日本本岛扩散，风险也随之扩散。美军每到一地，当地民众往往视之若寇，严加防范。[④] 因此，很多民众十分不满自民党维护美军基地的政策。而对执政的日本自民党来说，一方面要通过向美国提供基

① 田母神俊雄为日本航空自卫队幕僚长，2008 年违反防卫省有关规定，擅自发表论文，公然为日本近现代侵略历史翻案。事发后，又违背统合幕僚长指示拒绝提交辞呈，最终受到解职处分。参见［日］《田母神氏だけなのか心配だ》（社説），《日本経済新聞》2008 - 11 - 12。

② ［日］《米军基地国家日本これが实態》，载《しんぶん赤旗》2004 - 10 - 21。

③ ［日］《米軍基地撤去を》，载《奈良民報》2008 - 02 - 24。

④ 驻日美海军涉外新闻报道官员长尾秀美不得不承认，美军从冲绳转移到日本本岛后，每到一地，当地即“气氛异样”，自治体担心发生美军强暴妇女的禽兽事件，“呼吁当地市民夜间不要外出，并在美军陆战队员即将出没的场所加强警备。”参见［日］長尾秀美：《日米永久同盟》，第 58 页，光文社 2005 年版。

地来实现其政治利益和所谓国家利益，另一方面又要兼顾选民情绪和争取选票，处境委实两难。②中央与地方之间的矛盾。在基地问题上，日本中央政府更多考虑的是国家的战略需求，在基地问题上相对超脱，而地方政府则要直接倾听选民的呼声并依靠他们的选票生存。因此，在冷战后驻日美军基地调整问题上，地方政府往往反映更敏感，为了得到区内选民的支持和争取中央更多的补偿拨款，他们往往会持反基地立场。这种矛盾常常使日本与美国达成的基地调整协议落实起来很艰难。①

更为致命的是，在基地最集中、相关问题最突出的冲绳县，当地民众还出现了闹独立的倾向。② 事实表明基地负担不均已成为削弱冲绳人对日本国家认同的重要因素。2013 年 1 月 27 日，全冲绳 41 位市、町、村首长和 140 位县议员以及市、町、村议会议长，联合发起“东京行动”，集体赴东京情愿并向新任首相安倍递交请愿书，强烈要求自冲绳撤出美军新部署的“鱼鹰”战机，放弃普天间美军基地转移到冲绳其他地区的设想。对此，《琉球新闻》评论道，“东京行动”表达了“（冲绳人）对整个日本的强烈不信任。政府方面应认识到如果再无视（冲绳）民意，基地问题将陷入极为危险的局面”③。

三、对日本政治影响结盟战略的若干规律性认识

纵观 20 世纪初以来的日本政治和对外结盟历史，可发现以下规律性特点：

首先，结盟战略的演变与决策集团的人脉流变有密切互动关系。日本政治虽然在政治制度上有大正、昭和与战前、战后之分，但决策层人脉的

---

① 比如，1996 年桥本龙太郎首相与美国就美军驻冲绳普天间机场的搬迁达成协议。1999 年日本内阁根据该协议，决定将美军普天间机场搬迁至名护市的边野古沖。但是由于名护市激烈反对，历时 7 年无法动工，日本政府最终只好放弃原案。参见［日］《米軍再編 先送りだらけの決定》(社説)，《朝日新聞》2006 - 05 - 31。

② 1995 年发生美军强奸冲绳少女事件后，在 1972 年施政权回归后一度走向衰微的冲绳独立运动再度抬头。2007 年 11 月 29 日，琉球大学副教授林泉忠等课题组对冲绳居民实施的民意调查显示：68.3% 的冲绳民众对日本政府的冲绳政策不满，认为自己是“冲绳人”的达 41.6%，认为自己是“日本人”的仅有 25.5%，认为自己“既是日本人，又是冲绳人”的为 29.7%，表示“冲绳应该独立的”占 20.6%。参见［日］《政府の施策、68% 不満 冲繩アィデンティティ調査》，载《琉球新報》2007 - 11 - 29。

③ ［日］《東京要請行動/牺牲の强要断つ出发点 不退転の決意示そう》，载《琉球新聞》2013 - 01 - 27。

流转具有明显的传承关系并影响到结盟对象的选择。日本政界在日英同盟下产生了一大批亲英阶层，但在大正中后期执政团队中开始分化为亲英美、亲德两大势力。进入20世纪30年代后，亲德势力主导了政坛。在战后，一直盘踞于日本政治权力宝座的保守势力也并非“新生事物”，他们与战前日本政界就存在的亲英美派一脉相传，是在亲德势力遭到美国整肃后才大行其道的。由于他们的存在，日本明治维新以后形成的“国家理性”、“一等国之梦”，得以在统治阶层的战略思维中几乎原封不动地继承、遗传下来。[①] 这使得当代日本对美结盟战略在战略思维定势、人脉流变等方面，与近代对英结盟战略之间保持了较强的历史连续性。

其次，决策集团结构变化对结盟战略产生和调整有重大影响。在决策模式的选择上，近现代日本结盟决策是封闭专断型的，相关讨论仅在皇族及贵族、政界魁首、高级官僚和军队高级将领中进行，广大国民乃至大部分社会精英在结盟问题上很难得到内部信息，更没有发言权；当代日本决策模式是开放式的，政治家有关结盟决策的争论往往现于舆论、国会议事堂，社会精英可普遍参与讨论乃至影响政治家的立场。在结盟决策集团的成员构成上，由于战后资产阶级民主改革，元老、贵族集团早已是过眼烟云，天皇仅作为“国民统合的象征”不能直接干政，军方高级将领受“文官统治”原则的约束不能随意发表主张，取而代之的是政党、财界、官僚集团开始唱主角。上述两种变化，使得当代日本结盟战略呈现两个特点：①结盟战略产生或调整的突然性降低，“渐变”成为常态，很难再发生三国同盟那种仓促上马的情况。②政界、财界、社会对结盟决策的监督和制约增强，结盟决策程序和结盟战略内容的公开度明显提高。③结盟战略受各种政治和社会势力的牵扯，政策上往往具有一定摇摆性。

再次，结盟决策机制从人治平衡走向制度平衡。决策机制的平衡性与结盟决策的稳健性密切关联。当其平衡性较强时，制定的结盟战略一般比较稳健，战略转换也较平稳；当其出现失衡时，结盟战略的制定或调整就容易极端化，跳跃性强。20世纪初以来，日本的结盟战略决策机制经过了一个“平衡（日英同盟）—失衡（三国同盟）—再平衡（日美同盟）”的变化过程，而前后两个“平衡”的机理又存在明显不同。在日英同盟问题上，日本战略决策机制的平衡是靠自然形成的政治集团之间的权势均衡实现的。在机制中居于关键地位的元老集团属于体制外存在，是靠他们

① ［日］藤原弘达：《吉田茂——その人その政治》，第84页，読売新聞社昭和39年版。

的个人威望和相互间的竞合关系发挥平衡作用。因此，这种平衡机制本身就具有不稳定性。到了昭和年间，随着元老相继辞世和淡出政界，日本权力结构逐渐滑向对军部的一边倒，导致结盟战略的稳健性大幅度削弱。在日美同盟问题上，日本战略决策机制的平衡则以资本主义民主制度为基础，主要通过党派竞争实现的，运行就比较稳定，对美结盟战略稳定性也比较好，冷战后的转换调整也基本属于渐变而非突变。尤其需要指出的是，由于制度平衡因素的作用，当代日本结盟战略的演变往往表现出如下特征：少数强势首相利用其本人和所属党派的优势，强行制定或大幅度调整结盟战略，多数首相则只能走中道路线，萧规曹随或做一些微调。[①] 因此，强势首相的出现及其执政命运对日本结盟战略走向具有重要意义。

第二节　经济与日本结盟战略

在近现代，日英同盟之于日本的意义在于以同盟为后盾，以军事手段实现领土扩张和经济掠夺；在冷战时期，面对资本主义市场经济和社会主义经济体系的对抗和竞争，日美同盟对日本的意义在于利用美国霸权提供的政治安全环境，以经济手段实现基于自由主义规则的市场扩张；在冷战后，随着经济全球化的加速推进，日美同盟则被日本用于保护其全球范围内的资本扩张。

一、近现代日本经济与结盟战略

戴季陶曾在谈及日英同盟时表示："日人以一小国，而欲求扩张其国力于世界，于是以联合者为侵略之手段，以维持实业者为发展国力之手段方针，日人之用心苦矣。"[②] 戴氏之言实际上精辟地点出了近现代日本崛起历史的三个关键词：结盟、侵略、经济。在影响近现代日本结盟战略的诸因素中，"经济"作为"后台"因素，具有不可忽视的地位和作用。

（一）明治、大正时期日本结盟战略中的经济因素

明治、大正时期日本结盟战略与经济因素的相互作用主要体现在以下三个方面：

---

① 从1952年到2008年日本26位首相中，只有吉田茂、岸信介、田中角荣、中曾根康弘、小泉纯一郎在对美结盟战略的制定和调整方面有大作为。

② 唐文权、桑兵：《戴季陶集》，第308页，华东师范大学出版社1990年版。

首先，以经济近代化为基础的“强兵”是日本得到日英同盟的前提。同盟合作是需要一定军事实力的，而经济则是支撑军事的物质基础。在19、20世纪之交，日本这个“二流国家”之所以能得到头号强国英国赏识，很大程度上是因为其拥有一支强悍的近代化军队。① 而日本军事实力的强大就是以经济近代化的成功为前提的。明治维新开始后，日本一方面在国内大搞殖产兴业，发展资本主义经济；一方面积极谋求对外掠夺，通过侵略中国快速积累近代化所需的原始资本。尤其是日本通过甲午战争从中国勒索的赔款高达3.64亿日元，相当于其国家年度预算的5倍，超过了当时日本公司资本的总额。② 因为赔款是用有黄金保证的英镑支付，日本得以此为基础，采用了金本位制，从而大大缓解了国内资本稀缺状况，提高了本国在世界经济中的地位。更重要的是，这项赔款中的62.8%被用作军备扩张费，21.9%被用作临时军费，日本军工生产能力因此成倍增长。③ 正是以经济实力和军工生产能力做后盾，日本才有了与俄国一决雌雄的、起码的军事本钱，才得以被英国看在眼里、引为盟友。

其次，对英国资本和市场的渴求是促使日本重视日英同盟的重要因素。尽管日本经济在明治维新过程中得到巨大发展，但由于穷兵黩武，国家财政总是处于高度紧张状态。从1896年到1902年日本累计军费投入17.2亿日元，远远超过了从中国勒索的赔款总额；从1897年到1905年，日本年度军费投入一直保持在2亿日元以上，到1905年又猛增到8.9亿日元，远远超过了日本每年的财政总收入，而与当年日本公司拥有的总资本相当。④ 如此浩大的军费消耗明显超出了日本的国家财力，而日俄一战，日本虽为战胜国却未能从沙俄那里得到一分钱的赔款，国家财政长期赤字运行，以至占据了“南满”却无本钱经营。因此，无论是发动战争还是战后经营，日本都必须仰仗英美资本。事实上，在日俄战争中，英国

① ［英］杨国伦：《英国对华政策（1895－1902）》，刘存宽等译，第311页，中国社会科学出版社1991年版。

② 甲午战争日本获得2亿3150万两白银（相当于3亿6400万日元），而当时日本中央政府的一般会计岁出7000万～8000万日元参见冯昭奎：《日本经济》，第26页，高等教育出版社1998年版。

③ ［日］依田憙家著：《近代日本与中国日本的近代化——与中国的比较》，卞立强、陈生保、任清玉译，第37～38页，上海远东出版社2004年版。

④ ［日］依田憙家：《简明日本通史》，卞立强、李天工、雷慧英译，第250～251页，上海远东出版社2004年版。

对日财政支援的作用甚至比军事支援更为重要①，而战后日本经营“南满”也是从英国那里借钱才得以启动的。② 从另一个角度看，当时日本殖民、通商的主要利源之地多被英国控制，即使是以和平方式扩张殖民经济，也需要英国的许可。正因为此，桂太郎内阁把“财政经济上可得到英国提供的援助”、“有利于殖民通商”列为对英结盟战略必要性的主要理由之一。后来的事实也证明，在战时经济和殖民经济扩张方面对英国的依赖是日本长期重视日英同盟的重要因素。

然而，第一次世界大战爆发后，日英金融贸易关系发生了重大变化。在金融领域，日本大发战争横财，自1914年到1920年6年间，日本从背负10.9亿日元债务的国家变为拥有27.2亿日元的债权国。③ 日本报纸甚至叫嚷：“钱太多了头疼。”④ 一夜暴富使日本对英国资本的依赖结构如阳光下的冰雪快速消融。在贸易领域，战争期间美国和中国快速升格为日本第一、第二大出口市场，而日本对英联邦出口占年出口总额的比重却徘徊于1/5～1/3之间。⑤ 相比之下，日本对英联邦市场的依赖程度明显相对下降了。到第一次世界大战结束时，至少在不再为资本短缺和寻求市场发愁的日本财阀眼里，日英同盟已变得可有可无了——日本“已纸醉金迷，在做太平洋领袖之梦了”⑥。

再次，日英经济矛盾是日英同盟最致命的腐蚀剂。在经济领域，日英关系呈现出单向依赖的特征，日本仰仗英国之处多，而英国有求于日本之处甚少，且存在根本性矛盾，其主要表现在三个方面：①日本的经济制度和经济扩张方式与英国存在原则性冲突。英国实行自由资本主义制度，殖

① 在1904、1905年，日本在英美等国募集的外债总额8200万英镑，差不多相当于1905年当年军费总额。如果没有这笔巨额资金，日本是难以维持战争的。参见王颜昱：《日本军事战略研究》，第95页，军事科学出版社1992年版。

② 在战后，日本为解决“南满洲铁道株式会社”的资金短缺，又不得不以公司债务的形式在伦敦筹措了大约1.2亿日元的资金。参见［日］依田憙家：《简明日本通史》，卞立强、李天工、雷慧英译，第261～263页，上海远东出版社2004年版。

③ ［日］升味准之辅：《日本政治史》第二册，董果梁译，第504页，商务印书馆1997年版。

④ ［日］平间洋一：《日英同盟——同盟の选择と国家の盛衰》，第123～124页，PHP研究所2000年版。

⑤ ［日］東洋経済新報社：《明治大正国勢総覧》，第455～463页，東洋経済新報社1975年版。

⑥ ［日］平间洋一：《日英同盟——同盟の选择と国家の盛衰》，第116页，PHP研究所2000年版。

民经济扩张更多依赖强大的资本实力，故而强调贸易、投资的自由性。日本则行半封建半资本主义，由于资本实力和商业竞争力不如欧美，在殖民经济竞争中主要依靠军事手段对殖民地实行排他性控制，玩的是零和游戏。②日本逐渐成为英国对华殖民贸易的最大竞争对手。英国在对华殖民经济扩张中占据先得优势，已把中国最丰腴之处收入囊中，而日本扩张的最大目标也是中国，且拥有地缘之利——"英人在中国商务最盛，欧洲诸国中除德国外，日人实为英人经营东方之大敌。"[①] 事实上，在日英同盟缔结后，日军每侵一地，经济上往往采取"关门"政策，将盟友英国的利益与其他列强一并驱逐；在市场争夺中，日本凭借地理之便和不断增强的商业竞争力，在与英国的对华贸易竞争中逐渐由劣势变为优势，到1913 年对华贸易额竟 4 倍于英。[②] 这些令英国垄断资本家大为震惊，将日本视为自己在亚洲最大的竞争对手。③日本在战时经济上对英国落井下石动摇了日英同盟根基。战争是考验军事同盟价值的试金石。在日英同盟初建时，英国为支持日本对俄战争，不仅提供巨额贷款，而且还设法阻止俄国在金融市场筹措战费。然而，在第一次世界大战期间，当英国提出对德经济封锁和提供运输支援的请求后，日本的回答则是：继续保持对德贸易，以影响本国贸易运输为由拒绝派船；在新占领的中国山东和太平洋德属岛屿，限制英国商人进入和经商[③]；趁火打劫向中国提出的"二十一条"，从根本上危及英国的在华经济利益。面对这样一个贪得无厌、处处勒索的盟友，英国战时就已生厌弃和防范之心，只是害怕日本倒向德国才

---

① 唐文权、桑兵：《戴季陶集》，华东师范大学出版社 1990 年版，第 307 页

② 日本在通过日俄战争占领东北后，极力排挤英国资本向东北的渗透。1907 年清政府计划修建新法铁路（新民屯至法库门），由一家英国公司承建。日本闻讯后即以该铁路与南满铁路一部分平行为借口向英国抗议，迫使英政府禁止本国铁路公司承建此路；1910 年日本吞并朝鲜后，随即撤销了英国人在朝鲜的治外法权，解雇了英国在朝鲜的经济顾问。在中国市场的争夺方面，1890 年英国对华贸易额尚为日本的 3 倍多，到 1913 年，则比例完全倒转，日本为英国的 4 倍多。参见吴廷璆：《日本史》，第 541 ~ 542 页，南开大学出版社 1994 年版。

③ ［日］平间洋一：《日英同盟——同盟の选择と国家の盛衰》，第 114 ~ 115 页、118 页、123 ~ 124 页，PHP 研究所 2000 年版。

不得不虚与委蛇。[①]

经过第一次世界大战，日本在经济自信心大为增强的同时，又从德国战败的教训中意识到经济上依赖英美的危险性，开始谋求实现“自存自立”。1918年，日本海军在题为《欧洲战争海军相关问题》的文件中指出：“自给自足是此次战争在国防上的一大教训，不能自给自足国家就基础不稳。”[②] 而日本《太阳》杂志则公开宣称：“一旦东洋有事，日本要用兵确保支那资源的利用，确立丝毫不依赖其他供给的方针。如此一来，日本即使与英美世界霸权对抗，也能确保一等国之地位。”[③] 这表明，日本已放弃此前凭借日英同盟关系，依托英国资本进行侵略战争和殖民经营的老路，甚至把这个曾经扶持自己的老盟友视为对手，套进了战争瞄准镜。

（二）30年代经济大危机与日本结盟战略

1929年，资本主义世界爆发了空前严重的经济危机，对日本内政外交产生了极大冲击，间接或直接影响到日本的结盟战略。

首先，危机促使日本经济军事化，为具有亲德意识的军部主政创造了有利条件。经济危机的猛烈冲击使日本国内政治、社会矛盾激化，政党政治失灵，法西斯势力趁机崛起。为摆脱经济困境，日本垄断资本以及代表他们的政党势力被迫按照军部意愿推动日本经济全面军事化——以准备全面战争为出发点，建立政府全面管理国家金融、生产、贸易的“统制经济”。“统制经济”的建立又使政党政治运行的利益空间被极度压缩，军部乘机加速政权法西斯化，夺取了国家决策的主导权。而主宰日本军部的陆军势力一向具有浓厚的亲德意识，是日德意结盟的最有力倡导者。

① 早在1917年3月，大英帝国会议上发布的《关于日英关系的备忘录》就已明确指出：“日本的侵略野心与英国的中肯要求之间没有妥协余地……为了处理膨胀的人口，日本向朝鲜、台湾、满洲、桦太、蒙古等地扩张。从资源角度看，日本的政治目的也是部分地消灭大英帝国。如果不认可日本的这种野心，届时就必须下决心以武力阻止之。日英同盟不过是基础虚无的存在。”参见［日］平间洋一：《日英同盟——同盟の选择と国家の盛衰》，第119～120页，PHP研究所2000年版。

② 该文件还具体指出：“万一战争爆发，日本与第二区（香港以南至印度之间的菲律宾、荷属东印度、澳大利亚）贸易断绝，棉花、羊毛、橡胶、石油、砂糖等物资进口中断，我国国民将陷入困苦和险境。如果进而与第一区（香港以北的中国、满洲、西伯利亚、俄国）的贸易中断，我国将不能从国外得到一吨物资，战时煤、铁供给线路全部断绝，国家只能走向灭亡。”参见［日］岩大路邦夫：《日本の地政学的戦略 半島と海洋国家》，http://www11.plala.or.jp/jins/index.html

③ ［日］平间洋一：《日英同盟——同盟の选择と国家の盛衰》，第132页，PHP研究所2000年版。

其次，经济危机加剧国际经济关系分化，相似的经济困境使日本与德意同病相怜，寻求相互结盟共谋新秩序。面对经济危机，掌握丰富资源或殖民地的英、法、美等国纷纷建立封闭式贸易集团以求自保，先前以自由贸易为基调的国际分工体系遭到破坏；日、德、意等国内资源贫乏、殖民经济欠发达的国家面对前者形成的集团壁垒，国际经济处境愈发不利。相似的困境促使日本当权者以所谓“持有国与非持有国”经济理论，根据国家持有经济资源和殖民地的多寡，把世界分为日德意等“非持有国”和英美法等“持有国”两大群体，并把“非持有国”以武力应对“经济帝国主义跋扈”，打破“以英美为本位的世界和平秩序”视为维护本国“生存权”的“正义之举”[①]。这种基于日本扩大侵略战争需要产生的国际观，在近卫内阁期间相当泛滥，成为支持日本缔结日德意三国同盟、谋建“大东亚共荣圈”的重要理论借口。

再次，经济孤立促使日本加速建立“自给自足”的殖民经济圈，试图凭三国同盟威势，以武力夺取英美的远东殖民利益。如果说明治时期日本追求与英国结盟的动机之一是“借钱打仗”的话，那么昭和时期日本追求三国同盟的深层动因则是要摆脱对英美资本和市场的依赖，确立“自存自立”的殖民经济圈和战争经济基础。世界经济大危机爆发后，国际经济战趋于激烈，截止 1934 年，共有 40 个国家对日本商品进口实行限制或提高关税。[②] 尤其是英美两国采取的高关税壁垒对日本出口造成了严重影响，使其 1930～1935 年间对美国和英联邦的年出口额下滑到 15 年前的水平。[③] 严峻的经济孤立使日本军部在一战期间就已提出的，通过扩大对华经济侵略，建立日本主导的东亚殖民经济圈，实现经济“自存自立”的主张，“开始具有广泛的社会基础和相当的紧迫性了”[④]。然而，英美等

---

① 所谓“持有国”是指英法美等拥有大量资源和殖民地，倾向于维持现状的国家，“非持有国”则指经济资源贫乏、殖民地少，倾向于打破现状的国家。近卫内阁 1938 年提出所谓“东亚新秩序”，以及后来支持与德意结盟，就是以“持有国与非持有国”论为依据的。近卫文麿本人早在 1919 年发表的论文《排除英美本位的和平主义》中就对德国表示同情，提出过与德意一起打破英美主导的现状。参见［日］近衛文麿：《英米本位の和平主义を排す》，载《日本及び日本人》大正 7 年 12 月 15 日号。

② 宋则行、樊亢：《世界经济史》（中卷），第 200 页，经济科学出版社 1998 年版。

③ ［日］東洋経済新報社：《明治大正国勢総覧》，第 455～463 页，東洋経済新報社 1975 年版。

④ 刘笑盈：《眺望珍珠港——美日从合作走向战争的历程》，第 148 页，北京广播学院出版社 2002 年版。

国在中国及东亚的殖民经济根基深厚，由于日本资本实力和产业竞争力均处于相对弱势，很难通过和平竞争的方式排除，唯一有效的选择就是战而取之。[①] 当然，日本与欧美国家特别是美国的经济关系并非全然对立，也存在很强的贸易依赖性，而且这种依赖对于日本支撑侵华战争机器一度非常重要，是日本决策层在1938～1939年日德结盟谈判中犹豫不决的原因之一。但是，与这种依赖相比，日本与英美之间在争夺殖民地资源上的对立更具有根本性。到1938年12月，美国驻日大使约瑟夫C. 格鲁（Joseph C. Grew）已意识到，日本“一心要把外国势力和外国贸易全部赶出中国，把中国变成日本独占的市场，日本经济和工业独霸的基地”[②]。因此，尽管美国试图利用日本对本国的这种贸易依赖，迫使其放弃“南进”和走向德国，且在米内执政期间产生了一定效果，但随着第二次近卫内阁的建立，日本还是奔向了东南亚和三国同盟。

第四，三国同盟不仅无助于日本达成现实和长远的经济目标，反而使其经济孤立加深，最终因“渐贫”而无力再战。日本统治者缔结三国同盟的深层目的是依托军事同盟，以战争手段创造经济上“自存自立”的基础，但事实却证明，日德意三国同盟对于上述目的的实现非但无益，而且有害。其主要表现在：①日本国际经济孤立因结盟而加剧，战费筹措惟赖德国滴水之助。到20世纪30年代初，日本在一战中所发的“横财”和积蓄，就已在军备竞赛和侵华战争中挥霍一空。[③] 三国同盟缔结后，美、英、荷属东印度当局下达对日信贷冻结令，很快使日本财政因国际融资渠道基本断绝而濒于破产，只能主要靠德国提供借款；而德国为防止日

① 日本海军军令部长加藤宽治曾直言不讳地表示：日美海军为夺取“太平洋的支配权”必将发生冲突，而“日美海军争霸战”的真正原因是围绕中国的“经济战”；“目前屡屡刺痛我们的日美海军军控问题、新加坡问题、布哇的筑城问题”，“都事关日本生死的整个远东的支配权，事关能否在对华资本竞争中掌握先机”。参见［日］平間洋一：《A・T・マハンが日本海軍に与えた影響》，载《政治经济史学》1993年2月第320号。

② ［美］约瑟夫・C. 格鲁（Joseph C. Grew）：《使日十年》，蒋相泽译，第273页，商务印书馆1983年版。

③ 在“一・二八”事变期间，面对中国军队的顽强抵抗，日本军费消耗甚大，财政面临见底的窘境。高桥藏相曾表示：“我国的海外信誉正在急剧下降，目前在海外筹划资金几乎已不可能，这样下去，军费连三个月也维持不了，而且国内形势令人不寒而栗。”参见［日］信夫清三郎：《日本外交史》下，天津社会科学院日本问题研究所译，第570页，商务印书馆1980年版。

本退出三国同盟，又规定所供贷款只能用于购买德货。[①] 而且，德国也是资本穷国，战前"国内黄金储备微乎其微"，战争中掠夺的财富也仅能满足其战时总支出的1/3，援日能力极其有限。[②] ②同盟的建立促使美、英、中等国加强军事和经济合作，三国同盟之下的日本经济劣势更加突出。在日德意三国同盟建立前，日本与唯一的战争对手中国相比，经济上尚具明显优势。但在同盟建立后，拥有巨大人口优势的中国与拥有强大资本和生产优势的美、英等国加强了联合，日本原来的局部优势反而变成了整体劣势。[③] ③日本无法依赖德、意获取海权优势，徒抱"共荣圈"走向"渐贫"。德国本属于陆军强国，海军实力尚不如日，意大利海军更属强国之末流。日美开战后，德意虽然也对美宣战，但其海军自顾不暇，难以东进太平洋支援日本。而英美则依托海军优势，逐渐掌控了西太平洋制海权。结果，日本本土与东南亚占领地的交通线被悉数阻断，到战争后期只能望洋兴叹，靠本土节衣缩食苦撑而已。1944 年塞班岛失陷后，日军大本营"第二十二班（战争指导班）"不得不承认："帝国作战已无挽回大势之门径，会逐次陷入渐贫，应设法迅速结束战争。"[④]

二、冷战时期的日本经济与对美结盟战略

与世界其他同盟以及日本近代缔结的日英同盟、三国同盟相比，冷战时期日美同盟对日本经济发展的影响要大得多、直接得多。日本经济的迅速发展及其产生的对外经济关系又从内政、外交两个角度对日本结盟战略及日美同盟关系产生直接和间接影响。

（一）日美同盟对日本经济的影响

第二次世界大战结束后，国际政治与国际经济的交互性逐渐突出，"低级政治"对"高级政治"的影响越来越直接、越来越大。战后不少国家都存在利用同盟关系，为本国谋取经济利益的现象，而日本可谓其中最

---

① 1941 年 10 月 9 日，美国驻日大使格鲁得到的情报指出，"日本现在可以利用的外汇总数约为 2 万德国马克"。参见［美］约瑟夫 · C. 格鲁（Joseph C. Grew）：《使日十年》，蒋相泽译，第 450 页，商务印书馆 1983 年版。

② 高德步等：《世界经济史》，中国人民大学出版社 2001 年版，第 354 页。

③ 在人口上，仅中美英三国就数倍于日德意三国；在工业生产能力上，美英在 1937 年占世界工业生产的比重之和是德日之和的 3.3 倍。参见马世力：《世界经济史》，第 308 页，高等教育出版社 2001 年版。

④［日］《昭和戦争 · 検証報告戦争の惨禍、指導者の責任 》，载《読売新聞 · 東京朝刊》2006－08－13。

成功、获益最多的国家之一。日美同盟既曾是日本争取美国援助和投资的“饭票”，又是其进入美国主导的资本主义经济体系的“门票”，对其经济崛起发挥过重大支撑功能，但同时对日本经济的扩张方向和经贸政策也具有较强的制约作用。

首先，日美同盟为日本经济发展提供了有利的国际环境。其主要表现有三：①它为日本依托强权逃脱战争赔偿义务开了方便之门。日本发动的侵略战争曾给很多国家造成巨大损失，战后按照国际法理应承担赔偿义务。1945 年 11 月 13 日，美国政府也曾向远东委员会提交《日本赔偿的即时实施计划》。如果该计划全部付诸实施，将“清空”日本全部军工和重工业家底，把“日本拉回到原始的农业国阶段”[①]。然而，由于美国调整对日政策，在签署《旧金山和约》时执意偏袒，原先拟定的赔偿方案几乎不了了之，从而极大降低了战后日本经济崛起的负荷。②它为日本在恢复独立后迅速进入资本主义世界经济体系提供了便利。战后以美国为首的西方国家建立了以布雷顿森林协定为骨架，以关贸总协定为主体，以自由贸易为基本原则的资本主义世界经济体系。由于得到美国的大力支持，日本得以比较顺利地加入了这个体系。[②] 而加入该体系使日本作为战败国，却得以享受到当年用战争手段都未能得到的，利用国际资本和市场的空前自由，在战后经济恢复和发展上与英法等战胜国几乎同步共进，甚至能占其上风。③它为战后日本经济扩张提供了非常有利的国际安全环境和重大机遇。战后美国的军事霸权扩张在为本国垄断资本扩张开辟道路、提供保护的同时，也使以“和平国家”自诩的日本深受其惠。日本著名经济学家林直道曾一针见血地表示：“如果说战前的日本垄断资本依靠日本帝国主义不断侵略亚洲诸国才膨胀起来的话，那么，第二次世界大战后，日本垄断资本是凭借朝鲜战争、越南战争，利用亚洲反共军事体制迅速扩

① ［日］内野达郎：《战后日本经济史》，赵毅译，第 33、34 页，新华出版社 1982 年版。

② 比如，在加入关税及贸易总协定（GATT）问题上，西欧各国一度担心日本产品的低成本威胁，导致日本加入谈判一度难产，后在美国的支持下于 1955 年得以成为该组织正式成员。为此，日本外相重光葵在与美国国务卿 1955 年 8 月 31 日发表的共同声明中，专门对美国的支持表示感谢。参见［日］外务省：《重光外務大臣と米国国務長官の共同声明》、1955 年 8 月 31 日、http:/www. ioc. u – tokyo. ac. jp；［日］経済産業省《通商白書》（1989 年）、http: www. meti. go. jp/hakusho/

充其资本规模的。”①

其次，日美同盟为日本集中国家资源于经济崛起创造了有利条件。回顾近现代，日本穷兵黩武，有限的经济和科技资源多被用于军事，依托军事同盟不断发动侵略战争，结果“强兵”虽曾就，“富国”终未成，最后战败只落得一片废墟。基于这一教训，战后吉田茂政府在策划、处理日美同盟关系时，对大规模重新武装态度消极，把维护日本安全的主要责任托付给美国，集中资源发展经济。据估算，由于日美同盟的存在，日本的防卫费长期保持在国内生产总值的1%上下，大大低于北约成员国的平均值，在1974~1984年的10年间，美国的安全伞使日本的国民生产总值增加3500亿至4000亿美元。② 1982年4月27日，在美国众议院亚洲·太平洋小委员会举行的关于日美关系听证会上，美国密歇根大学教授萨克森·豪斯指出：“如果战后日本国防支出比例与美国相仿即达到国民生产总值的4%~5%的话，国民生产总值将比现在的实际值低40%。”③ 更值得一提的是，军备发展的自我约束，还使日本的教育与科技资源也得以向民用经济领域集中，从而为日本迅速增强国际经济竞争力提供了极为有利的条件。

再次，日美同盟为日本从美国获取大量经济科技援助提供了诸多便利。有了这个同盟，日本得以从美国争取到大量经济援助，得以顺利实现战后经济的恢复。战争结束时，日本丧失了所有海外殖民地、海外投资和企业，国内一片残垣断壁，国民经济处于“濒死状态”，农业生产下滑到战前的60%，工矿业生产则锐减到战前的1/10。④ 然而，不过十年日本经济就奇迹般地得到恢复。究其原因，与美国提供的巨额经济援助存在直接关系。⑤ 这笔巨额援助及时为日本被军国主义战争机器榨干的经济肌体补了血，对日本经济复活发挥了关键作用。有了这个同盟，

① ［日］林直道：《现代日本经济》，色文等译，第96页，北京大学出版社1995年版。我国学者冯昭奎还指出，仅朝鲜战争带来的“特需”就至少使日本在战后的发展进程中赢得了10年的时间（参见冯昭奎：《日本经济》，第42页，高等教育出版社1998年版）。

② 冯昭奎、刘世龙、刘映春、江培柱、金熙德、周永生：《战后日本外交》，第234页，中国社会科学出版社1996年版。

③ ［日］清源武彦：《日米危機の構造》，载《正論》（特别增刊）1982年7月号。

④ ［日］细谷千博監修：《日本とアメリカ——パートナ－シップの50年》，第262页，ジャパンタイムズ2001年版。

⑤ 参见在日本战后经济恢复期间，美国共向日本提供了19.54亿美元的经济援助。参见张键：《战后日本经济的恢复、调整与起飞》，第220页，天津古籍出版社1994年版。

日本还得以从美国得到大量先进的工业技术和经济管理经验，快速实现了现代化。据学者估计，战后初期日本的科学技术水平大约比欧美国家落后30年。[①] 但是，由于以世界上科技最发达的美国为盟友，日本在技术引进上得到了大量优惠和便利，仅用十几年的时间就弥补了差距且有所超越。[②]

第四，日美同盟制约着日本对外经济关系发展的空间和政策选择。出于冷战遏制需要，美国不仅自身对社会主义国家采取“封锁”、“禁运”政策，还反对其盟友发展与社会主义国家的经贸关系。1950年1月1日，美国以北约成员国为骨干，主导成立了专门对苏联和东欧国家禁运的“巴黎统筹委员会”（COCOM），1951年10月该委员会又成立了中国委员会，负责对中国、朝鲜、越南的出口禁运和管制。1952年1月24日，为进一步控制盟友与社会主义国家的贸易行为，美国总统杜鲁门签署“巴特尔法案”（即“1951年共通防御援助管制法案”）。该法案规定凡是违反美国禁令，向社会主义国家出口战略物资的国家，美国将停止对该国的“援助”[③]。对于美国的上述经济霸权政策，日本尽管心有埋怨，但作为盟友仍不得不予以配合，与美签署秘密协定，接受美国为其拟定的对中国等社会主义国家的“禁运”货物清单。[④] 整个冷战期间，美国对日本发展与社会主义国家之间的贸易有时也睁一只眼、闭一只眼，但在关键问题上仍

---

① 参见张键：《战后日本经济的恢复、调整与起飞》，第231页，天津古籍出版社1994年版。

② 出于扶植和控制日本的战略需要，战后美国对日技术输出管理很宽松，条件也很优惠。日本购买美国的设备和先进技术不必使用外汇，可以以出售企业股权和提供直接或间接军事帮助等方式偿还；一直到20世纪70年代 日本每年引进技术的一半以上来自美国，其中高技术领域，美国技术占80%～90%。参见王泉清：《日本的科技为什么崛起——一个驻日外交官看日本科技管理》，第81、91页，气象出版社1995年版。

③ 郑伊雍：《冷战一页——建国初期西方对我国封锁禁运揭秘》，第34、35页，中国青年出版社1999年版。

④ 参见郑伊雍：《冷战一页——建国初期西方对我国封锁禁运揭秘》，第59～62页，中国青年出版社1999年版。

施雷霆手段，令其不得不谨慎从事。[1]

上述情况对日本对外经济关系发展产生了很强的规制作用[2]，并造成两大后果：①日本逐渐形成了“两密一疏”对外经贸关系格局，即与西方发达国家和部分发展中国家的经贸关系密切，与社会主义国家的经贸往来则相对疏远（参见表5.1、表5.2）。②日本形成了“远离大陆、海上求生”的地缘经济布局。在近现代，中国等亚洲近邻国家曾与美、欧并列为日本三大贸易对象。[3] 但是，由于被迫对中国等社会主义国家“封锁”“禁运”，日本对外经贸只好舍近求远，把重点放在欧美。到1959年，日本的“主要出口市场由战前的东亚转移到以北美为中心的工业化国家”[4]。与此同时，日本在原材料保障和低端产品市场方面对东南亚国家的倚重明显增强，在能源供给方面则形成了对中东地区的深度依赖。需要指出的是，在进入20世纪70年代之后，受美国经济霸权地位动摇、东西方关系缓解以及中美关系突破的影响，日本与社会主义国家尤其是与中国的经济关系也获得了较大发展（参见表5.1）。

---

① 20世纪80年代，日美贸易摩擦日益尖锐，美国国内政界、舆论“敲打”日本的力度不断加大。其中，最具代表性的是1987年，美国抓住“东芝事件”大做文章。1982年到1984年，日本东芝公司下属的东芝机械公司违反“巴黎统筹委员会”禁令，向苏联出口禁运机床，于1987年遭到美国国防部指控。该事件发生时，正值日美贸易摩擦加剧之时，美国政府以东芝违规向苏联出口的五轴数控机床提高了苏联潜艇的静音性能为由，对东芝公司实施了严厉制裁。日美关系因此出现信任危机，日本政府迫于美国压力给予东芝公司一年内禁止向社会主义国家出口的处分，东芝总公司董事长和社长辞职，两名当事人被判刑，首相中曾根康弘向美国正式道歉，东芝公司还花巨资在美国主要报纸和杂志整版刊登“悔罪”广告。但冷战后披露的事实表明，美国国防部其实当时就知道苏联核潜艇噪音的降低并非东芝公司向苏联出口的机床所致，不过是借题发挥而已。参见［日］杉山徹宗：《日米同盟関係の根本問題》，载《DRC年報－2003》、日本防卫研究中心（Defense Reserch Center）http://www.drc-jpn.org/AR-7J/sugiyama-03j.htm

② 在日美安保关系建立前，日本财界和政界很多人仍寄希望发展与中国的贸易关系促进本国的经济恢复。尽管吉田茂当时曾表示：“我不在乎中国是红色的或绿色的，中国是一个天然市场，日本考虑市场时它就成了需要”，但后来当美国对日中经济交流说“不”时，日本为同盟关系计，仍不得不放弃中国市场。参见杨生茂：《美国外交政策史（1775－1989）》，第464页，人民出版社1989年版。

③ 1934年～1936年，日中贸易曾占日本进口的12%，出口的18%；在1936年，中国曾在日本出口贸易中占第一位，进口贸易中曾占第二位。参见郑伊雍：《冷战一页——建国初期西方对我国封锁禁运揭秘》，第110页，中国青年出版社1999年版。

④ ［日］経済産業省《通商白書》（1960年）、http:/www.meti.jp/hakusho/index.html

表 5.1　冷战时期日本与相关地区、国家贸易结合度的变化

项目/年份 市场	出口结合度				进口结合度			
	58 年	72 年	74 年	75 年	58 年	72 年	74 年	75 年
发展中地区	2.2	2.2	2.3	2.4	1.7	2.2	1.8	2.1
共产圈	0.2	0.5	0.7	0.8	0.2	0.5	0.5	0.5
发达地区	0.6	0.7	0.6	0.6	0.8	0.7	0.6	0.6
东南亚	4.1	3.8	3.4	3.4	3.2	3.4	3.5	3.5
中近东	2.1	1.6	2.2	2.4	2.8	3.0	2.1	1.8
美国	2.0	2.3	1.7	1.6	2.1	2.0	1.7	1.7
西欧	0.3	0.3	0.3	0.3	0.2	0.2	0.2	0.2
中国	1.1	3.0	4.0	4.2	1.0	2.6	2.6	2.9

（日本经济产业省“通商白书（1976）”、http:/www.meti.go.jp/hakusho/index.htm）

表 5.2　冷战时期日本向不同国家或地区出口额占其总出口额的比重

市场	66 年	68 年	73 年	75 年
发展中地区	42.6%	43.4%	——	49.4%
共产圈	6.1%	4.5%	5.3%	8.4%
西方发达地区	51.2%	52%	——	42%

（日本経済产业省“通商白书（1967）”、“通商白书（1969）”、“通商白书（1974）”、“通商白书（1976）” http:/www.meti.go.jp/hakusho/index.htm）

（二）经济发展对日本结盟战略的影响

冷战时期日本经济发展对日美同盟的影响是多方面的，既存在有利于贯彻坚持结盟战略的一面，也存在诸多不利于同盟关系发展的消极因素。

首先，经济发展增强了日本坚持日美同盟的经济基础。在战后初期，日本优先追求的政策目标是恢复发展经济，并对此前的宿敌美国有很大期待。日本著名政治家藤山爱一郎曾回忆说：“当人们得知占领国将是美国的时候，许多企业家都打开香槟酒，为新的企业家时代的到来举

杯祝酒。”① 这种经济上对美国的热望不久即变成日本走向日美同盟的重要推动因素。而后来的事实又似乎实现了日本财界的这种期待——在盟友的帮助下，日本经济迅速实现了恢复、腾飞。经济上的成功坚定了日本垄断资本支持亲美保守政权的立场，也削弱了日本社会“反安保”的民意基础。日本自民党乘机宣扬“（日美）安保繁荣论”，以巩固其执政基础，长期维持日美同盟关系。

其次，经济发展增强了日本扩大对美防卫合作的需求动力和后劲。战后日本经济发展的基本路径是贸易立国。这意味着，经济越发展，日本对海外资源和市场的依赖就越大，对海上战略通道的依赖越大。由于自卫队受宪法第九条和国内政治、社会因素的制约，很难大规模扩军并走向海外，日本就只能越来越依靠美军保护本国不断扩大的经济利益。同时，经济发展的成功也使得日本政府有充沛的财源支持自卫队扩大日美防卫合作。正是在20世纪70年代成为世界经济大国之后，日本在军事安全领域的对美合作才明显趋于活跃与高调。尤其是进入80年代后，日本政府配合美国冷战政策，提出保护1000海里海上航线，个中的经济动因至为明显。正如日本学者所指出的，随着成为世界贸易大国，日本“通过自卫队与驻日美共同训练制度化、向美军提供丰厚的财政支援等手段，承担起了走向全球化的‘日美经济圈’（An US－Japan Economy）的防卫功能”②。

再次，经济发展增强了日本追求对美平等与自主的欲望和资本。自20世纪60年代开始，日本经济发展进入了快车道，取得了令世界瞩目的成就，经济规模和发展水平相继赶超欧洲诸强，位居世界前列且日益接近美国。经济快速崛起使日本国民的民族自信心大增，民族主义情绪明显上升，政界、社会越来越多的人开始抨击政府在日美同盟关系中甘为“子分”，事事追随美国的做法。与此同时，美国在国际经济领域地位却持续相对下降，国际收支失衡趋于严重，愈发需要盟友的支持，也不得不给予日本更平等的地位。1961年6月，池田勇人首相访美时，“美国方面已看不到以往那种专横跋扈的态度”，同意设立日美贸易经济联合委员会，

① 王泉清：《日本的科技为什么崛起——一个驻日外交官看日本科技管理》，第80页，气象出版社1995年版。

② ［日］加藤哲郎：《冷戦体制と日米安保のエルゴロジー ——戦後日本の国際的枠組み——》，（収録）加藤哲郎《現代日本のリズムとストレス》花伝社1996年版。

“把重点放在日美经济合作上”①。到了20世纪80年代，随着美国外贸和财政收支赤字的扩大，需要大量外部资金注入以弥补逆差。日本作为资金的主要供给国，对美国经济稳定的重要性更进一步增强了。②

在上述背景下，日本对美外交谋求平等和自主地位的一面不断凸显。尤其是20世纪70年代后，日本政府明显开始纠正以往外交事事以美国马首是瞻的习惯，在一些事关本国重大战略利益的问题上试图摆脱美国的控制甚至在个别问题上同美国唱反调。比如在第四次中东战争爆发后，阿拉伯石油输出国组织对美国以及追随美国支持以色列的国家实施石油禁运。结果，一向依赖中东原油的日本陷入了“断油”危机，国内一片恐慌。面对严酷的经济现实，田中内阁断然改变以往紧跟美国偏袒以色列的做法，实现了中东外交的180度转向。③

（三）日美经济摩擦对日本结盟战略的影响

日美经济摩擦最早凸显于20世纪60年代，此后一直到冷战结束两国先后发生过“纤维大战”、“电器大战”、“汽车大战”等，摩擦的领域和程度总体上在递进扩大，对日本结盟战略的影响也日益深刻。

首先，摩擦反复升温引发日本财界和国民对美国的不满，削弱了日本对美结盟战略实施的国内社会和政治基础。在经济摩擦中，美国惯于利用日本对日美同盟的依赖，动辄以政治手段要挟日本作出让步。为了继续使用日美同盟这个保护伞，日本在解决贸易摩擦的谈判中往往“始抗终让”，每每采取“自主限制”等方式，缩小对美出口规模。为了说服国内企业和民众，日本政府及亲美保守媒体还煞费苦心，尽量报道美国在贸易

① ［日］永野信利：《日本外务省研究》，上海复旦大学历史系日本史组译，第184页，上海译文出版社1979年版。

② ［日］小野直樹：《战后日米関係の国际政治経济分析》，第415～416页，慶應義塾大学出版会2002年版。

③ 在日本中东外交转向前，美国国务卿基辛格担心“日本似乎要散伙的样子”，在自中东返美途中到日本施压，表示：“要是日本目前倾向于阿拉伯……美国为解决争端做出的努力就可能化为泡影。望日本政府节制有碍于达成和平的行动。”而因为顾及到对美关系，日本外务省一度对支持阿拉伯国家态度犹豫。看到这种情况，阿拉伯产油国决定继续削减对日本的石油供应。结果，“在石油危机日益发展中加深了孤立感和危机感的日本，根据田中首相11月22日的裁决，终于决定改变政策”。参见［日］永野信利：《日本外务省研究》，上海复旦大学历史系日本史组译，第254～255页，上海译文出版社1979年版。

摩擦中强硬的一面，渲染问题的严重性。[①] 这种做法虽然奏效，但也导致日本财界和国民对美不满情绪日积月累，对政府一味追随美国的做法越发不满。到20世纪80年代，日本财界和社会对美经济立场也越来越强硬，抨击、嘲弄美国的调门不断提高。1989年日本右翼民族主义的代表人物石原慎太郎与实业家盛田昭夫合著出版《日本可以说“不”》；1990年石原慎太郎又推出《日本还可以说“不”》，连续两部著作把日本社会长期忍受美国“敲打”所积郁的不满倾泻出来。上述“嫌美”浪潮在冷战结束时一度动摇日本对美结盟战略的政治社会根基。

其次，摩擦反复升温招致美国对日本的不信和反击，日本结盟战略的效用和存在受到削弱。利用日美同盟扩大外交影响力，抬升本国国际地位本是日本结盟战略的应有之义。但是，日美贸易摩擦的升温往往会增强美国对日外交中的消极性，甚至促使其不顾盟友情谊，做背友、卖友之事。比如，1969年日本首相佐藤荣作曾向尼克松总统许诺大幅度自我限制纺织品出口，以换取美国归还冲绳。但是，在得到“归还冲绳”之实后，佐藤出于国内政治利益考虑又自食其言，令尼克松极为愤怒。据日本媒体分析，此事是尼克松后来在“推行新经济政策”和访华问题上未事先向日方通报的原因之一。[②] 到了20世纪80年代，日美经济摩擦的深刻和激化程度已开始超越经济范畴，冲击到美国战后形成的对日认识，出现了所谓“修正主义”的日本观。[③] 1989年8月，美国《商业周刊》所做的舆论调查甚至显示，68%的美国人认为日本的经济实力比苏联的军事实力对

① 日本著名媒体人立花隆（先后任日本《诸君》杂志首任总编、《文艺春秋》总编）曾抱怨：“（在经济摩擦方面）美国国内的对日强硬派同样也有反对派。可为什么日本的媒体却忽视反对派存在，只报道美国的强硬（立场）呢?”参见［日］立花隆：《同時代を撃つ》，第84页，講談社1988年版。

② ［日］杉山徹宗：《日米同盟関係の根本問題》，载《DRC年报－2003》、日本防卫研究中心（Defense Reserch Center）http://www.drc－jpn.org/AR－7J/sugiyama－03j.htm

③ 到20世纪80年代中后期，美国政治家、工会、企业领导人以及各种受日本冲击的产业的联合会纷纷要求采取措施，改变美日关系尤其是经济关系的现状。曾做过卡特总统演讲撰稿人，美国《大西洋月刊》编辑加密斯·法洛斯（James Fallows）认为，日本和美国的利益和价值观念不同，虽然美日在许多方面是朋友，但美日两国间存在着根本的利益冲突，这种冲突源于“日本无力或者不原意限制其单方面的具有破坏性的经济力量扩张”。除非美国对日本采取遏制政策，否则日本的做法将破坏战后形成的世界自由贸易体制，危及美国人的福利、理念和美国推行外交政策的权威，并最终使日美伙伴关系难以为继。到20世纪80年代末，上述“对日观”已在美国社会拥有相当广泛的社会基础。参见于铁军：《观念与实力：美国“修正主义”对日观的兴衰》，载《美国研究》2002年第1期。

美国更具有威胁。[①] 美国的上述对日战略认识的变化与日本的“嫌美”风潮一度出现恶性互动，使日美同盟在冷战结束前后陷入“漂流状态”。

再次，摩擦反复升温迫使日本政府多管齐下，通过扩大经济、外交与安全合作缓解美国经济上的怨愤。日美经济矛盾的根源在于日本经济的快速崛起与扩张，摩擦产生的原因是结构性的，这意味着日本政府采取的“自主限制”措施只能是扬汤止沸。[②] 在这种情况下，日本政府往往从多方面入手，通过经济、外交、军事等措施缓解美方的不满。在经济领域，日本政府鼓励企业赴美直接投资，以缓和日本出口剥夺美国人就业机会的指责；大量购买美国国债或间接投资，缓解美国的财政赤字和贸易失衡压力。在外交及安全领域，随着本国军事实力和外交影响的增强，日本逐渐“形成了通过以军事、外交追随支付在经济增长和贸易摩擦方面对美欠账的模式”[③]。比如，配合美国的战略需要，增强对特定国家和地区的经济援助，与美国签署《日美防卫合作指导方针》，增加本国在日美防卫合作中的义务等。上述措施一方面暂时缓解了美国对日本的不满，另一方面也起到了稳固日美同盟基础的作用。

第四，经济摩擦本质上属于日美关系发展中的问题，对日本结盟战略实施和存续的影响毕竟有限。这种有限性主要表现在两个方面：①经济摩擦只是战后日美经济关系的局部问题，并未从根本上改变两国经济走向相互依存的大趋势。冷战期间，日美经济关系在贸易摩擦加剧的同时，相互依存的一面也在增强。一方面，日本为了推动产业结构升级，必须从美国引入最先进的技术；另一方面，日本贸易中积累的巨额财富，又以购买美国国债和直接投资等方式返流到美国——日美经济关系在表层贸易领域剑拔弩张的同时，在深层的金融领域已变成了“连体婴儿”。如果只看到日美贸易领域的摩擦、争斗，而忽视了两国经济相互依存的一面，就很难解释为什么在贸易摩擦空前加剧的20世纪80年代，日本为什么反而高调坚

① ［日］細谷千博监修：《日本とアメリカ——パートナーシップの50年》，第197页，ジャパンタイムズ2001年版。

② 这种结构性主要表现在：①日本工业化催生的产业机构与美国雷同，很多主打产业与美国国内产业存在同业竞争。②日本企业的劳动生产率和和生产能力与美国企业相媲美甚至超过美国，使很多美国企业竞争压力增大。③日本战后形成的独特经济体制和发展模式使日本市场和国内投资具有很强的封闭性，而且这种经济体制和模式下形成了“政、官、财”三角利益结构，使得日本政治家不原意、也难以通过结构性改革解决日美贸易摩擦。

③ ［日］加藤哲郎：《戦後の国際的枠組みの形成と崩壊》，载《シリーズ 日本近現代史 第4卷 戦後改革と現代社会の形成》岩波書店1994年版。

持日美同盟。②日美贸易摩擦只是日美总体关系中的局部问题，并未从根本上改变两国战略上的相互依存结构。面对苏联这个用核武器武装到牙齿、具有全球性影响的超级大国，美国需要日本的支持，日本更离不开美国的保护。这种共同战略利益结构，决定了日美两国必须坚持维护同盟关系的基本导向。因此，在日美贸易摩擦中，美国虽不时以同盟存废要挟，却总不敢把事做绝，日本虽软磨硬泡，最终仍会以维护同盟为重，让美国几分。③日美双边经济矛盾具有周期性波动的特征，两国的经济摩擦有张有弛。作为资本主义国家，日美两国的经济增长是具有周期性的，并导致两国经济矛盾的张弛呈现出周期性变化的特征。日本的经济竞争力总体上落后于美国但又不断接近美国，每当其产业结构水平逼近对方时，摩擦就会升温，但美国总有能力通过自身产业升级再度与日本拉开距离，相应地日美摩擦也会有所缓解。

三、冷战结束以来影响日本结盟战略调整的经济因素

冷战结束之后，在经济全球化加速推进的大背景下，日本再度选择了依靠日美同盟维护全球经济利益的战略路线，日美经济摩擦的缓和又为日本贯彻这一路线提供了机遇。

（一）经济全球化与日本结盟战略的强化

对日本而言，经济全球化及其引发的日本经济生态变化从三个方面促使其维护和强化日美同盟。

全球化缓解了日本对贸易集团化的担忧，日美形成既存世界经济秩序共识是对美结盟战略存续和强化的前提。回顾20世纪上半叶，1929年世界性经济危机促使各大国推行贸易集团化并相互排斥，残酷的经济竞争最终演变成你死我活的国际政治较量，引发了第二次世界大战。鉴于此，战后日本在成为世界经济大国之后一直高唱自由贸易，对国际贸易的集团化动向非常敏感。冷战结束之后，日本对欧洲联盟和北美自由贸易区的建立充满了危机感，并把其与结盟战略调整联系起来。1993年夏，时任内阁官房长官、后任日本首相的桥本龙太郎，在与来访的美国前国务卿基辛格讨论日本的定位时表示："今后只要美国仍是太平洋国家，日本就自然不会改变以日美关系为基轴的方针"，"但是，如果美国扩大北美自由贸易圈，把自己封闭在南北美洲大陆之中，进一步采取贸易保护主义的集团化经济姿态的话，作为亚太国家的日本也将不得不采取保护自己的行动，这将使日美关系变质。您是一个有影响力的人物，希望不要把我们逼到迫不

得已的地步”①。

桥本的上述谈话实际上在提醒对方，日美同盟存续的经济前提是美国坚持实行开放式的自由贸易政策、维护既存自由贸易体制，而不是像20世纪30年代的英国那样搞封闭的贸易集团。事实证明，后来美国选择了经济全球化和区域集团化并行推进的道路，并没有因北美自由贸易区的建立，而刻意抬高对其他国家的经济贸易壁垒。欧洲联盟虽然在建立后出台了一系列内部贸易和投资优惠措施，但对其他地区的开放性也未发生重大逆转。换言之，日本在冷战时期经济崛起时所依托的自由贸易环境并未出现其所担心的保守性逆转，而美国倡导的经济全球化反而为日本扩大全球经济存在提供了机会。这些都意味着，冷战时期日美同盟存在的经济环境条件冷战后并未幡然改变，日本对美结盟战略至少从经济角度看不出有根本改变的必要性。相反，在1996年日美重新定义日美同盟关系时，克林顿总统和桥本龙太郎首相联合发表的声明倒显示，两国在维护自由贸易体制上再度形成的共识，还是日本新的对美结盟战略所追求的目标之一。② 2013年1月18日，首相安倍在阐述日本新的“外交五原则”时，也把“追求自由、开放、合作的经济”列为第三原则，表示日美两个自由资本主义国家、世界经济大国成为盟友是很自然的事情③。

全球化促使日本采取更积极的防卫政策，借强化军事同盟扩大海外兵力运用。冷战时期日本虽为世界经济大国，但长期奉行“一国繁荣主义”。直到20世纪80年代前期，几乎所有的日本公司都是国内生产、对外出口，且出口市场以欧美为主。据统计，从1965年到1985年，日本对外直接投资年平均额不到80亿美元。④ 到1989年，日本海外生产比率仅

---

① 刘江永：《日本首相桥本龙太郎》，第129、130页，时事出版社1997年版。

② 1996年4月17日，日本首相桥本龙太郎与美国总统克林顿发表《日美安全保障共同宣言（面向21世纪的同盟）》，奠定了冷战后日美强化同盟合作的政治基础。在同时发表的《桥本龙太郎总理与克林顿总统向日美两国国民的致辞》中，两人强调：“作为世界经济大国，日美再度确认两国对促进世界经济有效运营和强化多边自由贸易制度负有重要责任”，“两国政府将合作确保世界贸易组织、世界银行、国际货币基金组织等机构的有效性，合作强化国际经济体系。”参见［日］外務省：《橋本總理とクリントン大統領から日米兩国民へのメッセ－ジ（21世紀のへ挑戰）》，http://www.ioc.u－tokyo.ac.jp

③ ［日］外務省：《開かれた，海の惠み——日本外交の新たな5原則》平成25年1月18日，http://www.mofa.go.jp/mofaj/press/enzetsu/abe_0118j.html

④ ［日］日本貿易振興機構：《貿易・投資・国際収支統計，日本の国地域別対外直接投資》http://www.jetro.go.jp/jpn/stats/fdi/data/jfdi1111_01.xls

为5.7%，远低于其他发达国家。① 在此背景下，日本财界的国家安全视野集中于国土安全和中东地区的能源供应，对日美防卫合作的关注也以维护海上战略通道安全为重点，对自卫队海外派遣态度并不十分急切。

80年代中期，随着日元大幅升值，日本企业为摆脱升值带来的出口压力，开始扩大对外投资。从1986年开始，日本年对外直接投资额平均在300亿美元以上，最高达到600多亿美元。② 到2004年，日本企业海外生产比率已上升到16.2%，为1988年的3倍多。③ 其中，一些对日本国内政治拥有重要影响的大企业早已身在海外，如日本丰田、日产、本田三大汽车公司海外上市率高达70%，海外资产比率达到54%。④ 生产投资的全球化使日本海外财富和人员规模激增，财界已不满足于冷战时期日美安保体制向日本提供的本土及战略航线安全保障；进而希望调整、拓展日美安全合作范围，以保护其遍布全球的生产投资，乃至要求日本发展运用军事力量，保护支持本国海外企业的发展。⑤ 日本经团联会长奥田硕在论及防卫政策时就声称："日本真正的国家利益，就是维护日本企业投向海外的资金。"⑥ 因此，冷战结束以来日本强化日美防卫合作的一系列举措正是财界出于上述动机大力支持的结果。

需要指出的是，由于地缘关系，进入21世纪以来，日本海外投资扩张的重点基本在亚洲地区，这也决定了日本对美同盟合作的基本范围。2010年以来，随着中日关系因钓鱼岛问题对抗性不断上升，日本亚洲投资已经出现离华向东南亚、南亚转移的动向。这一动向如果持续下去，将

---

① ［日］経済産業省：《第29回海外事業活動基本調査》，2001年2月，http://www.meti.go.jp/statistics/

② ［日］日本貿易振興機構：《貿易·投資·国際収支統計，日本の国地域別対外直接投資》http://www.jetro.go.jp/jpn/stats/fdi/data/jfdi1111_01.xls

③ ［日］経済産業省：《第35回海外事業活動基本調査》，2007年2月，http://www.meti.go.jp/statistics/

④ ［日］《米国支え、軍事大国化進める亡国の道を許すな》（社説），《労働新聞》2004-12-15。

⑤ 日本一桥大学教授渡边治认为，"即使在全球化背景下，很多重大商业机会仍不能单靠经济手段获得，而需国家运用包括军事力量在内的综合国力施加影响"。参见［日］渡边治：《いまなぜ有事法制か》，2002年5月6日　湯布院中央公民館講演録，この講演録は、5月6日に湯布院町でおこなわれた一橋大学教授の渡辺治先生の講演の録音をローカルネット事務局がテープ起こしをし、当日のレジメ資料を参考に見出しをつけ、抜粋、要約、編集したものです。http://www.coara.or.jp/~yufukiri/localnet/watanabe.html

⑥ ［日］《米国支え、軍事大国化進める亡国の道を許すな》（社説），《労働新聞》2004-12-15。

对日本的安全政策产生重大影响，很可能促使日本在战略上，借加强日美军事合作，加大向南中国海—印度洋一线的扩张力度和速度。

全球化背景下国际经济格局发生重大变化，间接促使日本强化日美同盟巩固实力优势。两极格局解体时，日本一度挟世界第二经济大国的实力，提出过日美欧三极构想。冷战结束后，随着经济全球化的加速推进，世界经济格局发生了新的重大变化。一些发展中大国尤其是中国经济快速崛起，不仅使日本曾经领导的亚洲“雁阵”被逐渐打乱，而且长期主导世界经济的美、日、欧三极结构也日益面临挑战。与此同时，日本经济在“泡沫经济”崩溃后却陷入了长达 10 余年的不景气。国际经济格局的重大变化从三个方面对日本强化日美同盟间接起到了刺激和促进作用：①日本凭借经济实力优势推进国际政治美日欧三极化的自信心严重受挫，倚重日美同盟谋求政治大国地位的心理增强。②国际经济格局的巨大变化势必导致国际权力结构重组，使国际政治、安全格局的演变趋势呈现出多种可能性，日本看待安全环境的不确定感增强，试图通过强化日美同盟缓解不安、增加“保险”。③面对中国等发展中国家经济上快速紧追，日本战略紧迫感增强，试图通过迅速强化日美同盟，抢先把经济优势转化为政治安全优势，赶在他国崛起之前，形成有利于己的亚太乃至全球国际政治秩序，抬升本国政治地位，羁縻后起之国。[①]

当然，国际经济格局的变化中也蕴含着不少可能促使日本对美结盟战略复杂化和自相矛盾的因素，其主要表现在三个方面：①格局中新旧力量之间已经形成复杂的竞争依存关系，日本、美国的繁荣越来越依赖于中国等新兴大国的发展，日本以一个有利于本国发展的国家作为军事同盟针对目标，战略上存在自相矛盾的一面。2010 年以来，日本在钓鱼岛问题上对华挑衅时，本国经济即因中国采取反制行动遭到了沉重打击。急于借中国之力摆脱本国经济困境的奥巴马政府，虽然再度明确钓鱼岛属于日美防卫合作范围，但政治和外交上仍刻意“中立”，安全上则不断对日施压，要求日方“慎重”。②日本强化军事同盟的举措可能会引发新崛起国家的不安，迫使他们把已具规模的经济实力转化为军备资源，导致安全上的恶

---

① 这三个方面的影响并非无端猜测，事实上在 20 世纪 90 年代中期日本对恢复景气逐渐丧失信心后，其国内媒体就开始淡化“美日欧三极”说，热炒“日美同盟”；在此期间，日本《防卫白皮书》开始频繁使用“模糊”、“不透明”、“不确定”形容国际安全环境；“金砖四国”（巴西、俄罗斯、印度、中国）之说从 2001 年提出后风靡世界，到 2005 年西方七国财长会议首邀“金砖四国”代表与会，这四年恰恰也是日本紧锣密鼓强化日美军事同盟的四年。

性互动，其结果日本此前依靠经济实力和影响获得的政治与安全利益反而会因强化军事同盟受到损害，得到的也可能是更不安全。③日本利用既存经济实力优势，通过强化军事同盟，依靠美国支持在国际政治中“抢座位”的做法看似合理，却忽略了一个事实，这就是中、俄等国已拥有强大的政治军事实力，并在现存国际体制中对“大国认证”拥有否决权。日本的经济影响力并不足以令中、俄放弃否决权的行使，日本强化日美军事同盟的做法反倒会刺激中、俄在政治安全领域对日说“不”的欲望。

（二）日美经济折冲与日本结盟战略的强化

冷战结束以来，经济、民生等低级政治对政治安全等高级政治的作用和影响越来越大、越来越直接。因此，冷战结束后，日美经济摩擦的降温和经济依存关系的深化，与日本强化对美军事同盟决策之间的互动关系是不能忽视的。

日美贸易摩擦变奏与日本对美结盟战略调整的互动。回顾冷战结束之时，在日美贸易摩擦中一向惯于隐忍的日本显示出空前的强硬，两国经济贸易谈判屡遭挫折。1993 年 4 月，宫泽喜一首相与克林顿总统在首脑会晤后的记者招待会上，双方围绕经济摩擦的“敌意几乎要怒形于色”①。然而，几年之后，美国一百八十度转弯，成为世界上最期待日本经济恢复的国家之一，“不管是美国政府还是美国企业，都把日本经济的成功看成是当然的事件而接受或者是对自己是有益的进步而积极地宣传”②。日美经济摩擦在日美关系的存在迅速被边缘化，从导致双方政治争吵和不信的主要因素下降为双边关系中的个别事件。

日美贸易摩擦的降温既受自身规律的作用，也是受日美同盟关系的制约所致。从经济角度看，冷战结束后不久日本经济陷入困境，对美经济竞争力骤衰，而美国经济则借“新经济”之风扶摇直上，产业水平再度与日本拉开了距离，两国经济的摩擦面和摩擦强度出现下降也在情理之中。从战略角度看，美日两国都存在顾忌同盟关系、见好就收的一面。1995 年 2 月，美国国防部长助理约瑟夫·奈提出《美国亚太安全战略报告》修正了此前的对日认识，不再把来自日本的经济上的挑战，视为美国的主

① ［日］增田雅之：《冷戦後の日米安全保障体制と中国—日米安保体制強化をめぐる中国の対日認識と対米認識》，载《民主主義研究会紀要》1999 年 11 月第 28 号。

② ［美］Adam S. Posen：《中国牽制が理由ではない日米経済“蜜月”関係の真実》，载《週刊ダイヤモンド》2006 - 06 - 17。

要威胁，并开始将“中国威胁论”作为调整东亚战略、护持美日同盟的“依据”[①]。这一转变促使美国开始遏制贸易摩擦问题对美日同盟关系的影响。[②] 尤其是到20世纪90年代后期，眼看中国发展势头迅猛、与日本的经济差距快速缩小，美国更进一步担心日本经济出现低迷，天平就会向中国一方倾斜。[③] 此时的日本小泉内阁也顺应美国意志，经济上力推“结构改革”，对美开放投资和贸易市场。日美贸易摩擦温度因此迅速下降。

日美贸易摩擦的降温为日本强化日美军事同盟提供了非常有利的社会和政治氛围。从社会舆论看，摩擦的减少在很大程度上遏制了日本国民对美不满情绪的蔓延。在舆论的炒作诱导下，很多日本人开始把关注目光转移到国内经济改革或政治及安全领域，从而为执政者制定实施强化日美同盟决策提供了机会。从政治角度看，摩擦降温也使日本政府得以腾出精力，从容思考与结盟相关的战略问题，内政外交双管齐下落实强化军事同盟决策。

经济相互依存与矛盾对日本结盟战略的影响。到20世纪90年代末，随着经济摩擦在日美关系中被暂时边缘化，两国经济相互依存的一面开始受到日学界、政界的重视和研究。这种重视既存在为强化日美同盟寻找依据的功利性，也在一定程度上道出了两国经济关系中依存与矛盾交织的实情和新变化。

日美两国经济的相互依存性主要表现在：①投资依存。“经过这么多年以后，日本企业的对美投资已经成为了美国经济风景的固定部分”；同时，日本接受美国直接投资的规模也在迅速扩大。[④] ②金融依存。日本在对外贸易和投资中积累的大量财富以购买美国国债的形式反流至美国。在

① ［美］Department of Defense，Office of International Security Affairs，United States Security Strategy For the East Asia Pacific Region，Februry1995. PP. 14 – 15.

② 此时，美国决策层意识到，美国在对日关系中对经济利益的追求也不是无止境的，“也担心，如果无法解决贸易问题，那么时间一久，可能会影响到美国国内对这一关系包括美日安全关系的支持。”参见［美］沃伦·克里斯托夫：《美国新外交——经济、防务、民主》，苏广辉等译，第317页，新华出版社1999年版。

③ 在2002年日本国际交流基金主办的“日美同盟与中国——走向建设性的安全关系”为主题的国际研讨会上，美国乔治·华盛顿大学亚洲研究中心所长迈克·望月认为，日本才是美国在太平洋地区的关键伙伴，但如果日本经济出现低迷，天平就会向中国一方倾斜。参见：《日美同盟与中国日本》，载《读卖新闻》2002年9月17日，转引自《参考消息》2002 – 09 – 19。

④ 在2004年，日本接受的外国直接投资大部分来自美国企业，占其国内生产总值的比例与10年前相比增大了8倍。参见［美］Adam S. Posen：《中国牽制が理由ではない日米経済“蜜月”関係の真実》，载《週刊ダイヤモンド》2006 – 06 – 17。

2008年之前，日本一直是美国国债的最大持有国，而美国则掌握着最新的融资技术和国际金融主导权。③产业依存。在经济全球化过程中，原来没有作为国际财富交换重点的知识产业和“零售业”成为第三产业的重头戏。一向注重制造业的日本，由于语言局限和文化的特质性，向信息产业升级面临很多难以突破的瓶颈，仍需要学习美国的融资技术、计算机软件技术。[①] ④贸易依存。日美在贸易领域相互竞争的同时，相互需求的一面也很突出。据国际货币基金组织的推算，美国国内生产总值增长率每上下浮动一个百分点，对日本经济的影响就会在0.3个百分点左右。[②]“因此，从经济角度看，冷战后，对日本来说，维护与美国的关系仍不可或缺。”[③]

不过，日美经济关系也存在一系列难以化解的矛盾和问题。它们包括：①美、日资本的自私性决定了日美同盟关系不可能心心相印。检视冷战后日美同盟的强化过程不难发现，美国正如一个十分精明的现代商人，既坚持搭乘亚洲高速发展列车的“贵宾座”，又不忘车祸之忧，通过日美同盟购买保险，并促使日本替美国缴纳保险费用。对于美国经济上的自私性，日本也心知肚明，2002年小泉内阁的外交智囊“对外关系工作组”的报告中称：“美国外交政策中，很少有‘拔一毛而利天下’想法，特别在经济层面的利己行为很多。”[④] ②日美追逐东亚经济主导权的斗争远未结束。日美对东亚主导权的争夺自冷战结束前后就已经开始。日本一直试

① 冷战结束后，由于美国利用英语优势率先掌握了信息产业的“话语权”，使英语成为国际因特网的基础语言，使日本信息产业的升级难以像以往制造业升级那样通过学习迅速模仿超越；同时日本文化的独特性过强、普世性过低的现实，也严重影响了日本知识产品的国际竞争力。目前，2008年，日本互联网通信业界在海外取得域名、以他国语言经营的企业几乎没有；日本建立的日文检索网站的利用者都是本国国民，外国人检索利用的比例几乎可忽略不计；日本企业设置的视频网站，外国利用者寥寥无几；全球信息通信类企业中，日本营业额占前20名的企业虽然有9家（美国7家），但利润占前20位的只有3家（美国12家）。参见［日］日本總務省《平成二十年版情報通信白書》，http://www.johotsusintokei.soumu.go.jp/whitepaper/ja/h20/index.html

② ［日］关志雄：《美国经济危机对中国影响有限 明年中国将保持8%的增长率》，载［日］《东洋经济》2008-11-15，转引自《参考消息》2008-11-18。

③ ［日］小野直樹：《戦後日米関係の国際政治経済分析》，第401~402页，慶応義塾大学出版会2002年版。

④ ［日］対外関係タスクフォース：《21世紀日本外交の基本戦略——新たな時代、新たなビジョン、新たな外交》，平成14年11月28日，http://ijs.cass.cn/japanese/xszl/21thrbwj.htm

图凭借经济实力确立在该地区的主导地位，但屡屡受到美国的强力压制。[①] 小泉内阁自2002年提出建立“东亚共同体”的构想后，尽管通过反复强调东亚区域合作的开放性暂时得到了美国的默许，但对方并未因此放弃在该问题上对日本的警惕和牵制。[②] 因此，从长远看日美同盟与“东亚共同体”之间的矛盾是很难化解的。③日美贸易摩擦仍存在再度升温的可能性。日美贸易摩擦的升温与日美之间产业结构的升级周期有密切关系。历史经验是，每当日本产业结构升级至美国同一水平时，大规模的贸易摩擦即随之而来。目前，日本正从制造业加速向知识产业升级，日美贸易摩擦是否因此在信息产业领域开辟新的战场，并再次冲击同盟关系，非常值得关注。④日本在涉及能源保障等重大战略问题上，存在再度背离美国的可能性。冷战时期，日本就曾为石油供给在中东问题上与美国公然唱对台戏。鉴于此，美国至今仍对日本的中东政策存有戒心。[③] 伊拉克战争爆发后，美曾从本国需要出发，强力阻挠日本与伊朗合作开发阿扎德甘(Azadegan) 油田。对此，日本朝野及舆论莫不饮恨，指出：“在能源问题上，美国今后肯定越来越只顾本国利益，日本不管如何对美协调都别指

① 1990年，马来西亚总理马哈蒂尔正式提出建立包括日、中、韩与东盟在内的“东亚经济集团”的倡议。对此，日本官方虽有推动东亚经济合作的念头，但因为美国表示强烈反对，最终未敢附议支持。1997年亚洲金融危机爆发，日本认为正是其在东亚地区发挥其影响的大好时机，遂提出了建立“亚洲货币基金”（AMF）的构想，并得到泰国、马来西亚等国的支持，但该构想“最终被美国财政部长的‘暴怒’所粉碎”。参见［日］石川康宏：《成長する東アジアと日本の進路——揺れる日本の政財界》，関西唯物論研究会編：《唯物論と現代》第37号。

② 2004年11月30日，美国国务院政策制订主任瑞斯曾在东京提醒日本：“美国作为西太平洋的强权，在东亚也有利益。因此，任何把美国排除在这一地区的对话与合作之外的计划，都会使我们感到不快。”参见［美］Chalmers Johnson “The real ‘China threat’” Asia Times Online Mar19，2005

③ 美国学者指出：“对于石油的渴求很可能会使日本背离美国的政治立场，从而主动向亚洲和北非的一些国家示好。美国最关注的是全球范围内反恐和防止大规模杀伤性武器扩散的问题，而日本最关心的却是石油和天然气的进口问题，这种分歧将会直接破坏两国的关系。”参见［美］Willam E. Rapp，“Past its Prime? The Future of the US - Japan Alliance”，Parametrs，Summer，2004.

望得到回报”，“日本必须独立确保能源供应”①。

TPP与对日本结盟战略的走势。所谓TPP是“Trans - Pacific Partnership Agreement”的简称，即跨太平洋战略经济伙伴关系协议。该协议突破传统的自由贸易协定（FTA）模式，是一个包括所有商品和服务贸易在内的综合性贸易协议。该协议如果得到推广，将对亚太经济一体化进程产生重要影响，如果能囊括亚太所有主要国家，就可能形成一个亚太区域的小型世界贸易组织。该协议先是由文莱、智利、新西兰、新加坡四国于2005年5月发起组建。但是，美国很快发现了该协议的战略价值，并于2008年9月参与TPP谈判。翌年11月，美国正是提出跨太平洋伙伴关系计划，并邀请澳大利亚、秘鲁参加。此后，美国借助TPP现有协议，开始推行自己的贸易议题，全方位主导TPP谈判。跨太平洋战略经济伙伴关系协议也因此更名为跨太平洋伙伴关系协议，进入扩充阶段。2010年，马来西亚和越南也加入TPP谈判，使得该协议成员连同意向国增加到9个国家。

TPP是美国一手主导的亚太经济合作协议，其主要目的在于全面介入东亚区域经济一体化进程，阻止亚洲形成统一的贸易集团，促成美国在亚太经济中的主导地位，遏制中、日等亚洲大国的区域影响力，确保其地缘政治、地缘经济和安全利益。该协议按照美国的发展水平，在知识产权保护、劳工、环境等方面都提出了高标准，甚至提出了零关税原则，使得欲加入这一协议的国家不但要在国内政治、经济上按美国的价值观和标准行事，而且战略与外交上也不得不考虑美国的立场。因此，美国把TPP视为按照本国霸权意愿重塑亚太政治、经济与安全体系的战略工具，并非常重视其亚洲最大盟友日本的参与。而日本基于巩固日美同盟、振兴经济等战略考虑也高调作出积极回应。2011年11月11日，日本野田首相明确表示要参加TPP谈判。

---

① 2004年2月18日，日本与伊朗政府签署了共同开发伊朗阿扎德甘（Azadegan）油田（世界最大的油田之一，一个价值28亿美元的工程）的协议。根据该协议，日本国际石油开发公司拥有75%的权益。阿扎德甘油田估计储量260亿桶，该项目是日本能源自主开发战略的主要支柱。但是，当日伊上述能源开发合作还在酝酿时，美国国会、政府就通过官方和非官方渠道屡次向日本施加压力，要求日方中止开发。面对美国的强大压力，日本国际石油开发公司不得不于2006年10月6日宣布，将掌握的65%的权益让给伊朗，日方权益比重仅剩10%。阿扎德甘油田合作开发项目受制无疑是对日本“新能源战略”重大打击，日本朝野为此怨声载道。参见［日］前田高行：《アザデガン油田开发で试される日本の资源外交》，载《石油文化》2006年第4号。

TPP对日本结盟战略的影响将非常深远，这种影响可能主要表现在三个方面：①有可能形成利于日美同盟存续的地区经济关系结构。如果日本加入，意味着日美两个亚太最发达的经济体实现了一体化，将使日美同盟的经济基础更加深厚和巩固。②有可能大大缓解日美经济摩擦。如果日本加入，意味着此前日美在贸易、投资等方面的经济摩擦的制度根源将在很大程度上被消除，经济摩擦对同盟关系的负面影响会因此削弱。③有可能增强日美同盟战略上共同对华的经济基础。TPP确定的高标准在主观和客观上都起着阻挡中国短期内加入的作用，这种变相的经济压制与日美同盟在安全上遏制中国的共识是一致的，而且有利于降低日本因追随美国遏制中国所承担的对华贸易与投资风险。

然而，从目前情况看，日本距最终加入TPP还有很多难题要解决。①如何保护日本第一产业尤其是农业。TPP有利于日本第二、第三产业开拓市场，却不利于其第一产业寻求国内政策保护，尤其是日本农业在TPP坚持的零关税原则下将遭受沉重打击。②如何争取多数国民的同意。目前，在日本国内代表第二、三产业利益的“经团联”和代表第一产业利益的“JA全中”（全国农业协同组合）在是否参加TPP问题上针锋相对，后者则已争取到1000万以上的反对署名。日本国民在这一问题上也态度不一，赞成与反对力量难分伯仲。③如何形成政界共识。目前，日本43个都道府县对TPP持“不应加入”、“慎重研究”、“必须研究农业对策”等立场，国会中有近一半议员对加入TPP持反对立场。[①] 在舆论、政界主张对立严重的情况下，日本政府要最终作出加入决策势必冒重大国内政治风险。因此，日本加入TPP仍存在诸多不确定因素。不过，可以想见的是一旦日本加入TPP，将大大增强日美同盟共同的经济基础。

（三）人口与财力因素对日本结盟战略调整的影响

人口与财政因素是一国决定战争能力与潜力的基础性因素，对日本与盟国开展军事合作乃至共同参与战争的能力同样具有重大影响。在日英同盟时期，日本虽无兵源之忧却国库不丰，依靠盟友英国的帮助四处借钱发动日俄战争，虽然取得了胜利，仍只能遵照债主（主要是英国与美国）的旨意以零赔款结束战争。第二次世界大战期间，日本面对四亿人中国与世界第一富豪美国的联手夹击，很快陷入财源和兵源枯竭的困境，最后连初中生都要送上战场，更无余力支援德意盟友。冷战结束后，当日本试图

① ［日］《TPP参加反对 慎重意见书43道县议会》，载《しんぶん赤旗》2011-10-18。

在同盟合作方面积极作为时，仍不得不考虑人口与财政问题的制约。

截至2012年，日本总人口12750万人，居世界第10位。根据人口基数估算，2015年日本役龄男子仍会有2920万人左右，加之日本成年女性婚后做家庭主妇者居多，战时可充实劳动力置换出相当部分的役龄男子，因此其兵源潜力还是相当雄厚的，“基本上可游刃有余地平衡经济与战争所需人力的矛盾”①。但从另一方面看，日本兵员潜力的保持和增长也面临人口增长缓慢、老龄化的挑战。自20世纪70年代以来，日本人口增长率长期逐年下降。从1992年到2008年的16年，日本总人口仅增长300万人，并在2005年首次出现负增长（-0.1‰）。同时，日本人口的老龄化问题日益严重，截至2012年日本65岁以上老人已占总人口的24.2%，预计到2020年65岁以上老人比重将上升到29.1%，到2025年达30.3%。② 对于日本上述人口问题，美国已有所担忧，有专家指出：尽管日本现在很强势，但“在未来50年内，日本人口将缩减30%左右”，将因人口问题“无法主导抗衡中国的联盟”，甚至会“成为削弱联盟力量的短板”③。

战争财力潜力的大小根本取决于一个国家的经济生产规模和财富规模以及战争费用与它们的比例，同时也受国家财政因素的制约。对日本来说，还受资源来源和海上运输状况的制约。日本国内生产总值长期位居世界第二，2010年被中国超越后名次虽然降至第三，但规模未减，当年仍达到5.5万亿美元；日本还是世界上外汇储备最多的国家之一，到2010年外汇储备总额超过1万亿美元。④ 因此从整个国家的财富基础看，战时日本可动员的财力是相当充沛的。但是，20世纪90年代以来，日本政府为刺激经济增长屡次采取扩张性财政政策，导致债务累计非常严重，到2008年政府债务余额已高达827万亿日元，约为当年国内生产总值的150%，并在进一步上升。⑤ 2000年以来，日本政府偿付国债支出常年超过当年财政总支出的20%，国债依存度则连续多年在35%以上，远远超

---

① 总人口数值引自［日］日本統計局《日本统计年鉴（2009）》，http://www.stat.go.jp/date/nenkan/；对2015年日本役龄男子数量估算及结论引自军事科学院外国军事研究部编：《日军基本情况（1997）》，第314~315页，军事科学出版社1998年版。

② ［日］日本統計局《日本统计年鉴（2013）》，http://www.stat.go.jp/date/nenkan/

③ Brian Fung," Why Japan Can't Cpmpete With China"," The Atlantic", Jauanary3 2013, http://www.The Atlantic.com/international/archive/2013/01

④ ［日］日本統計局《日本统计年鉴（2013）》，http://www.stat.go.jp/date/nenkan/

⑤ ［日］財政制度等審議会：《平成22年度予算編成の基本的考えについて方》，2009年6月3日 http://www.mof.go.jp/singikai/zaiseseido/zai2.htm

出国际公认的15%的警戒线，面临财政破产危机。①

上述人口和财力状况对日本结盟战略的影响在于：①迫使日本强化对美防卫合作时，力图避免直接卷入大规模战争。从上述人力和财力规模看，日本拥有与美国合作大举军事干预"周边事态"的潜力，而且已流露出这种野心，并采取了若干备战措施。但是，日本99%的物资都依赖于海外供给和海路运输，战时一旦遭到封锁，经济将遭受重大打击甚至难以为继。如此巨大的风险将使日本在追随美军参与海外战争问题上不得不谨慎从事、有所不为。②人口老龄化将影响日本选举政治生态，制约日本政府未来强化对美防卫合作。老龄人群由于高度依赖国家社会保障体系和后代抚养，对养老金减少和战争伤亡最为敏感，多数会反对政府扩充军备、参与战争，而且随着人口老龄化趋于严重，他们在日本选举政治中的影响力势必进一步上升，对日本强化日美防卫合作的牵制也会越来越大。③财政拮据使日本平时军费的扩张空间非常有限，对美防卫合作因财源不足屡生争执。美国军事专家威廉·拉普（Willam E. Rapp）指出，日美同盟正面临"经济困扰"，巨大的债务压力使日本政府能够提供的国防经费越来越少，而"没有足够的经费，就难以维持与美国良好的同盟关系。由于缺乏国防经费，日本还离不开美国的保护，但是日本在增强自身军事能力上的无能为力，加重了美国的负担，这将会增大两国间的分歧"②。事实上，近年来日美在驻日美军基地"迁移费"、"体贴预算"问题上不断发生争吵，其背景就是日本政府困于财政、不得不"斤斤计较"③。

---

① ［日］日本統計局：《日本统计年鉴（2009）》，http://www.stat.go.jp/date/nenkan/

② Willam E. Rapp，"Past its Prime? The Future of the US－Japan Alliance"，Parametrs，Summer2004.

③ "冷战结束以来，日本对美国驻日军事基地的津贴竟高达700亿美元。"（参见 Chalmers Johnson "The real 'China threat'" Asia Times Online Mar19，2005）这些支出主要来自日本政府每年度的"体贴预算"，预算的项目包括作战设施维护、美军家属住宅、子弟学校、教会等设施的补贴以及基地内日籍从业人员的社会福利等，甚至连美军基地内娱乐场所雇员的工资都要日本政府买单。根据美国2004年度《盟国有关共同防御贡献度报告》显示，日本在美国的所有盟国中贡献度最高，向美军提供的直接和间接经济支援占美军接受盟国总金额的52.53%，承担了驻日美军74.5%的费用，仅2002年一年就达44亿美元（参见 U.S. Department of Defence "2004 Statistical Compendium on Allied Contributions to The Common Defense". in http://www.denenselink.mil/pubs/allied_contrib2004/allied2004.pdf）。2006年4月，根据日美两国政府达成的协议，仅驻冲绳美军部分转移到关岛的经费日本就要负担其中的59%，达60.9亿美元（参见《グアム移転経費　平和を守るためのコスト》，载《産経新聞》2006年4月25日）。近年来，日本国民对上述经费问题非常不满，日本政府迫于民意也不得不与美国"据理力争"。

综上所述，可以认为尽管日本的人力、财力规模具有支持其与美军联手发动大规模战争的潜力，但其前提是日本必须打断国家正常的经济和社会生活，进入战争状态，且要面临极大的风险。而在一般情况下，由于老龄化、巨额债务的困扰，日本政府难以大幅度扩张军费预算，只能在强化对美防卫合作方面有限作为。日美之间在增加驻日美军经费支持和升级扩大自卫队行动方面的矛盾很难在短期内化解。

四、对经济日本影响结盟战略的若干规律性认识

纵观20世纪初以来的日本经济发展和结盟战略演变，可发现以下规律性特点。

首先，经济因素在日本结盟战略的制定和实施中享有特殊地位。从一般意义上讲，国家的对外结盟决策属于军事安全范畴，经济财政因素的作用通常是间接的、潜在的。但从日本对外结盟的历史看，经济因素的影响却非常大且往往直接发生作用。透视导致近代日本对外结盟的一切安全及军事矛盾，其背后都存在经济冲突的影子，对经济资源和市场的贪欲可谓是促使日本最终走向军事结盟的幕后推手。日本在缔结和运用日英同盟过程中，不仅指望依托英国筹措战费，还把利用英国的殖民地通商算计在内；后来选择德国、缔结德意日三国同盟，也明显受到了当时列强之间殖民经济矛盾的间接作用和所谓“持有国与非持有国”理论的影响。而在战后，日本则直接把经济利益诉求纳入了对美结盟战略的目标体系，使日美同盟成为融政治、经济、军事于一体的复合式同盟。①

其次，对盟国的经济依赖度与日本结盟战略的寿命存在一定关联。在20世纪日本对外缔结的三个军事同盟中，与盟友经济依赖关系的深度基本上与同盟持续时间呈正比关系。之所以如此，不仅是因为双边经济合作有利于扩大盟友间的共同利益，更重要的原因在于当年的英国和战后美国都拥有强大的经济实力和主导国际经济体系的能力。日本选择他们，不仅可通过双边经济往来得到好处，而且还意味着得到了进入国际经济体系的

① 对此，美国前国务卿沃伦·克里斯托夫曾描述道：“美日关系就像是一只三条腿的凳子，我们的经济互动、安全伙伴和在全球问题上的政治合作，应该发挥相互支持的作用……现在，在经济和军事安全之间的界限日益模糊的时代，分割这些利益已经变得非常困难”，“除非我们在所有问题上都是和谐而有力量的，否则我们就无法认识我们关系中的全部潜力”。参见［美］沃伦·克里斯托夫：《美国新外交——经济、防务、民主》，苏广辉等译，第326页，新华出版社1999年版。

“门票”。因此，只要盟友的经济实力和对国际经济体系影响力依然足够强大，日本就不愿轻易离开他。尤其需要指出的是，战后日美经济依存比近代日本对英国的经济依赖关系要深得多，属于一种复合式依存，包括制度依存、贸易依存、投资依存和生产依存等多个方面，其对日本对美结盟战略的护持作用也远大于前两次结盟。

再次，国家发展模式和心态的变化与结盟战略的稳健性存在一定关联。近代日本选择的发展模式本身就是一种非和平模式，结盟战略作为实施这一模式的手段自然是为战而生。而且当时日本虽强，却是一个穷国，经济发展长期处于资本稀缺状态，因此靠战争敛财的欲望格外强烈，结盟的目的就是“战”，战的目的则是“抢”。战后，日本求富的欲望虽同样强烈，但在意识到近代模式已行不通后，就专意于和平发展，把军事同盟当经济同盟用，为经济利益甘心牺牲政治尊严，做美国的附庸。冷战结束后，日本已然是世界上最富裕的国家之一，发展模式未根本改变而经济心态却趋于保守，对财富的渴求远不如近现代那样强烈，重点转向追求“面子”与国际地位。这种变化使得日本结盟战略逐渐表现出政治、经济、军事的平衡性，同盟运用既不会像冷战时期那样保持低调，一般也不至于像近代那样走极端。

第四，经济利益扩张的多向性与日本结盟战略之间的矛盾逐渐凸显。在近代，日本对外经济关系最关心的是其在东亚大陆的殖民利益，谁最能威胁这个利益谁就被视为日本的主要敌人，其结盟战略的真谛就是寻找与之东亚殖民利益矛盾较小，又拥有强大军事力量的国家对付这个主要敌人——经济扩张方向与结盟战略导向具有较高的一致性。然而，战后随着国家发展模式的转变，日本的经济视野逐渐扩展到了世界各国和地区，参与多边国际经济合作已成为常态，由此导致日本经济利益取向与结盟战略利益取向之间的矛盾和错位不断出现，并呈现出扩大趋势——“日本外交存在两个世界，一个是基于经济合作的多边经济外交，一个是以日美安保为基轴的双边安保战略。日本外交面临的课题是如何把二者结合在一起”①。

① ［日］藤原帰一：《東アジアの平和構想》，载《平和戦略国際研究所所報 Human Security》No. 6（2001/2002）

第六章　文化、社会思潮与日本结盟战略

不少西方学者考察国际同盟理论一般只注重政治、安全因素的研究。如斯蒂芬·沃尔特（Stephen M. Walt）在详细考察了1955至1979年中东地区的同盟演变后，得出的结论是，外来威胁和权力制衡是同盟最重要的原因，而意识形态、经济援助和政治渗透在同盟形成过程中所起的作用相当有限。① 该结论从一般意义上说明了社会文化等主观因素对同盟影响的间接性和边缘性，但该结论是否具有普遍意义，值得商榷。特别是具体到某一个国家的结盟战略，则情况不尽相同，甚至差异明显。尤其是对日本这样一个结盟历史几乎伴随民族近代化成长全过程的国家来说更是如此。

第一节　文化因素对日本结盟战略的影响

入江昭曾指出，世界事务中的行为体既是权力的载体，也是文化的载体，国际关系既是权力之间的关系，也是文化间的关系。因此，国际关系研究必须包括三种类型：权力层次的相互作用、文化间的相互影响和这两组关系间的相互关系。② 国际同盟既是国家间权力相互作用的产物，其产生必然受到民族国家文化因素的影响。具体到日本而言，文化因素虽不能直接、明确作用于日本结盟战略，但却深刻影响着日本人观察国际环境、酝酿结盟的思维方式，影响着日本人对待盟友的态度和行为。

一、民族文化心理与日本结盟战略

所谓民族文化心理也被称为“民族性格”或“国民文化心理”，“是

① Stephen M. Walt, The Origins of Alliance, pp. 263 – 269. 转引自于铁军：《国际政治中的同盟理论：进展与争论》，载《欧洲》1999年第5期。

② ［日］ Akira Iriye, Power and Culture: The Japanese – American War, 1941 – 1945 (Cambridge, Massachusetts: Harvard University Press, 1981), Preface, p. vii.

一个民族在长期发展过程中，以一定的社会经济制度为基础，在历史文化传统与现实文化环境相互交融的影响下，文化内化于国民心理所凝结而形成的一种较为稳定的精神状态和心理特征。其最核心的内容是在此基础上形成的价值体系和思维定势”。文化心理具有“共享性”，它的形成“必然规范与匡约着整个民族全体国民的思维方式和行为模式”；具有“顽固性”，一旦形成，很难改变；具有“无意识性”，“它使人无意识中被诱导、被约束、被吸引”，“它以一种无意识的心理控制与规范着人们有意识的行为模式”①。民族文化心理的这些特征使得国家的任何行为都难以完全摆脱其影响和制约。日本结盟战略虽然属于国家高级政治行为，具有很强的主观性，但其运筹、决策和实施也难免受本国民族文化心理的无意识作用——独特的民族性格造就了日本人观察、挑选、对待盟友方式方法的独特性。

（一）耻感文化心理与日本结盟战略的脱道义性

“耻感文化”是鲁斯·本尼迪克特在概括日本文化心理特质时，作为与“罪感文化”相对应的概念提出的。他在《菊与刀》中指出，美国社会的“罪感文化”“提倡建立道德的绝对标准并且依靠它发展人的良心”，“真正的罪感文化依靠罪恶感在内心的反映来做善行”，而“真正的耻感文化依靠外部的强制力来做善行”，并指出日本文化是典型的“耻感文化”②。我国学者认为：“‘耻感文化’在日本社会的作用，表现为日本人道德观念薄弱。行为观念的是非与善恶不是按照一定的道德标准，从内心去评价，而是依据周围人对自己行为的反映来判断，对自己的行为缺乏自律性。因此，‘耻辱感’可以说是日本人决定思维与行动方式的主要精神动力之一。同时日本人由于没有绝对的道德感，缺乏恒定的善恶标准，行动随外部环境的改变而改变，因此容易给人以反复无常的印象。”③

就日本国内社会而言，“耻感文化”缺失“道德的绝对标准”并不会引起社会失序和混乱，这主要是因为日本社会在长期进化过程中，引进和创造了一整套具体的道德规范。然而，日本人一旦脱离这个社会，进入无约束状态，这种缺失的后果就会表现出来——日本人海外集体买春现象频

① 刘欣：《国民文化心理及其对政治文明建设的影响研究》，硕士学位论文，指导老师吕建营，河北大学，2005 年 6 月。

② ［美］鲁思·本尼迪克特：《菊与刀》，吕万和等译，第 154、155 页，北京商务印书馆 1990 年版。

③ 臧秀玲、宋小霞：《日本政治文化对外交政策的影响》，《东北亚论坛》2006 年 1 期。

繁发生就是证明。不幸的是，近代以来国际社会就处于无政府状态，而日本在这种状态下行为的非道义性也得到了充分暴露。① 而早在1910年，戴季陶就指出，日人“狡而易迁”，“人民争斗性和融合性皆走极端”，“盖其历史上本无独立之价值，侵略而胜则肆其贪虐，争斗而败则又曲尽其谄媚之态”②。字里行间虽透着爱国激愤，仍可谓一针见血。中国当代学者王屏也认为：“纵观近代日本所制定的国家战略目标，其致命的弱点是缺乏战略理念，即只追求目的的合理性而缺乏价值的合理性。用中江兆民的话说就是‘日本无哲学’，用入江昭的话说就是‘日本没有外交思想’，用北冈申一的话说就是‘日本在定义国家利益时不关心理念问题’。”③

上述情况对日本结盟战略的影响主要表现在四个方面：①同盟的缔结和运用非关道义。日本近代以来选择盟友和运用同盟，出发点都是最大限度实现本国私利，基本不存在遵守国际道德的自觉性。在日俄战争前夕，日本东京帝国大学80名教授组建对外同志会，发表所谓“七博士意见书”，公开宣称：“我国人口激增……一定要寻求新领土”，“为贯彻此主义，必须对俄一战”，战后应依托与英美结盟，向清韩大量移民，造就“第二个日本”④——学界精英尚无良知，国家结盟战略的道义性如何可想而知。即使在当代，日本选择与美国结盟以及运用、强化日美同盟的出发点，依然是谋求本国利益的最大化，道义因素的作用非常淡薄。②结盟战略心态缺乏内在的稳定性。国际道义是相对稳定的，而国际权势则是不断变幻的。由于战略不受“价值的合理性”约束，日本结盟战略往往随外部权势变化而演变，变化节奏与以盟友为基准的国际权力的消长节奏基本一致。20世纪头20年英国国力的渐衰、30年代德国“暴发户”式的崛起、战后美国超级大国地位的长期保持，分别与日本三个同盟的寿命长

---

① 比如，“九一八事变”后，中国政府多次引据国际法和国际道义，向国际联盟控诉日本之侵略，而日本却对此不屑一顾，其舆论喉舌新渡户稻造公开以讥讽的口吻宣称：“我国国民是现实主义者……日本人从来是脚踏实地，从不筑空中之城，所以看他们（指向国际联盟控诉日本的中国）喋喋不休，就觉得无所谓。”参见［日］新渡户稻造：《新渡戸稲造全集（第十九卷）》，第274页，教文館昭和44年版。

② 原文以《日本人之气质》为题于1910年10月17日－21发表在上海《天铎报》，参见唐文权、桑兵：《戴季陶集》，第113页，华东师范大学出版社1990年版。

③ 王屏：《近代日本亚细亚主义》，第238页，商务印书馆2004年版。

④ ［日］片山慶隆：《日英同盟と日本社会の反応 1902－1904》，载《一橋法学》2003年第2卷第3号。

短一一对应，非常耐人寻味。③难以获得盟友的深度信任。由于结盟战略缺乏道义性，盟国往往对日本缺乏信赖感。在1917年3月，英国议会针对日本在大战期间的表现，发表过一份《英日关系备忘录》，称："英日道义上相距太远。英国之理想与日本的野心不同，两国不可能拥有共同的基础。"① 而在当代，美国对日本的信任同样是建立在自身实力优势和现实利益的交汇上，布鲁金斯学会高级研究员黄靖博士就曾表示，"因为珍珠港事件，美国感到日本可控，但不可信"②。④与盟国交往难以占据道义优势。耻感文化一方面使日本可通过无原则追随盟国捞取实际利益，另一方面也使其与盟国交往时，无法占据道德博弈的制高点。尤其是当盟国假道义之名向日本提出要求时，日本往往无辞拒绝。比如，美国在处理日美经济摩擦时，经常把"扩大自由贸易"原则作为"特洛伊木马"，"要求日本进一步努力扩大自由贸易"，当日本无法辩驳时，就只好接受美国进一步提出的"作为具体的努力，请购买美国半导体……"的要求。③ 即使在政治领域，美国也时利用道义问题敲打日本，迫使日本在现实利益博弈中礼让美国。2013年1月，当安倍急切希望访美时，美国政界、舆论界却抓住安倍否定侵略历史的言论大加鞭挞，其深层目的就是给安倍施压，迫使其在冲绳美军基地调整、参加TPP等问题上作出实质性承诺。

进入21世纪后，日本为谋求政治大国地位开始重视外交的道义性，试图以"美—丑"作为道德体系的轴心，解决"道德的绝对标准"缺失的问题。著名文化学者川平胜太就提出，西方社会的价值判断体系是"真、善、美"，即以"真（指对神的信仰、基督教的戒律）"为轴心确立社会规范；进而区分善恶、美丑；日本则正好相反，是"美、善、真"，即以"美"为轴心确立社会规范。至于什么是"美"，他的解释是指"以神道为基础的价值，包括对自然的敬畏和赞叹"④。然而，该解释反而进一步向世界证明，日本的确不存在"道德的绝对标准"。对此，另

---

① ［日］平間洋一:《日英同盟——同盟の选择と国家の盛衰》，第119~120页，PHP研究所2000年版。

② 黄靖整段话的表述是:"因为珍珠港事件，美国觉得日本不可信，但可以控制；而中国说话算数，可信，但不可控制。因此，美国在亚太地区要维持现状，就找日本；要解决问题，就找中国。"（参见《日本可控但不可信 中国可信但不可控》，载《环球时报》2006-02-24。）本文认为，对美国而言，最不可原谅的是日本违反战争法和国际道义，偷袭珍珠港的行为。

③ ［日］立花隆:《同時代を撃つ》，第109页，講談社1989年版。

④ ［日］川勝平太:《文化力—日本の底力》，第61~67页、85页，ウェッジ2006年版。

一位日本学者中西辉政尖锐地指出：日本的文化“不是以道德，而是以‘美丑’判断是非。从反面看，当日本人脱离历史和传统时，就存在失去道义的危险性”[①]。

2006年1月28日，时任日本外相的麻生太郎在演讲中表示：“世界上打架最厉害的国家的是美国，易被欺负的孩子是日本”，“日本为了不受欺负，就要和打架最厉害的家伙联手。那些叫嚷‘对美追随外交’的舆论没看到这个现实”[②]。麻生这一“坦率”表达再次证明了耻感文化作用下日本结盟战略的脱道义性，由此衍生的问题是：日本在21世纪强化对美同盟关系是否就是为了“打架”呢？如果有一天出现了比美国“打架”更厉害的国家，或者美国挥动的拳头不够强有力时，日本会怎样处置日美同盟呢？

（二）两极文化心态与日本对外结盟关系的演变

长期旅居海外的日本文化学者杉本良夫在回视本国文化时承认，日本文化“既表现为文化相对主义，又存在自文化至上主义结构”[③]。我国日本文化研究学者叶渭渠也认为：“日本现代化的过程，是不断地克服国民的劣等意识、民族虚无主义的过程，同时又是不断克服妄自尊大、唯我独尊的民族优越感的过程，即克服两种极端思想的过程。”[④]上述论述反映出日本人面对世界时，常游走于“自卑—傲慢”两极之间，难得有平常心态。

日本民族性格的这一特点使其每仰视一种文化时，常生附靠之心，以拾其牙慧自得；遇弱势文化则轻蔑之、视为“恶友”，唯恐避之不及。而判断文化优劣的标准也务实之极，就是拥有该文化之国家的国力强弱。这种文化上亲强远弱的特性，对日本选择盟友具有潜意识导向作用。在19世纪前期，日本仍以敬重的目光看待中国，也曾有人提出过“日清提携”论。然而，由于中国在与欧洲列强的较量中屡战屡败，日本即以此判优劣，群起响应福泽谕吉的“脱亚入欧”思想，把此前尊崇的中国儒学视为百无一用的“虚学”而鄙视之，“提携”的事儿自然不了了之，对英结

① ［日］中西輝政：《日本らしさとは何か》，载《時代を解くキーワード・Insight》2002－01－01。

② ［日］《外相！またか けんか強い米と組んだ》，载《しんぶん赤旗》2006－01－29。

③ ［日］杉本良夫：《日本人をやめる方法》ちくま文庫、1993年、175页。（作者为社会学博士，澳大利亚拉·托贝大学人文社会科学教授）

④ 叶渭渠：《日本文化史》，第283页，广西师范大学出版社2005年版。

盟的议题不久却提了出来。因此可以说，“脱亚入欧”思想的流传为后来走向日英同盟做了极好的文化铺垫。

1898年，主张日英结盟的日本重量级政治家大隈重信在得知两国结盟谈判有进展后兴奋地表示：“（如今，英国）极爱和平，已达到文明之最高点。（日英同盟）就是英国与东方勃兴之国日本以同等之权利，维持东方之和平……”其对待英国文明的仰视和谦卑令人感到十分夸张。然而，当大隈面对亚洲时，又俨然一副傲慢嘴脸，声称：“亚洲文明之国，今以日本为第一，次即支那，若巴比伦、印度辈，往日文化虽可观，今则不足比较。”对此，长期旅居日本的中国革命家章炳麟曾一针见血地指出，大隈重信等日本人“夫怀势利之心以观文化”①。而正是这种“势利之心”为日本追随英国，依托日英同盟，欺侮亚洲邻国提供了精神导向。

然而，到第一次世界大战爆发后，已成为世界主要强国之一的日本看到英国衰相毕露，其主流舆论一改往日的恭敬和谦卑，声称“西洋已经没落”，“英国的文明、英国的政治充满缺陷”，属于“老朽文明”，并开始出现批判“拜英主义”的潮流。此时，在很多日本人眼里，当年作为英国盟友的荣耀已变成“当看门狗”的屈辱，应该摆脱对英依赖，“在辽阔的太平洋上完成日本的文明使命了”②。应该说，越来越多的日本人对英心态从恭敬到不屑，为战后日英同盟的解体做了很好的注脚。当然，在日本精英阶层崇拜英美者仍有人在，不过已开始居于少数。

华盛顿会议后，日本的民族自大心理一步步走向膨胀，其姿态无论对中国还是对世界而言都呈现出“傲慢和高压”③。1933年，日本军国主义势力主要代表人物之一松冈洋右，在因“满洲问题”宣布退出国际联盟后宣称，美国虽然富有，“但萎靡不振，极度精神衰弱”，英国“已经老迈，意在维持现状”，“最终也只有日本民族才能拯救人类”，日本要清除对欧美的“属国心态”，实现新的目标。④ 在整个20世纪30年代，日本

① ［日］野村浩一：《近代日本的中国认识：走向亚洲的航踪》，张学峰译，第9~11页，中央编译出版社1998年版。

② Edward Baryshev, “Theory of Civilizations as a Background of Russo - Japanese Rapprochement during the first World War”, Slavic Studies, Issue: 52/2005, pages: 205 - 240, on www. ceeol. com

③ ［日］松葉正文：《日本近代史・断想（岩波新書〈日本近現代史〉1-6を读む）》，载《立命館産業社会論集》2008年第44卷第1号。

④ ［日］松岡洋右《青年よ起て——世界変局と大和民族の使命》日本思想研究会発行，昭和8年，http://binder. gozaru. jp/matsuoka/se - index. htm

人这种傲慢心态不仅是其与英美达成妥协的精神障碍，甚至还成为部分日本人一度不愿与德国结盟的诱因。比如，后来执意反对三国同盟的日本海军头面人物米内光政就认为："希特勒是暴发户，就是输光了也无所谓。拥有三千年历史的日本天皇与一个暴发户同台握手，岂有此理!"①

然而，这种泡沫式的傲慢毕竟脱离了国际权势格局的现实，并不能完全压制日本人自明治维新后长期积淀在内心深处的，面对欧美的自卑感和依附意识。而正是这种心理表层的傲慢和深层的自卑，把日本人推向了选择德国的心理夹道。这主要是因为：由于表层的傲慢主要是针对英美而言的，日本如果在全面侵华战争受挫后，再求诸于英美或与之妥协，就与"耻感文化"高度重视"面子"不相容，会因此陷入严重的心理冲突；而多数日本人对德国并无蔑视心态甚至有诸多好感，如果与德国为伍，既能顾全"面子"，又能满足心理深处自卑感上升所激发的依附欧洲权势的渴望，缓解心理压力。② 其结果，日本人在有意识拒绝"英美崇拜"的同时，无意识滑向了"德意崇拜"③。

第二次世界大战的战败使日本当初的文化傲慢迅速"归零"，美国占领军的到来非但没有引发抗拒，反而掀起了崇美热潮，以至于其国内英语学习资料一度"洛阳纸贵"④，日本政界及社会各界"言必称美国"也成为时尚。应该说，这种对美国文化优位的承认为日本甘于日美同盟的非对称性提供了有利的心理铺垫。但是，20 世纪 70 年代以后，随着经济崛

① ［日］岡崎久彦：《目をおおわしめる知的頽廃》，载《産経新聞》2002－05－31。

② 社会心理学的"认知失调理论"认为，任何时间只要个人发现两种认知不能调和一致时，就会感到心理冲突，因冲突而引起的紧张不安转而形成一种内在动机作用，促使个人改变或放弃认知之一，而迁就另一认知，借以消除冲突，恢复调和一致的心态。（参见邹海燕等编著：《社会心理学》，第 167、168 页，湖南大学出版社 2003 年版）从这种理论看，由于此前日本人的傲慢心理虽然相对于整个欧美，但傲慢态度的表达主要是针对英美而言的，因此选择与英美妥协所导致的心理冲突，要远远大于选择与德国结盟所产生的心理冲突；而且在傲慢心理已经表达为态度的情况下，与选择同英美妥协相比，选择与德国结盟的行为更容易与此前的傲慢立场相调和。

③ 日本人该时期的心理矛盾在松冈洋右身上得到了集中体现。他在国内一方面抨击"日本好拾人牙慧的思想家很多，他们不是崇拜英美就是崇拜德意"，主张"摆脱欧美依附"，并始终否认自己是在模仿德国纳粹，另一方面又实际上崇拜希特勒和墨索里尼，极力推动日本走向三国同盟。参见［日］松岡洋右：《興亞の大業》，第一公論社昭和十六年版，http://binder. gozaru. jp/koua－index. htm

④ 1945 年 8 月 30 日，美国正式占领当天出版的《日美会话手册》，在人口 7000 万人的日本发行量后来竟然达到 400 万册。参见［日］细谷千博监修：《日本とアメリカ——パートナーシップの50 年》，第 442～443 页，ジァパンタイムズ2001 年版。

起，日本对美国文化优位的认同开始受到民族主义情绪的不断冲击，尤其是在80年代末日美贸易摩擦白热化的大背景下，日本民族心态重现从自卑到傲慢的跳跃。右翼作家石原慎太郎等人抛出《日本可以说“不”》、《日本就是敢说“不”》等一系列著作，其中一些观点很像是日本第一次世界大战爆发后出现的“欧洲衰落论”和“日本使命论”的翻版。[①] 这些著作在日本成为畅销书多次再版，引起了美国政界的“震惊”，对日美关系产生了很大冲击，并成为诱发日本结盟战略摇摆的因素之一。

所“幸”的是，这种傲慢情绪并未能像一战之后那样持续燃烧，很快被“泡沫经济”崩溃的冷水浇灭。此后，自卑再度笼罩日本人的心头，并在保守势力的舆论操弄下，产生了两方面的认知后果：①自卑导致日本国民对国家安全的信心弱化，同时为了平衡自卑心理而产生寻找“替罪羊”的本能，结果“中国威胁论”得以出笼流行[②]；②自卑导致日本对美心态再度从轻视到敬重，并在“中国威胁论”的刺激下开始回归依靠美国保护的心态，走上了强化日美同盟之路。

纵观20世纪初以来日本民族心态在自卑与傲慢之间的游走，其变化周期与日本的结盟战略调整明显存在呼应关系。当日本国力足够强盛之后，傲慢心态就会膨胀，过高估计本国国力，产生唯我独尊、轻视乃至离弃盟友的冲动。当日本国力较弱时，又会被自卑心态所笼罩，产生崇拜盟友、追随盟友的心态。当今日本仍然是世界经济大国，正试图迈向军事大

① 在这些著作中，石原慎太郎等人宣称：“白人创造的现代文明正在走向终结”，美国“已经出现了日薄西山的征候”，“第一强国的地位正在很大程度上被取代，而取代他们的又是被他们嗤之以鼻的国家日本”，“日本人要成为世界主义者”。参见［日］石原慎太郎、盛田昭夫：《日本可以说“不”——新日美关系的对策》，军事科学院外国军事研究部译，第22页，军事科学出版社1990年版。

② 日本东京大学综合文化研究科教授、著名批评家小森阳一曾分析了日本政治家成功“威胁”过程。他指出，十年来日本社会最大的变化就是贫富差距拉大，“在社会上真正获得成功的只是少数人，而大约90%的日本民众，则属于‘失败的大多数’”，“整个日本社会都陷入‘茫然的不安’中”。“面对这种不安的社会心态，日本政客们无法拿出自己的解决办法，便用了西方政治惯用的伎俩：通过树立外部的假想敌，转移国内民众的不满情绪。政客们树立起来的第一大假想敌是朝鲜。他们同时暗示，朝鲜后面是中国。他们把日本民众内心的不安，归于来自朝鲜的屡屡挑衅和中国经济迅猛发展带来的威胁。中国经济的迅猛发展给日本社会带来一种心理扭曲，因为二战结束后，日本民众一直在经济上对中国和朝鲜有优越感，这种心理扭曲使日本民众接受了对中朝强硬的政治立场。如今，日本媒体天天都向国民灌输着两大假想敌的印象，批评朝鲜和中国的话语在小酒馆中都可以随便听到，但对于批判美国的话语却很少。”参见［日］小森阳一：《日本陷入“茫然的不安”》，载《环球时报》2006-08-25。

国，转变为“正常国家”。一旦完成这种转变，日本人是否会再度走向傲慢？会怎样调整他的结盟战略？要回答这些问题，恐怕不仅要着眼于时势，还需要把握日本人心境的上述历史变化。

（三）集团主义与日本在同盟关系中的角色意识

日本是世界上公认的集团意识最强的民族之一。其集团主义的主要特征包括：①个体存在依附于社会集团，集团价值高于个人价值；②个体应忠于集团，个人的身份确定和社会承认直接与参加的集团息息相关；③集团内存在一套完整的等级制度，协调着人际和权力关系，使成员能有效合作；④集团成员应顺从集团等级制度，按照自己在集团中的地位行使权利和义务。[①] 集团主义是日本从古至今社会历史文化长期演变的结果，对日本政治、经济、社会及外交具有广泛影响，也增强了日本结盟战略和政策的独特性。

首先，日本非常害怕国际孤立，总希望与强国结盟，摆脱或避免孤立。在英美社会，人的心理取向是个人主义，社会价值取向鼓励凭借个体的实力、努力取得成功。因此，英、美外交非但不忌讳“孤立”一词，反而公开打出“光荣孤立”、“孤立主义”等旗帜。然而，在日本社会，集团被视为个体生存的必要条件。受集团意识的作用，日本人总是希望在某个集团中找到归宿，最惧怕的就是被集团抛弃。比如在中国的中小学校，孩子在伙伴圈中受到欺负时，通常会找老师告状或脱离这个圈子；在日本的学校，孩子被圈子里的伙伴欺负后最常见的反应是忍耐，甚至宁愿自杀也不报告老师或脱离施暴者。造成这种现象的原因就在于，对日本人而言被集团抛弃比受欺负更可怕。相应地，外交上陷入孤立在日本人看来就是一种极严重的问题，更不用说行“孤立主义”了。因此，防止国际孤立既是一种现实利益需求又是一种文化心理需求，而结盟则是解决需求的有效手段。而且，在结盟后，日本还经常把同盟关系的处理与陷入国际孤立的可能性联系起来。在华盛顿会议前夕，日本决策者之所以决定继续维持日英同盟，目的之一就是试图借同盟恢复与英美集团的关系，避免国际孤立。[②] 战后，日美媒体在报道对美经济摩擦时，最后常用的一句话就

---

① 此处部分参考了我国学者臧秀玲等人的观点，参见臧秀玲、宋小霞：《日本政治文化对外交政策的影响》，载《东北亚论坛》2006年1期。

② ［日］黑野耐：《大日本帝国の生存戦略》，第194页，講談社2004年版。

是“为了避免在国际社会孤立，日本只有……”①

其次，在集团主义背景下，日本看待处理同盟关系具有较为浓厚的等级意识。等级制度及等级观念是日本集团主义的重要内涵。本妮迪克特曾在战后初期就敏锐指出：“多少世纪以来，不平等已经成为日本民族有组织的生活准则，既是最容易预计，也是最广泛接受的。承认等级的行为对他们来说就像呼吸一样自然。”② 战后，尽管日本大量吸收来自欧美的个人主义价值观，但等级文化对日本外交的影响仍非常明显。③ 受其影响，日本对同盟关系的处理呈现两个特点：①喜欢同最强大的国家做盟友，且非常在意盟国的评价。因为在日本人的国际观中，世界秩序是一个等级秩序，追随的盟友越强大、国际地位越高，也就意味着日本未来“升级”的空间越大。而且，在结盟之后，日本往往把“晋级”的希望寄托于盟友的“提拔”，很在意对方的“表扬”或“批评”。比如在日俄战争后，日本首相桂太郎竟直截了当向英国国王请赏，称：“天皇把国王陛下授予嘉德骑士勋章视为巨大荣誉而仰盼。”④ 此言如同臣子向皇帝邀功，全然没有独立国家的气节。更值得留意的是，即使在主权平等理念高度普及的当代，日本面对强大盟友时的“求赏惧罚”心态仍顽固地存在着。⑤ ②较能忍受同盟关系的不平等。在日本人看来，团体内“子分”服从“亲（可理解为父辈）分”乃是义务，即使被“亲分”欺负并无什么不妥，甚至会觉得挺幸福。在第二次世界大战结束后，本妮迪克特曾就对日政策建

① ［日］田勢康弘：《政治ジャーナリズム（报业）の罪と罰》，第197页，新潮文庫1996年版。

② ［美］鲁思·本妮迪克特：《菊与刀》，吕万和等译，第31页，商务印书馆1990年版。

③ 英国著名国际问题专家弗兰克尔在1969年访日时，曾就日本外交官在东南亚的态度提出批评：“日本把国家分成等级，说这个国家行，那个国家不行。在民意调查中竟然会提出这样的问题：‘你是否认为日本这样的国家已成为世界先进国家？’这对于英国的文官来说，简直不可想象。”见［日］永野信利：《日本外务省研究》，上海复旦大学历史系日本史组译，第152页，上海译文出版社1979年版。

④ 日俄战争后，应日本要求，英国女王对日本有功之臣论功行赏，上至天皇下至大山严、东乡平八郎、小村寿太郎等大臣都被授予勋章。参见［日］君塚直隆：《日露戦争と日英王室外交——明治天皇へのガ－タ－勋章授予をめぐて》，载《军事史学》2004年第3期。

⑤ 美国世界政策研究所日籍研究员玉本伟描述日本人在冷战结束前后的沮丧心情，曾如是说：“日本在20世纪80年代的势头曾经锐不可挡。正是在那个时候，日本开始寻求外界认可其成就和确立其三等国家地位。日本是一个希望自己招人喜欢的国家，但世界上许多国家逐渐想象出一个‘日本威胁’。日本最想得到的是美国的认可，但美国境内掀起了抨击日本的浪潮。”参见［美］Masaru Tamamoto “How Japan Imagines China and Sees Itself” WordPolicy Journal – Winter2006

议："在过去的十年间，他们把自己描绘成已高踞于国际等级制的金字塔的顶端"，"现在日本人承认美国权威处于等级制的最高位置，我们就更有必要对他们的习惯有最清晰的观念。"[①] 事实上也是如此，战后美国处理对日关系经常居高临下，让日本承担非对称义务，甚至干涉日本内政。对此，日本颇能恬退隐忍。日本首相池田勇人甚至一度称："日本是美国的妾。"[②] 虽属于政治失言，却折射出日本外交潜意识中面对盟友美国的自我身份定位。

当然，当今国际社会毕竟是由主权国家组成的，作为亚洲最早接受西方主权理论的日本，无论是政治家还是国民，主权平等思想也是很强烈的。这使得日本人面对同盟关系的不平等，心态常常在现代主权观念与传统等级意识之间徘徊。冷战后，面对世界唯一的超级大国，日本在处理同盟关系时，很多情况下会不自觉地接受"子分"定位，答应美国超越主权国家伦理的非分要求；但又不时流露出谋求日美对等的冲动，试图改变"对美从属"地位。如果不了解日本结盟心态的这种自相矛盾性，就很容易被日本某个时期的"反美浪潮"或"对美一边倒"所迷惑，对其结盟战略走向做出简单化判断。

（四）"依赖"心理与日本处置同盟关系时的"撒娇"和"专宠"

日本学者土居健郎认为，与其他民族相比，日本人对权势和集团抱有浓厚的依赖心理，这种"依赖的原型显然产生于母子间的一种婴儿心理"，其本义"指婴儿想依附母亲，要否定将要分离的事实，减少由分离带来的痛苦"[③]。他还指出："日本的社会体制完全是一种相互依赖的关系，直到今天还基本上保持着这种状态"，"像婴儿一样完全依赖他人在日本是受到格外尊重的"[④]。根据该学者的阐述，日本人的这种依赖心理，表现为对被依赖者的依附、纠缠、撒娇、吃醋等。尽管作者对依赖关系的论述主要是就其国内社会心理关系而言，但通过对日本外交的观察不难发现，日本在与关系亲密国家尤其是盟国相处时，同样存在比较浓厚的

① ［美］鲁思·本妮迪克特：《菊与刀》，吕万和等译，第31、34页，商务印书馆1990年版。

② ［日］藤原弘達：《吉田茂その人その政治》，第89页，読売新闻社昭和30年版。

③ ［日］土居健郎：《日本人的心理结构》，阎小妹译，第50、130页，商务印书馆2006年版。

④ ［日］土居健郎：《日本人的心理结构》，阎小妹译，第37、38页，商务印书馆2006年版。

"依赖"情结。

首先，受"依赖"心理的影响，日本在对外关系中倚重盟友的心理较重。土居健郎认为，在"依赖"心理作用下，日本即使是天皇，对臣下的依赖程度也"几乎与襁褓中的婴儿相差无几"，"知道怎么依赖别人的人才有资格成为领导"①。土居用天皇作比喻，实际上在强调日本社会把依靠他人取得成功视为一种常态，即使是强者也不例外。如果顺着土居的思路把观察视野延伸到日本的对外关系，就会发现近代以来日本的国际行为更偏好"他助"而不是"自助"，每遇到难以解决的重大国际问题总是本能地寻求盟友帮助，尤其是在日美同盟关系下，对美国依赖之重可谓世界罕见。在冷战后，日本一些主流媒体甚至把日美同盟与日本与国民世代代代的生存联系起来。② 这种超越现实的"日美同盟绝对论"只能说明很多日本人已经形成了严重的同盟"依赖"心理结构。

其次，受"依赖"心理的影响，日本在处理同盟关系时会经常出现"吃醋"现象。土居健郎对"依赖"的解释主要以母子关系、异性关系的互动为分析对象展开的。事实上，从心理学角度看，无论是依赖母亲的孩子还是热恋中的恋人，不仅会产生"渴望紧紧依附"的冲动，而且还会"吃醋"，即存在排斥第三方加入依赖关系的心理独占性。③ 奇妙的是这种"吃醋"现象在日本同盟外交中也经常有所表现。比如，日本舆论乃至政治家经常用男女关系比喻美日关系，对美国发展与其他盟国乃至亚洲邻国关系反应很敏感。日本《每日新闻》曾这样描述道："美国是超级猛男，吸引着全世界热切的目光。在这个血气方刚的猛男周围，既有花枝招展的美女，也有执拗的粉丝，难以招架。尽管女友（盟国）很多，日本却属于在美国面前献身最彻底的一类。总是恭敬地跟在美国身后，不时凑上去耳语'日本很重要'。"④ 当然，日本的很多"吃醋"现象可以从国际权力和利益博弈角度得到解释，不过其过于敏感的一面用"依赖"理论诠

① ［日］土居健郎：《日本人的心理结构》，阎小妹译，第 38 页，商务印书馆 2006 年版。

② 日本学界亲美保守势力的代言冈崎久彦曾在《读卖新闻》撰文称，维护日美同盟是"我们子子孙孙维护日本安全和维持今天生活水准的王道"。参见［日］岡崎久彦：《米英並み日米同盟に集団的自衛権実現へ努力》，载《読売新聞》2004 - 12 - 26。

③ 心理学在研究儿童依恋心理时发现，孩子在 4 岁左右就开始具有独占父母并讨父母欢喜的感情。参见陈利鲜：《早期安全依恋对儿童心理发展的影响》，载《柳州师专学报》2001 年第 2 期。

④ ［日］笠原敏彦：《記者の目——日本は オバマ・シック備えよ》，载《每日新聞》2009 - 01 - 20。

释似乎也顺理成章。

再次，受“依赖”心理的影响，日本在处理同盟关系时还不时会“猜忌”和“撒娇”。正如孩子担心不再招母亲喜欢，恋人害怕对方离弃，日本在同盟关系确立后，总是担心失去强大的盟友，会不时做出一些“撒娇”式的外交动作，诸如强调要开展“自主外交”、“自主防卫”，或在对美贸易摩擦显示强硬姿态等。其目的虽然都有现实的利益动机，但也存在引起美国更多关注的成分，而且当盟友真的绷起脸动怒时，日本的“撒娇”行为即告结束，依赖的本质就会大暴露。比如，冷战时期日美纺织品谈判失败后，担任通产大臣的宫泽喜一曾公开警告国内：“我们应该改变以往过分依赖美国的态度。”事实上，“至于这样的警告带有多少危机感，实在令人怀疑，充其量不过是表示一下‘不敢太靠人家而已’，发言本身也让人感到有一种‘想依赖’美国的情绪”①。2012 年 12 月，安倍再次担任首相之后，不听外务省官员有关奥巴马因组建新政府难以抽出时间等劝说，坚持命外务次官飞至华盛顿协商，务必在一月份实现访美。这种不顾主客观条件的行为其实就折射出安倍浓厚的对美“撒娇”心理，而“撒娇”遭到美方教训后，不顾外交尊严，又提出二月份实现访美，则明显反映出其深层的对美“依赖”心理。其心理模式正如一个小男孩，当父亲忙碌时，一味撒娇要求抱抱，在遭到父亲拒绝后，仍不甘心，要求父亲等闲下来时要先抱他一样。

需要指出的是，上述依赖心理之与结盟战略关系的分析是专就日本而言的，并不具有普遍意义。之所以如此，主要原因在于日本民族文化心理发展具有独特的原始性或谓不成熟性。② 也就是说，在世界民族之林，日本的物质文化虽然已步入最发达国家之列，但民族心理仍处于少年期甚至幼年期，民族人格仍是有待完善的。1952 年 5 月，麦克阿瑟在美国国会

① ［日］土居健郎：《日本人的心理结构》，阎小妹译，第 50、56、57、121 页，商务印书馆 2006 年版。

② 我国有学者指出，日本“社会的发展和进步并没有涉及深层的人性和灵魂层面，而是仅仅在表层，在外层，在器物层面不断地更新和发展着，而作为内在的人性与精神部分则被严密地封存着，维护和继承着，长久地地处在一种窒息状态和野蛮原始的淳朴状态之中。”参见武心波：《试论制约日本回归“普通国家”的“精神文化因素”》，载《日本学刊》2005 年第 2 期。

作证时，就曾把日本人比喻成“12岁的孩子”①。而早在太平洋战争爆发前，当美国驻日大使格鲁为阻止日本与德意结盟煞费苦心时，就有日本人提醒他，说：“日本人本来还是小孩，应当小孩对待，你们却视之为成人，待之如成人，你们英美人的毛病就在这里。一句鼓励的话，一点鼓励的表示，就可以使他们产生信心。德国人懂得日本人的这种心理，并利用了这种心理，收到了显著的效果。”②

二、政治文化传统与日本结盟战略的决策和实施

（一）“谈和政治”对日本结盟战略决策的影响

“谈和政治”也被称为“和政治”，乃日本政治文化的一大特色，其突出表现为在政治决策时，讲究包容、协调，通常倾向于给反对者留有余地，不喜欢一方依赖多数或政治权威强行决策或迫使反对者彻底屈从，而作为反对者，一般也会为了“和”而退让、保持沉默甚至改变自己的立场。“谈和政治”在日本政府决策中主要表现为：即使阁僚私下有不同意见，内阁决议也要一致通过；首相一般不像英国首相那样完全发挥政治权威，而要充分考虑内阁阁僚和党内实力人物的意见，为保持“和”而费尽心机。③ 国会审议法案时，执政党也往往力求“满场一致”，并为此与在野党反复协调修改草案。

在“谈和政治”背景下，日本结盟战略决策呈现出三个特点：①结盟战略往往因少数强势政治人物出现而产生和调整。这主要是因为此类政治家往往个性强、固执己见、且追随者较多，喜欢在结盟决策讨论中直抒胸臆，而在“和”的氛围下，其他决策参与者即使心存异议，为保“和”局，也只好保持沉默或有条件接受，导致“一致通过”。战后日美安保体制的建立和1960年的调整就分别是在吉田茂、岸信介两个强势政治家的手中完成的；冷战后强化日美军事同盟最具有实质性的举措则是在“政

① 麦克阿瑟在国会作证时曾声称：“如果以人的年龄打比方，从科学艺术文化宗教等方面看，盎格鲁·撒克逊人有45岁，德国人也大致同样成熟。但是，日本人虽然历史很久，却仍处于受教育阶段。如果以近代文明为尺度衡量，日本人也就是12岁的孩子。”参见［日］多賀敏行氏：《日本人は12歳、マッカーサー発言の真意は侮蔑にあらず》，载《正論》2007年2月号。

② ［美］约瑟夫·C. 格鲁（Joseph C. Grew）：《使日十年》，蒋相泽译，第475页，商务印书馆1983年版。

③ ［日］久保憲一：《日本の政治体制、政治機構、政治方法、政治原則および憲法性格》，载《憲法論叢》1997年第4号。

界狂人”小泉纯一郎的手中实现的。近年来，鼓吹强化日美同盟和自卫队的保守势力一再呼唤政治强人的动机也在于此。而第二次安倍内阁成立后，在经济对策、修宪、集体自卫权、历史问题等方面表现出独断专行，也有比葫芦画瓢，学习先辈、树立自己强势政治家形象之嫌。②结盟战略定型后往往会因为“谈和政治”保持稳定性。由于“谈和政治”推崇协调、包容，所以日本首相中独断型政治强人较少，出现更多的是注重“和”的协调型政治家。在协调型政治家当政时，即使其对结盟有自己的主张也往往难以付诸决策而只能“守成”，结盟战略因此得以保持稳定。这也是日本作为发达国家中内阁更迭最频繁的国家，对美结盟战略却能保持总体稳定的原因之一。③结盟战略存在被强势政治家操控，国家走向冒险的可能性。“谈和政治”最大的问题在于政治决策中缺乏坚定的、强有力的反对意见，政治强人一旦出现，就容易在附和声中垄断决策，这就为其冒险决策提供了可能性。

（二）“场”文化对日本结盟战略决策的影响

日本人在讨论问题时非常注重“场”。其意见的表达是“本音”（心里话）还是“建前”（人前话、表面文章），常常要依据自己的身份、在讨论者中所处的地位、现场等级结构以及气氛倾向性等因素作出决定。日本政治家经常在不同场合发表不同的、甚至是相互矛盾的见解和主张。[①] 这种现象在其他国家看来就存在政治诚信问题，但日本人却不会对此过于介意，原因就在于他们认为“本音”与“建前”应当根据场合巧妙恰当地使用，这样才能实现圆满的情感沟通，言行随“场”而变是正常的。[②]

“场”文化使得在日本决策者在讨论国策时，往往不是根据自己的信条表达意见，而是根据“场”选择态度。日本政治的“场”文化对其结盟战略决策的影响主要表现在两个方面：①“场”的压力有效遏制反对声音，使决策向支持一方一边倒。在三国同盟决策时，统治阶层原本反对者很多，但后来纷纷改变了态度。战后，他们对此的解释也是，在当时那

① 比如，日本首相麻生太郎到访华时称中国不是威胁，到美国访问时又大讲“中国威胁”。

② 参见赵秀侠：《跨文化交际视角下的日语教学研究》，载《河海大学学报（哲学社会科学版）》2008 年第 10 卷第 1 期。

种场合，只能持那样的立场。[①] 同样地，战后日本在做出有关日美同盟的重大决策时，一旦决策层形成了某种“场”，即使是重量级政治家也很难表达异议。[②] ②“场”的形成非常暧昧和复杂，使得外界常常对日本同盟政策的出台或调整感到突然。日本决策层的“场”，是由国内政治氛围、议事习惯、议事者上下关系、舆论、权威者意见、多数人内心的倾向性等多种因素复杂作用形成的，只有身临其境者才能感知到，外界很难准确把握其变化，因此在获知决策结果时常会觉得突然。比如，日本在1939年8月宣布终止与德国的结盟谈判，1940年9月却缔结了三国军事同盟，前后变化之剧令世人瞠目结舌；村山富市任首相后在日美安保问题上的迅速转向同样很难为西方政治家理解。

（三）“服从”政治文化对日本结盟战略的影响

日本著名思想家丸山真男指出，日本国民乃至统治阶层的日本人自古就有“顺从权力的处世观”，对于国家的指示，往往不讲理由和条件地“积极服从”，即使存在质疑和反对意识，行为上仍然采取“不抵抗”姿态——在大部分日本人心目中，“有权者就是正义的化身，上级命令中就包含着正义，应无条件服从……所以服从者不是因为害怕反抗权力遭到惩罚而服从，而是认为反抗本身就是恶”[③]。同时，日本人还存在“顺从现实”的特性，在国家决策前或决策过程中，一些国民和政治家即使持反对态度，但一旦决策通过或已付诸实施，就会认为“已经是现实，没法子”，而放弃反对立场甚至转而支持。

受上述文化特性的作用，日本政界、社会在结盟问题上常常表现为决策前争论、决策后一致。第一次世界大战期间，日本国内抨击日英同盟的

① 日本海军原本坚持反对缔结三国同盟的，但是在海军大将及川古志郎担任海军大臣后，却在内阁会议上认同陆军的意见，转而支持三国同盟。对此，海军次官丰田真次郎的解释是：“海军的本意是反对缔结三国同盟的。然而，国内的政治形势不允许海军再继续坚持反对意见……无奈，表示了赞同意见，海军的赞同完全是出于政治上的原因”（参见［日］阿川弘之：《山本五十六》，朱金、王凤芝译，第310～312页，解放军出版社1987年版）。在东京审判中，日本对美宣战时的外务大臣东乡茂德也声称：“我个人的意见是反对（三国同盟）的，但凡事要顺势而为”。参见［日］中村宏：《占領下での民主化と日本の従う政治文化——丸山眞男の洞察を手がかりに》，载《神戸学院法学》第34卷第1号、2004年4月。

② 比如，日本社会党原本是坚持反对日美安保体制的，但是当其党首村山富市1994年6月当上首相进入决策“场”后，也不得不放弃原来的立场，对日美安保关系表示肯定。

③ ［日］中村宏：《占領下での民主化と日本の従う政治文化——丸山眞男の洞察を手がかりに》，载《神戸学院法学》2004年第34卷第1号。

浪潮汹涌，但当日本决策层内部就维持日英同盟勉强达成共识后，舆论中“那些反对者的意见竟不可思议地让位了，而任由（同盟）继续论横行”①。在冷战时期，日本自民党决策层一旦在对美结盟战略方面作出某种决定，中下层就很少再出现强有力的反对声音；国会讨论某项与结盟有关的议案时，尽管在野党和国民的反对声音很高，但一旦议案通过和落实，政治和社会阻力会迅速降低。这种“始抗终顺”现象，在1960年日美新安保条约和1999年《周边事态法案》的通过前后，以及在2003年伊拉克战争爆发后小泉内阁派兵前后都出现过。

三、意识形态与日本结盟战略

正如威廉·奥尔森等人认为的，一个联盟可以有一种或几种基础，其中包括“相同或相似的意识形态”，“共同的意识形态可以加强和促进联盟的运转”②。尽管受耻感文化影响，日本外交及结盟战略在本质上具有脱道义性，但在具体实践层面，价值观及意识形态因素对日本结盟战略的影响还是难以忽视的。

（一）意识形态因素对日本结盟战略的影响

以价值观为核心的意识形态因素通过影响统治者的认识论、方法论和国际观，间接作用于日本的结盟战略决策。同时，该因素还经常被日本政府用作护持同盟的精神舆论工具

首先，意识形态会导致日本决策者在围绕结盟问题判断形势和认知国家利益时产生特定的偏好和倾向性。导致结盟的通常因素是国家之间在对威胁和政治安全利益的认知上产生一致性。这种认知主要源于统治阶级对国际形势和国家利益的判断，而国际形势和国家利益判断又与国家占主导地位的价值观与意识形态属性存在密切的关系，甚至受其左右。③ 因此，日本统治阶层的价值观及意识形态必然影响到其结盟战略的制定，具体主要表现在：①日本偏好选择价值观与意识形态相似或相近的国家结盟。在

① ［日］吉野作造：《我国現下の三大外交問題》，载《中央公論》1920年7月号。

② ［美］威廉·奥尔森、戴维·麦克莱伦等：《国际关系的理论与实践》，王沿等译，第300页，中国社会科学出版社1987年版。

③ “每个人对外部事物的认识与所在的阶级和价值观念体系是紧密相联的，受特定历史条件下国家政治统治需要的影响，往往为所在国家占主导地位的价值观念和意识形态所左右，因此，对国家利益的判断必然受占主导地位的价值观念和意识形态的影响。”参见屠春友：《论战略哲学视野下的国家利益原则》，载《中共中央党校学报》2008年第2期。

近代，英国资本主义与日本半封建半资本主义意识形态存在很大交集；在现代，法西斯德国，及当代美国的价值观与意识形态都与当时的日本基本一致。而且，20世纪初以来，日本变换结盟对象的节奏与国内意识形态的变化节奏大体一致。②日本结盟战略对共同威胁的认定与国际意识形态矛盾存在一定关联。比如，在20世纪30年代，日本国内“思想领域的反动化”加剧，“不用说马克思主义，就是对自由（资本）主义和民主主义的学术思想也加强了镇压”[①]。而作为三国同盟前奏的《日德反共产国际协定》，既是针对苏、英、美等国的“政治同盟”，也是反对共产国际的思想同盟，后来日本在走向三国军事同盟的谈判中先坚持以社会主义苏联为主要对手，后把信奉自由资本主义的英美作为针对目标。到了战后，当全球及亚洲社会主义与资本主义两大意识形态迎头相撞时，日本政府又毫不犹豫地宣布与共产主义为敌。

其次，意识形态经常被日本用来密切同盟关系，区分盟友与对手的标签。1936年6月，日本驻德大使武者小路公共，为了完成军部赋予的加强日德关系的外交使命，在觐见希特勒时曾直言不讳地表示：日本“在本质上变了，变成了独裁主义的”[②]。在日德意正式缔结三国军事同盟之后，日本军政机关经常把“太阳旗”与纳粹旗帜一起悬挂，日本媒体更是竞相展现礼赞纳粹主义和希特勒丑态。在战后，日本保守势力代表在与美方会谈时，经常挂在嘴边的词是“自由民主”，经常表达的立场是日本属于“自由世界”。与此同时，意识形态还是日本区分盟友与对手的标签——在冷战前期和中期，日本在有关日美同盟合作的政策宣示中，“遏制共产主义”其实是“反华”、“反苏”的代名词[③]；而在中日关系正常化之后，由于顾及到中日关系，日本外交政策宣示中“遏制共产主义”的说辞明显减少，开始直接“点”苏联的名了。

再次，意识形态经常被日本政府用作增强结盟战略国内认同的工具。

① ［日］依田憙家：《简明日本通史》，卞立强、李天工、雷慧英译，第313、314页，上海远东出版社2004年版。

② ［美］特尔福德·泰勒：《慕尼黑——和平的代价》，第412页，新华出版社1984年版；转引自王绳祖主编：《国际关系史》第五卷，第176页，世界知识出版社1995年版。

③ 比如在20世纪50年代，岸信介首相宣称：“共产主义对日本的渗透，来自中国比来自苏联更可怕”；20世纪60年代，日本首相池田勇人就其反华政策公开表示：“日本不是中立国家，而是反共阵营的一员。因此，日本同美国磋商采取适当的措施，反对共产主义是当然的事情。”参见吴廷璆：《日本史》，第938、967页，南开大学出版社1994年版。

在20世纪40年代，日本在国内大搞法西斯主义“一言堂”，对于纠集国内右翼势力支持三国同盟发挥了重要作用。战后，日本决策层经常利用“反共”，增强统治阶级的凝聚力，压制国内反对日美安保体制的声音。1959年1月，在声势浩大的“反安保斗争”前夜，日本首相岸信介在国会发表施政演说时表示，维护“自由民主主义国家的理念和秩序”是日本外交的目标，“一部分国民主张我国外交取向应追求中立主义，这样的政策很容易导致我国陷入孤立，甚至被卷入共产主义阵营”；对此，“我们要给予特别警惕”，“要与拥有同一志向的自由民主主义各国牢固合作，在国际社会中坚守信誉。我国缔结日美安保条约的原因就在于此”①。

（二）冷战后日本结盟战略中意识形态因素的回升及其局限性

冷战结束后，意识形态因素在国际关系中的作用有所淡化，对国际同盟关系的影响相应降低。尽管如此，日本结盟战略却并未放弃冷战思维这根“鸡肋”，并试图继续开发其剩余价值。在小泉内阁期间，日本明确把日美同盟定位为“拥有共同价值和利益的同盟”（Value&Interest Sharing Alliance），把“民主人权”、“言论自由”、“法治”作为日美同盟存在的价值观纽带。到了安倍内阁时期，继续担任外相的麻生太郎进一步提出“价值观外交”，使日本结盟战略的意识形态色彩更加浓厚。

日本之所以在国际政治意识形态有所淡化的大背景下逆水行舟，凸显日美同盟的价值观色彩，主要有以下原因：①冷战后国际关系意识形态淡化，削弱了日本国民在精神层面对同盟的认同。日本保守势力对此抱有危机感。②美国在小布什执政后，新保守主义盛行，意识形态扩张走向新的高潮。日本有跟风之癖。③随着日本国家战略从经济大国战略转向政治大国战略，对意识形态要素的重视随之增强。④面对国家实力不断增强的中国和复杂变化中美关系，日本企图通过强调意识形态，把中国与日美相区隔，保持对华关系政治优位——“为了强化与美国的同盟关系，日本要最大限度地利用‘日本有，而中国没有’的优势，而日美共有的‘价值’是其中的优势之一”②。

然而，时代毕竟在变化，事实证明，日本结盟战略过于强调意识形态因素效果有限，局限性越来越突出，其主要表现在：①中美关系对意识形

---

① ［日］岸信介《施政方針演説》，1959年1月27日，http://www.ioc.u-tokyo.ac.jp

② ［日］春原剛（日本经济新闻社编辑委员）：《日米価値観外交の落とし穴》，2006年9月13日，http://www.nikkei.co.jp/neteye5/sunohara/20060317n993h000_17.html

态分歧的免疫力较强，突出意识形态对于日本利用日美同盟谋求对华外交优势帮助有限。当代中美关系的发展原本就是超越意识形态对立的结果，至今两国现实利益的交汇已呈空前规模，美国对华打意识形态牌的情况明显越少。因此，日本试图利用意识形态依托日美同盟孤立中国的做法未必能得到美国的呼应。[①] ②面对多元化的亚太社会，突出意识形态不利于日美同盟国际存在的正当化。冷战结束后，日本一直在高唱日美同盟是“国际公共财产”，并企图以此为基础与美国联手构建亚太安全秩序。但是，文化多元、价值观多样乃亚太地区最突出的特征之一，日本试图充当“二道贩子”，把原本来自美国的所谓“日美共同价值观”推销给亚洲，反而会增加该地区国家对日美同盟及日本外交意图的疑虑。[②] ③日美意识形态纽带先天脆弱，难以作为日本维系同盟的安全带。虽然从表面上看，当今日本与美国一样高唱“自由民主”，但其政治家和国民的政治观念深处仍同欧美存在诸多本质差异。[③] 对于这些差异，美国平时可视而不见，需要时就“看在了眼里”。在20世纪80年代中期，日美经济摩擦白热化时，美国学界、舆论界就曾掀起“日本异质论”，声称其不是一个“民主

---

① 2007年4月，安倍晋三首相曾经在日美首脑会谈中提议建立“亚太民主国家联合”，召开“美国、日本、澳大利亚、印度首脑及外长会议”，结果遭到美国赖斯国务卿的冷遇。（参见［日］《日本外交、肩に力のいった價值觀外交より 韓中兩国との信頼を構築》〔社說〕，《朝日新聞》2007-05-29）；2008年10月，麻生太郎担任首相后再次推销价值观外交，美国务卿赖斯却责备其是在“向中国发出意外信号”（参见［日］《麻生アジア外交、價值觀超える发信を》〔社說〕，《東京新聞》2008-10-25）。

② 日本“东亚共同体评议会有识者议员”谷口诚就对日本政府推销“共同价值观”的做法提出了异议。他指出：“亚洲有亚洲之根，这就是‘亚洲价值观’；亚洲存在多样性的文化、政治、宗教、经济，并对其它文化宗教持宽容态度；‘亚洲价值观’就是指这种宽容性、包容性、中庸、自助努力和与自然共生的理念。日本与美国的交流历史不过150年，而日中交流历史超过了2000年……作为亚洲一员的日本人在构建‘东亚共同体’时，把‘日美共同价值观’置于‘亚洲价值观’至上强行推销，不单是中国，其他亚洲各国也不会接受，日本会因此陷人孤立。”参见［日］谷口誠：《危機的アジア外交をいかに立て直すか アジア的価値観を基盤とする東アジア共同体》，载《中央公論》2006年4月号。

③ 京都大学人文学教授佐伯启思也承认：“战后日本虽然倡导从美国引进的自由和民主主义，但这未必已成为国民的价值观……日本虽存在自由和民主主义机制，但其背后的人文精神和民族精神却被忽视了。”参见［日］佐伯啓思：《国家への視点——日本的価値の再構築に向けて》，载《時代を解くキーワード・Insight》2003-01-01，http://www.kepco.co.jp/insight/content/column/column025.html。

国家"[1]。当初美国炒作此论，实际上是一种政治恫吓，意在迫使日本在日美经济摩擦中妥协让步。这段历史说明，美国是一个道义在口、利益在手的国家，在国际社会拥有的话语权比日本大得多，而且日本的"自由民主"又是其灌输的，尽管今天"翻手为云"引日本为"自由民主"的同道，将来一旦现实利益需要，仍可以"覆手为雨"，把日本贴上异端标签打入另册。因此，日本强调日美意识形态一致性对护持日美同盟的作用委实有限。④日本历史认识的虚伪在一定程度上抵消了其强化日美价值观纽带的努力。日本右派政治家及右翼势力歪曲侵略历史的言论，不仅包含很多与人类普世价值不相容、与美国主流价值观相对立的要素，而且由此引发的与中韩等亚洲邻国的对立，也会影响到美国现实和长远的战略利益。[2] 近年来随着日本历史问题在国际社会的发酵，美国逐渐意识到问题的严重性，最终也站出来敲打这个"不能与过去诀别"的盟友。[3] 对于美国的"敲打"，日本保守势力也不得不承认，如对此事置之不理，"将在

---

① 比如，当时美国修正主义对日观的代表人物、"日本异质论"的鼓吹者卡雷尔·范沃尔夫伦（Karel van Wolferen）曾多次著述称，日本并不是一个真正的议会民主国家，甚至不是一个欧美意义上的主权国家；日本人没有发挥自身个性的自由，也没有选择的自由；日本的权力结构是一种"无责任体制"，在日本既不存在一个权力中枢，国家也不必对国民负责；日本的经济也不是欧美型的自由市场经济，而是一种官僚和民间的合作体制，自由竞争原理在日本不发生作用。参见于铁军《观念与实力：美国"修正主义"对日观的兴衰》，载《美国研究》2002 年第 1 期

② 对此，我国学者曾分析到，有关日本错误历史观的问题，美国也是直接当事人，难以作壁上观。日本右翼要翻历史公案，翻太平洋战争的案，翻东京审判的案，最终都会剑指美国；更何况美国在日本扔过原子弹，一旦日本右翼民族情绪泛起，美国难逃其殃。日本的上述行径（参拜靖国神社）尚未直接挑战美国的主导地位，但如果美国无动于衷，势将损害美国通过二战建立的政治威信，进而损及美日军事同盟在亚洲存在的正当性，搅乱美国的战略部署。参见李桂萌：《美国出手干预日本小泉后政局》，载《中国青年报》2006 - 05 - 22。

③ 2006 年 7 月 20 日，被日本奉为亲日派代表人物的美国前副国务卿阿米蒂奇在接受《产经新闻》采访时表示，游就馆部分的说明，尤其是关于太平洋战争起源的记述，伤害了美国人、中国人的感情。（参见李征：《靖国"游就馆"大小眼》，台湾日本综合研究所 http://www. japanresearch. org. tw/point - 109. asp）；2006 年 9 月 13 日，美国众议院国际关系委员会通过该国国会历史上第一个关于日本二战期间强征慰安妇的决议案，敦促日本政府承担责任，并对下一代进行有关教育；第二天该委员会又就此问题专门举行听证会，美国资深民主党议员汤姆·兰托斯（Tom Lantos）在会上表示："参拜祭祀着甲级战犯的靖国神社，就如同向希特勒的墓献上花圈一样。只要中国不停止招惹中国和韩国的怒火，日本就很难在国际社会上扮演积极的角色。"参见（日）岡崎久彦：《遊就館から未熟な反米史観を廃せ》，载《産経新聞朝刊》2006 - 08 - 26。

日美关系中留下祸根”①。

第二节　社会思潮、国民情绪与日本结盟战略

结盟战略作为国家的“高级政治活动”，受来自普通民众个体的直接影响较小。普通国民对结盟的态度和立场，只有形成群体意志后，通过舆论或选举政治渠道才能发挥一定影响。对日本而言，由于近现代和当代在政治体制上存在巨大差异，社会思潮、国民情绪影响其政府结盟战略决策的大小和方式有着明显不同。

一、社会思潮、国民情绪与日本近现代结盟战略

近现代日本政治和社会变革是由统治者包办自上而下进行的。明治时期，日本政府推行的义务教育异常普及，普通日本国民乃至精英阶层大部分人的民族主义思想自萌发起就受到国家的呵护和管理，具有崇强崇上的特质。对于明治政府的对外战略，他们多表现为欢呼和效忠，而缺乏站在自主立场上分析、评判和表达个体立场的能力，反对者和质疑者往往只占极少数。因此，近现代日本结盟战略决策主要取决于统治集团的意志，受天皇、元老、军队高级将领以及政府高官、财界头目、学界精英的左右。结盟决策与社会思潮之间的互动模式是：当统治者一种倾向性意见占据主导地位后，即操控社会舆论，形成情绪性的举国一致；而国民情绪一旦被调动，出现一边倒支持结盟的局面，又会对统治阶层中的反对者产生抑制作用。

（一）社会思潮及国民情绪与日本对日英同盟态度的冷暖变化

甲午战争之后，崇尚扩张、侵略的思潮已成为日本知识界与舆论界的主流。同时，面对三国干涉还辽的顿挫，日本社会一片“卧薪尝胆”、对俄“复仇”的叫嚣，到19世纪与20世纪之交时，在日本政界、知识界精英的煽动下，支持对英结盟的声音已经充斥朝野。因此，日本政府缔结日英同盟颇有“顺应民意”的味道。结盟在很大程度上缓解了日本当初面对三国干涉、扩张欲望被压制的挫折感和孤立感——“刚刚开始近代化的小国日本能和制霸世界的大国在对等的立场上结盟，使日本的国际地

① ［日］《慰安婦決議案 日本政府はきちんと反論せよ》（社説），《読売新聞》2006－10－16。

位陡然提高，意味着日本可赖此实现明治维新以来的近代化和富国强兵之梦，正因为此，全日本为之沸腾”①。在日英同盟条约签订后，日本政府以及支持日英同盟的政党和议会势力操控举行了声势浩大的庆祝活动。从1902年2月至4月，东京家家户户悬挂日英两国国旗，“出现了英国米字旗和日本国旗大量销售价格上涨的难得现象”②。日本全国各地都举行庆祝会，参加人数少则数百人，最多者达5000多人，游行者狂喜如癫、通宵畅饮。日本明治学院的一位学生曾这样写道：“甲鱼真的与月亮能有缘分，甲鱼当然会高兴万分。谁都会笑泪畅饮。”③ 其结果，民众反应的过激和失态连鼓动舆论的统治者都觉得是个问题，担心国民对同盟生依赖之心，“自主独立精神减退”，认为“应该鞭醒之（山县有朋语）”④。

当然，在对英结盟问题上，日本各界并非没有反对者和质疑者。在政界如伊藤博文、井上馨等人，言界如德富苏峰、幸德秋水等人都间接或直接对举国上下欢呼同盟的痴态提出了批评。日本《万朝报》、《二六新报》等大报在伊藤博文的支持下也连续刊登质疑日英同盟的文章。幸德秋水曾撰文指斥：“大多数国民为日英同盟喝彩如痴如狂，我国民思想何其幼稚，令人悲哀!”⑤ 德富苏峰指出，日英同盟“与英国利益甚多，与日本利益甚少”，而且“由于极少会有国家单独向英国挑战”，一旦发生两国以上向进攻英国的情况，日本就存在卷入战争的危险；此同盟“或恐成为武断政治家扩充军备的口实，成为增加人民负担的口实”。另一位评论家内村鉴三则从道义角度指出，英国是在世界上到处发动战争的帝国主义国家，“日本已在朝鲜、辽东、台湾犯下大罪恶”，“今与英国结盟（侵略亚洲）是罪上加罪”⑥。尽管有少数大报鼓喉，但这些声音在国民的欢呼

① ［日］平間洋一：《日英同盟——同盟の选择と国家の盛衰》，第42～43页，PHP研究所2000年版。

② ［日］村田晃嗣：《歴史としての日米同盟》PRANJワークショップ記録 CSIS 戦略国際問題研究所（ワシントンDC），2001年8月21日，http://pranj.org/workshop/2001/workshop0821a.htm

③ ［日］片山慶隆：《日英同盟と日本社会の反応 1902－1904》，载《一橋法学》2003年第2卷第3号。

④ ［日］片山慶隆：《日英同盟と日本社会の反応 1902－1904》，载《一橋法学》2003年第2卷第3号。

⑤ ［日］片山慶隆：《日英同盟と日本社会の反応 1902－1904》，载《一橋法学》2003年第2卷第3号。

⑥ ［日］片山慶隆：《日英同盟と日本社会の反応 1902－1904》，载《一橋法学》2003年第2卷第3号。

声中显得十分单薄和微弱，更不可能对日本政府的日英同盟决策产生什么影响。

国民支持日英同盟的狂热，对后来日本利用同盟发动日俄战争起到了很大推动作用。在欢庆之时，日本大多数舆论，要求“进取朝鲜、中国”的呼声高涨起来。日本《东京朝日新闻》宣称强国君主不只统治本国领土，“还应与其他强国君主一起统治世界，吾人凭日英同盟之力可制东洋和平，将来两国利益愈加一致，相信可扩大到更广阔的范围”①。在同盟缔结后，伊藤博文等少数政治家以及部分知识界人士也曾试图把同盟运用于日俄协商，阻挠政府大肆扩充军备、酝酿对俄战争，甚至一些鼓吹“亚洲主义”的右翼组织如“国民同盟会”、“黑龙会”，也一度改变对俄强硬立场，提出仅靠日英同盟实现“东洋和平”是不够的，“有必要推进日俄友好”②。但桂太郎等人自恃有“民意”支持，在对俄谈判中一味态度强硬，日俄协商最终陷入失败。而日俄协商失败后，面对即将对俄开战的局面，在“面敌效应”的作用下，伊藤博文本人也改变了立场，日本政界、媒体以往反对、质疑同盟的声音迅速消失，在依托同盟、不惜对俄一战方面形成了举国一致。

到日英同盟中后期，随着近代化成就逐步展现、国力明显增强，日本国民的“民族意识”比明治初年大大增强，多数国民眷恋祖祖辈辈流传下来的生活模式，不习惯明治时代突如其来的西化风气，开始“同情和关心”国粹文化和东方文化。③ 在此背景下，日本“亚洲盟主”思想逐渐抬头，质疑“脱亚入欧”之风和政府对英美一边倒政策者越来越多，统治阶层在如何对待日英同盟问题上立场也开始分化。部分政治家和知识界、经济界精英人物开始利用国民心态的变化，煽动批评、质疑日英同盟的舆论，并在第一次世界大战爆发后走向了高潮。面对这种质疑和反对浪潮，日本统治阶层尚占主流地位的日英同盟论者不得不予以压制，外务省因此于1914年9月发布“一号令”，规定新闻媒体刊登有关对外结盟的

---

① ［日］片山慶隆：《日英同盟と日本社会の反応1902－1904》，载《一橋法学》2003年第2卷第3号。

② ［日］片山慶隆：《日英同盟と日本社会の反応1902－1904》，载《一橋法学》2003年第2卷第3号。

③ ［日］森岛通夫：《透视日本——“兴”与“衰”的怪圈》，天津编译中心译，第138～139页，中国财政经济出版社2000版。

通讯及评论，必须经外务省审查并得到外务大臣许可。[①] 其结果，尽管第一次世界大战结束后，日本决策层内部一度就维持日英同盟勉强达成了共识，但与1902年结盟时相比，这种因反对者沉默形成的“共识”明显缺乏当年“举国一致”式的热情与决心。

（二）法西斯思潮主流化对日本走向三国同盟的促进

从某种意义上讲，第一次世界大战是近现代日本社会思潮与国民情绪发生重大转变的起点。大战结束后，“五强”地位的获得，“简直让日本人高兴得忘乎所以”[②]。然而不久，日本向国际联盟提出的所谓“种族平等提案”遭英美否决，独占中国山东和增加海军军备限制比例中日本上限的要求在华盛顿会议上遭到挫败。结果，“骤然间，在全体日本人中产生了右倾情绪，加强了对英美的仇恨”[③]。华盛顿会议后，日本知识分子阶层民族主义情绪开始膨胀，因“种族平等提案”等问题遭受挫折而与英美拉开了距离。与此同时，右翼势力开始从民间走向政界、军界，迅速与军部逐渐相互渗透与合流。[④] 他们宣扬反英美、扩军思想，打着“清君侧”旗号打击甚至暗杀主张与英美协调的官僚、政治家。日本政治、社会开始一步步滑向充满危机和血腥的“昭和动乱”。

到20世纪30年代，国家穷兵黩武以及经济危机造成的生活困苦使普通民众对社会和政府的不满急剧上升。但是，受“忠君爱国”思想的束缚，多数国民并未因此走上革命道路，而是沿着明治维新前数百年的思路，把社会变革的希望寄托给了“幕府将军”，也就是军部。[⑤] 这样一来，到20世纪30年代，“以军部为中心的新官僚、新财阀和右翼知识分子形成了‘多数派’，天皇扮演着‘多数派’代表的角色……（国民）遵循

① 《外務当局の反省を促す 外務省令第一号を撤廢せよ》（社說），《大阪每日新聞》1914－09－17。

② ［日］森岛通夫：《透视日本——“兴”与“衰”的怪圈》，天津编译中心译，第123页，中国财政经济出版社2000版。

③ ［日］森岛通夫：《透视日本——“兴”与“衰”的怪圈》，天津编译中心译，第123页，中国财政经济出版社2000年版。

④ 到20世纪20年代，日本军队内部出现了100多个右翼团体，军部成为右翼势力和法西斯势力的中心。参见吴廷璆：《日本史》，第694页，南开大学出版社1994年版。

⑤ ［日］森岛通夫：《透视日本——“兴”与“衰”的怪圈》，天津编译中心译，第149～149页，中国财政经济出版社2000版。

‘和’的原则，迎合了‘多数派’法西斯分子的愿望”①。日本政界、社会对德国法西斯的崇拜不断推向高潮，原本具有左翼色彩的政党要么遭禁，要么转向，其中一些头面人物甚至公然鼓励首相向希特勒、墨索里尼看齐，支持日本的法西斯化。②

上述右翼、军部、知识分子合流形成的举国一致型法西斯，不仅为日本军部推行对德结盟决策提供了民意铺垫，而且还促使缔结三国同盟的关键政治人物近卫文麿上台。近卫出身于与天皇家族有密切联系的贵族，步入政界后拜在元老西园寺公望门下。③ 早在1917年，他就在《日本和日本人》杂志上发表《抵制英美本位的和平主义》的文章，鼓吹打破英美主导世界的现状，走军国主义道路。在进入政界高层后，他又组建“昭和研究会”，纠集政界、财界、学术界、新闻界各界精英，接纳军部、官僚、右翼、左翼各方人士，鼓吹“新体制运动”。因此，近卫上台的直接原因是元老的奏荐，根本原因则在于其“深孚众望”，提出了与当时日本政界、社会法西斯主流思潮相一致的政策主张。④ 而正是这个近卫，上台后把日本彻底法西斯化，最终走上了缔结三国同盟之路。

综上所述，可见日本走向三国同盟不纯是政治家和军部的“功劳”，国民思潮的右倾化、法西斯化也起到了一定作用。事实上，近卫打着“新体制运动”的法西斯化几乎得到了日本舆论的一致支持。当近卫内阁决定走向三国同盟时，握有话语权的日本主流媒体没有一家表达异议，听

---

① ［日］森岛通夫：《透视日本——“兴”与“衰”的怪圈》，天津编译中心译，第136页，中国财政经济出版社2000版。

② 日本社会大众党的转向就是一个典型例子。该党是于1932年由日本多个左翼党派合并后成立的，乃日本历史上第一个获得合法地位的左翼政党，1937年在国会选举中获得36个议席，公开打出社会民主主义旗帜。但该党后来表现出容忍法西斯主义的倾向，支持近卫内阁的“国家总动员法案”。1938年3月24日，社会大众党议员西尾末广（战后曾属社会党，后脱党创建社会民主党），在国会会议上为《全国总动员法》的批准作辩护发言时表示：“日本正面临空前大变革，应铭记明治天皇‘破既往之旧习，立天地之公道’的誓文。近卫首相应把握这一精神，大胆带领日本走应走之道，像希特勒、墨索里尼、斯大林那样充满五德（温、良、恭、俭、让），成为值得充分信赖的领袖。”结果，因点了斯大林的名字，在军部的压力下被国会除名。参见［日］豐田穰：《最后の元老 西園寺公望》，第337页，新潮文库1985年版。

③ 近卫文麿出生于1891年，乃日本大化革新时的有功之臣藤原氏的后裔，出身地位仅次于天皇家族且与皇家有着密切联系，父亲曾任日本贵族院议长；12岁世袭公爵，毕业于东京帝国大学，一度在外务省供职，并随元老西园寺公望参加巴黎和会，1933年担任贵族院议长。

④ 近卫1937年首次组阁时，日本舆论一片欢呼，媒体评论说：“近卫内阁成立的消息，使我们国民有了一种期望积云散去而见青天的感觉。”参见［日］升味准之辅：《日本政治史》第三册，董果梁译，第759页，商务印书馆1997年版。

到的都是诸如“为国际关系史上划时代的大事深感欣慰”，“在春风中为地球撒下希望的种子”之类的赞歌。[①]《朝日新闻》曾在战后反省道：“近卫新体制运动以后，报界一味与政府保持步调一致，当导致大战的直接原因三国同盟成立时，未曾有一句批判和反击，均口称奉诏必谨而忸怩作态。”[②]

二、社会思潮、国民情绪与当代日本结盟战略

战后，日本在美国的主导和监督下进行了资产阶级民主改革，国民通过选票政治与国家决策中枢的联系和互动明显增强了。因此，战后日本社会思潮与国民情绪对日本结盟战略的影响，比战前要主动得多、直接得多，影响力也大得多。其对日本结盟战略的影响主要通过四种途径：①国民根据思潮倾向在政治选举中支持特定党派，影响政府结盟决策群体的构成；②国民通过媒体就结盟政策表达见解、形成舆论，间接影响政府决策；③国民通过游行示威、递交请愿书等方式向决策者施加压力，直接影响政府的结盟决策；④国民结成各种游说团体，影响国会对相关结盟决策的审议。

（一）冷战时期左右两翼思潮的对立与日本结盟战略

冷战时期，在社会主义与资本主义两大意识形态全球对抗的大背景下，日本国内也出现了和平主义与保守主义两大社会思潮左右对立的局面。

和平主义思潮的社会基础十分广泛，主要包括城市的工薪阶层（部分白领职员和多数工人群众），经济地位偏低的妇女和一部分生活受美军基地影响的农民。和平主义社会思潮的基本主张包括：①倾向于社会主义或倡导社会民主主义；②主张建设和平民主的日本，反对日美安保条约，反对美军军事基地，反对美国在亚洲和世界各地的霸权行动；③反省日本近现代侵略行为，反对日本重新武装，主张日本实行非武装中立政策；④维护“和平宪法”，特别坚持宪法“第九条”放弃武装和战争权的主

---

① ［日］前坂俊之：《日独伊三国同盟と新聞メディア》，载《兵は凶器なり戦争と新聞》社会思想社 1986 年版，www. u - shizuoka - ken. ac. jp/ ~ maesaka/021226 _ contents/nichidokusanngokudoumei040824. pdf

② ［日］前坂俊之：《日独伊三国同盟と新聞メディア》，载《兵は凶器なり戦争と新聞》社会思想社 1986 年版，www. u - shizuoka - ken. ac. jp/ ~ maesaka/021226 _ contents/nichidokusanngokudoumei040824. pdf

张，反对右翼势力修改宪法的企图。①

保守主义思潮与和平主义思潮相对抗，其社会基础主要包括战后“农地改革”早就的一大批土地所有者以及资本家等有产阶级。在保守主义思潮中占主导地位的是以亲英美为特征的所谓“保守本流”思潮，但也包括其他更右甚至极右的社会思潮，其基本内容包括：①反共反苏反华，后来倾向于反共反苏；②坚持对美结盟，主张向美军提供基地并利用美军维护日本安全；③外交政策坚持以“日美安保为基轴”，采取对美追随政策；④在保守主义思潮的偏右部分，主张修改宪法“第九条”、做政治大国乃至军事大国，具有比较强烈的民族主义色彩。②

冷战时期日本和平主义思潮与保守主义思潮的对峙，对日本结盟战略及政策的影响主要表现在以下三个方面：①保守主义思潮的话语权优势为政府护持日美同盟提供了有利条件。日本保守势力战后一直把持政权，外有美国支持，内与有产者联合，掌握着行政资源、大量资金和媒体。因此，保守主义势力在与和平主义势力争夺舆论话语权、选举话语权和决策话语权时，能长期占据整体优势，其有关坚持日美安保关系的主张，总能够在媒体、政界产生最大“音量”，为政府相关结盟决策张目、“护航”。②和平主义思潮尽管处于话语权劣势但国民认同者多，仍对政府的结盟战略构成有力牵制。与保守势力相比，持和平主义立场的国民表达立场的渠道要少得多；该群体的政治家由于资源劣势难以在国会占据多数，更无法进入内阁直抒胸臆。但是，“和平主义思潮在截至80年代初以前，始终在日本社会占据重要的地位，具有强大的影响力，是日本国民情绪的主导倾向”③。日本和平民众及政治家通过选举投票、大规模游行示威、各种国会斗争，迫使政府在诸如修改宪法、扩充武装、强化日美防卫合作等方面有所不为，在逐步缩小驻日美军基地方面有所作为。④ ③和平主义思潮

① 参见高增杰：《日本的社会思潮与国民情绪》，第43～44页，北京大学出版社2001年版。

② 参见高增杰：《日本的社会思潮与国民情绪》，第45～46页，北京大学出版社2001年版。

③ 高增杰：《日本的社会思潮与国民情绪》，第43～44页，北京大学出版社2001年版。

④ 在20世纪50年代末，岸信介政府试图强行通过新日美安全条约，扩充自卫队军备，加强对美军事合作，结果遭到日本和平主义力量的激烈反抗。1960年5月20日，日本全国200万人举行游行示威，460万工人罢工；仅5月21日，全国各地代表递送到国会的请愿书达100万份以上。《朝日新闻》、《每日新闻》、《读卖新闻》、《东京新闻》等大报发表评论要求岸信介下台并解散国会。这次“反安保运动”给日本保守势力极大震撼，迫使其在此后很长一个时期在对美防卫合作方面保持低姿态。参见王少普、吴寄南：《战后日本防卫研究》，第98页，上海人民出版社2003年版。

与保守主义思潮此消彼长，日本国民的结盟战略取向总体上表现出向“右”滑的趋势。在20世纪60年代中期以前，受和平主义思潮与保守主义思潮两极对峙的影响，日本国民在结盟政策上形成“中立—日美安保”的对立轴。[①] 然而，此后随着经济高速发展，国民生活水平大幅度提高，日本出现了所谓“一亿总中流”现象，满足现状、承认现状成为国民情绪的主流，社会思潮开始出现摆脱上述对立轴，和平主义民众“反安保”的斗争性逐渐弱化，支持依靠“自卫队+日美同盟”维护本国安全的国民开始占据稳定多数。[②] 这一变化虽为日本在80年代强化对美防卫合作提供了有利的社会环境，但同时又制约着右翼保守势力减少对美安全依赖、实现“自主防卫”的努力。

（二）冷战后日本社会思潮的保守化与日本结盟战略

冷战结束后，国际共产主义运动在世界范围陷入低潮，日本政坛“五五体制”于1993年崩溃，社会党等“革新势力”锐减，保守势力权倾朝野。相应地，日本和平主义思潮也明显衰退，保守主义思潮“在失去对立抗衡物之后，似乎可以为所欲为，表现十分活跃”，社会思潮总体上明确呈现出保守化趋势。[③] 同时，在日本保守主义思潮中，以“反共”、“轻军备”、“日美基轴”为关键词的“保守本流”思潮，逐步演化为以“国家利益”、“政治大国”、“修改宪法”为关键词的民族保守主义思潮。

日本民族保守主义思潮脱胎于中曾根康弘在冷战后期提出的“新保守主义”，与“保守中流”思潮相比，它具有如下特征：①“保守”的核心标准已经从赞同“自由民主”的意识形态，转变为保护日本的“民族传统”和“民族精神”。正如日本前首相安倍晋三所宣称的：“所谓保守不是意识形态，而是日本及日本人思考问题的立场……是如何维护日本人

---

① 1963年6月日本内阁府有关防卫问题的舆论调查中，曾向被调查者提问：“现在日本在自由主义阵营，你认为将来日本是进入社会主义阵营好，还是留在自由主义阵营好？”结果，选择“自由主义阵营”者占43.1%，选择社会主义阵营者仅占0.8%，选择“中立”者达28.2%，选择“不知道”者占27.7%。[日]内閣府政府広報室：《防衛問題に関する世論調査》，調査時期 昭和38年6月7日~昭和38年6月11日，http://www8.cao.go.jp/survery/index.html

② 1978年12月，日本政府有关自卫队防卫问题的舆论调查中，选择“保持现状，依靠日美安保体制与自卫队保证日本安全”者占61.1%，要求“废除日美安保条约”者下降到13.2%。参见［日］内閣府政府広報室：《自衛隊・防衛問題に関する世論調査》，調査時期 昭和53年12月1日~昭和53年12月7日，http://www8.cao.go.jp/survery/index.html

③ 参见高增杰：《日本的社会思潮与国民情绪》，第48页，北京大学出版社2001年版。

千百年历史中形成的传统。"[①] ②明确把“国益”作为制定国家战略的“坐标轴”，把追求日本民族利益的最大化作为终极诉求。[②] ③对内政策要求强化国家主义、加强中央集权，主张通过“增强爱国心”、修改宪法、强化军备及其运用，凝聚“国家意识”，树立“威权政治”，提升“国家实力”，从而“终结战后体制”，使日本真正成为“普通国家”[③]。④主张实现“外交自立”，谋求世界政治大国地位。力求尽快翻过战败的一页，甩掉“战败国”的帽子，摆脱对美国的追随，扩大军事手段在外交领域的运用，牵制中国国际影响的扩大，尽早成为联合国安理会常任理事国。

冷战后日本社会思潮的保守化对日本强化日美同盟、走近战争产生了推波助澜的作用。比如，在加强日美防卫合作、通过“周边事态法案”、海外派兵等问题上，《产经新闻》、《读卖新闻》等保守媒体的支持声音喧嚣于世，只有《朝日新闻》等少数媒体在孤军抵制。在政界，坚持和平主义、反对强化日美同盟的党派已沦为绝对少数，对政府的牵制作用微弱。由于缺少制衡力量，日本民族保守主义之放肆令人侧目。2000 年冲绳八国首脑会议（G8）期间，日本自民党干事长野中广务曾提议会议发表“不战宣言”。结果，日本国内舆论纷纷对其围攻和嘲讽，甚至宣称：“所谓不能打仗、战争行为是罪恶的想法很可笑。政治就是为救 99 只羊而牺牲 1 只羊”[④]；日本“应体认到统治世界的责任，站在‘治者’立场上，重视日美同盟，考虑到日本依存于美国治下的和平与繁荣这一事实，

---

① ［日］安倍晋三：《美しい国へ》，第 26～27 页，文藝春秋 2006 年版。

② 日本前防卫厅长官额贺福志郎曾表示：“明治维新后，日本与列强为伍，在‘富国强兵’旗帜下努力拓展国势。战后，日本以稳定国民生活为目标，实现了令人惊异的经济增长，成为世界第二经济大国。现在，我国作为经济大国，在国际政治、国际社会中谋求发挥极其重要的作用，但不可否认的事实是，国民在成为经济大国的同时，总有一种失落感，好像丢掉了什么重要的东西。我们必须思考，作为人、作为国家是否遗失了思考生存方式和处世方式的理性，遗失了作为独立国家的矜持”；“时至今日，对于国家生存方式的理想和构想，我们应用自己的头脑思考，为了自己的利益，自主地去研究、探讨”。参见［日］額賀福志郎 我が国の日米同盟 国際協調戦略（2004 年 11 月 11 日，於：日米安全保障戦略会議）http://www.rosenet.ne.jp/~nb3hoshu/NukagaS20041111.htm（作者为日本众议院安全保障议员协商委员会总事务长，在小渊惠三和小泉纯一郎执政期间两度担任防卫厅长官）

③ 此处参考了我国学者张进山的部分观点。参见张进山：《当代日本民族保守主义的产生与兴起》，载《中国社会科学院院报》2008－09－02。

④ ［日］中曽根康弘、久保紘之：《歴史の分水嶺に立って国家戦略を考える》，载《正論》2000 年 10 月号。

应容忍以伤亡轻微的杀人战争遏制恐怖主义重大杀人事件"①。正是在这样的舆论环境下，日本政府一步步放宽了对自卫队海外军事行动时的武器使用限制。

不过，日本民族保守主义思潮仍受到国民"中流意识"与和平主义思潮的影响和牵制。冷战结束以来，尽管日本社会贫富差距拉大，舆论甚至流行"一亿总中流崩溃"之语，但在近年来日本政府的民意调查中，自认为属于"下流"阶层的国民仍不到一成——"一亿总中流"格局依然存在。② 这使得日本国民中满足于国家安全现状者仍然居多。③ 日本政府的舆论调查还显示：1994～2009 年，在有关"保护日本安全方式"的选择提问中，希望"维持现状，依靠日美安保体制与日本自卫队维护安全"的国民最低在 68.1%，最高为 77.3%，且总体呈上升趋势；1991 年至 2009 年，支持自卫队增加军事力量的国民从 7.7% 上升到 14.1%，希望自卫队"维持现状"者一直保持在 61% 以上。④ 上述民意结构，虽然有利于日本民族保守主义护持日美同盟，但却不利于其实现大规模扩军、减少对美安全依赖等主张的实现。

冷战结束以来，和平主义思潮虽然受到削弱，但仍在顽强抵抗，不断牵制民族保守主义强化对美同盟主张的落实。冷战结束后，日本和平主义思潮的舆论影响力和政治动员能力锐减，"反战、反安保"人士经常遭受保守舆论围攻，被讽刺为"和平傻瓜"。但有趣的是，与冷战后期相比，国民中认同和平主义的"基本盘"非但未明显缩小，个别年份还呈现出上升势头。⑤ 和平主义思潮的顽强存在，对民族保守主义强化日美军事同

① 入江隆則氏：《治者としての保守、その再生のために》，载《正論》2002 年 4 月号。

② ［日］内閣府政府広報室：《国民生活に関する世論調査》，調査時期平成 19 年、平成 16 年、平成 14 年、平成 12 年，http://www8.cao.go.jp/survery/index.html

③ 2007 年日本政府的民意调查显示，认可现行社会"和平环境"的国民仍占 50.8%。参见［日］内閣府政府広報室：《社会意識に関する世論調査》，調査時期平成 19 年 1 月 18 日～平成 19 年 2 月 4 日，http://www8.cao.go.jp/survery/index.html

④ ［日］内閣府政府広報室：《自衛隊・防衛問題に関する世論調査》，調査時期 平成 21 年 1 月 15 日～平成 21 年 1 月 25 日，http://www8.cao.go.jp/survery/index.html

⑤ 比如，在 1991 年以来日本政府"关于防卫意识和自卫队"的舆论调查中，当被问及"日本遭受侵略时持什么态度?"时，主张"采取非武力抵抗行动"的国民最低在 18.1 以上，最高达 25%，不愿意采取任何抵抗措施者大致在 8% 左右，二者相加仍相当可观；在有关自卫队防卫力量发展的问项中，希望"缩小自卫队"者到 2009 年仍达到 10.7%。参见［日］内閣府政府広報室：《自衛隊・防衛問題に関する世論調査》，調査時期 平成 21 年 1 月 15 日～平成 21 年 1 月 25 日，http://www8.cao.go.jp/survery/index.html

盟、走军事大国道路仍具有不可低估的牵制力。比如，美国发动阿富汗战争后，日本政府向波斯湾派遣军舰支援美军的决定就遭到了多数国民的反对，在野党借此坚持要求撤回军舰，对执政党产生了很大压力。

（三）新世纪日本民族保守主义思潮的分化与日本结盟战略

近年来，日本保守势力的结盟战略始终陷入这样一个矛盾状态：一方面企图通过强化日美同盟，扩大海外军事影响满足国民的民族主义诉求，另一方面又因此被深度嵌入美国的新霸权战略，激起国民以及保守势力内部对日本安全与外交独立性进一步削弱的担忧和不满。①

冷战后日本民族保守主义主流思潮大体继承了冷战时期“保守中流”思潮对待日美同盟关系的稳健性，虽然主张减少对美依赖和追随，但仍从现实主义出发，坚持强化日美安保体制，积极配合美国的军事及外交政策，因而被国内舆论称为“亲美保守主义”。日本政界的桥本龙太郎、小泉纯一郎，学界的冈崎久彦、田久保忠卫等人都坚持此道，且在推动日美防卫合作强化方面“颇有建树”。然而，在美国“9·11”事件发生后，“亲美保守主义”势力处处迎合美国的做法，又激起了国民的强烈不满，保守势力中也有越来越多的人担心安全外交上过于强调与美国一致，反而会增强对美依附性，不利于政治大国地位的取得，要求与美国拉开距离，减少对美追随的呼声高涨——日本民族保守主义在对美关系上因此分化为“亲美保守主义”与“反美保守主义”②。

日本“反美保守主义”思潮的领军人物主要有漫画家小林善纪、媒体人森田实、秀明大学教授兼评论家西部迈以及石原慎太郎等人。他们的

---

① 日本文化学者富冈幸一郎指出：“1998 年，江藤淳曾把日本以日美同盟之名，超越日美安保条约规定，无条件把日本本土提供给美国作为军事空间，是事实上的‘第二次’战败”；“美军重组和与自卫队的一体化，与其说是防卫日本本土，不如说是把整个日本作为美国的远东基地。36 年前，三岛由纪夫面对自卫队自杀时，曾说‘今后 2 年内日本如不能恢复自主性，今后自卫队会永远成为美国的佣兵，而今天通过驻日美军重组，自卫队连‘佣兵’都不得，而是完全被美军收编了”；“《国家的品格》一书变成了畅销书，这对我国的现状来说实在是个讽刺。没有主权意识，就没有‘国家’，没有‘国家’的话，何来‘品格’。”参见［日］富岡幸一郎：《日米同盟という名の欺瞞》，2006 年 5 月 18 日。（作者为文艺评论家、日本关东学院大学文学系比较文化学教授）http://web.chokugen.jp/tomioka/2006/05/post_5c91.html

② 事实上，在冷战时期，日本保守主义思潮的偏右部分，就始终存在要求与美国拉开距离乃至解散日美同盟、恢复“民族独立”的人和声音。但在当时，它们一方面被“保守中流”称为“极右”，受到强力压制，另一方面又受到和平主义思潮的反对，因此社会和政治影响非常有限。然而，冷战结束后，在民族保守主义思潮坐大、和平主义思潮衰退的大环境中，这股思潮获得了空前的发展机遇，社会认同度和影响力明显上升，并被舆论称为“反美保守主义”。

主要观点包括[①]：①坚持太平洋战争正义论，否定东京审判的正义性。②认为日本战后宪政体制是美国强加的，要求修改宪法。③认为美国发动伊拉克战争非正义、不合法和存在失误，批判日本政府一味追随美国的行为。④痛揭美国自由主义经济与个人文化弊端，要求日本自主决定经济政策、保护本国文化传统。⑤要求摆脱美国对日本的安全及外交制约，拥有自由选择战略与政策的权利，包括实现自主防卫、独立发展和拥有核武器等。

总体上看，“亲美保守主义”与“反美保守主义”两种思潮具有很强的同质性，政策主张的“关键词”大同小异。在对美关系上，“反美保守主义”的所谓“反美”也并非视美国为对手或敌人，而是反对事事听从美国，要求保持日本在政治、外交、文化等领域的自主性、独特性，保持对美国说“不”的自由。所不同的是，“亲美保守主义”更具有现实主义色彩和战略意识，在摆脱“对美依存”方面持渐进主义，在诸如太平洋战争历史问题、修改宪法以及伊拉克战争等方面，即使心存异见，也会顾及到对美关系而不说出口或婉转表达。因此，所谓“亲美保守主义”与“反美保守主义”之争，实际上是日本在对美关系上的中右与极右、理性与情绪、稳健与激进之争。

目前，“反美保守主义”在民族保守主义思潮中仍处于非主流地位，从保守派媒体那里得到的露脸发声机会也不多，但随着互联网的普及，它们的社会影响仍在不断扩大，尤其在一部分“战中老人”（经历过第二次世界大战的老人）与年轻人中拥有很多支持者。因此，其对日本结盟战略的影响不容忽视，主要有：①促使日本决策层加快实现自主防卫、减少对美安全依赖的进程。对日本决策者而言，“反美保守主义”思潮既是一种压力，也可作为加强自卫队军备发展及运用、增强自主防卫能力以及在同盟合作中对美有选择说“不”的借口。②可能引发美国的警惕和反制，从而打乱日本政府的对美结盟战略部署。“反美保守主义”在太平洋战争起源问题上向美国“叫板”，对希望稳定日美同盟关系的政府而言可谓横生枝节；其在“核武装”问题上肆无忌惮的表态，反而会压缩日本未来选择“核武装”的政治及外交余地，因为这会不断刺激美国的战略神经，并迫使日本政府反复澄清和重申“无核”承诺。③导致国民“反美”、

---

① ［日］田久保忠衛、西部邁：《親米保守 vs. 反米保守 負け犬の遠吠えはどっちだ》，载《诸君》2004 年 8 月号。

“嫌美”、“厌美”情绪上升，动摇日本结盟战略的社会根基。十几年来，日本国民的民族主义情绪在上升。与之相应地，“反美”、“嫌美”、“厌美”日益成为日本媒体报道日美关系时的流行语。2006年，“反美、厌美著作”《国家的品格》在全日本走红，也侧面反映出“反美”、“嫌美”、“厌美”的市场之大。[①] 对于上述现象，日本亲美保守势力又爱又怕——“爱”是因为在增进自主防卫、摆脱对美依存方面有民心可用；“怕”则是因为其中包含的“反美”、“厌美”倾向，“已经成为美国对日专家‘必须警惕的现象’”[②]。如果“反美”、“嫌美”、“厌美”情绪在日本进一步蔓延，就可能危及肯定日美同盟关系存在的主流民意结构，迫使日本政府再度调整结盟战略。近年来，日本亲美保守势力也看到了“反美”、“嫌美”、“厌美”之于日美同盟的危险性，竭力动员舆论媒体，压制反美保守主义，甚至不惜借钓鱼岛、南海问题炒作“中国威胁论”，转移国民对日美同盟的不满。

---

① 《国家的品格》是日本学者藤原正彦撰写的。该书猛烈抨击欧美基于“市场原理主义”的价值观，批评日本自由主义改革和对美外交追随。这样一本被指“有反美、厌美思想”的著作，出版后迅速走红，当年销量量达200万册。而藤原正彦原本是数学学者并非文化学专家，因此其观点与其说是一种专业研究，不如说是一种基于民族主义本能的宣泄，其流行则在一定程度反映出日本国民的对美心态。

② ［日］春原剛（作者为日本经济新闻社编辑委员、美国战略与国际问题研究中心客座研究员）：《日米価値観外交の落とし穴》，2006年9月13日。http://www.nikkei.co.jp/neteye5/sunohara/20060317n993h000_17.html

第七章　趋势与对策：关于日本结盟战略的前瞻性思考

日本结盟战略的运筹和实施既存在高度追求务实性的一面，重视对环境、实力与利益等要素的精确算计，但因始终具有扩张性，难以摆脱民族性格、国民情绪等非理性因素的影响，故而在不同时期表现出时强时弱的保守、固执、冒险等特征。因此，对其前景的判断必须综合多方面因素，防止做出片面性、表面性的预测。展望未来，在中短期内，日本对美结盟战略的务实性、保守性仍会占据主导地位，以维持同盟、牵制中国、强化自主为基本取向；从长期看，其命运则存在不确定性和多种可能性。

第一节　对日本结盟战略未来走向的基本判断

日本结盟战略的演变是国内外诸因素复杂作用的结果。进入21世纪后，日本面临的内外环境、国家战略既具有相对稳定性，又在发生新的变化，国内围绕日美同盟的争论一刻都没有停息，且近期呈升温趋势。受此影响，在近中期，日本结盟战略很可能继续沿着此前设定的基本轨道前进，但对本国战略自由度的追求、对防卫自主的追求会明显增强，传统的对美"基地合作"模式可能会逐渐淡化；从长期看，日本结盟战略的收益会逐渐下降，发展前景的不确定性会增强。

一、对日本结盟战略相关国际因素的前瞻性分析

（一）全球与亚太地缘战略与安全环境演变趋势及对日本结盟战略的可能影响

目前，全球与亚太地缘战略环境的基本情况是：①经济全球化促使全球及地区地缘经济合作蓬勃发展，国与国经济相互依存空前加深；②新军事变革使军事力量的远距离机动和精确打击能力大大增强，地区性冲突的全球敏感性空前增强；③中国、印度等发展中大国快速崛起，综合国力及

国防实力迅速增长，日本在全球及亚太地缘影响力相对下降明显，难以独立谋求地区优势；④美国仍拥有最强大的综合国力和军事实力，且拥有以盎格鲁·撒克逊国家为主体的、以日本等地缘关键国家为支点的政治军事联盟，力图“由海到陆”，遏制或控制新兴大国的崛起进程和方向；⑤欧洲联盟加紧内部整合，力图作为一个超国家的、独立的地缘政治单元参与全球国际关系；⑥俄罗斯国力恢复进程不稳定，正适度反制美国的压力，积极扩大国际安全影响，竭力防止在全球及亚太地缘战略关系中被边缘化；⑦亚太经济实力和影响力明显增长，全球力量分布“西高东低”的传统布局在逐渐改观[①]；⑧非国家行为体影响力增大。

展望未来，全球地缘战略环境的基本趋势是：①经济全球化趋势难以逆转，国与国经济相互依存会进一步加深，对国家安全及军事战略的影响及制约将持续增强，大国之间的武力运用会更加慎重；②更多“南方”国家将陆续加入新军事变革进程，远程精确打击及防御手段将成为地缘安全关系最具影响力的军事要素之一；③中国、印度等发展中大国总体上将维持崛起势头，日本在全球及亚太的经济地位及影响将进一步相对下降；④美国将继续维持“一超”地位和现有联盟体系，地缘关注重点从大西洋持续向印度洋——西太平洋地区转移，将加大对新崛起国家的拉拢、压制和控制力度；⑤欧洲联盟及欧洲国家将加大对亚太地区的关注，但对中、印等新崛起大国的态度会摇摆不定；⑥亚太地区可能成为地缘政治矛盾的汇集地和爆发地，海洋及濒海地带地缘安全竞争很可能加剧，尤其是中国与美国、日本在经济依存加深的同时，建立安全互信的难度加大，台湾问题仍未解决，朝鲜半岛危机事态不断，领土及海洋纷争此起彼伏。⑦国际恐怖主义威胁将尾大不掉，并可能向亚太某些地区进一步扩散。

全球与亚太地缘战略环境的上述现状及走向对日本维持或加强日美同盟关系，总体上利害交织但利大于弊，具体的利弊影响主要表现在：①在国际经济地位相对下降趋势难以挽回的情况下，日本只有强化军事及外交手段才可能保持或提升在全球及亚太地区的地缘政治地位，而日美政治军事同盟正是可资利用的有效手段；②以美国为首的盎格鲁·撒克逊海洋国家群体目前及今后一个历史时期都会继续处于强势地位，出于日英同盟与三国同盟的历史经验教训以及与强者为伍的战略本能，日本不会轻易远离

① 这里的“西”主要指大西洋两岸的欧美发达地区，这里的“东”借用了一个历史地理概念“远东”。

这个国家群体；③亚太地缘政治安全矛盾倾向于集中与多发，新军事变革引发的军事安全态势变化，将加剧日本的不安全感，加深其对中国的防范与日美同盟的依赖。④亚太地缘经济合作进一步增强，日美同盟对日本融入亚洲、谋求地区主导地位的消极作用将逐渐凸显；⑤中日经济相互依存不利于日本对华运用日美同盟，但中日钓鱼岛问题的存在及其爆发的危险性又迫使日本不得不依赖盟友美国的支持；⑥国际恐怖主义对全球及亚太地区的威胁为日本通过日美同盟扩大国际军事影响提供了正当性渠道，但也增加了日本遭受恐怖袭击的风险。

（二）国际体系及战略格局的现状与走向及其对日本结盟战略的可能影响

目前，国际体系及战略格局的现状及走向是：①在经济全球化大背景下，国际关系和平、发展与合作的特征更加明显，国际政治中意识形态斗争时紧时缓，国际体系中东西南北基本矛盾的对立时起时伏；②美国等西方发达国家仍在国际经济政治体系中处于主导地位，但在全球金融危机的冲击下已无力独立支撑全球经济体系；③中国、印度、巴西等发展中国家群体快速发展，在世界经济政治体系中话语权增强，传统世界政治经济体系的“中心—边缘”结构开始发生巨变；④国际战略力量对比均衡化趋势在增强，多极化趋势已日益不可逆转；⑤国际战略矛盾的主次结构以及各矛盾中的对立同一结构混沌不清，主要国际战略力量之间竞争与合作交织，实力消长速度加快，分化组合复杂多变；⑥国际战略格局转换正进入关键期，美国利用“一超”优势凭借军事强权建立“单极世界”的努力反复受挫，不得不借奥巴马与布什政权轮替，放软战略身段。[①] 美国与中、印等新崛起大国的关系定位不清晰、不稳定。

展望未来，国际体系及战略格局的基本走向是：①美国等西方国家对国际政治经济体系的垄断性主导将被迫向开放型主导转变，不得不以有限分享权力的方式拉拢新兴国家襄助其主导地位；②世界经济体系将从传统的“中心—边缘”结构向“板块与网状并存结构”转型；受此影响，传统的“无政府状态下的国际均势体系”将向具有“以相互依存为主要特征的国际体系”演变，大国之间以非战争方式决定国际体系地位的可能

① 刘学成：《奥巴马征服的外交框架与对华政策走势》，载华中科技大学《政教参考》2009 年第 2 期。

性将增大，但新旧大国之间发生局部战争的可能性难以排除[1]；③各主要战略力量在未来国际格局中的定位将更加依赖于综合国力，其中军事实力因素虽不可或缺，但经济、政治乃至文化等非军事实力要素的作用将增强，新的多极格局的形成很可能摆脱传统的世界战争模式甚至冷战模式，但仍可能发生有限局部战争和军事摩擦；④主要战略力量之间的关系更加错综复杂，很难再像以往那样单纯用安全或意识形态标准区分敌我，更多地表现为在政治、经济、军事等不同领域的亲疏远近变化。⑤美国仍会坚持其“世界领导地位”，但可能被迫放弃追求“帝国式霸权”，逐步走向较为开放的“主导—合作式”霸权。

从长远看，国际体系及战略格局的上述现状总体上不利于日本未来维持或加强对美同盟关系，其利弊如下：①世界经济体系从传统的“中心—边缘”结构向“板块与网状并存结构”转型，将大大降低日本通过寻找“中心国家”结盟，来提升和确定本国国际体系定位这一传统经验的使用价值。在近代，日本依靠英国得以从“三等国”跃升为“二等国”；在冷战时期，日本依靠美国的推荐和支持得以成为“西方七国成员”。但是，随着世界经济体系的转型，日本在国际经济政治体系中的地位会相对下降，仅靠美国“提拔”远远不行了。[2] 如此一来，日本最终不得不加强与新兴国家的合作，以维护本国发展利益、遏制国际影响力的下滑，日美同盟在日本对外关系中的存在因此会相对缩小。②在国际战略格局的多极化趋势明朗的情况下，护持和加强日美同盟虽有利于日本在阶段性国际竞争中添附权力，实现“入常”等目标，有利于降低美国对日本挑战其霸权的猜忌，却增加了日本谋求战略独立性的难度，而战略自主与

---

① 夏立平：《论世界经济体系向板块与网状并存结构转型》，载《世界经济研究》2007年第4期。

② 比如，进入新世纪以来，随着中、印等发展中国家的快速崛起，曾世界经济事务的主导圈开始从八国集团（G8）扩大为二十国集团（G20）。2009年4月，美国财长盖特纳接受日本《朝日新闻》采访时表示，八国集团（G8）应该向“二十国集团”（G20）转变。然而，对于美国的上述主张，日本政府却不愿意迎合，坚持认为：“G8不应该消失，作为发达国家首脑聚会的场所仍然具有政治意义。”据媒体分析，其主要原因在于，日本对国际影响力因此从“八分之一”下降为“二十分之一”充满危机感；日本是八国集团中唯一的亚洲国家，如果转向“二十国集团”，亚洲国家就多起来了（参见王嵎生：《日本孤家寡人态度发人深思》，载《新民晚报》2009-04-21；[日]《不识经济潮流时务的国家》，载《读卖新闻》2009-09-28，转引自《参考消息》2009-10-03）。日本的这种消极态度与冷战时期被美国引入七国集团时的欣喜形成了鲜明对比，也侧面反映出，在世界经济体系的转型过程中，日美同盟关系对于阻滞日本在世界经济与政治体系中地位的下降已难以有效发挥作用。

独立是作为世界一极的必要条件[①]；③国际战略格局实现和平转换的可能性越大，日美同盟对日本谋求世界一极地位效用就越低。历史证明，军事同盟只有以战争或冷战手段摧毁或大幅度削弱国际格局竞争者国力的时候，才能对结盟者提升自身国际地位发挥最大效益。如果未来多极化不是以战争甚至冷战的方式实现，就意味着日美同盟最终并不能为日本压制竞争对手提供太大的实质性帮助。④美国如果转向“主导—合作式”霸权将在一定程度上有利于日本增强同盟关系的平等性，但同时对美关系又会面临美国非盟国合作伙伴的竞争。近年来中美合作关系的发展对日美关系的影响已经印证还将继续证明这一点。因此，从国际战略格局角度看，日美同盟对日本谋求充当世界大国和一极的帮助只是阶段性的、过程性的、有限的，而不利的一面则是长期性的、根本性的。

（三）美国对日政策的新变化及走向对日本结盟战略的可能影响

美国对日政策的基本框架在布什执政期间已大体确定，基本内容没有超出两次“阿米蒂奇报告”（参见第三章“冷战后美国对日政策的调整”）。奥巴马执政后，截至目前未再发表新的对日战略性文件。因此，展望未来一个时期，美国对日政策的基本走向不至于大幅度脱离布什政府的延长线，但可能做以下三个方面的微调[②]：①低调处理美日同盟与中国的关系，增强东亚战略的平衡性。由于在克林顿、布什执政时期，美国为防范和压制中国，在强化日美同盟方面所做的“功课”已经足够，奥巴马政府不需要再进一步凸显日美同盟针对中国的一面，相反需要纠正美日、美中关系发展的失衡，强调“中美关系是世界上最重要的双边关系”，争取中国在各领域的战略合作。②全面展开“重返亚太”战略，并把日美同盟作为实现美国主导下的亚太战略再平衡的重要工具，要求日本配合这一战略，发展和运用军事力量，在平衡中国、建立地区安全机制方面发挥更积极的作用；③超越双边同盟，寓对日关系于更大的东亚地区合

---

① 近期日本舆论已经注意到多极化趋势下，日本缺乏对美外交独立性的问题。日本《东京新闻》曾发表社论表示，“自民党在多极化对策方面，除了对美协调外了无新意”，“在美中、美俄在从对立走向协调的情况下，以日美同盟为基轴的日本将置于何地?”，“改变对美过度依存，面向未来重新构建日美关系框架已成为急务。”参见［日］《ビジョンなぜ语らない》（社說），《東京新聞》2009－08－14。

② 2009年2月24日，美国总统奥巴马接待日本首相麻生太郎来访时，承诺进一步强化日美同盟，着眼于亚太和平与稳定，双方约定建立“更加多层次的相互关系”。参见［日］《日米同盟强化を確認》，载《產經新聞》2009－02－25。

作框架之中。在维护美日、美韩等双边同盟的基础上，构建超越双边同盟的“多边合作框架”，一方面“强化与亚洲传统盟友的关系”，另一方面“与新兴国家构筑新型的伙伴关系”①。

美国上述对日政策现状及走向，对日本护持与强化同盟将产生以下影响：①有利于日本沿着布什时期日美确定的基本框架继续强化同盟关系。日本仍可以继续完成布什执政时期美国交代的、自己又很想做的“作业”，如修改宪法、解禁集体自卫权行使、废除武器出口三原则等等。但是，为矫正小泉内阁“对美一边倒”产生的一系列弊端，日本今后在日美防卫合作问题上，与美国讨价还价的情况会有所增多。②不利于日本对华高调运用日美同盟。为了稳定对华关系，美国不会鼓励甚至会制止日本在安全领域利用日美同盟过分刺激中国。对此，日本的同盟运用可能在如下两端摇摆：一是与美国协调一致，隐藏日美同盟的制华功能，积极发展对华关系；二是反其道而行之，通过凸显日美同盟的制华功能，牵制美中关系的发展。③不利于日本利用日美同盟实现其在亚太地区的政治与安全目标。如果按照美国的意图在亚洲建立起双边同盟之外的“多边合作框架”，“作为日本外交基轴的日美同盟就存在相对化的危险性”②。日本利用双边同盟抬高自身在亚太地位的努力就会打折扣，利用同盟在亚太谋求特定利益的行为还可能受到“多边合作框架”的约束。③ 在此情况下，日本可能从布什时期“被（同盟）卷入（战争）的恐惧”滑向“被（美国）抛弃的恐惧”④。为摆脱这种恐惧，维护本国利益，日本可能会采取如下措施：一是加快解除宪法对集体自卫权行使的制约，通过扩大对美防卫合作，加深美国安全上对日本的依赖，以强化同盟根基⑤；二是在日美同盟之外“购买”新的战略“保险”，包括加快扩军和防卫自主化进程，降低对日美同盟的安全依赖，强化亚洲外交，谋求增强独立解决亚洲问题

---

① 王峒生：《中美日三边关系新趋势》，载《世界新闻报》2009－03－17。

② ［日］渡边利夫：《オバマ政權と日米同盟》，载《產經新聞》2009－01－13。

③ 事实上，这种情况在布什政府后期就已经出现，比如日本试图把朝鲜绑架日本人质问题塞进“朝鲜半岛六方会谈”的企图，就屡屡受挫，其加重对朝鲜制裁的要求也常常被美国打折扣甚至拒绝。

④ ［日］谷内正太郎（前外務次官）手嶋龍一：《日本よ、オバマを恐れるな》，载《文藝春秋》2009年2月号。

⑤ 在美国奥巴马政府提出“多边合作框架”主张后，日本主流媒体就提醒要吸取当年日英同盟被《四国条约》取代的教训，加快解决集体自卫权问题。参见［日］渡边利夫：《オバマ政權と日米同盟》，载《產經新聞》2009－01－13。

的战略自由和能力。

二、对日本结盟战略相关国内因素的前瞻性分析

（一）国家战略走向及其对日本结盟战略的影响

这里的国家战略包括国家大战略、外交战略、军事战略。结盟战略作为工具性子战略，其制定和实施直接受到上述战略的支持和规制，其发展也受到上述战略演变的直接影响。

国家大战略包括发展战略和安全战略两大部分。当前日本的国家大战略主要指“正常国家化”战略（也可称为“政治大国”战略）。该战略的产生是日本“经济大国”战略完成后国家大战略演变的自然逻辑使然，在国内有着广泛深厚政治、军事、经济和文化基础，且目前正全面展开，不少阶段性目标仍有待实现，因此会持续相当长的时间。目前及今后一个时期，日本“正常国家化”战略将继续追求以下目标：①修改《日本国宪法》，尤其是删改该宪法“第九条”；②以海洋为重点方向，以中国为主要针对目标，强化国家安全及军事战略，扩大防卫范围；③持续加强中央集权，特别注重增强首相在内政外交决策中的权威；④谋求与世界经济大国相称的政治大国地位；⑤继续国内经济改革，维持日本的经济发展与繁荣。

当前日本的外交战略可以称为“大国外交战略”。该战略在冷战后期就已作为“经济外交”战略的替代版提出，冷战后在“正常国家化”战略之下，得到进一步强化，今后很可能会继续保持如下特征：①力求参与主导全球与亚太地区国际秩序及规则的制定，推进联合国改革，谋求安理会常任理事国席位；②维护“亚洲代言人”地位，力争主导亚洲事务；③强化日美同盟，扩大军事手段的外交运用，增强日本在国际政治安全领域的影响。④重视对华外交，在地区事务中与中国积极展开合作与竞争；⑤继续扩大和深化与澳大利亚、印度等亚太以内、东亚以外重要国家的关系。

当前日本的军事战略虽然仍冠之以“专守防卫”，但随着“正常国家化”战略的实施和“大国外交战略”的拓展，其性质、目标和内涵已发生根本性变化（参见第二章第三节“冷战后日本军事战略的调整”）。今后一个时期，日本军事战略演变将呈现如下特征：①有关中、朝“威胁”的认知趋于固化，并将视中国为最大“威胁”；②由于防卫厅向防卫省的升格，军事战略在日本国家战略体系中的地位进一步提升；③“专守防

卫”原则可能被正式放弃或做新的扩大解释，军事战略运用范围明确扩大到日美同盟所指定的任何地区，兵力运用将向战争领域延伸，战略进攻性持续增强；④兵力建设继续追求“多功能弹性化”，弹道导弹防御能力和岛礁攻防等中小规模特种作战能力近中期（5~10年）内将继续作为发展重点。⑤继续依托美国“核保护伞”，深化与美国的防卫合作，但同时会加强战略自主决策和独立作战能力，远期看很可能发展能够独立应对或参与海上局部战争的体系作战能力。⑥与澳大利亚乃至印度等国的军事合作可能会进一步增强。①

上述日本国家大战略、外交战略、军事战略演变走向，总体上有利于日本继续强化日美同盟关系，并使其结盟战略表现出以下趋势：①日本仍会继续维持或加强日美防卫合作关系，并以中、朝为主要针对目标；②日本对日美同盟的战略驾驭能力将增强，对日美防卫合作关系的利用重点可能转向养成自主防卫能力；③短期（5~10年）内日本会充分利用《日美防卫合作指针》，力争使自卫队海外兵力运用常态化、正当化，从中长期看可能滑向参与美军的前沿作战行动；④中短期内将加强对美合作，积极发展弹道导弹防御系统，远期看可能谋求该系统建设和运用的自主化。⑤可能逐渐形成“日美同盟+X”对外军事合作模式，即一方面维护和强化对美军事合作，另一方面针对特定对象（如中、朝等国）加强与澳大利亚、印度、韩国等国的双边军事合作。⑥可能加强与亚太国家尤其是中国的政治安全对话，远期看可能在保持日美同盟独立性的前提下，支持建立亚太地区安全保障机制。

（二）日本政治与经济走向及其对日本结盟战略的影响

冷战结束以来，日本政治由乱到治，“总保守化”已成定局（参见第四章第一节“冷战后日本政局的变化与日美同盟”）。结合进入21世纪后日本的政局变化，展望未来，日本政治的基本发展趋势可归纳为以下四个方面：①自民党与民主党两大保守政党轮替的新政治格局基本形成，但公明党、日本共产党等少数党仍可能发挥“关键少数”作用。②自民党与民主党目前在修宪、结盟、强化军备及海外运用等方面“大同小异”的

① 2009年8月，日本由军政官财各领域专家组成的“安全与防卫力量恳谈会”发表研究报告。由于该研究报告通常被视为新防卫计划大纲的蓝本，对日本下一步军事战略调整影响很大，所以拙作此处的观点是在综合第二章研究结论，分析该报告内容后作出的。参见［日］安全保障と防衛力に関する懇談会：《安全保障と防衛力に関する懇談会報告書概要》，载《朝云ニュース》2009-08-06。

现象会继续存在下去，无论谁上台保守型“对外政策不可能有颠覆性变革”①；③中短期内日本可能完成现行《日本国宪法》的修改，其中“第九条”有关限制日本军备及战争权的规定可能会删改；④无论是自民党还是民主党，他们未来有关对美结盟战略的争论和制定都会表现出越来越浓厚的民族主义和现实主义色彩。

日本经济在冷战结束之初“泡沫经济”崩溃后曾长期陷入低谷，被国内舆论称为“失去的十年”，尽管在小泉执政期间秉承美国的自由主义理念，推行结构改革，一度恢复增长，但发展态势很不稳定。展望未来，日本经济发展态势可能具有以下特征：①继续从贸易立国向海外投资立国转变，海外投资规模会继续扩大②；②经济发展与全球经济体系的互动持续扩大，与亚洲国家特别是中国的经济依存进一步增强，部分领域的竞争也会上升③；③日美投资与金融依存加深，中短期内相互经济矛盾激化至1990年前后那种程度的可能性不大；④经济科技实力依然很强，但经济大体只会缓慢增长，到2020年GDP增速将从目前的1.5%降低到1%④；⑤结构性经济改革面临的阻力越来越大，很可能因此而停滞；⑥经济受老龄化、人口减少等因素的制约将越发严重；⑦财政问题的解决将非常艰难，由于债务负担沉重，除非根本改革现有财税体制，日本扩大军费支出的余地有限。

上述日本政治经济发展走势，既有利于日本在中短期强化日美同盟，又不利于其利用同盟强化大规模扩张军备、展开海外军事行动。具体来讲可能有以下影响：①从中短期看，日本配合日美同盟强化所做的内政调整如修改宪法、废除“武器出口三原则”、扩大自卫队海外活动授权等，可能会相继落实；②日本需要保护的海外侨民和财富规模会越来越大，中短期内日本仍不得不主要依赖美国提供保护，从长期看仍存在美国协助保护

---

① 杨伯江：《日本民主党对华政策走向解析：历史问题可望缓解》，载《环球》2009年第16期。

② 根据日本官方的统计，2003年日本对外直接投资116221亿日元，2007年度增至177874亿日元，前后增长了53%。参见［日］日本统计局《日本统计年鉴（2009）》，http://www.stat.go.jp/date/nenkan

③ 根据日本官方的统计，日本对亚洲出口占其总出口额的比重，1990年为34.1%，2000年为43.2%，2007年为51.9%，总体上在不断增长。参见［日］日本统计局：《日本统计年鉴（2009）》，http://www.stat.go.jp/date/nenkan

④ 国研网：《2020年日本经济走势预测》，国研网编译自《德意志银行研究报告》，2006年9月26日，http://www.drcnet.com.cn/DRCnet.common.web

的需求；③在日美防卫合作问题上，有关基地调整、向驻日美军提供补贴、为美军海外行动提供支援等问题上，日本会抬高与美国讨价还价的调门，如果日本民主党执政更可能如此；④中短期内日本经济形势与财政状况对自卫队兵力扩充的严重制约，可能使日本仍不得不维持现有的美主日从的防卫合作分工框架；从长期看，如果财税体制改革成功，日本有可能随着军费财源问题的解决，较大幅度扩充自卫队，但由于届时老龄化导致的政治制约会更加严重，仍难以谋求完全与美国对等合作，在与美军一起参与大规模战争问题上会比较谨慎。

（三）民族文化心理、社会思潮对日本结盟战略走向的影响

民族文化性格及政治文化是日本民族在长期的历史发展中形成的，很难在一二十年内发生很大改变。目前，日本社会反省“入欧”、“入美”文化弊端，要求“回归”传统文化的呼声很强烈。日本民族性格及政治文化传统对日本结盟战略的影响（参见第五章第一节）有可能增强。日本过去与现在都试图在中美日关系中操弄意识形态因素，利用日美价值观及意识形态的一致性谋求对华优势，今后很难想象会彻底放弃这一手段。当前及今后一个时期，日本社会思潮仍会以继续上升的民族保守主义为主流。同时，民族保守主义思潮的内部分化也会继续和扩大，对日本结盟战略影响的两面性会更加突出。

具体而言，日本社会文化的演变可能对其结盟战略走势产生如下影响：①民族文化性格、政治文化传统与价值观总体上有利于日本护持日美同盟关系。由于在今后很长时期内，美国综合国力优势和“一超”地位会继续保持，受民族文化性格的作用，不少日本人可能会一方面埋怨政府对美“追随”、“服从”，一方面又甘于忍受日美同盟的不平等；受政治文化传统的影响，在可以预见的将来，日本国民参与结盟决策的被动性难以根本改观；②民族保守主义的主流化趋势在中短期内有利于日本继续充实和强化对美防卫合作，但“反美保守思潮”的反弹有可能进一步增强，推动政府在处理结盟问题时更加注重对等性，日美之间同盟事务层次的摩擦可能会因此增多；③多数国民基于“中流”意识产生的希望维持日美同盟现状的倾向短期内难以改变，日本政府护持日美同盟仍拥有较强的民意基础，但也因此难以短期内实现自主防卫，摆脱对美国的安全依赖。

三、对日本结盟战略未来走向的基本判断

（一）对影响日本结盟战略未来走向诸因素的综合分析

上述诸多因素对日本结盟战略影响的大小强弱是不均衡的，影响的方式也不一样。其中，国家大战略、外交战略及军事战略对日本的结盟战略具有规制性，其走向对日本结盟战略未来演变的影响最直接、最大。全球及亚太地缘政治及安全环境主要通过影响日本决策者的环境判断，作用于其结盟战略，但由于日本战略决策对国际环境的敏感度很高，所以这种影响力也是很大的。美国作为日美同盟的强势一方，对日本的影响力甚至可侵彻到内政层面，因此其对日政策现状与走向对日本结盟战略的影响是直接的、影响程度很深。国际体系及国际战略格局主要通过影响日本战略决策者的宏观环境判断，作用于其结盟战略。这种判断的主观性很强，在格局转换过程中，主要战略力量对比及相互关系又复杂多变，日本国内政界学术界对国际战略格局走势的预测也见仁见智，因此其对日本结盟战略的影响是间接的，影响程度相对小一些。日本政治与经济现状及走向虽然主要通过影响决策层组成和决策者利益认知，间接作用到其结盟战略，但作为内因，影响力也是不容低估。“社会文化”因素现实性不强，主观性又太强，只能作为评判日本结盟战略的参考性因素。

上述各因素对日本结盟战略的综合影响可参考以下表格。

影响因素	关键语	影响方式	影响程度（作用时效）	总体影响效果
全球及亚太地缘政治及安全环境演变趋势	国与国相互依存加深。 中印快速崛起。 日本地缘影响力相对下降。 美国强化以盎格鲁·撒克逊国家为主体的海洋联盟。 美日与中国安全互信困难，朝鲜半岛危机难消。 新军事变革普及。	间接	大（近、中、远期）	对日本维持日美同盟有利

（续表）

影响因素	关键语	影响方式	影响程度（作用时效）	总体影响效果
国际体系及战略格局走向	国际体系向“板块与网状并存结构”转型，日本单纯依靠结盟提升国际体系定位的方式失灵，不得不加强与新兴国家的合作，以维护本国发展利益、遏制国际影响力的下滑。 多极化趋势不可逆转。 日美同盟不利于日本谋求战略一“极”的独立性。 格局和平转换降低日美同盟弱化战略对手的功能。	间接	较大（远期）	对日本维持日美同盟不利
美国对日政策的现状与走向	继续巩固和强化美日同盟。 对中国等新兴大国继续防范、加强合作。 构建超越双边同盟的“多边合作框架”。	直接	大（近、中期）	对日本维持日美同盟有利
日本国家大战略、外交战略及军事战略走向	继续推行“正常国家化”战略。 继续推行“大国外交战略”。 修改或放弃“专守防卫”军事战略。 视中国、朝鲜为威胁，以中国为主要威胁。 继续依靠美国“核保护伞”，加强弹道导弹防御合作。 借强化日美同盟强化军备发展及海外运用。	直接	大（近、中、远期）	对日本维持日美同盟有利
日本政治与经济走向	政治“总保守化”趋势固化，两大保守政党轮替。 保守势力安全及外交政策大同小异现象继续存在。 《日本国宪法》第九条将被删除或修改。 对美战略的民族主义和现实主义色彩更浓。 经济生产全球化，海外安全需求扩大。 财政制约严重，难以大规模扩充自卫队。	间接	大（近、中期）	对日本维持日美同盟有利

（续表）

影响因素	关键语	影响方式	影响程度（作用时效）	总体影响效果
社会文化对日本结盟战略的影响	美国仍很强大，“耻感文化”使日本具有附强本能。 “等级文化”增强了日本人对日美不平等的耐受力。 “依赖”心理使日本靠同盟寻求心理安定。 “谈和政治”使日本政府难以做出逆转性战略决策。 “服从文化”使国民对政府决策始抗终顺。 日美在价值观意识形态的共同性会长期存在。 “亲美保守主义”占据主流地位。 “反美保守主义”影响可能扩大。	间接	中（近、中、远期）	对日本维持日美同盟有利
基本结论	上述因素总体上有利于其护持乃至强化日美同盟关系			

（二）基本判断结论

根据综合分析上述因素，可对日本对美结盟战略走向作出如下基本判断：

从中短期（5~10年）看，日本很可能会继续维持乃至强化日美同盟关系，但对待同盟的态度会随着国内政权轮替和国际形势变化，表现出摇摆性；从长期看，日美同盟在日本总体外交中的地位呈下降趋势，尽管美国仍将是日本的头号战略盟友。

从中短期看，日本对美结盟战略以预防朝鲜半岛事态为直接目标，以对付中国为重点，但在同盟的对华运用上，可能会因国内政权轮替、钓鱼岛局势变化等因素，在突出和淡化之间摇摆；从长期看，日本对美结盟战略既可能继续强化日美同盟，在美国支持下强化对中国的牵制，也可能由于中美战略关系扩大和深化，而不得不弱化同盟的制华功能。

从中短期看，日本不希望把日美同盟纳入亚太多边安全框架，但会在美国的同意和支持下，加强与澳大利亚、印度、韩国等特定国家的双边军事合作，也可能在保持日美同盟独立性的前提下，同意构建由这些国家参加的多边安全机制；从长期看，如果中美达成战略安全协议，日本则可能支持建立与日美同盟平行的具有强制约束力的地区多边安全机制，或同意把日美同盟纳入由中美日等国参加的有强制约束力的多边安全机制。

从中短期看，日本利用日美防卫合作的出发点可能从偏重威慑转向威慑与实战并举，对美防卫合作将以弹道导弹防御系统建设和强化为重点；海外派兵方式将从追随支援美军，扩大到与美国政治协调后单独出海，常规兵力能力建设将逐渐摆脱对美依赖，形成独立的体系作战能力。

从中短期看，日本可能继续依靠美国“核保护伞”，但今后一个时期，日本国内对美国“核保护伞”可靠性和必要性的质疑以及发展核武装的争论会持续存在。从长期看，如果朝鲜半岛无核化不能取得进展，不能完全排除日本谋求与美国达成某种安排，单独或与美共同拥有核武器的可能性。

从中短期看，日本仍会继续向美国提供军事基地和相关基地补贴费用，但基地规模会进一步缩小；从长期看，日美防卫合作将从“基地 + 人”的合作模式逐渐转向以兵力联合行动为主的合作模式，向美军提供基地的规模会大幅度压缩。

从中短期看，日美同盟对日本外交战略、军事战略的影响仍会很大，对其军事、外交某些领域的规制性仍会存在，但会持续减弱；从长期看，日本在日美同盟关系下，外交和军事上的自由度会大幅度上升。

从中短期看，日本仍可望沿用政经分离模式，在维持乃至强化日美同盟政治安全功能的同时，继续深化、扩大与中国、韩国等亚洲国家的经济合作乃至东亚共同体的构建；从长期看，随着亚太经济全面实现一体化，势必要进一步建立强有力的地区多边安全架构，届时日本将不得不考虑日美同盟的前途问题。

第二节　日本结盟战略对中国的影响及对策思考

在当前及今后较长时期内，日美同盟都将是影响中国外交和安全环境的最大权力因素。日本作为中国周边地区综合国力最强的邻国、美国在亚太地区最重要的盟友，其结盟战略对中国外交和安全环境的影响很大，而且是多重性的。中国应该从地区乃至全球战略的高度审视日本结盟战略及其实施状况，综合运用多种手段应对之。

一、日本对美结盟战略对中国的影响

日本结盟战略实践对中国外交和安全的影响十分重大，且总体上是消极的，具有恶质性。

（一）日本对美结盟战略对新世纪中国外交的影响

在和平时期，同盟的存在意义更多地体现于在国际政治领域，通过外交和军事合作牵制其他大国或大国集团。日美同盟对美国的主要价值在于谋求和维护地区霸权并遏制中国的崛起及多极化战略，对日本的主要价值则在于获得美国军事保护，牵制中国崛起并打压中国在亚太地区的政治威望。因此，今后很长一个时期内，日本会把日美同盟作为限制中国扩大地区影响力的工具。

日本对美结盟战略实践不利于中国推行“和谐外交”。2005 年 9 月 15 日，中国国家主席胡锦涛在联合国成立六十周年首脑会议上首次提出了构建“和谐世界”的战略理念。“和谐世界”主张的问世是中国外交思想发展的重大突破。它超越了意识形态界限和世界各文明之间的界限，具有空前的包容性，更容易被世界人民所理解、接受。它与中国在内政领域提出的构建“和谐社会”，在发展道路上坚持“和平发展”一脉相通，融为一体，体现出中国国际战略观念的完整性和诚实性。中国推行“和谐外交”对于维护世界和亚太的和平、稳定与繁荣具有重要的积极意义。

然而，日本强化对美结盟战略恰恰与上述“和谐”理念相冲突。首先，军事同盟本身的对抗性质与中国的“和谐世界”理念格格不入。日美军事同盟自产生以来，总体上是在扩大而不是缓和亚太地区的地缘政治矛盾。事实上，冷战结束以来，日本强化对美军事同盟的过程，也是日中关系明显走向不“和谐”的过程。换言之，日本强化对美结盟战略是构建亚太“和谐”地区、推动中日中美关系“和谐”的重大消极因素。其次，日本鼓吹“中国威胁论”削弱中国“和谐世界”理念的公信力。“中国威胁论”是日本强化对美军事同盟的主要认识前提之一。如果中国的“和谐外交”得到国际社会的信任，日美同盟的强化就丧失了“正当化”的基础。因此，对于中国的“和谐世界”外交，日本“亲美保守派”的反应是抬高“中国威胁论”的调门，加大宣传支持“藏独”、“疆独”的力度，在中国与东盟国家的海洋争端中挑拨是非，千方百计抹黑中国内外都不和谐。再次，试图利用价值观外交抵消中国的和谐外交。中国的和谐外交主张包容不同的价值观及文化，追求“和而不同”。日本两次安倍内阁均积极推行的价值观外交实际上是强化对美结盟战略的衍生物，目的就是与美国相勾结，利用这个标签区分出敌我，把亚太国家拉到日美一边，从观念上孤立中国。[①]

日本对美结盟战略不利于中美关系的稳定发展。中美关系当前及今后相当长时期内都是中国对外关系中最重要的双边关系，其发展又深受中美日三边关系的影响和制约。在冷战中后期，一味追随美国反华的日本在吃了美国“越顶外交”的苦头后，对中美关系的发展虽抱有戒心，不敢轻易做挑拨之事，明智的领导人还借中美关系改善的机会，推动日中关系取得突破性进展，或在中美发生争执时扮演和事佬的角色。然而，冷战结束以来，日本决策层和学界已经注意到中美在“单极化”与“多极化”问题上的战略分歧，并企图扩大这种分歧以从中渔利。日本亲美保守势力为推动日美同盟的强化，利用美国对“多极化”的反感，开始恶意挑拨中美关系，与美国反华势力相配合，力图把中国推上“美国霸权挑战者”的位子。

阿米蒂奇在发表“第二次阿米蒂奇报告”时，曾表示之所以再次提交同一课题的报告，主要原因之一是：“正如历史所证明的，一个国家在走向国际社会前台的过程中，围绕国际定位很容易发生秩序混乱”；“中国的前进方向不明朗，使美日同盟的重要性进一步增加了”[②]。无独有偶，早在2004年日本国际交流基金日美中心举办的“纪念日美交流150周年研讨会”上，日本著名历史学家、防卫大学校长五百旗头真在谈到中国的多极化主张时就声称：“在20世纪，德国和日本是以英美为中心的国际秩序的最大挑战者。今后的世界，能否经受来自中国的更大的挑战呢？北朝鲜只是小问题……此前的历史上，每逢中国大幅度崛起，战乱大都无

① 日本亲美保守势力的舆论阵地《产经新闻》近年来就发表了不少倡导价值观外交、诋毁中国和谐外交的言论。比如2007年10月20日，该报专门发表社论，为美国国会授予达赖喇嘛“国会荣誉金奖”的行为欢呼，批评福田首相不提“主张外交”，声称“不能忘了西藏”，“不能忘了追求自由民主人权”。参见［日］《チベット問題を忘れまい》(社説)，《産經新聞》2007－10－20。

② リチャード・アーミテージ：《いまこそ米日同盟には《恒常的なケア》が必要だ》(インタビュー、聞き手　草生亜紀子)、《Foresignt》2007年3月号。

法避免。"[①] 五百旗头这一歪曲历史、充满恶意的暗示，侧面反映出日本试图利用格局主张分歧加深中美对立的企图。而与五百旗头相比，日本和平研究所（IIPS）主任研究员柿原国治的表达则更为露骨，声称"日美中三角关系中包含着不利于日美同盟的要素，美中合作发展，日本的战略价值就会下降。反之，我国对华竞争力的保持与日美同盟强化紧密相关……日本利用美国对华战略'遏制—对话'的两面性极端重要"[②]。

事实上，日本利用日美同盟阻碍中美关系发展的上述思路已经转换成现实的安全及外交行为。比如，麻生太郎在担任日本外相和首相期间，每次访问美国就高调喊"中国威胁"，恐怕不仅是为讨美国反华势力的欢心，还存在扩大中美对立的意图；在中日钓鱼岛争端中，日本一方面表示军事上有准备、有信心，另一方面却公开要求美国承诺把钓鱼岛纳入日美安保范围，其意图很明显是要把中日矛盾中美化。近年来，面对中美合作与对话的升级势头，日本明显表现出戒心和牵制意图。2009 年 3 月，前防卫大学校长西原正在日美专家交流中，向约瑟夫·奈直白："美国认为有'美中共同管理'利益，日本不以为然。美中还是像过去那样搞部长级协商好，搞双边首脑会议（G2）没什么好处。"[③] 由此不难想象，未来日本对中美关系的发展很可能"拖后腿"，甚至成为"麻烦制造者"，尤其是当两国关系遭遇困难的时候。关于这一点，2012 年中日钓鱼岛问题升温后，日本要挟美国表态的一系列举措已经有所印证。

日本对美结盟战略对中日关系的稳定发展弊大于利。当代中日关系的发展始终受日美同盟关系的影响。这种影响既有"利"，更存在诸多"弊"。所谓"利"主要是指日美同盟对避免日本向军事大国冒进起到了一定约束作用，间接有利于中日关系的稳定。无论是冷战时期，还是冷战结束以来，中日关系稳定发展都暗含一个前提，这就是日本放弃军事大国

① 五百旗头真曾任日本神户大学教授、防卫大学校长，是小泉内阁、福田内阁的主要智囊之一，对日本外交尤其是防卫政策决策有直接影响。参见［日］国際交流基金日米センター《日米交流 150 周年記念シンポジウム報告書：〈日米交流の軌跡と展望〉》，2004 年 4 月，http://www.jpf.go.jp/cgp/info/publication/sympo/150report.pdf

② ［日］柿原国治：《対中战略のあり方中国との付き合い方の原》，载《平和研しポート》2003 年 5 月。

③ ［日］日本國際問題研究所、在サンフランシスコ日本国總領事館、美国战略与国际研究中心（CSIS）：《日米安保關係 同盟への試金石》（議事錄）2009 年 3 月，http://csis.org/files/publication/issuesinsightsv09n14japanese.pdf

化和称霸企图，坚持和平国家路线。① 如果日本放弃这一前提，中日关系将因深层战略结构的重大改变而发生“地震”。而这一前提的维系既靠日本的“自律”，又依赖于“他律”，即国际环境的制约——日美同盟作为“他律”因素之一，其存在是不能忽视的。所谓“弊”则主要包括三个方面：一是日本对美结盟战略防范中国的一面始终是中日增进战略互信的重大障碍；二是由于日本外交坚持以日美同盟为基轴，中美关系发生波折时很容易殃及中日关系；三是日本处理对华关系时经常存在依托日美同盟，推行对华强势外交的冲动，不利于中日保持平等、友好、协商的氛围。比如，在中日领土及海洋争端中，日本经常叫嚷把争端纳入日美同盟运用范围，试图以此威慑中国、压中国让步。

更需要指出的是，近年来随着日美防卫合作的强化，日美同盟对日本军备发展及运用的“他律”性明显减弱；与此同时，日本不走军事大国道路的“自律性”也在减弱，利用同盟关系强化谋求军备发展及运用机遇的一面却在增强。日本对美结盟战略对中日关系的发展从根本上看弊大于利，且“利”在弱化，“弊”在增大。

日本对美外交配合与勾结不利于我周边外交的发展。在 20 世纪 50、60 年代，日本与美国密切配合，长期顽固阻挠中国恢复在联合国的合法席位，给世人留下了非常深刻的印象。在进入 21 世纪的今天，日本仍试图依托日美同盟构建“对华包围网”，在外交上破坏中国发展与周边国家友好合作的努力。

日本拉拢美国等相关国家“包围”中国的企图和努力有可能分断我周边外交圈。早在第一次安倍内阁时期，日本就曾提出所谓“自由与繁荣之弧”外交战略，企图以意识形态画线，在地缘政治上包围、隔离中国。当时，日本“自由与繁荣之弧”战略中所列出的受援助国家都分布于欧亚大陆边缘地带，在亚洲部分从朝鲜半岛到印度，一直到中亚、西

① 《中日和平友好条约》中的“反霸”条款，既出于当时制衡苏联霸权扩张的需要，对中日两国尤其是日本也具有约束意义；而在冷战结束以来尤其是进入新世纪以来，中日两国政府在“联合新闻公报”和“联合声明”中，均相互承诺“互不构成威胁”，“支持对方的和平发展”，“日方强调，日本战后一直走作为和平国家的道路，今后将继续走和平国家的道路，中方对此表示积极评价”（参见《中日发表联合新闻公报》，载《人民日报》2006 - 10 - 09，《中日关于全面推进战略互惠关系的联合声明》，载《人民日报》2008 - 05 - 08）。这些都表明，中日两国都坚持走和平发展路线尤其是日本坚持和平国家道路、不谋求军事霸权，是中日关系稳定发展的必要条件。

亚，形成了对中国的环形包围。这种地缘布局与“9·11”后美国的军事部署变化几乎完全重叠。连赞同该战略的日本学者都认为：从地图上看，“不能否认该弧使人产生包围中俄的印象”①。在实践上，日本极力发展与澳大利亚、印度等国的关系，以合伙对付中国。2013 年 1 月，安倍提出的所谓新“外交五原则”，实际上仍不过是“自由与繁荣之弧”外交战略的翻版，不过更强调以海洋为标签画线，以日美同盟为后盾，拉拢西太平洋、印度洋沿岸国家共同对付中国。比较美日两国的对华政策，不难发现，“美国虽然乐见并于幕后暗推美日澳印四国之间的战略对话与合作，但也主张避免过于刺激中国而使中国做出激烈反应”②。然而，近年来日本的相关言行却要露骨得多，实际上扮演了一个马前卒的角色，已成为美国在亚太的外交“打手”。

日本积极配合美国围堵中国的一系列举措，对我谋睦邻友好周边外交的发展构成了严重威胁。从地缘政治角度看，我周边外交布局以中国为圆心呈环形分布，日本的上述外交战略则如同一把日本刀将圆面一切两块，其攻击性非常明显，如果完全得逞，我外交影响就可能被阻断在亚洲大陆边缘。从现实情况看，2008 年以来我国与周边某些国家的外交关系出现曲折，其背后都有日本的“功劳”。而日本上述外交之所以有如此“手笔”，既是受日美同盟强化的鼓舞，也是其大国外交战略遇挫引发的焦躁所致。尤其需要指出的是，安倍内阁的上述外交战略虽然打着安倍的印记，但其核心内容实际上已成为日本朝野保守政党的共识，今后较长一个时期，无论是自民党还是民主党执政，日本外交都会大体上沿用这种以区隔、包围中国的为目的的战略布局。

（二）日本对美结盟战略对中国安全环境的影响

在近现代史上，背后有同盟撑腰的日本在侵华方面始终是最凶悍、最危险的角色。冷战时期，尽管日本以“和平国家”自诩，但美国在朝鲜半岛、中南半岛两个方向发动侵略战争，都是以日本为主要基地。而 20 世纪 90 年代以来，日美同盟的强化使中国面临的安全环境尤其是海上安全环境再度复杂化。

---

① ［日］日本国際問題研究所《政策提言：日本の対黑海政策——〈自由と繁荣の弧〉外交を求めて》（平城 18 年外务省委託研究報告書），2007 年 3 月，http://www2.jiia.or.jp/pdf/report/h18bsec.pdf

② 蓝建学：《美日澳印四国战略对话：动机及潜在影响》，载张蕴岭、孙士海：《亚太蓝皮书：亚太地区发展报告（2007）》，社会科学文献出版社 2008 年版。

首先，日本强化日美同盟不利于我国海洋方向区域环境稳定。日美安保关系的强化，完全背离了亚太地区正在兴起的安全合作与对话潮流，毒化了亚太地区的和平与稳定气氛，有可能挑起该地区的军备竞赛和国家间军事对抗。同时，日美安保关系的强化为日本全面加强军事能力和战争体制建设提供了空前机遇。而日本军事力量尤其是海空力量的持续上升，最终可能导致西太平洋战略力量结构发生质变。这不仅不利于亚太地区和平，反而会成为威胁该地区稳定的不确定因素。

特别需要指出的时，20 世纪 90 年代以来，有关日美同盟“瓶盖”说甚为流行。这种说法固然有一定道理，但随着时间的延伸，美日同盟牵制日本走向军事大国的“瓶盖”功能已明显退化。除核武装问题外，美国对日本军备发展及运用的态度，更多表现为纵容、鼓励而非警惕、牵制。日本决策者对冷战时期的“防卫自律”也越来越不感兴趣，“专守防卫”原则已经名存实亡。因此，日美同盟有可能成为孵化日本军事大国的“蛋壳”。而且，从长远看，日美同盟对日本军事行动决策的制约性则可能会不断下降，日本军事实力发展以及运用的独立性会持续增强，很可能会在同盟关系下获得类似日英同盟时期的行动自由。果真如此的话，就必须考虑未来日本单独行动所造成的地区安全风险——在日英同盟后期，日本就曾利用英国困于欧战之机，以武力逼迫中国接受“二十一条”，伙同美国出兵西伯利亚干涉俄国内政。

其次，日本强化日美同盟增加了我战略安全态势的被动性。当前日美强化军事同盟关系，是以围堵中国走向海洋为着眼点，以联手控制西太平洋为根本目的。日美强强联手使我军很难在东亚濒海地区获取局部优势，在海洋方向日益面临美、日的双重遏制，不仅海军进出第一岛链的难度会加大，而且远洋海上战略通道也将面临来自美、日的双重威胁。展望将来，随着军备尤其是海空自卫队的加强和宪法第九条的删改，日本踏入战争领域的现实可能性会增大；随着日本与我周边某些国家军事安全合作关系的加强，我海上战略安全纵深乃至陆边隐患都在增加。一旦地区局势有变，我在亚太地区就可能真正面对两个军事大国的直接威胁，甚至陷入“1:2 + X + Y……”的危局。

再次，日挑起对华战略性对抗的现实可能性增强。日本强化对美军事同盟的直接后果是，中日之间的综合军事实力差距进一步缩小。尤其是目前日本正与美国加速推进弹道导弹防御系统建设。该项目如果成功，将意味着我国对日常规及战略弹道导弹威慑效果被削弱，意味着日本对华选择军事手段的风险减少，而一旦这种风险降至某临界点，日本近代恃强凌弱的战略秉性很可能复萌。当前，中日之间台湾问题、钓鱼岛争端、东海管辖海域划界争端均未解决，“中国威胁论”已经从观念层面深深渗透到日本的结盟战略以及对华安全政策与行为之中，其自卫队建设、兵力部署和运用计划针对中国的一面愈发突出。因此，今后一个时期，日本对我军事威胁的现实性、广度、深度都更可能上升而不是下降。更值得重视的是，当前日美已开始检讨1997年《日美防卫合作指导方针》的再修订问题，而检讨的方向则是如何应对“中国的惊人崛起”、“中国在海上的进展”，以扩大日美防卫合作，“增加日本在地区安全事务中的作用”①。

再次，日本强化日美同盟使中国维护领土及海洋权益更加艰难。当前，南沙群岛海域、钓鱼岛海域一直被国际社会视为热点地区。中国周边海域多处岛礁及大片管辖海域被日本、韩国、菲律宾、越南、马来西亚、印度尼西亚、文莱等国侵占分割。在钓鱼岛问题上，日本不仅立场顽固，已怀揣用兵计划，而且在极力拉美国“下水”②。在南中国海，美国出于牵制中国走向海洋等战略目的，自1994年《联合国海洋法公约》生效以来，对南海基本政策由“不介入”转为“介入但不陷入”；日本与美国相呼应，“一直希望与东盟国家联手，采取一致行动对付中国，借此实现日本在该地区的战略目标”③。1997年《日美防卫合作指导方针》签署时，日本在有关“周边事态”的条款中，对“周边”地理范围的界定就非常暧昧。当前，借为美军提供后勤支援，日本海上自卫队早已突出国门，活跃在南海至印度洋一线。因此，将来一旦南海围绕争端摩擦升温乃至发生武装冲突时，不能排除未来日美启动《日美防卫合作指导方针》，进行军事干预的可能性。南中国海相关国家在受到日美的怂恿和支持后，很可能在与中国存在岛礁与海域划界争端中态度更加强硬，从而加大问题解决的难度。

第四，日本强化日美同盟增加了我实现两岸和平统一的难度。多年来，日本国内每谈到日美防卫合作，必谈及中国，每谈及中国则必提及台

① “日美将检讨防卫合作指导方针”，载《华尔街日报》主页，2012年11月12日，http://www.cn.wsj.com/gb/20121112/bas134334.asp

② 日本媒体于2005年1月透露，日本防卫厅已制定所谓“西南诸岛有事应对方针”，把“防卫”钓鱼岛纳入了作战计划。参见［日］共同通信社：《陸自5万、特殊部隊も動員　南西諸島有事で対処方針》，2005年1月16日。

③ 《美日印插手南海问题》，载《澳门日报》2009-03-13。

海。台海因素已深深渗透到日本的结盟战略、防卫政策和海洋战略之中。2005 年，日美又明确把台海问题列入“共同战略目标”。当前，如何应对中国大陆“对台动武”，业已成为日美战略对话的核心议题之一。[①] 这表明，军事卷入未来两岸可能发生的武装冲突已被日本纳入决策议程。当前，尽管两岸关系出现了重大转机，保持台海稳定、实现和平统一的可能性在增加，但“台独”势力在岛内仍有相当实力，发生各种重大事变的可能性不能排除。目前，日本对中国两岸关系发展如卧榻之侧闻鼾声，日益焦躁不安，日本亲美保守势力一直希望自卫队军事部署向台海延伸，甚至企图在台湾隔海相望的与那国岛驻军。因此，将来日本右翼保守势力有可能与台湾岛内分裂势力相勾结，用明暗两手制造事端，从长远看甚至不能排除其单独行动，利用同盟关系拖美国下水的可能性。2009 年 3 月，日本前防卫大学校长西原正曾向美国前助理国务卿理查德·L. 阿米蒂奇表示，日美在台湾问题上有分歧，“台湾对日本安全而言，比对美国而言更重要”，“马英九治下的台湾在和大陆构筑更紧密的关系，对马而言‘三不’（不独、不统、不武）难以保证，台湾海峡两侧的势力均衡在向大陆倾斜。如果美日失去‘台湾牌’，台湾就会变成第二个香港……这不符合日本的利益……日本应认真考虑拥有自信的军事反应能力”[②] ——言谈中暗含的机锋非常值得关注。

二、中国的应对之道

（一）全面深刻地认识日本维持和强化对美同盟的本质目的

回顾近代以来，日本最不愿意看到的现象就是中国的统一和强大，其对华战略基本未松懈防范中国崛起这根绳。自明治维新（1868 年）至今 140 多年间，日本对华外交中倡导日中友好合作的一面稳据主流地位的时间只有 25 年（从 1972 年中日邦交正常化 ~ 1997 年《日美防卫合作指针》签署）。在其余时间内，其对华政策总是充混着侵略、干涉、遏制、牵制等负面因素。尤其需要指出的是，这 140 年也是日本从一个封建国家成长为现代发达国家的 140 年，上述负面因素几乎伴随了其近代、现代、当代

---

① ［日］《美日商讨提高冲绳基地抑制力》，载《日本经济新闻》2005 - 01 - 04，转引自《参考消息》2005 - 01 - 05。

② ［日］日本國際問題研究所、在サンフランシスコ日本国總領事館、美国战略与国际研究中心（CSIS）：《日米安保關係 同盟への試金石》（議事錄）2009 年 3 月，http://csis.org/files/publication/issuesinsightsv09n14japanese.pdf

成长的全过程，可以说已成为日本对华战略的恶习。

日本近现代乃至当代军事同盟的缔结和运用，均与上述战略恶习存在直接或间接的关系。在日本迄今87年对外结盟史中，运用同盟对付中国的时间总计60余年。在近代，日本缔结日英同盟虽然直接原因是对抗沙俄，但最终侵犯的对象仍是中国。日英同盟三次条约都充斥着侵略、干涉中国的条款。在现代，三国同盟条约更是直接把中国包进了日本的侵略"巨胃"之中。在战后，日本与美国缔结安保关系后，一直到1972年仍公开视新中国为对手，企图利用所谓"远东条款"阴谋干涉中国两岸关系。25年后，日本与美国签署新《日美防卫合作指导方针》再度使"远东条款"以所谓"周边事态"的形式"复活"，目标仍然是军事干涉中国内政。这里尤其需要指出的是，在中日邦交正常化之后的20多年间，日美同盟之所以未再把矛头指向中国，与其说是日本发展中日关系的善意使然，不如说是苏联对日威胁增大和美大幅度调整对华战略所致，是"敌人的敌人就是朋友"这一规律发挥了作用。因此，日本这20年中表现出的对华友好，只不过是一段特殊的历史现象。如今苏联已成为历史，今后恐怕中日很难再遇到共同的"敌人"。这也意味着中国要从日本对美结盟战略的"瞄准镜"中淡出将是一个长期的历史过程。

历史警示我们，观察今天日本的结盟战略与对华关系，绝不能停留于表象，被所谓日美同盟是为了保持"远东的和平与稳定"、"日美同盟是地区国际公共财产"所迷惑，必须看清其利用日美同盟牵制、压制中国的本质。透视日本对外结盟历史还可发现，日本在对华关系上多数情况下都比盟友更极端，给人"往绝处做"的感觉。① 在日英同盟时期，英国对华所贪主要是财富，日本则既要"钱"，又要"地"。在三国同盟时期，日本要的是侵吞整个中国，德国是承认日本侵略、送"顺水人情"。战后，在阻挠中国重返国际社会方面，日本甚至比美国更卖力。1961年，当美国在阻挠中国恢复联合国合法席位问题上面临多数危机时，日本主动向美献出"妙计"，提出把该问题作为须经联合国大会2/3多数通过的

---

① 美国斯坦福大学国际安全专家薛理泰总结认为，与美国相比，日本对华政策有如下几个特点：其一，对华政策的摇摆幅度比较大，经常出人意料之外；其二，假若美、中关系出现改善的势头，日本会抢在美国的前面，更快地改善与中国的关系，如果美、中关系呈现恶化的兆头，日本也会走在美国的前面，与中国的关系雪上加霜；其三，长期以来，日本处理与中国的关系时，有时会反应过度，似乎给人一种朝着"做绝"走去的印象。"参见薛理泰：《日美对华政策貌合神离》，载《苹果日报》2005－10－22。

“重要”问题，又挡了中国10年。[①] 然而，1972年初当中美关系“突破坚冰”，开始走向正常化后，日本的反应则是干脆一步到位，正式恢复日中邦交……基于日本上述特点，中国一方面应努力利用中美关系发展，促使日本在对华友好之路上跑得更快；另一方面，在中美、中日关系处于低谷时，也应以史为鉴，警惕和防范日本对华政策比美国更坏、更狠的可能性。

（二）确保综合国力快速持续协调增长，加强影响日本结盟战略的力量基础

新中国建立以来的对外关系实践反复证明，国家的经济军事实力、民族凝聚力、政府领导力、外交力等综合国力要素的增强，是击破任何国际反华联合的基础和保障。只有中国的综合国力强大了，才能够有效遏阻日本利用日美同盟进行战略冒险，才有足够的经济、军事、外交及文化资源破解日本利用日美同盟对中国的安全与外交围堵，才能够把两岸关系推上和平发展、越走越近的良性轨道，减少日本亲台势力利用日美同盟阻挠中国统一的机会，打破日本右翼势力重温武力打断中国复兴、维护其“一流国家”地位的战略旧梦。展望未来，我们应重点从以下四个方面，有针对性地强化各种综合国力要素，增强应对日本结盟战略的实力基础。

一要以信息化为牵引，加快推进国防现代化建设。要认清日本把日美同盟作为“海洋同盟”的地缘安全定位，看清其对美防卫合作的核心是海权合作，大力增强我海洋方向的战略防御能力。具体而言要着力强化四种能力建设：①加强对日美军事动态的情报收集和分析能力。要力争及早察知日美任何战略冒险苗头，尤其要重点掌握日本自卫队有关加强日美防卫合作的计划、方案和动向。②加强海军在近远海的制海能力。海军的能力建设要能够对日本远海交通线实施遮断威慑，要能有效应对日美联手干预南中国海争端的图谋，要能够有效遏制美国插手中日东海钓鱼岛及管辖海域划界争端。③加强我远程精确打击能力建设。要具备能够有效突破日本与美国构筑的导弹防御系统，对其战略目标实施有效战略反制的能力。④加强各军兵种的综合运用能力。要使各军兵种实现优势互补，必要时能有效开展联合作战，形成多重防御和反击能力。

二要以实现地区和谐为导向，加强外交预防和反制能力。为打破日本

---

① 杨仁火：《日本联合国外交的历史演变及其未来走向》，硕士学位论文，指导老师丁诗传，解放军国际关系学院，1996年11月。

对美结盟战略及外交战略隔离、包围中国的企图，应重点加强以下能力建设：①强化外交战略布局能力。应准确分析日本在亚太乃至全球的对华外交布势，抓住日美之间的配合空挡，在东南亚、南亚次大陆濒海国家乃至波斯湾沿岸国精心布局，巩固与传统友好国家的关系，增进与战略动摇国家的信任，力争把日本外交的“一字长蛇阵”斩成寸段；应抓住日本依赖中东能源又受制于美中东战略的特点，活用我能源市场吸引力，大力发展与该地区国家的友好关系，分散日本外交对西南太平洋地区的注意力，扩大日本在能源外交领域的对美矛盾；应在扩大经济合作的基础上，拓展外交手段，充实、稳定与相关国家的各领域合作关系，破解日本利用其压缩我南太平洋外交空间的企图，保护我亚太外交战略纵深。②强化外交宣导能力。要抓住亚太社会文化及价值观多元化的特点，针对日本“价值观外交”的虚伪和偏执，着力宣传“和谐世界”理念的包容性；要结合中国致力于“与邻为善，以邻为伴”的诸多行动，大力宣传我和谐外交理念，增强亚太社会和日本国内民众对“中国威胁论”的免疫力。③强化外交释疑反制能力。外交部和驻外机构，要能及时就日本保守势力所散布“中国威胁论”的主要观点，向日本政要、国内民众、亚洲邻国进行澄清、反驳，削弱日本对美结盟战略的舆论和民意基础；要不断揭露日本价值观外交的虚伪性、日美同盟的自私性、右翼势力在历史问题上的言行丑态，让国际社会意识到日本战略思维中潜藏的战略冒险性格；④强化外交指导统筹能力。在应对日美同盟和打破日本对华围堵外交方面，应坚持包括军事外交在内的各领域外交相互配合，政治、经济、文化等各种手段综合运用，应把东南亚、南亚外交与对日外交统筹，注意与西、南太平洋和印度洋沿岸国的关系发展，打破日本的分断图谋；在军事外交领域，要积极参加亚太及全球海上安全对话、交流与合作，扩大我在西太平洋海洋地缘政治关系中的软实力影响，对于美日主导的地区安全对话与交流应有选择参加，增强在多边场合争夺话语权。

三要以自主发展为基础，增强经济实力及战略运用能力。国际社会是一个以实力与利益为关键词的社会。美国为什么能够建立世界性同盟体系？归根到底是因为拥有超强的经济实力。奥巴马总统为什么上任后不久，不顾盟友日本的感受高调强调与中国开展合作，说到底是因为中国经济实力强了，有能力与美国合作应对金融危机。因此，要破解日本的对美结盟战略，虽然直接靠军事、靠外交，归根到底还是要靠经济。在经济实力的发展方面应注重以下问题：①应增强经济自主发展能力，防止被日美所制。日美同盟是一个包含经济合作在内的复合型同盟。虽然资本的自私性决定了日美在对华经济关系上以竞争为主，但由于日美同盟的存在，两国还是会有所勾结与配合。1989 年中国出现政治风波时，美国就曾纠集盟国制裁中国，日本也在其中。虽然时至今日，我国经济实力已非昔日可比，日益加深的经济相互依存关系使美日不敢随意对华挥舞制裁大棒了，但将来一旦中国与日美之间出现重大安全事态，对手甘冒经济风险实施制裁的可能性仍不能排除。对此，必须有足够的战略预警意识和准备。②应增强经济实力的战略运用，配合军事、外交弱化日美同盟的国际影响力和对华运用能力。事实上，多年来我致力于中日、中美经济合作，不仅有力促进了本国经济的发展，所形成的相互依存关系也成为日本对华运用日美军事同盟的重大障碍。2009 年 3 月，日本《每日新闻》曾宣称，“在美国领导的金融自由化体系下‘日美中轴心’大势所趋，日美关系世界观恐已落后于时代”，并引用外务省某关系人的话表示，尽管国务卿希拉里上任后选择首访日本，表达“美国一如既往重视日美同盟之意”，但美国发出的信号却是，拯救美国经济衰退的不是日美同盟，而是日美中三国同盟，这预示着“日美轴心”的终结。① 尽管上述评论有些夸大其词，但足可证明我加强经济实力战略运用的重大现实意义。

四要以构建和谐社会为导向，大力增强民族凝聚力。对我国来说，日本强化对美结盟战略意味着，我国要在政治、经济、安全上面对两个总人口 4.2 亿、GDP 之和 4 倍于我、海军舰艇总吨位 4.3 倍于我的大国同盟，其压力之大可想而知。在经济实力、军事实力明显处于弱势的情况下，人口众多的我国谋求“人和”、团结御侮就显得特别重要。反思近代，在日英同盟期间，中国之所以长期受制于日本，不仅是因为国力难以与日英两国相提并论，更致命的是存在国内动乱、地方坐大、中央集权弱化等导致国力难以凝聚的问题。冷战时期乃至冷战结束以来，日本结盟战略一直窥伺作祸的台湾问题，说到底仍然是我国在国家统一问题上存在“台独”势力这个心腹之患所致。因此，应对日本结盟战略求其在我，关键要做好两点：①大力构建和谐社会，积极推进两岸和平发展，逐步走向和平统一，维护国内多民族的和谐与团结，使日美无机可乘。②不断增强全体国民的忧国意识，打牢危急时刻全民族同仇敌忾的精神基础。当然，这里的

① ［日］《3 国 1 隻の船を乗る？中国の台頭により日米枢轴が終結》，载《每日新聞》2009－03－10。

同仇敌忾仅就非常时期而言。在和平条件下，则应注意节制民族主义过激化，避免国民仇视日美的非理性情绪蔓延，防止日本利用“面敌心理效应”，进一步针对中国强化日美同盟。

（三）积极推动对日、对美关系平行发展，多方牵制日本对华运用日美同盟

一要力求掌握对日关系主动，造成令日本政府不敢、不能、不忍对华动用日美同盟的态势。所谓“不敢”，就是要加大日本政府对华运用同盟面临的国内政治风险、国家安全风险、经济利益风险，使其不敢玩这个游戏；所谓“不能”，就是要增加日本政府对华运用同盟的决策制约因素，使其在内阁讨论中、国会表决中难以形成对我不利的决议、法案、政令；所谓“不忍”，就是要增大日本决策层在制定或实施对我运用同盟的决策时，所面临的情感上的、道义上的困境和代价。要做到上述六个字，应从以下六个方面入手：①要加快军事现代化进程，从严、从实、从快做好军事斗争准备，增强军事实力，震慑日方任何军事挑衅企图；②要坚持扩大中日民间人员与文化交流，引导日本国民思潮和情绪向和平主义方向转变，壮大社会层面的对华友好力量；③要继续深化和扩大中日经济依存关系，战略性发展与对日本经济、政府决策有重大影响力的大企业的合作关系，扩大日本财界的对华友好力量；④要加强与日本政治家、官僚、军界、学界、舆论界的广泛交流，从情感、信任、利益等角度积极引导，壮大亲华派，压缩反华势力的存在空间；⑤要适时建立中日军事互信机制，防止一般性摩擦和意外事故扩大升级，有效消除两国政府以及两国国民之间安全猜疑的积累。⑥要立足平时，加强与日本的民间交流，使日本国民了解依托日美同盟军事干涉中国内政的非法性、非道义性和高风险性。

二要促进中美日三角关系良性互动，压缩日本对华运用日美同盟的结构空间。①要准确分析中美日三角力矩关系，找准影响日本结盟战略的着力点。1949 年以来的中美日三角关系告诉人们，中美关系和中日关系可以相互牵动，并影响到日本的结盟战略。美国在日美安保关系中扮演着“钥匙保管人”的角色。在 20 世纪 70 年代、90 年代，日本两次结盟战略有关中国部分的调整，都主要受美国的影响和推动。展望未来，在中短期内，日美防卫合作武库的钥匙依然会在美国手里。当然，这并非说日本在日美同盟中是完全受动的，实际上冷战结束以来日本针对中国强化同盟更多地出于自身的战略需要，而且主动性越来越强。因此，对中国来说，判断、应对日本对华运用日美同盟的动向，既要重视华盛顿这个关键窗口和

有效捷径，又要意识到中日关系自身的发展更具有根本性。②推进中日美关系平衡发展，反制日本利用日美同盟“管理”中国。中美日战略三角关系中存在一种“双重管理”倾向，即日美试图利用同盟“管理”中国，中美通过战略合作“管理”日本。中国一方面要坚持独立自主，避免被圈入日美以同盟为基础设置的战略“牢笼”；另一方面，也应推进中日、中美关系平行不悖发展，从日、美两端控制日美同盟的发动。实际上，当前日本不少政治家都看到了这一点，主张平衡发展对华、对美关系①，日本民主党政治家小泽一郎甚至提出要使日美中关系变成“正三角形”。这说明通过促进中日美三角良性互动，控制日本结盟战略运用还是有一定现实基础的。③努力增进中日战略互信，避免中日安全关系恶性互动。麻省理工学院国际问题研究中心主任理查德·塞缪尔斯认为，日本需要一名手腕娴熟的共识构建者，“在使日本迈向大国地位上，他不会走得太远，他也不会容许日本过于依赖美国以免陷入其中”，但（日本决策者）任何新的共识也将取决于“力量平衡的变化，尤其是中国与美国之间的力量平衡”②。这种期望实际上也反映出美国目前对日本军备扩充的期待是有限度的，但限度的大小可以调节，中国的实力越接近美国，美国可能对日本军备放得越宽。对此，我们应保持警惕，避免陷入对日军备竞赛的陷阱。合理的做法是加强对日战略安全对话、妥善控制中日安全矛盾的激化，防止负面互判被美国“斗蛐蛐”。

在利用中美关系应对日本结盟战略时，应注意两个方面：①不能忽视美国对华战略的不确定性。美国东亚战略的如意算盘是，利用中国解决其在亚洲的难题，再利用日本看住中国。当前及今后很长时期内，尽管对发展中美关系持正面认识的美国政治家在不断增加，但对中国抱以敌视、警惕和疑虑者仍大有人在。美国智库、军方乃至决策层反华势力仍非常活

---

① 日本自民党前政调会长加藤弘一认为：“今后国际关系的大基轴是美中关系”，“美国为什么继续保持日美同盟呢？有两个理由：一是日本在亚洲拥有很大的影响力，二是（依托同盟）才能与中国对话”，“日本在美中之间，有必要很好地维持平衡，当好中间人”。“当然由于价值观不同，（日本与中、美）距离感存在差异，比如从民主主义、安全保障意义上讲，日美距离更近。另一方面，从地理、历史、文化看，日中间的传统距离很近。但是，日本作为亚洲的一员，考虑到亚洲的存在，应该意识到日美中拥有同等分量。”参见［日］田原総一朗：《わが政権構想の一端》，载《中央公論》2000 年 12 月号。

② 《美国将被迫在中日间选择》，载《环球时报》2006－09－01。

跃，国会中对中国有敌意或不抱好感的议员仍占多数。[1] 近年来，美国在西太平洋一系列军事部署都明显有防范中国的意图。因此，未来美国走向敌视中国的可能性不能排除，而果真如此，日美同盟就是打压中国的利器。②不能过于相信美国驾驭日本的能力。"日本对华政策固然受到美国的制约，可是日本也不时出现企图突破美国制约的冲动"；"日本战略家、外交家的视野不够开阔，'走偏锋'的岛国心理时隐时现地体现在日本的大战略上；外交政策不够稳定，外交手段也不够成熟，带有浓重的投机机制"；就对华关系而论，历届日本政府出于对本国利益的考虑，有时与美国的配合不够同步。[2] 展望未来，随着日本在同盟中战略独立性不断增强，尤其要加强对日战略预警，不能一味觉得美国不容许日本就不会动，防止其撇开美国突然单独对华采取军事行动。

（四）立足长远谋划国际战略，积极塑造不利于日本结盟战略存续的国际环境

日本强化日美同盟一方面是为了牵制、遏制中国，另一方面也意图"驱龙入栏"，强制中国进入其主导的国际政治安全框架。对此，我们应主动作为、以牙还牙，国际战略要注重对环境目标的追求，增强塑造环境的意识和能力，积极促进国际社会尤其是亚太社会和谐稳定，力争形成不利于日美同盟存续的国际格局、秩序和合作框架。

回顾20世纪初期的美国终结日英同盟的历史，其中有四点经验可供参考：①通过影响加拿大等英联邦成员，步步为营、逐步改变英联邦内部对待日英同盟的氛围，最终使其做出不延长同盟的决定；②在日英同盟中期，利用欧洲环境的变化，通过与英国签订仲裁协定，谋求弱化同盟对美国的压制，后来虽然仲裁协定未生效但基本达到了目的；③美国虽然视英日同盟为眼中钉，却不把敌视矛头对准英国，而是利用第一次世界大战爆发后的国际环境，通过支援英国加深英国对美国的依赖，影响其在日美之间的利益权衡；④在第一次世界大战结束后，抓住国际战略环境重构的机遇，通过召开华盛顿会议、签订《四国条约》、《九国公约》，以提供新的

---

① 比如美国跨党派的"美中工作小组"共同主席里克·拉森，既对中美关系感到"很乐观"，又为美国国会多数议员对中国持批评和警惕态度感到"伤心"，指出美国国会议员对中国的看法常常又是以负面居多，并声称："影响议员的最好办法是把他们送到中国，像我们那样在中国呆上10天。"参见唐勇：《美国议员：中美关系是美国最重要的外交关系》，载《环球时报》2006－05－12。

② 薛理泰：《日美对华政策貌合神离》，载《苹果日报》2005－10－22。

安全环境保障的方式和平化解日英同盟。他山之石可以攻玉。今日之中国，虽然国力尚不及当年美国强大，但面对日美同盟时，也应具有这样的战略胸怀和气度，要着眼长远，在国力不断上升过程中，活用美国当年拆解日英同盟的历史经验，通过积极的对外战略，把日美同盟的处置与亚太乃至全球秩序的构建结合起来，在条件未充分具备时力争以稳健、智慧的方式谋求弱化其功能，在条件具备之后即选择合适的方式，为日美军事同盟实施“安乐死”。

结束语

在对日本结盟战略进行历史梳理、影响要素分析、发展趋势综合评估的基础上，本文可以得出以下结论性认识：

第一，日本结盟战略具有很强的特殊性。这种特殊性主要表现四个方面：①它存续总时间之长，在世界大国中无出其右；②它几乎伴随了日本作为主权国家成长的大部分过程，对日本政治、经济、外交乃至文化的影响之大、之深，在世界大国中无出其右。③它的矛头在绝大部分时间里，总是指向东亚大陆的中国或俄国，如此执拗于远交近攻，在世界大国中无出其右。④它总是努力寻求与世界最强大的国家结盟，习惯于以同盟关系为轴心展开安全与外交，在世界大国中无出其右。因此，从国际范围内的结盟实践看，本文关于日本结盟战略特点及规律的阐述多不具有普遍性，是仅对日本而言的。

第二，日本结盟战略演变具有很强的传承性。这种传承性主要表现四个方面：①当代日本对美结盟战略在很大程度上继承和吸取了日英同盟的历史经验和三国同盟的历史教训。②负责制定当代对美结盟战略的日本决策层，与日英同盟时期形成的所谓“亲英美派”一脉相承。③无论是战前还是战后，日本结盟战略思维都表现出日本式的、精打细算型的现实主义，看不到一丝理想主义的色彩。④无论是近现代和当代，日本结盟战略所服务的国策都具有扩张性，只是扩张领域和手段选择及运用上有所不同。

第三，影响日本结盟战略的因素具有多样性、复杂性。日本结盟战略存在于一个复杂的国家战略体系之中，其内涵、存在形态和寿命受到国家大战略、外交战略、军事战略的直接影响。日本结盟战略还运行于复杂的国际战略环境之中，其走向结盟以及对盟友和同盟合作方式的选择，受到地缘战略及安全环境、国际体系、国际战略格局、盟友对日政策等外部因素的交互作用。日本结盟战略决策产生于复杂的国内政治经济和社会环境之中，日本的政治经济状况、社会思潮、国民情绪乃至民族文化心理、意识形态等，都以不同的方式对其产生不同程度的影响。

第四，日本结盟战略的未来发展兼具稳定性和渐变性。戴季陶曾尖锐指出，日人“狡而易迁”，“人民争斗性和融合性皆走极端”。如果着眼于20世纪前半叶，日本的结盟历史演变尤其是走向三国同盟时的投机性的确与戴氏所指非常吻合。然而，20世纪中叶至今，日本结盟战略发展又表现出似乎要“从一而终”的架势。前后两段历史的背反现象，并非因为日本民族性格发生了突变，而主要是因为与近现代相比，半个多世纪以来，国际体系、国际战略格局的演变是渐进性的，美国对日政策的调整是渐进性的，亚太地缘战略环境及整体安全态势的嬗变是渐进性的，日本国内政治经济的变化也是渐进性的——内外环境中激发日本战略投机本能的因素委实不多。展望未来，由于上述诸多要素变化的渐进性，日本结盟战略的演变发生突变的可能性会比较小。

第五，中国应抓住历史机遇诱导日本结盟战略的演变。当前，日本自冷战后开始的国家与社会转型尚未结束，其战略走向尚具有较强的可塑性。同时，经过30多年的改革开放，我国与日本的综合国力差距明显缩短，只要国内能稳定发展，一定能在不远的将来超越之。这意味着，中国通过发展中日双边关系和塑造地区环境影响日本战略走向的能力和现实性会大幅度增强。而日本十几年来强化日美同盟的主要目的之一，也在于防范中国崛起，并试图以同盟为强制后盾，把中国纳入其主导的地区框架。对此，我国应增强反塑造和塑造意识，通过强化自身综合国力，推动亚太政治安全环境和中日、中美关系的良性发展，削弱、钝化日本结盟战略的有效性和针对性，最终使其“无害化”、“溶解”或“自然崩解”。

主要参考文献

一、著作

1. 包霞琴，臧志军. 变革中的日本政治与外交. 时事出版社，2004

2. 程广中. 地缘战略论. 国防大学出版社，1999

3. 陈仁霞. 中德日三角关系研究（1936－1938）. 生活·读书·新知三联书店，2003

4. 陈效卫. 美国联盟战略研究. 国防大学出版社，2002

5. 戴季陶. 日本论. 海南出版社，1994

6. 董璠舆. 日本国会. 中国民主法制出版社，1990

7. 冯昭奎. 日本经济. 高等教育出版社，1998

8. 冯昭奎. 21 世纪的日本：战略的贫困. 中国城市出版社，2002

9. 冯昭奎，刘世龙，刘映春，江培柱，金熙德，周永生. 战后日本外交 1945/1995. 中国社会科学出版社，1996

10. 复旦大学历史系日本史组. 日本帝国主义对外侵略史料选编. 上海人民出版社，1975

11. 高增杰. 日本的社会思潮与国民情绪. 北京大学出版社，2001

12. 高金钿，顾德欣. 国际战略学概论. 国防大学出版社，2001

13. 高德步等. 世界经济史. 中国人民大学出版社，2001

14. 耿协峰. 新地区主义与亚太地区结构变动. 北京大学出版社，2003

15. 顾德欣. 中国军事百科全书·国际军事关系（学科分册Ⅰ）. 中国大百科全书出版社，2007

16. 金应忠，倪世雄. 国际关系理论比较研究. 中国社会科学出版社，1992

17. 金熙德. 日本外交与中日关系——20 世纪 90 年代新动向. 世界知识出版社，2001

18. 李建民. 冷战后日本的“普通国家化”与中日关系的发展. 中国社会科学出版社，2005

19. 李义虎. 国际格局论. 北京出版社，2004

20. 李广民. 与强者为伍——日本结盟外交比较研究. 人民出版社，2006

21. 刘江永. 日本首相桥本龙太郎. 时事出版社，1997

22. 军事科学院外国军事研究部. 日本军事基本情况. 军事科学出版社，1997

23. 刘笑盈. 眺望珍珠港——美日从合作走向战争的历程. 北京广播学院出版社，2002

24. 刘艳. 冷战后的日美同盟解读——兼论其对中日关系的影响. 中国政法大学出版社，2008

25. 马世力. 世界经济史. 高等教育出版社，2001

26. 倪世雄. 当代西方国际关系理论. 复旦大学出版社，2001

27. 米庆余. 近代日本的东亚战略和政策. 人民出版社，2007

28. 钮先钟. 第二次世界大战的回顾与省思. 广西师范大学出版社，2003

29. 潘俊峰. 日本军事思想研究. 军事科学出版社，1992

30. 世界知识出版社. 坚决反对日美军事同盟. 世界知识出版社，1960

31. 世界知识出版社. 国际条约集（1872 – 1916）. 世界知识出版社，1986

32. 世界知识出版社. 国际条约集（1917 – 1923）. 世界知识出版社，1961

33. 世界知识出版社. 国际条约集（1924 – 1933）. 世界知识出版社，1961

34. 世界知识出版社. 国际条约集（1934 – 1944）. 世界知识出版社，1961

35. 世界知识出版社. 国际条约集（1950 – 1952）. 世界知识出版社，1961

36. 世界知识出版社. 国际条约集（1960 – 1962）. 世界知识出版社，1975

37. 宋成有，李寒梅等. 战后日本外交史. 世界知识出版社，1995

38. 宋则行，樊亢. 世界经济史（上卷）. 经济科学出版社，1998

39. 孙成岗. 冷战后日本国家安全战略研究. 解放军出版社，2008

40. 唐文权，桑兵. 戴季陶集. 华东师范大学出版社，1990

41. 汤笑. 心理效应解读. 中国城市出版社，2004

42. 王少普，吴寄南. 战后日本防卫研究. 上海人民出版社，2003

43. 王泉清. 日本的科技为什么崛起——一个驻日外交官看日本科技管理. 气象出版社，1995

44. 王颜昱. 日本军事战略研究. 军事科学出版社，1992

45. 王绳祖. 国际关系史（十卷本）. 世界知识出版社，1995

46. 王芸生. 六十年来中国与日本（共八卷）. 生活·读书·新知三联书店，2005

47. 王正毅. 世界体系与中国. 商务印书馆，2000

48. 汪向荣. 古代中日关系史话. 中国青年出版社，1999

49. 吴廷璆. 日本史. 南开大学出版社，1994

50. 吴学文. 日本外交轨迹. 时事出版社，1990

51. 吴春秋. 广义大战略. 时事出版社，1995

52. 武寅. 近代日本政治体制研究. 中国社会科学出版社，1997

53. 项立领. 中美关系史全编. 华东师范大学出版社，2002

54. 徐万胜. 日本政治与对外关系. 人民出版社，2006

55. 徐思伟. 吉田茂外交思想研究. 世界知识出版社，2001

56. 杨生茂. 美国外交政策史. 人民出版社，1991

57. 叶渭渠. 日本文化史. 广西师范大学出版社，2005

58. 余起芬. 国际战略论. 军事科学出版社，1998

59. 张芝联. 法国通史. 辽宁大学出版社，2000

60. 张健，王金林. 日本两次跨世纪的变革. 天津社会科学出版社，2000

61. 郑伊雍. 冷战一页——建国初期西方对我国封锁禁运揭秘. 中国青年出版社，1999

62. 邹海燕等. 社会心理学. 湖南大学出版社，2003

63. 朱听昌. 西方地缘战略理论. 陕西师范大学出版社，2005

64. ［日］外务省. 小村外交史. 原书房，1966

65. ［日］池井优. 日本外交史概说. 庆应通信，1992

66. ［日］信夫清三郎. 日露战争史の研究. 河出书房新社，昭和 47

67. ［日］林房雄．大东亚战争肯定论．番町书房，昭和 27

68. ［日］黑野耐．大日本帝国の生存战略．讲谈社，2004

69. ［日］黑羽茂．世界史上より见たる日露战争．致文堂，昭和 35

70. ［日］平间洋一．日英同盟——同盟の选择と国家の盛衰．PHP 研究所，2000

71. ［日］井上清．条约改正．岩波书店，1963

72. ［日］伊藤正德．国防史．东洋经济新报社，昭和 41

73. ［日］角田顺．满洲问题と国防方针．原书房，昭和 42

74. ［日］平间洋一．第二次世界戦と日独伊三国同盟——海军とコミニテルンの视点から．锦正社，2006

75. ［日］重光葵．昭和の动乱（上）．中央公论社，昭和 34

76. ［日］田村幸策．太平洋战争外交史．鹿岛研究所出版会，昭和 41

77. ［日］鹿岛守之助．帝国外交の基本政策．严松堂，昭和 17

78. ［日］黑川雄三．近代日本の军事战略概史．芙蓉书房，2003

79. ［日］中村粲．大东亜戦争への道．展転社，1990

80. ［日］三宅正树．日独意三国同盟研究．南窗社，1975

81. ［日］海空技术调查会．海洋国家日本の防卫．原书房，昭和 47

82. ［日］坂元一哉．日米同盟の绊——安保条约の相互性の摸索．有斐阁，2000

83. ［日］小野直树．战后日米关系国际政治经济分析．庆应义塾大学出版会株式会社，2002

84. ［日］室山义正．日米安保体制（下）．有斐阁，1992

85. ［日］宫泽喜一．东京—ワシントンの密谈．实业之日本社，1956

86. ［日］田中明彦．安全保障：戦后 50 年の模索．読売新闻社，1997

87. ［日］细谷千博监修．日本とアメリカ——パ-トナ-シップの 50 年．ジァパン タイムズ，2001

88. ［日］藤原弘达．吉田茂——その人その政治．读卖新闻社，昭和 39

89. ［日］芦田均．现代日本文明史．东洋经济报社，昭和 17

90. ［日］小沢一郎．日本改造计画．讲谈社，1993

91. ［日］冈崎久彦. 国际情势判断. PHP 研究所，1996

92. ［日］长尾秀美. 日米永久同盟. 光文社，2005

93. ［日］川胜平太. 文化力—日本の底力. ウェッジ，2006

94. ［日］安倍晋三. 美しい国へ. 文艺春秋，2006

95. ［日］外务省. 日本外交年表并主要文书. 原书房，1972

96. ［日］中冢明. 还历史的本来面目——日清战争是怎样发生的. 于时化译. 天津古籍出版社，2004

97. ［日］井上清. 日本帝国主义的形成. 宿久高译. 人民出版社，1984

98. ［日］远山茂树. 日本近现代史. 第 1 卷. 邹有恒译. 商务印书馆，1983

99. ［日］野村浩一. 近代日本的中国认识：走向亚洲的航踪. 张学峰译. 中央编译出版社，1998

100. ［日］阿川弘之. 山本五十六. 朱金，王凤芝译. 解放军出版社，1987

101. ［日］永野信利. 日本外务省研究. 上海复旦大学历史系日本史组译. 上海译文出版，1979

102. ［日］信夫清三郎. 日本外交史. 天津社会科学院日本问题研究所译. 商务印书馆，1980

103. ［日］升味准之辅. 日本政治史. 全四册. 董果梁译. 商务印书馆，1997

104. ［日］吉田茂. 激荡的百年史. 孔凡，张文译. 世界知识出版社，1980

105. ［日］依田憙家. 简明日本通史. 卞立强，李天工，雷慧英译. 上海远东出版社，2004

106. ［日］依田憙家. 近代日本与中国：日本的近代化——与中国的比较. 卞立强，陈生保，任清玉译. 上海远东出版社，2004

107. ［日］内野达郎. 战后日本经济史. 赵毅译. 新华出版社，1982

108. ［日］林直道. 现代日本经济. 色文等译. 北京大学出版社，1995

109. ［日］中曾根康弘. 日本 21 世纪的国家战略. 联慧译. 海南出版社、三环出版社，2004

110. ［日］浅井基文. 日本新保守主义. 刘建平译. 新华出版

社，1999

111. [日] 猪口邦子. 后霸权体制与日本的选择. 杨伯江译. 时事出版社，1991

112. [日] 森岛通夫. 透视日本——"兴"与"衰"的怪圈. 天津编译中心译. 中国财政经济出版社，2000

113. [日] 石原慎太郎，盛田昭夫. 日本可以说"不"——新日美关系的对策. 军事科学院外国军事研究部译. 军事科学出版社，1990

114. [日] 土居健郎. 日本人的心理结构. 阎小妹译. 商务印书馆，2006

115. [英] 杨国伦. 英国对华政策（1895 - 1902）. 刘存宽等译. 中国社会科学出版社，1991

116. [英] 季南. 英国对华外交 1880 - 1885. 许步曾译. 商务印书馆，1984

117. [英] 阿诺德·托因比，韦罗尼卡·M. 托因比. 轴心国初期的胜利. 许步曾等译. 上海译文出版社，1958

118. [英] 阿诺德·托因比，维罗尼卡·M. 托因比. 希特勒的欧洲（上册）. 孙基亚译. 上海译文出版社，1980

119. [英] 杰弗里·帕克. 地缘政治学：过去、现在和未来. 刘从德译. 新华出版社，2003

120. [美] 格哈特·温伯格. 希特勒德国的对外政策. 何江译. 商务印书馆，1997

121. [美] 约瑟夫·C. 格鲁. 使日十年. 蒋相泽译. 商务印书馆，1983

122. [美] 兹比格纽·布热津斯基. 大棋局——美国的首要地位及其地缘战略. 中国国际问题研究所译. 上海人民出版社，1998

123. [美] 沃伦·克里斯托夫. 美国新外交——经济、防务、民主. 苏广辉等译. 新华出版社，1999

124. [美] 乔治·弗里德曼，梅雷迪斯·勒巴德. 下一次美日战争. 何力译. 新华出版社，1992

125. [美] 鲁思·本尼迪克特. 菊与刀. 吕万和，熊达云，王智新译. 商务印书馆，1990

126. [美] 汉斯·摩根索. 国家间政治. 徐昕，郝望，李保平译. 中国人民公安大学出版社，1990

127. ［美］肯尼斯·沃尔兹. 国际政治理论. 胡少华等译. 中国人民公安大学出版社，1992

128. ［美］威廉·奥尔森，戴维·麦克莱伦等. 国际关系的理论与实践. 王沿等译. 中国社会科学出版社，1987

129. ［美］埃里奥特·阿伦森等. 社会心理学. 第五版. 侯玉波等译. 中国轻工出版社，2005

130. ［澳］加文·麦考马克. 附庸国：美国怀抱中的日本. 于占杰，许春山译. 社会科学文献出版社，2008

130. ［苏］维辛斯基. 苏联外交简史. 雉堞译. 世界知识出版社，1952

131. ［法］让-巴蒂斯特·迪罗塞尔. 外交史（1919—1984 年）. 汪绍麟等译. 上海译文出版社，1982

132. ［爱尔兰］乔恩·哈利特. 日本资本主义政治史. 吴忆萱等译. 商务印书馆，1980

二、论文及其他资料

1. 陈晓晨. 试论国际政治中同盟的持久性——以冷战后美日同盟为例. 2005 年 4 月 22 日，http：//www.xslx.com/htm/gjzl/zlps/2005-04-22-18640.htm

2. 顾静，李雪飞. 从“阿米蒂奇报告Ⅱ”看美国亚洲战略新动向. 现代国际关系，2007（4）

3. 李晓涛. 论战后美日安全同盟对两国贸易的作用. 武汉大学，2005 年 5 月

4. 刘世龙. 冷战后日本的外交战略. 日本学刊，2003（5）

5. 刘欣. 国民文化心理及其对政治文明建设的影响研究. 河北大学，2005 年 6 月

6. 屠春友. 论战略哲学视野下的国家利益原则. 中共中央党校学报，2008（2）

7. 王明星. 第一次英日同盟的缘起与影响. 历史教学问题，1999（5）

8. 王建朗. 日本与国民政府的“革命外交”：对关税自主交涉的考察. 历史研究，2002（4）

9. 王艳芬，汪诗明. 英日同盟的建立与英国传统的外交政策. 学海，2001（5）

10. 吴怀中. 日本"集体自卫权"问题的演变和影响. 日本学刊, 2007 (5)

11. 武心波. 试论制约日本回归"普通国家"的"精神文化因素". 日本学刊, 2005 (2)

12. 夏立平. 论世界经济体系向板块与网状并存结构转型. 世界经济研究, 2007 (4)

13. 夏立平. 全球化时代国际体系的演变与转型. 华东师范大学, 2007 年 4 月

14. 杨仁火. 日本联合国外交的历史演变及其未来走向. 解放军国际关系学院, 1996 年 11 月

15. 姚玉民. 20 世纪 30 年代日本政军财关系初论. 日本学刊, 2002 (4)

16. 于铁军. 国际政治中的同盟理论：进展与争论. 欧洲, 1999 (5)

17. 于铁军. 观念与实力：美国"修正主义"对日观的兴衰. 美国研究, 2002 (1)

18. 臧秀玲, 宋小霞. 日本政治文化对外交政策的影响. 东北亚论坛, 2006 (1)

19. 祝曙光. 日英同盟的终止与日本外交的得失. 苏州科技学院学报 (社会科学版), 1988 (1)

20. 张景全. 结盟对国家崛起、发展的影响——以日本为例的历史分析. 日本学刊, 2006 (3)

21. 张景全. 国际体系与日本对外结盟. 日本学刊, 2005 (3)

22. 张玉国. 同盟困境与美日同盟——日本的同盟政策分析. 日本学论坛, 2004 (1)

23. 张允起. 日本宪法诉讼的理论、技术及其问题. 比较法研究, 2007 (5)

24. 张进山. 当代日本民族保守主义的产生与兴起. 中国社会科学院院报, 2008 -9 -2

25. 赵阶琦. 当前日本的政局走向. 日本学刊, 1994 (6)

26. 赵秀侠. 跨文化交际视角下的日语教学研究. 河海大学学报 (哲学社会科学版), 2008 (1)

27. 朱听昌, 晋军. 英美特殊关系和日美联盟关系的理论分析与比较研究. 国际论坛, 2003 (5)

28. 时殷弘. 国家大战略理论与中国的大战略实践. 现代国际关系，2004（3）

29. ［日］松叶正文. 日本近代史・断想（岩波新书〈日本近现代史〉1－6を读む）. 立命馆产业社会论集，2008年第44卷第1号

30. ［日］黒野耐. 第二次日英同盟と国防方针. 防卫研究所纪要，2003年第5卷第3号

31. ［日］高桥文雄. 明治40年帝国国防方针制定期の地政学的戦略眼. 防卫研究所纪要，2004年第6卷第3号

32. ［日］片山庆隆. 日英同盟と日本社会の反応1902－1904. 一桥法学，2003年第2卷第3号

33. ［日］君冢直隆. 日露战争と日英王室外交——明治天皇へのガ－タ－勋章授予をめぐて. 军事史学，2004年第3号

34. ［日］大畑笃四郎. ワシントン会议日本政府训令についての考察——日英同盟. 早稻田法学，1963年第1号

35. ［日］松村正义. ワシントン会议と日本の广报外交. 外交调查月报，2002年第1号

36. ［日］渡边利夫. 极东アジア地政学と陆奥宗光. 环太平洋ビジネス情报，RIM . 2007. VoL. 7 No26

37. ［日］平间洋一. A・T・マハンが日本海军に与えた影响. 政治经济史学，1993年第320号

38. ［德］クリスティアン・W・シュパング（Christian W. Spang）. カール・ハウスホ－ファ－と日本の地政学. 空间・社会・地理思想，2001年第6号

39. ［日］福留民夫. 明治・大正・昭和の教训と新世纪日本の进路. 经营论集，2002年第12卷第1号

40. ［日］中西寛. 败戦国の外交戦略—吉田茂の外交とその継承者. 石津朋之编. 日米战略思想史——日米关系の新しい视点，彩流社2005年版：123～135

41. ［日］加藤哲郎. 冷戦体制と日米安保のエルゴロジー——戦后日本の国际的枠组み.（收录）加藤哲郎. 现代日本のリズムとストレス，花伝社1996

42. ［日］田畑忍. 最高裁判所の砂川判决について 安保条约第三条に基つく行政协定に伴う刑事特别法违反事件に于ける最高裁判所判决の

违宪性について. 同志社法学会，1960 年第 11 卷 5 号

43. ［日］久保宪一. 日本の政治体制、政治机构、政治方法、政治原则および宪法性格. 宪法论丛，1997 年第 4 号

44. ［日］加藤淳平. 战后日本の首脑外交. 外务省调查月报，2002 年 No1

45. ［日］小沢一郎. 小沢一郎のわが日本再兴计画. PRESIDENT 1999 年 2 月号

46. ［日］清源武彦. 日米危机の构造. 正论（特别增刊），1982 年 7 月

47. ［日］中曾根康弘，久保纮之. 歷史の分水岭に立って国家戦略を考える. 正论，2000 年 10 月号

48. ［日］高野真澄. 有事法制の批判的考察. 高松大学纪要，VoL41、2004 年 2 月 28 日

49. ［日］增田雅之. 冷戦后の日米安全保障体制と中国—日米安保体制强化をめぐる中国の对日认识と对米认识. 民主主义研究会纪要，1999 年第 28 号

50. ［日］福田毅. 日米防卫协力における3つの転机——1978 年ガイドラインから・日米同盟の变革・までの道程. レファレンス，平成 18 年 7 月号

51. ［日］石川康宏. 成长する东アジアと日本の进路——摇れる日本の政财界. 关西唯物论研究会编. 唯物论と现代，第 37 号

52. ［日］前田高行. アザデガン油田开发で试される日本の资源外交. 石油文化，2006 年第 4 号

53. ［日］中村宏. 占领下での《民主化》と日本の《従う政治文化》——丸山眞男の洞察を手がかりに. 神户学院法学，2004 年第 34 卷第 1 号

54. ［日］田久保忠卫，西部迈. 亲米保守 vs. 反米保守《负け犬の远吠え》はどっちだ. 诸君，2004 年 8 月号

55. ［日］渡边昭夫. 日米安全保障关系の新展开. 国际问题，1998 年第 3 号

56. ［日］安全保障と防卫力に关する恳谈会.《安全保障と防卫力に关する恳谈会》报告书概要. 朝云ニュ-ス，2009 年 8 月 6 日

57. ［日］对外关系タスクフォース. 21 世纪日本外交の基本戦略－

新たな时代. 新たなビジョン、新たな外交－，平成14年11月28日

58. ［日］安全保障と防卫力に关する恳谈会.《安全保障と防卫力に关する恳谈会》报告书—未来への安全保障・防卫力ビジョン—，2004年10月

59. ［日］谷口诚. 危机的アジア外交をいかに立て直すか アジア的価値観を基盘とする东アジア共同体. 中央公论，2006年4月号

60. ［日］柿原国治. 对中战略のあり方中国との付き合い方の原则. 平和研しポート，2003年5月

61. Bill Emmott, "Japan's English Lessons", Foreign Policy January/February. 2004

62. Chalmers Johnson, "The Real ' China threat'" Asia Times Online Mar19, 2005. http://www. atimes. com/atimes/China/GC19Ad05. html

63. Chalmers Johnson and E. B. Keehn, "East Asia Security: The Pentagon's Ossified Strategy", Foreign Affairs, July/August 1995

64. Joseph S. Nye, "East Asia Security: The Case for Deep Engagement", Foreign Affairs, July/August 1995

65. Willam E. Rapp, "Past its Prime? The Future of the US - Japan Alliance", Parametrs, summer, 2004

后　记

在本书完稿之际，我要衷心感谢众多老师和专家的指导与帮助。首先，本书是在同名博士学位论文的基础上撰写的，我的导师丁诗传教授为此呕心沥血，给予了细心的指点。每想起此，对导师的敬仰和感激之情难以言表。其次，国际关系学院、海军指挥学院、南京政治学院等单位的多位专家，包括朱听昌教授、翟晓敏教授、刘强教授、周桂银教授、宋德星教授、汤光鸿教授、史滇生教授、冯梁教授，都提出了很好的修改意见，对专著质量的提高大有助益。刘强教授、邹东来教授和周桂银教授还分别帮助校对著作的日文提要和英文提要。

对日本结盟历史进行大跨度、多角度综合研究，需要比较宽广的知识面和一定史学功底。本人在研究过程中常感到学力不足，写作过程可谓是充满困难和艰辛，对其中不少问题的探索仍失之浅薄。因此，专著的一些观点还有待于进一步的推敲、拓展、细化和深化。同时，在撰稿期间，我本人的教学和其他科研任务也比较繁重。因此，总有时间不够用的感觉。令人欣慰的是，在导师和专家的指导、单位领导和同事的关心以及家人的支持和鼓励下，我终于完成了书稿的撰写。当然，由于作者研究水平和能力有限，拙作还有很多不足和遗憾，其出版可谓抛砖引玉，恳请广大读者、学界同仁给予批评指导。